Programm für
lebenslanges
Lernen

**Carlo und Karin
Giersch-Stiftung**

Schriftenreihe des Arbeitskreises
Europäische Integration e.V.

Band 81

Michèle Knodt | Anne Tews [Hrsg.]

Solidarität in der EU

 **Nomos**

Dieses Projekt wurde mit Unterstützung der Europäischen Kommission finanziert. Die Verantwortung für den Inhalt dieser Veröffentlichung tragen allein die Verfasser; die Kommission haftet nicht für die weitere Verwendung der darin enthaltenen Angaben.

Die Deutsche Nationalbibliothek verzeichnet diese Publikation in der Deutschen Nationalbibliografie; detaillierte bibliografische Daten sind im Internet über http://dnb.d-nb.de abrufbar.

ISBN 978-3-8487-0379-1 (Print)
ISBN 978-3-8452-4787-8 (ePDF)

Inhaltsverzeichnis

Einleitung: Solidarität im europäischen Mehrebenensystem

Michèle Knodt und Anne Tews

Das Prinzip der Solidarität hat von Begirn an die Gemeinschaftsbildung als Motivation der friedlichen Kooperatior zwischen europäischen Staaten nach dem Zweiten Weltkrieg maßgeblich geprägt (Ménendez 2003, 374). Bereits die Präambel des Vertrags zur Europäischen Gemeinschaft für Kohle und Stahl 1951 ging davon aus, dass dieser Zusammenschluss wirkliche Solidarität schaffen werde (Sangiovanni 2013, 213). Der Begriff der Solidarität taucht ebenfalls in der Präambel des Vertrags von Maastricht sowie in allen folgenden Primärverträgen auf. Dort wurde jeweils festgelegt, dass die Verträge in dem Wunsch, »die Solidarität zwischen ihren Völkern unter Achtung ihrer Geschichte, ihrer Kultur und ihrer Traditionen zu stärken«, vereinbart wurden. Besonders durch den Vertrag von Lissabon jedoch hat das Solidaritätsprinzip eine Stärkung erfahren, die es in das Bewusstsein der Bürger wie auch der Wissenschaft getragen hat. Zugleich forderten die zum Teil aufgeheizten politischen Debatten der Finanzkrise eine tiefer gehende Beschäftigung mit der eigentlichen Bedeutung des Begriffs. Dies scheint kein einfaches Unterfangen, ist der Begriff doch wie so oft wenig eindeutig und auch im EU-Recht nicht präzise definiert.

Der vorliegende Sammelband befasst sich mit der Frage nach dem Stellenwert solidarischen Handelns im europäischen Mehrebenensystem. Welche Voraussetzungen gibt es für solidarisches Handeln? Welche Rolle spielt Solidarität wiederum bei der Erzeugung einer europäischen Identität? Bisher wurden in der Literatur sehr unterschiedliche Antworten auf diese Fragen gefunden. Während einige die EU als Möglichkeitsraum für Solidarität in Frage stellen (vgl. u. a. Faist 2000; Offe 2001; Münch 2001), erarbeiten andere bereits detaillierte Vorschläge zu solidarischen Lösungen aktueller Probleme (u. a. Bast 2014; Heinemann 2012).

In all diesen Studien wird auf eine heterogene und vielschichtige Verwendung des Begriffs der Solidarität im europäischen Primärrecht hingewiesen. Artikel 3, Absatz 3 des EUV legt fest:

»Die Union errichtet einen Binnenmarkt. Sie wirkt auf die nachhaltige Entwicklung Europas auf der Grundlage eines ausgewogenen Wirtschaftswachstums und von Preisstabilität, eine in hohem Maße wettbewerbsfähige soziale Marktwirtschaft, die auf Vollbeschäftigung und sozialen Fortschritt abzielt, sowie ein hohes Maß an Umweltschutz und Verbesserung der Umweltqualität hin. Sie fördert den wissenschaftlichen und technischen Fortschritt. Sie bekämpft soziale Ausgrenzung und Diskriminierungen und fördert soziale Gerechtigkeit und sozialen Schutz, die Gleichstellung von Frauen und Männern, die Solidarität zwischen den Generationen und den Schutz der Rechte des Kindes. Sie fördert den wirtschaftlichen, sozialen und territorialen Zusammenhalt und die Solidarität zwischen den Mitgliedstaaten. Sie wahrt den Reichtum ihrer kulturellen und sprachlichen Vielfalt und sorgt für den Schutz und die Entwicklung des kulturellen Erbes Europas.«

In diesem einen Vertragsartikel sind bereits die unterschiedlichsten Konzepte von Solidarität zu erkennen.

Als erste Annäherung an den komplexen Untersuchungsgegenstand analysiert *Markus Klamert* in seinem Beitrag die Rolle von Solidarität als Rechtsprinzip im Unionsrecht und in der Rechtsprechung des Europäischen Gerichtshofs. In Abgrenzung zu anderen Prinzipien, beispielsweise dem Subsidiaritäts- und Loyalitätsprinzip, werden die unterschiedlichen Wirkungen bzw. Funktionen des Solidaritätsprinzips erläutert. Dabei zeigt sich, dass das Solidaritätsprinzip in erster Linie auf das Verhältnis zwischen den Mitgliedstaaten bezogen wird und in der Rechtsprechung des Europäischen Gerichtshofs sowohl souveränitätsbegrenzende als auch autonomieschonende Wirkung entfalten kann. Gleichzeitig finden sich jedoch zahlreiche Verweise auf andere Solidaritätskonzepte, beispielsweise zwischen den Bürgern der EU oder zwischen der EU und ihren Mitgliedstaaten.

Um den vielschichtigen und heterogen besetzten Begriff der Solidarität zu systematisieren und in den unterschiedlichen Handlungsfeldern der Europäischen Union anzuwenden, sollen nun zunächst theoretische Zugänge und Begriffsdefinitionen auf ihre Übertragbarkeit auf Mehrebenensysteme hin überprüft werden. Anschließend wird eine Typologisierung von Solidaritätskonzepten vorgestellt, die die Besonderheiten des europäischen Mehrebenensystems berücksichtigt und einen Analyserahmen für die Beiträge des Sammelbandes bietet.

Klassische Zugänge zum Begriff der Solidarität greifen durch ihre Fokussierung auf engere Gemeinschaften bzw. den nationalstaatlichen Kontext für das europäische Mehrebenensystem zu kurz. Problematisch scheint der Umstand, dass in der EU nicht nur die Individualebene als Träger und Adressat von Solidarität angesprochen wird, sondern auch Mitgliedstaaten als kollektive Akteure, wie bereits der oben erwähnte Artikel 3,3 EUV zeigt. Bayertz bietet als ersten Anhaltspunkt eine relativ breite Definition an und versteht Solidarität zunächst als »Idee eines wechselseitigen Zusammenhangs zwischen den Mitgliedern einer Gruppe« (1998, 11). In dieser allgemeinen Form scheint die Übertragung auch auf Mehrebenensysteme möglich. Skepsis bei der Übertragung des Konzepts auf die Europäische Union besteht jedoch zumeist in Hinblick auf eine Bindung zwischen den Mitgliedern einer Gruppe – sei es als Gemeinschaftssinn, gemeinsame Identität oder Gemeinschaftsgefühl – die als eine Grundvoraussetzung für Solidarakte gesehen wird. Auch Bayertz spitzt seine Ausführungen zu und präzisiert: »In der Regel verstehen wir unter ›Solidarität‹ ein wechselseitiges Einstehen von Personen füreinander, die durch spezifische Gemeinsamkeiten miteinander verbunden sind« (1998, 21). Unstrittig ist die wechselseitige Bindung und Verpflichtung als ein zentrales Attribut solidarischer Gruppen. Schwieriger ist es jedoch mit dem Begriff der Gemeinschaft, deren Existenz auch ohne Gemeinschaftsgefühl möglich sein muss.

Die Anknüpfungspunkte für diese Argumentation finden sich bereits bei Durkheim (1988), der den Solidaritätsbegriff zur Erklärung stabiler sozialer Ordnung entfaltet. Ausgangspunkt bei ihm ist die historische Entwicklung von einfachen segmentären Gesellschaften hin zu komplexen Gesellschaften der Moderne. Letztere sind durch funktionale Differenzierung gekennzeichnet. Diese beiden Typen von Gesellschaften sind bei Durkheim verbunden mit unterschiedlichen Formen von Solidarität. Die wenig differenzierten archaischen Gesellschaften zeichnen sich durch einen hohen Grad an Ähnlichkeit und geringen Grad an Arbeitsteilung aus. Gemeinsame Traditionen, Sitten und Anschauungen sowie deren Sanktionierbarkeit spielen eine große Rolle. In solchen sozialen Ordnungen existiert nach Durkheim vor allem eine mechanische Solidarität. Dagegen konzipiert Durkheim die differenzierte, hochentwickelte und auf komplexer Arbeitsteilung beruhende moderne Industriegesellschaft, die durch einen hohen Grad an Differenz ausgezeichnet ist. Sie ist gekennzeichnet durch das Paradox der starken Interdependenzen bei einer gleichzeitig sich stark entwickelnden Ideologie des Individualismus. In solchen Gesellschaften dominiert die Form der organischen Solidarität, die Zusammenhalt aufgrund kontraktueller Strukturen schafft. Denn, so das Argument, in Gesellschaften mit hoher funktionaler Interdependenz kann das Eigeninteresse an sozialen Gütern nur in Kooperation befriedigt werden. Somit schließen sich Eigeninteresse und Solidarität per se nicht aus, sondern es kommt zu Eigennutzsolidarität (Mau 2009). Gemeinschaften werden somit als Instrumente der Nutzenmaximierung konzipiert (Bayertz 1998, 51, mit Rückgriff auf Hare).

Preuß verweist ebenfalls darauf, dass Solidarität als modernes Konzept die »engen Grenzen der auf persönlichem Kontakt beruhenden Gemeinschaften überschritten hat« (1998, 402). Damit wird es zu einem inhärenten Element der Gesellschaft. Wenn wir über das Narrativ der Solidarität in der EU sprechen, so verweisen wir damit unwillkürlich auf diese gesellschaftliche Solidarität, die uns bei Durkheim als organische Solidarität begegnet. Durkheim setzt dabei die Kategorie des Anderen als wichtiges Element ein. Das Individuum muss in der Verfolgung seiner Eigeninteressen immer auch den Anderen mitdenken und ihn in sein Handeln einbeziehen (Durkheim 1988, 468). Von der ihm entgegengebrachten Kritik des Fehlens normativer und moralischer Motivationen und damit einer zu stark auf makrostrukturelle Bedingungen zielenden Solidaritätskonstruktion abgesehen, ist die Sichtweise Durkheims fundamental für die Übertragung des Solidaritätsbegriffs auf die europäische Ebene. Denn nur durch sein Überbordwerfen von vorsolidarischen (sine qua non) Bedingungen, wie Gefühlen der Zusammengehörigkeit und Verbundenheit von Individuen, und nur durch die Interpretation von Solidarität als Möglichkeitsraum für Integration stiftende Wirkmechanismen ist es möglich, Solidarität auch im europäischen Mehrebenenkontext zu denken.

So waren viele der älteren Arbeiten zur Solidarität in der Europäischen Gemeinschaft und Union durch ihr Verhaften in mechanischen Solidaritätskategorien eher von Skepsis geprägt. In ihnen wurden der EU der Gemeinschaftssinn und eine sie tragende europäische Identität abgesprochen und damit auch die Fähigkeit zur Solidarität (vgl. u. a. Faist 2000; Offe 2001; Münch 2001). Sie sahen die Möglichkeiten einer über den nationalstaatlichen Kontext hinaus sich bildenden Solidarität als äußerst gering und warnten daher vor weitreichender Aneignung oder Auferlegung von Solidaritätspflichten jenseits des Nationalstaates (Mau 2009, 66). Dem soll hier nicht gefolgt werden. Vielmehr gehen wir von einer breiteren Definition von Solidarität aus, die als »Einheit (z.B. einer Gruppe oder Klasse) [bezeichnet wird], die auf einer Gemeinschaft von Interessen, Zielen und Maßstäben basiert oder diese hervorbringt« (Preuß 1998, 399 zitiert dabei aus Webster's Wörterbuch). Damit überwindet er wie Durkheim viele der Definitionen, die als unbedingte Voraussetzung für Solidarität eine Form von Verbundenheit (Mau 2009) oder ein Wir-Gefühl (Kleger/Mehlhausen 2013) und damit die mechanische Solidarität als einzig mögliche Form konzipieren. Ein Wir-Gefühl oder eine gemeinsame Identität ist somit eine mögliche, jedoch keine notwendige Voraussetzung für Solidaritätsformen in der EU. Folgt man Durkheims Konzeption der organischen Solidarität, so kann man über die limitierenden Aussagen zur europäischen Solidarität hinausgehen und diese auch im europäischen Mehrebenensystem analysieren. Denn im hoch differenzierten europäischen Mehrebenensystem scheint gerade organische Solidarität durchaus denkbar.

Allerdings erstreckt sich die Differenz nicht nur auf die wie ursprünglich von Durkheim gedachte funktionale Differenz in hoch arbeitsteiligen modernen Gesellschaften, sondern auch in der Ausdehnung der Integrationsprozesse über Ebenen und Akteurskategorien hinweg. Die bei Durkheim und anderen noch auf Individuen als Adressaten und Träger von Solidarität konzentrierte Konzeption muss für den EU-Kontext aufgeweicht werden. Die Sichtweise der organischen Solidarität ermöglicht es, die Begrenzung der Solidarität auf eine Gemeinschaft im Tönnies'schen Sinn zu überwinden und Solidarität auch im Hinblick auf kollektive Akteure wie Staaten zu konzipieren. Eine Erweiterung, die im Hinblick auf Solidarität in der EU ebenfalls notwendig ist und die Grundlage der folgenden Typologie bildet.

Systematisch sollen hier vier Formen der Solidarität entwickelt werden, indem die Ebenendimension mit der Akteursdimension kombiniert wird: In Mehrebenensystemen werden politische Strukturen und Prozesse über territorial organisierte politische Einheiten in Form von Ebenen organisiert (Benz 2004). Die Organisation kann sich dabei horizontal wie auch vertikal gestalten. Horizontal werden Strukturen ausgebildet, die sich innerhalb einer Ebene befinden. Vertikal überspannt Solidarität dabei die jeweiligen Ebenen in durchaus unterschiedlicher Weise. Ebenfalls mit dem Charakteristikum des europäischen Mehrebenensystems verbunden ist der bereits erwähnte Umstand, dass Adressat und Träger von Solidarität sowohl Individuen als auch kollektive Akteure wie die Mitgliedstaaten der Europäischen Union sein können.

Tabelle 1: Formen europäischer Solidarität

	horizontal	**vertikal**
bezogen auf das Individuum	transnationale Solidarität	supranationale Solidarität
bezogen auf kollektive Akteure	internationale Solidarität	intergouvernementale Solidarität

Im Folgenden werden diese Formen der Solidarität erläutert und in Bezug zu den Beiträgen des Sammelbandes gesetzt.

Transnationale Solidarität

Horizontal ausgerichtete Solidarität in der EU, die auf die Ebene des Individuums gerichtet ist, basiert wie auch in nationalen Systemen auf den ähnlichen Lebensbedingungen der Handelnden, die sie zu einem gemeinsamen Zweck verbinden. Individuen schließen sich zu einer Gruppe zusammen, um gemeinsam ihre Interessen zu vertreten. In der Literatur wird hierbei vor allem auf den Solidaritätsbegriff der französischen Revolution und der deutschen Arbeiterbewegung als einigender Kampfbegriff verwiesen. Insbesondere ist hier an die sozialen Bewegungen des 19. und 20. Jahrhunderts als Vorläufer zu denken, die zur Ausbildung der Arbeiter-, Frauen- und Ökologiebewegung geführt haben. Damit wird der Schwerpunkt auf den Zweck einer Verfolgung gemeinsamer, in Abgrenzung von konkurrierenden Interessen gelegt. Neben dem Aspekt der Konflikthaftigkeit ist diesem Solidaritätstypus das Element des Gemeinsamen und der Identität immanent.

Im europäischen Mehrebenensystem sind horizontal organisierte Interessen immer grenzüberschreitend gedacht, da sie europäische Politik adressieren. Transnationale Solidarität knüpft dabei durchaus an nationale Grenzen überschreitende Ideen und Werte, wie bspw. der internationalen Arbeiterbewegung an, geht jedoch über sie hinaus. Solche grenzüberschreitende nichtkommerzielle Kooperation in transnationalen Zusammenschlüssen können der Europäische Gewerkschaftsbund und europäische Betriebsräte ebenso sein wie soziale Bewegungen und zivilgesellschaftliche Verbände.

Hermann-Josef Große Kracht zeichnet in seinem Beitrag die begriffsgeschichtliche Entwicklung des transnationalen Solidaritätsdiskurses in Europa nach und erläutert die Rezeption des Solidaritätsprinzips durch die katholische Kirche, die als Glaubens- und Lebensgemeinschaft per se transnational agiert und im Rahmen der Kommission der Bischofskonferenzen der Europäischen Gemeinschaft (COMECE) auch zur Weiterentwicklung der Europäischen Union und des zugrunde liegenden, europäischen Solidaritätsprinzips Stellung bezieht.

Supranationale Solidarität

Supranationale Solidarität hat, wie auch die transnationale Solidarität, das Individuum als Träger und Adressat und bezieht sich auf die vertikale Dimension des europäischen Mehrebenensystems. Sie schafft dabei eine unmittelbare Solidarität der Bürger des europäischen Mehrebenensystems. Das solidaritätsstiftende Moment ist hierbei nicht die bereits existierende Gemeinschaft, sondern die Zugehörigkeit europäischer Bürger zu einem politischen Gemeinwesen (Mau 2009) mit den zugehörigen Rechten und Pflichten. Supranationale Solidarität zielt auf die Herstellung gleichwertiger, im Sinne der Angleichung innereuropäischer Lebensbedingungen. Dies kann sowohl durch regulierende als auch durch Umverteilungsmaßnahmen – distributiven sowie redistributiven Charakters – der europäischen Politik erreicht werden. Supranationale Solidarität findet sich in den Bereichen, in denen die EU ihren supranationalen Charakter der vertieften Integration zeigt. Dieser »drückt sich in den Prinzipien der Direktwirkung des von den Gemeinschaftsorganen gesetzten Rechts und im Vorrang des Gemeinschaftsrechts vor dem nationalen Recht der Mitgliedsstaaten aus« (Preuß 1998, 404). Hier findet sich die von Durkheim konzipierte organische Solidarität in hoch differenzierten Gesellschaften der Europäischen Union. Der vertikale Charakter der supranationalen Solidarität zeigt sich darin, dass diese nicht als ausschließlich auf der europäischen Ebene zu findende Solidaritätsform erscheint, sondern einen die unteren Ebenen ergänzenden oder zum Teil überwölbenden Charakter aufweist, indem sie den Bürgern der EU, die auch gleichzeitig Bürger der Mitgliedstaaten sind, zusätzliche, ihr nationalstaatliches Territorium übergreifende Rechte zuspricht. Dies betrifft vor allem Bereiche, in denen die ökonomische Integration und die Vollendung des europäischen Binnenmarkts mit ausgleichenden Maßnahmen und einer sozialen Dimension ergänzt und ausgeglichen werden sollen. Aber auch die mit der europäischen Staatsbürgerschaft verbundenen Rechte sind damit angesprochen.

Stefanie Börner untersucht in ihrem Beitrag die EU-Sozialpolitik als klassisches Politikfeld für solidarische Umverteilungsmechanismen und argumentiert, dass sozialpolitische Maßnahmen maßgeblich zur Herausbildung einer transnationalen Solidarität beitragen können. Sie zeigt, dass ein transnationales Solidaritäts- und Gemeinschaftsgefühl eher gering ausgeprägt ist und führt dies auf die Besonderheiten der EU-Sozialpolitik zurück, da diese sich zumeist auf die Gewährleistung der Freizügigkeit europäischer Bürger konzentriert.

Intergouvernementale Solidarität – Mitgliedstaatssolidarität

Intergouvernementale Solidarität adressiert nicht die einzelnen Individuen, sondern die nationalen Mitgliedstaaten der Europäischen Union als kollektive Akteure im europäischen Mehrebenensystem. Auch sie umfasst die vertikale Dimension des europäischen Mehrebenensystems, greift jedoch nicht bis zur Individualebene durch, sondern kreiert eine europäische Solidarität kollektiver Akteure – der Mitgliedstaaten. Insbesondere diese Form der europäischen Solidarität oszilliert zwischen den Handlungsprinzipien der Autonomieschonung und Gemeinschaftsförderung (Scharpf 1996, 129-131) sowie der Subsidiarität, die den Entscheidungsprozess auf EU-Ebene prägen. Solidarische bzw. gemeinschaftsförderliche Steuerungsinstrumente sind stets unter dem Vorbehalt der Autonomieschonung zu bewerten. Das Subsidiaritätsprinzip, das Kompetenzverteilung im europäischen Mehrebenensystem bestimmt, steuert als Legitimationsprinzip der europäischen Gemeinschaft (Callies 1999) »Gegenstand und Dichte der mit ihr einhergehenden Solidarität« (Pernice 2013, 19). Angesichts grenzüberschreitender Probleme und negativer Externalitäten wird ein gemeinsames Vorgehen in zahlreichen Politikfeldern nötig, da einzelstaatliche Ansätze zu kurz greifen.

Ein aktuelles und klassisches Beispiel der intergouvernementalen Solidarität ist in der immer noch nachwirkenden Finanzkrise zu sehen, die die Diskussion um Kredithilfen, Rettungspakete und -schirme sowie weit reichende Garantien im europäischen Eurosolidarraum hervorbrachte. *Heinz Kleger* und *Thomas Mehlhausen* entwickeln in ihrem Beitrag drei Idealtypen intergouvernementaler Solidarität – föderale, organische und distributive Solidarität – und zeichnen diese in der Debatte zur Eurokrise und anhand der diskutierten und beschlossenen Maßnahmen nach. Sie identifizieren dabei eine Tendenz hin zur Form der distributiven Solidarität und weisen auf damit verbundene demokratietheoretische Risiken hin. *Friedrich Heinemann* analysiert Ursachen und Lösungsvorschläge für die europäische Schuldenkrise und verortet diese im Spannungsfeld zwischen Solidarität und Eigenverantwortung. Effektive Maßnahmen sollten dabei zwischen den Extremen unbegrenzter Solidarität und völliger Verweigerung von Solidarität liegen. Es bietet sich eine konditionalisierte Solidarität, also die Knüpfung solidarischer Leistungen an bestimmte Bedingungen, an. Die Diskussion um bedingte Solidarleistungen ging zumeist – und dies ist vor allem mit fortschreitendem Krisenmanagement und den deutlich werdenden potentiellen Kosten im Haftungsfall der Fall – mit einem am Eigeninteresse vor allem der Geberstaaten orientierten Solidaritätsgedanken einher. Intergouvernementale Solidarität stößt dort an ihre Grenzen, wo Mitgliedstaaten asymmetrisch belastet sind und hohe Kosten zu tragen haben. An diesen Stellen wird an die Eigenverantwortung der Staaten appelliert und Solidarität an Bedingungen geknüpft. Werden diese nicht erfüllt, endet die intergouvernementale Solidarität.

Ein weiteres hochaktuelles Politikfeld, in dem intergouvernementale Solidarität praktiziert wird, ist die europäische Migrationspolitik. Auch hier wird, angesichts immer wiederkehrender Flüchtlingsdramen an den europäischen Grenzen, die Konzeption europäischer Solidarität kontrovers diskutiert. *Jürgen Bast* argumentiert, dass Solidarität in der Asyl- und Migrationspolitik in den Vertragstexten eine wichtige Rolle spielt, jedoch weniger als transnationale Solidarität zwischen Bürgern in einer globalen Perspektive als vielmehr im Sinne einer intergouvernementalen Solidarität zwischen den Mitgliedstaaten. Eine gemeinsame europäische Grenzsicherungs-, Asyl- und Einwanderungspolitik dient vorrangig dem solidarischen Interessen- und Lastenausgleich. Anhand einer Analyse des Dublin-Systems zur Bestimmung des zuständigen Asylstaates zeichnet Bast die Konflikte und mögliche Lösungsoptionen für eine solidarische Ausgestaltung der europäischen Einwanderungs- und Asylpolitik nach.

Auch in der europäischen Kohäsionspolitik wird ein solidarischer Ausgleich unterschiedlicher Ausgangsbedingungen angestrebt. *Ines Hartwig* zeigt, dass Maßnahmen zur Förderung des wirtschaftlichen, sozialen und territorialen Zusammenhalts primär durch zwischenstaatliche Solidarität motiviert sind, jedoch in der Vergangenheit ebenfalls durch mitgliedstaatliche Partikularinteressen geprägt waren. Hartwig analysiert Reformvorschläge für die zukünftige Ausgestaltung der Kohäsionspolitik hinsichtlich ihres Beitrags zu einer solidarischen Ausrichtung der Förderung an EU-weiten Zielen statt an Partikularinteressen.

In der Umweltpolitik der EU-Mitgliedstaaten sind eher grenzüberschreitende Probleme und negative Externalitäten virulent, die ein gemeinschaftliches bzw. solidarisches Vorgehen erfordern. *Jale Tosun* untersucht in ihrem Beitrag anhand von Fallstudien die Möglichkeiten für solidarisches Verhalten von Mitgliedstaaten und die Grenzen dieser Solidarität in der EU-Umweltpolitik. Unterschiedliche Umweltstandards, Umsetzungskapazitäten und umweltpolitische Präferenzen erschweren eine Einigung auf gemeinsame umweltpolitische Maßnahmen.

Diese Probleme sind auch in der EU-Energiepolitik zu beobachten. Hier ist sogar vertraglich festgelegt, dass energiepolitische Maßnahmen »im

Geiste der Solidarität zwischen den Mitgliedstaaten« getroffen werden sollen mit dem Ziel, das Funktionieren des Energiemarktes und die Energieversorgungssicherheit zu gewährleisten sowie Energieeffizienz, Energieeinsparung, den Einsatz erneuerbarer Energien und die Interkonnektion der Energienetze zu fördern (Art. 194,1 AEUV). *Michèle Knodt* und *Nadine Piefer* zeigen, dass sich die EU-Energiepolitik an den drei Normen Nachhaltigkeit, Wettbewerbsfähigkeit und Sicherheit orientiert, wobei intergouvernementale Solidarität vor allem auf die Sicherheitsnorm zielt. Energiesolidarität muss somit in erster Linie als Versorgungssicherheit verstanden werden.

Ein klassisches Feld für intergouvernementale Solidarität ist zudem die Gemeinsame Außen- und Sicherheitspolitik (GASP). Zwischenstaatliche Solidarität im außen- und sicherheitspolitischen Kontext der EU ist sowohl Fundament als auch Ziel der GASP. *Carolin Rüger* argumentiert in ihrem Beitrag, dass Solidarität in diesem Politikbereich zwar vertragsrechtlich eine große Rolle spielt, insgesamt aber stark an die Souveränität der Mitgliedstaaten geknüpft ist, da ureigene Staatskompetenzen betroffen sind. Entsprechend existieren zahlreiche Flexibilisierungsmechanismen, beispielsweise Dänemarks Opt-out Klausel oder die Möglichkeit der konstruktiven Enthaltung, die eine flexible Zusammensetzung der Solidaritätsgemeinschaft je nach Sachverhalt ermöglichen. Eine solche variable Solidarität erschwert jedoch eine verlässliche Zusammenarbeit in einer außen- und sicherheitspolitischen Gemeinschaft.

Auch *Nicolai von Ondarza* identifiziert autonomieschonende Elemente in seiner Darstellung der Solidaritätsklausel (Art. 222 AEUV), einem an sich gemeinschaftsförderlich angelegten Instrument der gegenseitigen Hilfe im Falle eines Terroranschlags, einer Naturkatastrophe oder einer vom Menschen verursachten Katastrophe. Der Vertragstext beschwört eine Gemeinschaft, die in der Not zusammensteht und der gegenseitigen Hilfe verpflichtet ist. Autonomieschonende Elemente finden sich in der konkreten Ausgestaltung der Klausel, die beispielsweise Zeitpunkt und Umfang des Beistands betreffen und vom betroffenen Mitgliedstaat bestimmt werden können. Zudem ist die Einrichtung einer Subsidiaritätsschwelle geplant, die definiert, dass nur schwere Katastrophen, die die Fähigkeiten des betroffenen Mitgliedstaates überfordern, für die Anwendung der Klausel zuzulassen sind. Damit würde die EU nur solche Fälle für den Solidaritätsfall als legitim anerkennen, die ihren Werten der Subsidiarität und Autonomieschonung entsprechen.

Internationale Solidarität

Internationale Solidarität zielt ebenfalls auf kollektive Akteure. Auf horizontaler Ebene meint dies Solidarität im Sinne einer Außendimension europäischer Politik, in der sich die EU als Ganzes mit Gesellschaften und Staaten in internationalen Arenen auseinandersetzt. Artikel 3 EUV bezieht sich ausdrücklich auch auf die internationale Dimension:

> »In ihren Beziehungen zur übrigen Welt schützt und fördert die Union ihre Werte und Interessen und trägt zum Schutz ihrer Bürgerinnen und Bürger bei. Sie leistet einen Beitrag zu Frieden, Sicherheit, globaler nachhaltiger Entwicklung, Solidarität und gegenseitiger Achtung unter den Völkern [...].« (Art. 3,5 EUV)

Im Sinne einer Innen-Außenanalogie wird hier darauf hingewiesen, dass die EU Solidarität als einen ihrer inneren Werte auch in ihren Außenbeziehungen verfolgt. *Isabelle Tannous* stellt in ihrem Beitrag zum einen die intergouvernementale Solidarität der Mitgliedstaaten bei der Erbringung von Entwicklungshilfeleistungen dar. Zum anderen skizziert sie die Entwicklung der Beziehungen der EU mit Entwicklungsländern und berücksichtigt somit auch Elemente einer internationalen Solidarität der EU, insbesondere mit der Gruppe der afrikanischen, karibischen und pazifischen Staaten (AKP-Staaten). Tannous stellt fest, dass hier eine historisch bedingte Solidarität mit den Entwicklungsländern zunehmend durch das Konzept der Partnerschaften zum wechselseitigen Vorteil und das Schlüsselziel der Armutsbekämpfung abgelöst wird.

Literatur

Bast, Jürgen 2014: Solidarität im europäischen Einwanderungs- und Asylrecht; In: Kadelbach, Stefan (Hrsg.): Solidarität als europäisches Rechtsprinzip?, Baden-Baden, 19-32.

Bayertz, Kurt 1998: Begriff und Problem der Solidarität; In: ders. (Hrsg.): Solidarität. Begriff und Problem, Frankfurt/M., 11-53.

Benz, Arthur 2004: Multilevel Governance – Governance in Mehrebenensystemen; In: ders. (Hrsg.): Governance – Regieren in komplexen Regelsystemen, Wiesbaden, 125-146.

Callies, Christian 1999: Subsidiaritäts- und Solidaritätsprinzip in der Europäischen Union, 2. Aufl., Baden-Baden.

Durkheim, Emile 1988: Über soziale Arbeitsteilung: Studie über die Organisation höherer Gesellschaften, Frankfurt/M.

Faist, Thomas 2000: Soziale Bürgerschaft in der Europäischen Union: Verschachtelte Mitgliedschaft; In: Bach, Maurizio (Hrsg.): Die Europäisierung nationaler Gesellschaften, Kölner Zeitschrift für Soziologie und Sozialpsychologie, Sonderheft Nr. 40, Opladen, 229-250.

Heinemann, Friedrich (2012), Die Europäische Schuldenkrise: Ursachen und Lösungsstrategien, Jahrbuch für Wirtschaftswissenschaften 63 (1), 18-41.

Kleger, Heinz/Mehlhausen, Thomas 2013: Unstrittig und doch umstritten – europäische Solidarität in der Eurokrise; In: PVS, 54 (1), 50-74.

Mau, Steffen 2009: Europäische Solidarität. Erkundung eines schwierigen Geländes; In: Harnisch, Sebastian/Maull, Hanns W./Schieder, Siegfried (Hrsg.): Solidarität und internationale Gemeinschaftsbildung. Beiträge zur Soziologie der internationalen Beziehungen, Frankfurt a. M./New York, 63-87.

Menéndez, Agustin José 2003: The Sinews of Peace: Rights to Solidarity in the Charter of Fundamental Rights of the European Union; In: Ratio Juris, 16 (3), 374-398.

Münch, Richard 2001: Offene Räume. Soziale Integration diesseits und jenseits des Nationalstaates, Frankfurt/M.

Offe, Claus 2001: Gibt es eine europäische Gesellschaft? Kann es sie geben?; In: Blätter für deutsche und internationale Politik, 4, 423-435.

Pernice, Ingolf 2013: Solidarität in Europa, WHI-Paper, 01/2013, Berlin

Preuß, Ulrich K. 1998: Nationale, supranationale und internationale Solidarität; In: Bayertz, Kurt (Hrsg.): Solidarität. Begriff und Problem, Frankfurt/M., 399-410.

Sangiovanni, Andrea 2013: Solidarity in the European Union; In: Oxford Journal of Legal Studies, 33 (2), 213-241.

Scharpf, Fritz W. 1996: Politische Optionen im vollendeten Binnenmarkt; In: Jachtenfuchs, Markus/Kohler-Koch, Beate (Hrsg.): Europäische Integration, Opladen, 109-140.

Solidarität als Rechtsprinzip der Europäischen Union[1]

Marcus Klamert

1. Einleitung

Die Verortung der Solidarität als Rechtsprinzip, wie dies der Titel suggeriert, ist schnell bei der Hand. Es scheint keiner weiteren Erklärung zu bedürfen, dass die Solidarität im Unionsrecht Prinzipiencharakter hat und somit von grundlegender Bedeutung ist. Darauf deuten nicht nur die Vielzahl an Erwähnungen der Solidarität im Vertrag hin, auf die ich nachfolgend überblicksmäßig eingehen werde, sondern auch Kapitel IV der Charta der Grundrechte, welches den Titel Solidarität trägt, sowie die Tatsache, dass der Gerichtshof wiederholt auf die Solidarität rekurriert hat, wie ich ebenfalls darstellen werde.

Die Charakterisierung der Solidarität als Rechtsprinzip wirft jedoch mehr Fragen auf als sie beantwortet. Welcher Natur ist ein solches Prinzip der Solidarität? Ist es vergleichbar mit anderen Rechtsgrundsätzen des Unionsrechts wie etwa der Loyalität, dem Prinzip der begrenzten Einzelermächtigung, oder gar dem Prinzip des Vorrangs des Unionsrechts? Diese drei Referenzen belegen bereits, dass die Qualifikation als Prinzip zu Vergleichen verleitet, die vielleicht nicht angebracht sind. Eine weitere Frage ist jene nach der rechtlichen Wirkung eines derart angenommenen Solidaritätsprinzips. Ist es rechtlich verbindlich oder eher politische und ethische Maxime? Ist es direkt anwendbar, wie etwa die Unionsgrundrechte, ist es Auslegungsmaßstab, Rechtmäßigkeitsmaßstab oder findet es überhaupt keine konkrete Anwendung in der Lösung von Rechtsproblemen des Unionsrechts?

In der Literatur scheint nur betreffend der Frage der Bedeutung der Solidarität Einigkeit zu herrschen. In allen anderen Fragen muss man hingegen entweder ein Panoptikum an Meinungen konstatieren oder ein beredtes Schweigen. Ich werde im Nachfolgenden argumentieren, dass Soli-

---

1 Dieser Beitrag ist eine Adaptierung und Erweiterung von Argumenten in *Klamert, Marcus* 2014: The Principle of Loyalty in EU Law, Oxford.

darität erstens ein Rechtsprinzip ist, welches vor allem im Verhältnis zwischen den Mitgliedstaaten wirkt. Dies zeigt sich insbesondere in der Gemeinsamen Außen- und Sicherheitspolitik (GASP), in der die Solidarität auch einen vornehmlich politischen und nicht-verbindlichen Charakter hat.

Zweitens werde ich zeigen, dass das Solidaritätsgebot im Unionsrecht bestimmte Funktionen hat, die es mit anderen Grundprinzipien des EU-Rechts kaum vergleichbar macht. Diese Abgrenzung betrifft auch das Loyalitätsprinzip, welches immer wieder in Zusammenhang mit dem Solidaritätsprinzip gebracht wird.

Drittens soll gezeigt werden, welche mannigfaltige Rolle die Solidarität im Unionsrecht spielt und wie vor allem der Europäische Gerichtshof (EuGH) das Prinzip in sehr unterschiedlicher Form anwendet. Beginnen werde ich mit einer begrifflichen Annäherung an den Solidaritätsbegriff.

2. Begriffliche und kontextuelle Verortung

Im gewöhnlichen Sprachgebrauch wird Solidarität definiert als eine Form der Verpflichtung mit wechselseitigen und unteilbaren Belastungen oder Rechten (siehe etwa Oxford English Dictionary 1989). Der Duden definiert Solidarität als »unbedingtes Zusammenhalten mit jemandem aufgrund gleicher Anschauungen und Ziele«. Solidarität beschreibt eine Verbindung zwischen Individuen, welche ein gemeinsames Ziel verfolgen oder einen gemeinsamen Feind bekämpfen, sowie als Ausdruck dieser Verbindung eine Bereitschaft psychologische und/oder materielle Unterstützung zu geben, wenn eine andere Person in einer schwierigen Lage ist oder Zuwendung bedarf (siehe etwa Stjernø 2005, 88f.). Soziale Solidarität, welche das Ausmaß und die Art der Integration einer Gesellschaft oder Gruppe gegenüber Anderen bezeichnet (Jary/Jary 1991, 621), entspricht somit dem gewöhnlichen Sprachgebrauch des Begriffs Solidarität. Damit hat das Konzept der Solidarität jedoch im Wesentlichen eine politische und ethische Dimension (Ross 2009, 85). Vertreten wird auch eine Unterscheidung zwischen »negativer« und »positiver« Solidarität, welche jedoch eher geeignet ist Verwirrung zu stiften als begrifflicher Klarheit zu dienen.[2]

Im Unionsrecht wurde Solidarität mit einigen anderen Begriffen bzw. Konzepten in Zusammenhang gebracht. Solidarität wurde etwa als der wesentliche Agonist für die Durchsetzung des Subsidiaritätsprinzips durch die Mitgliedstaaten gesehen (Ross 2010, 42). Zudem wurden Subsidiaritätsprinzip und Solidaritätsprinzip als zwei Seiten einer Medaille betrachtet (Bickenbach 2013, 537). Dies begründet sich vor allem auf der Rolle der Solidarität im Kontext der Dienstleistungen von allgemeinem wirtschaftlichen Interesse, auf die ich noch zu sprechen kommen werde. Solidarität wurde auch verschiedentlich mit den in Artikel 4 EUV verankerten Grundsätzen in Verbindung gebracht, dies jedoch nicht immer in nachvollziehbarer Weise. So behauptet Vedder ohne nähere Begründung, dass die in Artikel 4 (2) EUV geforderte Achtung nationaler Identitäten eine Ausprägung eines allgemeinen Loyalitätsgebots wäre, und weiter, dass diese nationale Identität in einem Spannungsverhältnis stehe mit dem Prinzip der Solidarität (Vedder 2007, Rdnr. 1, 18.). Gleichzeitig argumentiert Vedder jedoch, dass die Pflicht zur Zusammenarbeit zwischen Mitgliedstaaten als Ausfluss des allgemeinen Loyalitätsprinzips gemäß Artikel 4 (3) EUV eine Verallgemeinerung des Prinzips der Solidarität zwischen den Mitgliedstaaten sei (ebd., Rdnr. 18; siehe auch Lenaerts/Van Nuffel 2011, 147). Loyalität wird somit sowohl mit Solidarität als auch mit der Achtung nationaler Identitäten gleichgesetzt, wobei den beiden letztgenannten Prinzipien dann ein Spannungsverhältnis unterstellt wird. Oftmals wird das Rechtsprinzip der Solidarität mit jenem der Loyalität einfach gleichgesetzt (Zuleeg 1997, Rdnr. 1; Kaufmann-Bühler 2010, Rdnr. 38; Bitterlich 2010, Rdnr. 6; Söllner 1985) Für Calliess, etwas konkreter, ist Artikel 4 (3) EUV die prozessuale Manifestation des Prinzips der Solidarität (Calliess 2011b, 228; Calliess 2011a, Rdnr. 9). Eine enge Beziehung zwischen Solidarität und Kooperation (allerdings nicht Loyalität) wird auch von Tomuschat konstatiert (Tomuschat 2010, 44; siehe auch Hillion 2009, 8; de Baere 2008, 253). Ross sieht Artikel 4 (3) EUV als »clearest example of the levels of activity and commitment which classical solidarity demands« (Ross 2010, 42).

---

2   Vgl. die widersprüchliche Verwendung bei *Borger* 2013, 11 mit jener durch *Wellens* 2010, 4.

Diese Begriffsverwirrungen klären sich, wenn, wie später argumentiert wird, die Solidarität als vornehmlich horizontal wirkendes Prinzip verstanden wird, während die Achtung nationaler Identität ebenso wie das Loyalitätsgebot (wenn auch in der Stoßrichtung gegenläufig) die vertikale Achse tangiert (dazu Klamert 2014 sowie unten). Die weitestgehende Gleichsetzung von Loyalität und Solidarität verkennt somit die spezifischen Wirkungsweisen und Funktionen des Solidaritätsprinzips im Unionsrecht als zwischen den Mitgliedstaaten wirkendes horizontales Regelungsprinzip, welches die vertikale Beziehungsebene zwischen Union und Mitgliedstaaten in rechtlicher Hinsicht komplementiert (siehe auch Rossi 2011, Rdnr. 2; ähnlich Terhechte 2010, Rdnr. 57).

3. Solidarität als (allgemeines) Rechtsprinzip

Allgemeine Rechtsprinzipien können definiert werden als grundsätzliche Rechtssätze, welche einem Rechtssystem zu Grunde liegen und aus denen konkrete Regeln oder Ergebnisse abgeleitet werden können (Tridimas 2006, 1; ähnlich Herdegen 2000, 17). Diese Aussage aus dem Kontext des Unionsrechts spiegelt Dworkin's Unterscheidung zwischen Regeln und Prinzipien wieder (Dworkin 1978). Raz unterscheidet einerseits zwischen substantiellen Prinzipien, welche ein Ziel vorgeben, das verfolgt werden soll oder einen Wert, der gewahrt werden soll, und Prinzipien des Ermessens andererseits, welche die Ausübung von Ermessen von Rechtsanwendern determinieren durch Vorgabe der durch diese zu beachtenden Ziele und Werte (Raz 1984, 76). Griller hat hingegen dargelegt, dass es keinen grundsätzlichen Unterschied zwischen Regeln und Prinzipien gibt (Griller 2011, 64ff.).

Diese rechtstheoretischen Schwierigkeiten lassen sich gut an Hand des Unionsrechts illustrieren; und nicht nur dort, wie ähnliche Debatten im Völkerrecht belegen (Diskussion nach dem Vortrag von Wellens 2010, 54ff.). Gestützt auf die Unterscheidung zwischen Prinzipien und Regeln wird argumentiert, dass allgemeinen Rechtsprinzipien eine besondere Bedeutung zukommt im Gefüge des Unionsrechts, und dass sie sich dadurch auszeichnen, dass sie keine Rechtsfolgen vorgeben, welche in bestimmten Umständen eintreten (Wouters/Coppens/Geraets 2012, 44). Wie nachfolgend gezeigt wird, ist dies jedoch eine Vereinfachung, die den Blick verstellt auf die Unterschiedlichkeit jener Grundsätze, die im Unionsrecht als (allgemeine) Rechtsprinzipien diskutiert werden. Wie gezeigt werden soll, sehen manche Prinzipien des Unionsrechts durchaus (auch) konkrete Rechtsfolgen vor.

In der Literatur wird oftmals unterschieden zwischen generellen Prinzipien der Rechtsstaatlichkeit wie die Grundrechte, Gleichheit und Verhältnismäßigkeit, allgemeinen Rechtsprinzipien des materiellen Unionsrechts wie die Grundfreiheiten, sowie systemischen Prinzipien, welche der verfassungsmäßigen Struktur der Union zu Grunde liegen und die rechtliche Gestalt der Union definieren. Letztere sind etwa der Vorrang des Unionsrechts, die begrenzte Einzelermächtigung, Subsidiarität und die Direktwirkung (Tridimas 2006, 4; Lenaerts/Van Nuffel 2011, 851; Pernice/Mayer 2002, Rdnr. 26-29; ähnlich Frenz 2010, 182 mwN). Sie werden auch als Strukturprinzipien bezeichnet.[3] Bis vor Kurzem konnte man auch argumentieren, dass echte allgemeine Rechtsgrundsätze keine textliche Grundlage hätten, sondern aufgespürt, verstanden und anerkannt werden müssten (siehe Groussot/Lidgard 2008, 159). Tatsächlich wurden die allgemeinen Rechtsprinzipien des Unionsrechts bisher entweder aus der Europäischen Menschenrechtskonvention (EMRK) und aus den gemeinsamen Verfassungstraditionen der Mitgliedstaaten hergeleitet, oder durch eine Gesamtschau des Unionsrechtssystems ermittelt (vgl. näher Herdegen 2008, 346ff.; Craig/de Búrca 2011, 369ff; Potacs 1994, 235ff). Dieses Charakteristikum ist jedoch wohl spätestens seit der Einführung der Charta der Grundrechte der Europäischen Union etwas in den Hintergrund getreten. Diese Charta hat nun noch eine weitere Kategorie von »Grundprinzipien« eingeführt, welche von den dort auch verankerten »Grundrechten« abzugrenzen sind (siehe Meyer 2006, Rdnr. 33).

Die oben dargestellte Unterscheidung zwischen rechtsstaatlichen und systemischen Prinzipien greift zu kurz im Kontext des Unionsrechts. Unterschieden werden sollte zwischen solchen »Prinzipien«, welche nach klar festgelegten Regeln in konkreten Fällen angewendet werden können (»Prinzipien mit Regelfunktion«). Davon sind solche Prinzipien zu unterscheiden, welche zur Lückenschließung bzw. zur Rechtsfortbildung des Unionsrechts vom EuGH herangezogen werden[4] (»Prinzipien mit Leitfunktion«). Schließlich können solche Prinzipien abgegrenzt werden,

---

3   Siehe AG Kokott in ihren Schlussanträgen in der Rs. C-370/12 Pringle, Slg. 2012, I-00000

4   Siehe zu diesen Funktionen von Rechtsprinzipien *Tridimas* 2006, 17ff., 29

welchen (auch) eine Funktion als Rechtmäßigkeits- und Auslegungsmaßstab zukommt (»Prinzipien mit Maßstabsfunktion«).

Betreffend die Funktionen der so unterschiedenen Rechtsgrundsätzen
wird den rechtsstaatlich geprägten Prinzipien, wie der Gleichheit und der
Verhältnismäßigkeit, zugeschrieben, dass sie Rechtmäßigkeitsmaßstab
und direkt anwendbar sind (vgl. Tridimas 2006, 31ff.). So werden Unionsmaßnahmen für nichtig erklärt im Rahmen der Verfahren nach Art. 263
AEUV oder Art. 267 AEUV, wenn sie gegen diese Grundsätze verstoßen.[5]
Rechtsstaatlichen Prinzipien kommt auch eine Funktion als Auslegungsmaßstab zu auf Grund ihrer Verortung im Rang des Primärrechts, wodurch
Unionsrechtsakte in ihrem Licht ausgelegt werden müssen.[6] Grundrechte
schließlich, als weiterer Fall rechtsstaatlicher Prinzipien, sind direkt anwendbar im nationalen Recht und Einzelne können sich daher auf sie
berufen.

Es kann somit zwar gesagt werden, dass diese rechtsstaatlichen Prinzipien von grundlegender Bedeutung sind, es kann jedoch nicht behauptet
werden, dass sie keine Rechtsfolgen vorgeben, welche in bestimmten Umständen eintreten. Im Gegenteil, sie sind vollstreckbar und unmittelbar anwendbar auf Sachverhalte des Unionsrechts. Sie sind im Unterschied zu
einigen der nachfolgend besprochenen systemischen Prinzipien jedoch
nicht rechtsfortbildend. Rechtsstaatliche Prinzipien sind somit Prinzipien
mit Regelfunktion und Maßstabsfunktion.

Dem bereits erwähnten Loyalitätsprinzip[7] kommt sowohl Regelcharakter als auch Leitfunktion, jedoch keine Maßstabsfunktion zu. Als
Rechtsregel wird es vom EuGH angewendet etwa als Grundlage der Verpflichtung des Austausches notwendiger Informationen zwischen der
Kommission und mitgliedstaatlichen Behörden im Vertragsverletzungs-
verfahren. Gleichzeitig wird es auch zur Rechtsfortbildung bzw. Lückenschließung im Unionsrecht herangezogen. Anders als rechtsstaatliche
Prinzipien diente es jedoch bisher nicht als Auslegungsmaßstab und
spielte auch keine Rolle als Rechtmäßigkeitsmaßstab für Sekundärrecht.
Auch ist das Loyalitätsprinzip selbst nicht direkt anwendbar. Als system-
ische Prinzipien mit Leitfunktion und Regelcharakter könnte man auch das
Vorrangprinzip, die Direktwirkung und die Staatshaftung bezeichnen. So

---

5   Vgl. etwa Rs. C-326/88 Hansen & Soen, Slg. 1990, I-2911, Rdnr. 19.

6   Vgl. *Tridimas* 2006, 29; siehe Rs. 218/82 Kommission gg Rat, Slg. 1983, 4063,
    Rdnr. 15.

7   Zum Loyalitätsprinzip eingehend *Klamert* 2014.

ist die Direktwirkung nach bestimmten Voraussetzungen (Unbedingtheit, hinreichende Bestimmtheit) auf Rechtsstreitigkeiten anwendbar und schreibt auch eine konkrete Rechtsfolge vor, nämlich die Unanwendbarkeit der entgegenstehenden nationalen Bestimmung.

Solidarität schließlich, wie wir sehen werden, ist ein systemisches Prinzip mit eingeschränkter Maßstabsfunktion ohne Leitfunktion und ohne Regelcharakter. Es begründete bisher weder eigenständige Verpflichtungen für die Mitgliedstaaten oder die Unionsorgane, noch wurde es rechtsfortbildend angewendet durch den EuGH, noch war es Rechtmäßigkeitsmaßstab für Unionsrechtsakte. Wenn auch Loyalität und Solidarität somit mehr gemein haben als jedes dieser Prinzipien mit den genannten rechtstaatlichen allgemeinen Rechtsgrundsätzen, wie etwa den Grundrechten, sind die beiden Prinzipien dennoch sehr unterschiedlich nicht nur was ihre Funktionen, sondern auch was ihre primäre Wirkungsrichtung betrifft.

Dieser Unterschied wird deutlich, wenn man die Rolle der Solidarität im Anwendungsbereich der GASP in den Blick nimmt. Während die oben genannten Prinzipien vornehmlich die vertikale Achse zwischen der Union und den Mitgliedstaaten (und deren Bürgern) regeln (Vorrang, Subsidiarität, Verhältnismäßigkeit, Grundrechte), liegt der Schwerpunkt der Wirkungsrichtung der Solidarität auf der horizontalen Beziehung zwischen den Mitgliedstaaten. Im Folgenden wird jedoch zuerst die Anwendung der Solidarität außerhalb der GASP diskutiert, wo Solidarität zumindest in einem Anwendungsbereich auch vertikal wirkt.

4. Solidarität außerhalb der GASP

4.1. Solidarität als Zielbestimmung

Der Charakter der Solidarität als zentrale »Zielbestimmung« des Unionsrechts ergibt sich aus der Bezugnahme in Artikel 2 EUV auf die Solidarität als gemeinsamen Wert der Gesellschaften der Mitgliedstaaten der EU. Auch die Prominenz der Solidarität in der Charta der Grundrechte der Union belegt dessen grundlegende Bedeutung im Unionsgefüge. Aus der Grundrechtscharta lassen sich jedoch kaum Rückschlüsse auf die konkrete Natur der Solidarität im Unionsrecht ableiten. Solidarität ist dort der Titel für sehr unterschiedliche Bestimmungen, wie etwa zu Arbeitnehmerrechten, sozialen Rechten und Gesundheitsschutz, Umweltschutz und Verbraucherschutz. Diese Bestimmungen sind wohl überwiegend auch keine Grundrechte im Sinne direkt durchsetzbarer Abwehr- oder Gewährleistungsrechte, sondern »Grundprinzipien« mit verringertem rechtlichen Gehalt.[8]

Es besteht eine klare Verbindung zwischen der Solidarität und der Kohäsionspolitik, welche in Artikel 3 EUV zum Ausdruck kommt (vgl. auch Hartwig in diesem Band). Auch nach Artikel 36 der Charta anerkennt und achtet die Union den Zugang zu Dienstleistungen von allgemeinem wirtschaftlichen Interesse »um den sozialen und territorialen Zusammenhalt der Union zu fördern.« In Artikel 3 Abs. 3 EUV wird weiters die Solidarität zwischen den Generationen als ein Ziel der Union genannt. In Absatz 5 wird erklärt, dass die Union einen Beitrag zur Solidarität und der gegenseitigen Achtung zwischen den Völkern leistet. Auch Artikel 194 AEUV, der zum dritten Teil über »Die internen Politiken und Maßnahmen der Union« gehört und den einzigen Artikel des Titels XXI (»Energie«) darstellt, normiert in seinem Abs. 1 die Ziele, die die Energiepolitik der Union »im Geiste der Solidarität zwischen den Mitgliedstaaten« im Rahmen der Verwirklichung oder des Funktionierens des Binnenmarkts verfolgen soll (vgl. auch Knodt/Piefer in diesem Band).

Solidarität als Zielbestimmung spielt auch in der Rechtsprechung des EuGH eine Rolle. In Artikel 122 (1) AEUV wird der Rat beauftragt »im Geiste der Solidarität zwischen den Mitgliedstaaten über die der Wirtschaftslage angemessenen Maßnahmen« zu entscheiden. Dieser Verweis auf die Solidarität fand sich in der Fassung vor Lissabon noch nicht. Artikel 3 EUV und 122 AEUV wurden von GA Kokott ins Treffen geführt gegen eine weite teleologische Auslegung des Artikels 125 AEUV, und somit gegen ein Verbot für die Mitgliedstaaten, sich im Notfall freiwillig gegenseitig Unterstützung zu leisten.[9] Aus dem Solidaritätsgedanken könne zwar keine Pflicht zu einer finanziellen Hilfe abgeleitet werden, wie sie durch den Europäischen Stabilitätsmechanismus geleistet werden sollte, durch ein Verbot *freiwillig* gegenseitige Hilfe zu leisten, würde jedoch »der Sinn und Zweck einer Union insgesamt in Frage gestellt« werden (ebd.).

---

8   Siehe Rs. C-176/12 Association de médiation sociale, noch nicht in Slg., zu Art. 27 der Charta

9   Schlussanträge GA Kokott in Rs. C-370/12 Pringle, Slg. 2012, I-00000, Rdnr. 143

In der Rechtssache *Pupino*[10] ging es um die Wirkung eines Rahmen-
beschlusses im Bereich der polizeilichen und justiziellen Zusammenarbeit
in Strafsachen (PJZS), der ehemals dritten Säule der EU, zu den Rechten
von Kindern als Zeugen in Strafverfahren im nationalen Recht. In *Pupino*
hat der Gerichtshof die Reichweite des Loyalitätsprinzips (jetzt in Art. 4
(3) EUV) auf die ehemalige dritte Säule ausgedehnt und damit eine
Verpflichtung zur Auslegung nationalen Rechts im Lichte von Rahmen-
beschlüssen begründet. Das Hauptargument des EuGH basierte auf ex
Artikel 1 EUV (Nizza), nach welchem die Beziehungen zwischen den
Mitgliedstaaten im Sinne der Konsistenz und Solidarität ausgestaltet sein
sollen.[11] Generalanwältin Kokott hat daraus offenbar ein allgemein und
damit auch in der ehemaligen dritten Säule geltendes Prinzip der loyalen
Zusammenarbeit abgeleitet.[12] Kokott scheint das Loyalitätsprinzip und
damit all seine daraus abgeleiteten Rechtspflichten für die Mitgliedstaaten
als eine Ausprägung von Konsistenz und Solidarität zu sehen (vgl.
Calliess 2011, Rdnr. 61). Dem ist insofern zuzustimmen, wenn man die
Loyalitätspflichten und damit die Auslegungspflicht in *Pupino* in Bezug
bringt zur Vorgabe der Einheitlichkeit. Auslegungspflichten der mitgliedstaatlichen Institutionen sind teils Notwendigkeiten der Herstellung von
Konsistenz in der Anwendung der Unionsmaßnahmen geschuldet (»con-
sistent« interpretation). Die Herleitung von Loyalitätspflichten über den
Weg der Solidarität, welche der Solidarität damit indirekt eine über den
Charakter der Zielbestimmung hinausgehende Bedeutung geben würde, ist
somit hingegen nicht eindeutig.[13]

Als Zielbestimmung hat die Solidarität somit keine Regelfunktion und
nur eine sehr eingeschränkte Funktion als Auslegungsmaßstab. Letztere
allerdings erschließt sich klarer, wenn man im Folgenden auch die Rolle
der Solidarität für den vor allem finanziellen Zusammenhalt zwischen den
Mitgliedstaaten in den Blick nimmt.

---

10 Rs. C-105/03 Pupino, Slg. 2005, I-5285
11 Rs. C-105/03 Pupino, Slg. 2005, I-5285, Rdnr. 41
12 Schlussanträge, Rs. C-105/03 Pupino, Slg. 2005, I-5285, Rdnr. 26
13 Zur Argumentation des EuGH in Pupino eingehender *Klamert* 2014, 272ff.

4.2. Solidarität und der Zusammenhalt zwischen den Mitgliedstaaten

Im Vertrag von Lissabon finden sich mehrfache Erwähnungen der Solidarität im Zusammenhang mit Beistandspflichten zwischen den Mitgliedstaaten sowie der gerechten Verteilung finanzieller Lasten innerhalb der Union. Am deutlichsten kommt dies in der Solidaritätsklausel des Artikels 222 AEUV zum Ausdruck (vgl. auch von Ondarza in diesem Band). Demnach handeln die Union und ihre Mitgliedstaaten »gemeinsam im Geiste der Solidarität, wenn ein Mitgliedstaat von einem Terroranschlag, einer Naturkatastrophe oder einer vom Menschen verursachten Katastrophe betroffen ist«. Dies macht Solidarität zu einem Ausdruck des Grundsatzes der Gleichheit aller Mitgliedstaaten in der Europäischen Union, welcher deren Zusammenhalt einfordert durch Zusicherung gegenseitiger finanzieller und sonstiger Unterstützung.[14] Im Völkerrecht wird der Solidarität eine sehr ähnliche Rolle vornehmlich in Bezug auf internationale Katastrophenhilfe, humanitäres Völkerrecht sowie Staatenverantwortlichkeit zugeschrieben (vgl. Wellens 2010, 2ff.). Solidarität wird im WTO-Recht auch mit dem Meistbegünstigungsprinzip assoziiert, einem ebenfalls zwischen den Vertragsparteien wirkenden Grundsatz. Die grundlegend unterschiedliche Bedeutung von Loyalität und Solidarität reflektiert auch hier in der Tatsache, dass Loyalität stärkere Ähnlichkeit mit dem völkerrechtlichen Grundsatz *pacta sunt servanda* aufweist (dazu Klamert 2014, 41ff.).

Artikel 67 AEUV zum Titel IV »Freiheit, Sicherheit und des Rechts« fordert die Union auf, »eine gemeinsame Politik in den Bereichen Asyl, Einwanderung und Kontrollen an den Außengrenzen, die sich auf die Solidarität der Mitgliedstaaten gründet und gegenüber Drittstaatsangehörigen angemessen ist« zu entwickeln (vgl. dazu auch Bast in diesem Band). Artikel 80 EUV ergänzt, dass in diesem Bereich »der Grundsatz der Solidarität und der gerechten Aufteilung der Verantwortlichkeiten unter den Mitgliedstaaten, einschließlich in finanzieller Hinsicht« gilt. Richtlinie 2001/55/EG sieht Mindestnormen für die Gewährung vorübergehenden Schutzes im Falle eines Massenzustroms von Vertriebenen vor, sowie »Maßnahmen zur Förderung einer ausgewogenen Verteilung der

---

14 Siehe auch die Bezugnahmen auf Solidarität im Zusammenhang mit der Finanzkrise bei *Häde* 2010, 854ff. und *Borger* 2013; vgl. jedoch die zutreffend kritischen Anmerkungen zur Bedeutung der Solidarität in diesem Kontext bei *Potacs* 2013, 133ff.

Belastungen, die mit der Aufnahme dieser Personen und den Folgen dieser Aufnahme verbunden sind«.[15] Wie aus dem 20. Erwägungsgrund dieser Richtlinie hervorgeht, soll sie u.a. einen Solidaritätsmechanismus zur Verteilung dieser Lasten schaffen.[16] Auch die Agentur zum Schutz der Außengrenzen der Union soll »die Solidarität zwischen den Mitgliedstaaten« fördern (Art. 1 (3) der Verordnung Nr. 2007/2004). Dazu hat auch der EuGH entschieden, dass alle Mitgliedstaaten »einen gerechten Teil der Verantwortung hinsichtlich der finanziellen Lasten übernehmen müssen, die sich aus der Umsetzung gemeinsamer asyl- und einwanderungspolitischer Maßnahmen ergeben.«[17] Dieser Aspekt der Solidarität bezieht sich auch allgemein auf den Haushalt der Union. Ein Mitgliedstaat darf sich somit nicht den Verpflichtungen entziehen, »die ihm aus der finanziellen Solidarität in Bezug auf den Haushalt der Union erwachsen.«[18]

In einem oft in Besprechungen des Solidaritätsprinzips genannten und als Beleg einer weiterreichenden, dem Loyalitätsgebot entsprechenden Bedeutung des Prinzips angeführten Fall erkannte der EuGH, dass die Solidarität die Grundlage des gesamten Unionssystems sei und in Einklang stünde mit den Grundsätzen des jetzigen Artikels 4 (3) EUV.[19] Diese Entscheidung betraf eine unilaterale Maßnahme von Frankreich im Bereich der Geldpolitik. Frankreich wurde einer unrechtmäßigen Ausübung der ihr vorbehaltenen Zuständigkeiten sowie einer Verletzung der Regeln über Staatsbeihilfen für schuldig befunden. In einem anderen Fall sprach der Gerichtshof von einer Verpflichtung der Solidarität, welche die Mitgliedstaaten durch ihre Zugehörigkeit zur Union eingegangen wären, und deren Verletzung die Rechtsordnung der Gemeinschaft »bis in ihre Grundfesten« beeinträchtigen würde.[20] Dabei ging es wieder um eine eigenmächtige Maßnahme, diesmal von Italien und betreffend die Implementierung einer Verordnung im Bereich der gemeinsamen Agrarpolitik.

In beiden Fällen war die Vertragsverletzung jedoch nicht auf einen Verstoß gegen ein Prinzip der Solidarität oder auch nur gegen aus dieser abge-

---

15 Richtlinie 2001/55/EG, Amtsblatt der Europäischen Gemeinschaften L 212, 12.
16 Zum Europäschen Flüchtlingsfonds vgl. *Rossi* 2011, Rdnr. 4f.
17 Rs. C-179/11 Cimade, Slg. 2012, I-00000, Rdnr 60
18 Rs. C-38/06 Kommission gg. Portugal, Slg. 2010, I-1569, Rdnr 67
19 Rs. 6 & 11/69 Kommission gg Frankreich, Slg. 1969, 523, Rdnr. 16; vgl. Blanquet 1994, 415
20 Rs. 39/72 Kommission gg Italien, Slg. 1973, 101, Rdnr. 25

leitete Pflichten gestützt, sondern alleine auf einen Verstoß gegen das Beihilfenverbot im erstgenannten Fall, und einen Verstoß gegen ex Artikel
189 EEC (jetzt Artikel 288 AEUV) in letzterem Urteil. Diese Fälle zeigen,
dass Solidarität im Unionsrecht eine Rolle spielt für das Gleichgewicht
zwischen den Vorteilen einerseits und den Pflichten andererseits, die aus
der Mitgliedschaft zur Union resultieren. In den Worten des EuGH:

> »Der Vertrag erlaubt es den Mitgliedstaaten, die Vorteile der Gemeinschaft für
> sich zu nutzen, er erlegt ihnen aber auch die Verpflichtung auf, deren Rechts-
> vorschriften zu beachten. Stört ein Staat [...] einseitig das mit der Zugehörigkeit
> zur Gemeinschaft verbundene Gleichgewicht zwischen Vorteilen und Lasten, so
> stellt dies die Gleichheit der Mitgliedstaaten vor dem Gemeinschaftsrecht in Frage
> und schafft Diskriminierungen [...]«[21]

Dieses Gleichgewicht verbietet das Unterminieren der Interessen der
Union durch das Verfolgen rein einzelstaatlicher (politischer) Interessen
(siehe auch Terhechte 2010, Rdnr. 57). Mit anderen Worten, Mitgliedstaaten dürfen nicht eigenmächtig handeln, wenn dadurch dieses Gleichgewicht gestört würde. Solidarität war in diesen Fällen daher ein Ideal, das
aufrechterhalten werden musste, jedoch keine justiziable Rechtspflicht der
Mitgliedstaaten und damit keine Grundlage einer Vertragsverletzung.

Diese Limitierung der Rechtswirkungen der Solidarität kann am Beispiel der Dublin II-Verordnung illustriert werden, welche die vornehm-
liche Verantwortlichkeit des Eintrittsmitgliedstaates für die Abwicklung
des Asylverfahrens vorsieht (Verordnung (EC) 343/2003, ABl. 2003, L
50, S. 1, vgl. auch Bast in diesem Band). Wenn ein Mitgliedstaat absicht-
lich oder auch schuldlos diese Verantwortung nicht mehr tragen kann,
wird das vereinbarte Gleichgewicht zwischen den Mitgliedstaaten und
damit das Solidaritätsprinzip verletzt. Rechtlich verbindliche Konsequenzen erfordern jedoch einen konkreten Verstoß gegen die Verordnungs-
bestimmungen bzw. subsidiär gegen die Loyalitätspflicht des Artikel 4 (3)
EUV. Eine Berufung auf die Solidarität *per se*, auch wenn diese der Verordnung zu Grunde liegt, kann keine Vertragsverletzung begründen.

Dies belegt die mangelnde Regelfunktion der Solidarität. Die Maßstabsfunktion wird hier erkennbar durch das Verständnis, das der EuGH dem
Beihilfenverbot sowie der Vertragsbestimmung zu Verordnungswirkungen

---

21 Rs. 39/72 Kommission gg Italien, Slg. 1973, 101, Rdnr. 25; Schlussanträge GA
    Geelhoed in Rs. C-304/02 Kommission gg Frankreich (Fischerei) Slg. 2005, I-
    6263, Rdnr. 8.

auf Basis von Solidaritätsgesichtspunkten beigemessen hat. Diese Maßstabsfunktion wird noch deutlicher in den folgenden Ausführungen, wo
sich auch zeigt, dass Solidarität im Unionsrecht sowohl eine interventionistische, für die Mitgliedstaaten pflichten-begründende Funktion haben
kann, als auch eine souveränitätsschonende Rolle zur Wahrung der Regu-
lierungsrechte der Mitgliedstaaten spielen kann. Diese Bereiche sind auch
jene, in denen die Solidarität, entgegen ihrer sonstigen Natur, die vertikale
Achse zwischen der Union und den Mitgliedstaaten betrifft.

4.3. Solidarität als Gegengewicht zur Marktlogik

Eine quasi auslegungsdeterminierende Funktion kommt der Solidarität im
Bereich der Grundfreiheiten zu. Wie schon Ross bemerkt hat, ist das Prinzip der Solidarität die zentrale, rechtliche Schnittstelle zwischen sozialer
Gerechtigkeit und den Anforderungen des gemeinsamen Marktes (Ross
2010, 42; Ross 2009, 94). Die Anwendung der Grundfreiheiten muss
daher mit sozialpolitischen Zielen abgewogen werden (Ross 2010, FN
103). Im *WUBO*-Fall ging es um eine Beschränkung der Zahl von Kriegs-
opferrentenbeziehern auf jene Personen, die während des Krieges oder
danach über ihren Wohnsitz eine Verbindung zum niederländischen Volk
hatten. Der EuGH erkannte, dass dieses »Ziel der Solidarität« zwar eine
objektive Erwägung des Allgemeininteresses darstellen könne, dabei
jedoch der Verhältnismäßigkeitsgrundsatz gewahrt sein müsse.[22]

Weiter determinieren Solidaritätsgesichtspunkte den Anwendungsbereich des EU-Wettbewerbsrechts betreffend Dienstleistungen von allgemeinem wirtschaftlichen Interesse.[23] Solidarität wurde in diesem Kontext
als ein neues Paradigma gesehen, welches eine Trennung zwischen Staat
und Markt überwindet (Krajewski 2009). Dienstleistungen im allgemeinen
Interesse gelten als solche als Ausdruck der Solidarität, als eine der wichtigsten Verbindungen zwischen dem Bürger und dem Staat (Wernicke
2009). Im *AG2R*-Fall ging es um eine juristische Person des Privatrechts
ohne Gewinnerzielungsabsicht als Träger einer Zusatzkrankenversicher-
ung als obligatorische Zusatzsicherung für alle Arbeitnehmer eines be-

---

22 Rs. C-192/05 K. Tas-Hagen und R. A. Tas gg. Raadskamer WUBO van de
    Pensioen- en Uitkeringsraad, Slg. 2006, I-10451, Rdnr 35
23 siehe Rs. T-289/03 *BUPA*, Slg. 2008, II-81

stimmten Wirtschaftszweiges.[24] Der dadurch verwirklichte soziale Zweck genügt nach dem EuGH jedoch nicht, die Einstufung der betreffenden Tätigkeit als wirtschaftliche Tätigkeit und damit eine Prüfung nach Artikel 102 AEUV auszuschließen. Zu prüfen sei insbesondere, »ob dieses System als Umsetzung des Grundsatzes der Solidarität angesehen werden kann« und ob es der Aufsicht des Staates unterliege.[25] Nur solche sozialen Leistungen, die der Staat in einer »rein solidarischen, steuer- oder beitragsfinanzierten Weise« erbringt, ohne Elemente des Wettbewerbs zwischen Leistungserbringern oder um Beitragszahler, sind somit vom Wettbewerbsrecht ausgenommen (Weiß 2013, 674).

Schließlich steht die Solidarität auch in einem Spannungsverhältnis zu den Rechtfertigungsmöglichkeiten der Mitgliedstaaten für Einschränkungen der Freizügigkeitsrechte von Unionsbürgern. Der EuGH hat sich auf Solidarität berufen zur Begründung von Verpflichtungen der finanziellen Solidarität gegenüber Unionsbürgern mit einem gewissen Grad der Integration in einem Mitgliedstaat.[26] Im Urteil *Bidar* betreffend eines von Großbritannien gewährten vergünstigten Darlehens nur für im Inland ansässige Studenten hatte der Gerichtshof festgestellt, dass die Mitgliedstaaten zwar aufgerufen seien, »bei der Organisation und Anwendung ihres Sozialhilfesystems eine gewisse finanzielle Solidarität mit den Angehörigen anderer Mitgliedstaaten zu zeigen«, es dabei jedoch nicht zu einer übermäßigen Belastung des Sozialsystems kommen dürfe.[27]

Solidarität spielt somit eine wichtige Rolle bei der Bestimmung des Anwendungsbereichs des Unionsrechts sowie generell bei der Austarierung der Anwendung bestimmter Vertragsbestimmungen im Spannungsfeld zwischen wirtschaftlichen und sozialen Erwägungen. Dies ist ein Beleg der Maßstabsfunktion der Solidarität. Dabei kann Solidarität sowohl eine interventionistische Funktion haben wie im Bereich der Unionsbürgerschaft als auch eine souveränitätsschonende Funktion wie im Bereich des Wettbewerbs- und Beihilfenrechts.

---

24 Rs. C-437/09 AG2R Prévoyance gegen Beaudout Père et Fils SARL, Slg. 2011, I-00000

25 Rs. C-437/09, *AG2R*, Slg. 2011, I-00000, Rdnr. 42

26 siehe Rs. C-413/01 Ninni-Orasche, Slg. 2003, I-13187; Rs. C-209/03 Bidar, Slg. 2005, I-2119; dazu *Barnard* 2005

27 Rs. C-209/03, Bidar, Slg. 2005, I-2119, Rdnr. 56; siehe nun weitergehend auch Rs. C-75/11 Kommission gg. Österreich, Slg. 2012, I-00000, Rdnr 60

Im Folgenden komme ich nun zur Bedeutung der Solidarität in der GASP als jenem Politikbereich, in dem die Solidarität am häufigsten genannt wird (vgl. ausführlich auch Rüger in diesem Band).

5. Solidarität in der GASP

Artikel 24 (3) EUV verpflichtet die Mitgliedstaaten die »Außen- und Sicherheitspolitik der Union aktiv und vorbehaltlos im Geiste der Loyalität und der gegenseitigen Solidarität« zu unterstützen. Obwohl dies die einzige Nennung von Loyalität in den EU-Verträgen in den Teilen zur GASP ist, wurde dies als Solidaritätsbestimmung bezeichnet (Bitterlich 2010, Rdnr. 6.) Tatsächlich zeigt ein kurzer Überblick über die Bestimmungen der GASP in den Verträgen, dass Solidarität das dominante Rechtsprinzip in diesem Politikbereich ist. Am Beginn der allgemeinen Bestimmungen in Kapitel V des EUV in Artikel 21 (1) EUV ist normiert, dass sich die Union bei ihrem Handeln auf internationaler Ebene von den Grundsätzen leiten lässt, »die für ihre eigene Entstehung, Entwicklung und Erweiterung maßgebend waren und denen sie auch weltweit zu stärkerer Geltung verhelfen will«, dazu zählt auch der Grundsatz der Solidarität. In Artikel 24 (2) EUV wird die Union aufgefordert, eine GASP zu betreiben, die »auf einer Entwicklung der gegenseitigen politischen Solidarität der Mitgliedstaaten« beruht.

Artikel 32 EUV enthält die weit gefasste Verpflichtung, sich in allen Fragen der GASP abzustimmen, und verlangt, dass die Mitgliedstaaten »untereinander solidarisch« sind. Anders als ex Artikel 16 EUV sieht Artikel 32 EUV nun vor, dass ein Mitgliedstaat, der in einer Weise, die die Interessen der Union berühren könnte, auf internationaler Ebene tätig wird oder eine Verpflichtung eingeht, die anderen Mitgliedstaaten im Europäischen Rat oder im Rat konsultieren muss. Dies wurde zutreffend als Verstärkung des Prinzips der gegenseitigen Information und Konsultation bezeichnet; ebenso zutreffend wurde jedoch bemerkt, dass die einzige effektive Sanktion für einen Verstoß gegen diese Verpflichtung Peer pressure wäre (De Baere 2008, 263ff.). Die stark politische und ideelle Seite des Prinzips in der GASP wird unterstrichen durch den Verweis auf Gleichheit neben jenem auf die Solidarität in Artikel 21 (1) EUV, sowie der Erwähnung von »politischer« Solidarität in Artikel 24 (2) EUV.

Die Betonung liegt somit in der GASP auf der horizontalen Beziehung zwischen den Mitgliedstaaten und weniger auf der vertikalen Achse zwischen den Mitgliedstaaten und der Union. Die Prominenz der Solidarität in der GASP ist ein Ausfluss der Sonderstellung dieses Politikbereichs auch im Lissabon Vertrag. Die GASP blieb großteils zwischenstaatlich, unterliegt weiterhin besonderen Regeln und Verfahren und sieht nur wenig Mitsprache des Europäischen Parlaments sowie vornehmlich Einstimmigkeit im Rat vor (siehe Wouters/Coppens/de Meester 2008, 163). Auch der Gerichtshof hat keine direkte Jurisdiktion über GASP-Fälle (siehe Art. 275 AEUV; dies ist nun anders im Bereich der ehemaligen dritten Säule). In solch intergouvernementalem Setting ist es nur folgerichtig, dass die vertikale Beziehung rechtlich viel schwächer ausgeprägt ist als die horizontale.[28]

Eine Ausnahme von diesem Befund zur Wirkungsrichtung der Solidarität scheint Artikel 31 (1) EUV über Abstimmungsmodalitäten in der GASP darzustellen. Nach der Festschreibung von Einstimmigkeit als Regel in der GASP heißt es dort, dass ein Ratsmitglied bei Stimmenthaltung nicht verpflichtet ist, den Beschluss durchzuführen, jedoch seine Verbindlichkeit akzeptiert und »im Geiste gegenseitiger Solidarität« alles unterlässt, was dem auf diesem Beschluss beruhenden Vorgehen der Union zuwiderlaufen oder es behindern könnte (siehe dazu Kaufmann-Bühler/ Meyer-Landrut 2010, Rdnr. 13-18). Unter Berufung auf die Solidarität sieht Artikel 31 (1) EUV damit eine Unterlassenspflicht der Mitgliedstaaten vor, und wendet Solidarität folglich im vertikalen Verhältnis an. Die Parallele dieser Vorschrift zu der Verpflichtung der Mitgliedstaaten in Artikel 4 (3) EUV, alle Maßnahmen zu unterlassen, die die Verwirklichung der Ziele der Union gefährden könnten, hat dazu veranlasst, Artikel 31 (1) EUV als Bestätigung einer allgemeinen, in Artikel 24 (3) EUV verankerten Loyalitätspflicht (ebd., Rdnr. 17), bzw. als Beleg für ein von der deutschen Bundestreue inspiriertes Prinzip der Unionstreue in der GASP zu sehen (Bitterlich 2010, Rdnr. 7).

Dies scheint mir jedoch etwas überschießend. Erstens ist der Anwendungsbereich von Artikel 31 (1) EUV viel enger als jener des Artikels 4 (3) EUV. Zweitens wäre, falls diese Bestimmung wirklich der Beleg einer Loyalitätspflicht in der GASP ähnlich jener in den anderen Bereichen des Unionsrechts wäre, dies nicht konsistent mit den anderen Verweisen auf Solidarität in der GASP, welche, wie oben ausgeführt, eher eine politische

---

28 Vgl. jedoch *Cremer* 2011, Rdnr. 12, der Art. 24 (3) EUV einen verbindlicheren rechtlichen Gehalt zuzuerkennen scheint, ohne dies jedoch näher auszuführen.

Konnotation haben als eine rechtliche. Es gibt auch keinen Hinweis darauf, dass der EuGH die sehr interventionistischen Rechtswirkungen des Loyalitätsprinzips auf den Bereich der GASP erstrecken könnte, zuallererst mangels Jurisdiktion, aber auch auf Grund der wie erwähnt gänzlich unterschiedlichen »Architektur« der GASP im Vergleich zu den anderen Vertragsbereichen.

6. Konklusion

Solidarität im Unionsrecht ist Ausdruck von verschiedenen Pflichten finanzieller und politischer Unterstützung, welche essentiell sind für das Funktionieren einer Organisation, die schon lange die Limitationen einer ausschließlich wirtschaftlichen Raison d'être hinter sich gelassen hat. Als Verkörperung bestimmter Werte als Folge der Mitgliedschaft in der EU ist sie »die Grundlage des gesamten Gemeinschaftssystems«, wie dies der EuGH formuliert hat. Solidarität repräsentiert die allgemeine politische Maxime, dass die Mitgliedstaaten sich gegenseitig unterstützen sollen, basierend auf dem durch die Mitgliedschaft zur Union verankerten Bekenntnis zur Verfolgung gemeinsamer politischer Ziele, sowie dem Bestreben alle Mitgliedstaaten gleichermaßen in der Union zu integrieren. So bedingt sie gegenseitige Unterstützung, wie etwa durch die Reduktion von Divergenzen in der wirtschaftlichen Entwicklung zwischen den Mitgliedstaaten durch das Instrument der Kohäsionspolitik, eine wechselseitige Verpflichtung zur Katastrophenhilfe in Artikel 222 AEUV, sowie das Verbot durch eigenmächtige Maßnahmen den Zusammenhalt in der Union zu gefährden. Damit entspricht die rechtliche Rolle der Solidarität der Bedeutung des Begriffs nach dem gewöhnlichen Sprachgebrauch, nach welchem Solidarität eine Verbundenheit in der Verfolgung eines gemeinsamen Ziels bedeutet.

Eine Union von Staaten, welche nicht auf der Solidarität zwischen diesen Staaten aufgebaut ist, kann keine Loyalität gegenüber einer Verfassung der Union oder den durch sie geschaffenen Regeln verlangen. Damit ist Solidarität auch in Einklang mit Loyalität, wie vom EuGH ausgesprochen, ohne jedoch notwendigerweise mit dieser gleichgesetzt werden zu können. Im Unterschied zur Loyalität betrifft die Solidarität in den Bestimmungen der GASP sowie in den anderen Teilen des Vertrages vornehmlich die horizontale Achse der Beziehungen zwischen den Mitgliedstaaten. Solidarität komplementiert damit ein Loyalitätsprinzip, welches primär vertikal wirkt. Die Schnittmenge beider Prinzipien ist ihre kooperative und wertebasierte Natur und ihre existentielle Bedeutung im Gefüge des Unionsrechts.

Nach bisheriger Rechtsprechung begründet die Solidarität keine direkten Verpflichtungen für die Mitgliedstaaten, und Vertragsverletzungen wurden bisher auf andere Vertragsbestimmungen gestützt. Die Solidarität ist im Unionsrecht daher nicht konkret anwendbar (mangelnde Regelfunktion). Obgleich sie bisher kein Maßstab für die Rechtmäßigkeit von Unionshandeln war, kann sie als Auslegungsdeterminante fungieren im Kontext der Grundfreiheiten, im Wettbewerbsrecht, und im Beihilfenrecht (eingeschränkte Maßstabsfunktion). Betreffend die bisher fehlende Leitfunktion darf das Potential der Solidarität bei einer zunehmenden Refokussierung der Union auf nicht rein marktorientierte Integrationsziele nicht unterschätzt werden. Dies vor allem dort, wo der Rückgriff auf die Solidarität durch den EuGH interventionistische Wirkung zeitigt, wie etwa im Bereich der Unionsbürgerschaft.

Derzeit sollte ihre Wirkungsweise jedoch nicht überschätzt werden, wozu jedoch vereinfachende Gleichsetzungen vor allem mit dem Loyalitätsprinzip verleiten. Die obigen Ausführungen haben auch gezeigt, dass das »Label« Rechtsprinzip für die Solidarität verlockend ist, dies jedoch im Unionsrecht wenig Aussagekraft hat. Zu unterschiedlich sind die Funktionen und Wirkungsweisen der einzelnen Prinzipien, zu unklar ist die Methodik des EuGH in deren Anwendung.

Literatur

Barnard, Catherine 2005: EU Citizenship and the Principle of Solidarity; In: Spaventa, Eleanor/Dougan, Michael (Hrsg.): Social Welfare and EU Law, Hart, 157-180.

Bickenbach, Christian 2013: Das Subsidiaritätsprinzip in Artikel 5 EUV und seine Kontrolle; In: Europarecht, 2013 (5), 523-549.

Bitterlich, Joachim 2010: Art. 24 EUV; In: Lenz, Carl-Otto/Borchardt, Klaus-Dieter (Hrsg.): EU-Verträge, Kommentar nach dem Vertrag von Lissabon, Köln.

Blanquet, Marc 1994: L'Article 5 du Traité C.E.E.: Recherche sur les Obligations de Fidélité des États Membres de la Communauté, Paris.

Borger, Vestert 2013: How the Debt Crisis Exposes the Development of Solidarity in the Euro Area; In: European Constitutional Law Review, 2013 (9), 7-36.

Calliess, Christian 2011a: Art. 222 AEUV; In: Calliess, Christian/Ruffert, Matthias (Hrsg.): EUV/AEUV: Das Verfassungsrecht der Europäischen Union mit Europäischer Grundrechtecharta, München.

Calliess, Christian 2011b: Perspektiven des Euro zwischen Solidarität und Recht: eine rechtliche Analyse der Griechenlandhilfe und des Rettungsschirms; In: Zeitschrift für Europarechtliche Studien, 2011 (2), 213-282.

Craig, Paul/de Búrca, Gráinne 2011: EU Law: Text, Cases and Materials, Oxford.

Cremer, Wolfram 2011: Art. 24 EUV; In: Calliess, Christian/Ruffert, Matthias (Hrsg.): EUV/AEUV: Das Verfassungsrecht der Europäischen Union mit Europäischer Grundrechtecharta, München.

De Baere, Geert 2008: Constitutional Principles of EU External Relations, Oxford.

Dworkin, Ronald D. 1978: Taking Rights Seriously, Cambridge.

Frenz, Walter 2010: Handbuch Europarecht: Wirkungen und Rechtsschutz, Heidelberg u.a.

Griller, Stefan 2011: Der Rechtsbegriff bei Ronald Dworkin; In: Griller, Stefan/Rill, Heinz Peter (Hrsg.): Rechtstheorie: Rechtsbegriff – Dynamik – Auslegung, Wien/New York, 57-80.

Groussot, Xavier/Lidgard, Hans Henrik 2008: Are There General Principles of Community Law Affecting Private Law?; In: Bernitz, Ulf/Nergelius, Joakim/Cardner, Cecelia (Hrsg.): General Principles of EC Law in a Process of Development, Austin u.a., 155-175.

Häde, Ulrich 2010: Die europäische Währungsunion in der internationalen Finanzkrise: An den Grenzen europäischer Solidarität?; In: Europarecht, 2010 (6), 854-866.

Hartley, Trevor C. 2003: The Foundations of European Community Law, Oxford.

Herdegen, Matthias 2008: General Principles of EU Law: The Methodological Challenge; In: Bernitz, Ulf/Nergelius, Joakim/Cardner, Cecelia (Hrsg.): General Principles of EC Law in a Process of Development, Alphen aan den Rijn, 343-355.

Herdegen, Matthias 2000: The Origins and Development of the General Principles of Community Law; In: Bernitz, Ulf/Nergelius, Joakim (Hrsg.): General Principles of European Community Law, Alphen aan den Rijn, 3-23.

Hillion, Christophe 2009: Mixity and Coherence in EU External Relations: The Significance of the «Duty of Cooperation, CLEER Working Papers 2009 (2).

Jary, David/Jary, Julia 1991: Collins Dictionary of Sociology, New York.

Kaufmann-Bühler, Werner/Meyer-Landrut, Nikolaus 2010: Art. 31 EUV; In: Grabitz, Eberhard/Hilf, Meinhard/Nettesheim, Martin (Hrsg.): Das Recht der Europäischen Union: EUV/AEUV, München.

Kaufmann-Bühler, Werner 2010: Art. 24 EUV; In: Grabitz, Eberhard/Hilf, Meinhard/Nettesheim, Martin (Hrsg.): Das Recht der Europäischen Union: EUV/AEUV. München.

Klamert, Marcus 2014: The Principle of Loyalty in EU Law, Oxford.

Krajewski, Markus 2009: Conclusion; In: Krajewski, Markus/Neergaard, Ulla/van de Gronden, Johan W. (Hrsg.): The Changing Legal Framework for Services of General Interest in Europe: Between Competition and Solidarity, Den Haag/Cambridge, 499-506.

Lenaerts, Koen/Van Nuffel, Piet 2011: European Union Law, London.

Borowsky, Martin (2006): Artikel 51; In: Meyer, Jürgen (Hrsg.), Charta der Grundrechte der Europäischen Union, 2006, 531-548

Pernice, Ingolf/Mayer, Franz 2002: Art. 220 AEUV; In: Grabitz, Eberhard/Hilf, Meinhard (Hrsg.): Das Recht der Europäischen Union, München.

Potacs, Michael 2013: Die Europäische Wirtschafts- und Währungsunion und das Solidaritätsprinzip; In: Europarecht, 2013 (2), 133-145.

Potacs, Michael 1994: Auslegung im öffentlichen Recht, Baden-Baden.

Raz, Joseph 1984: Legal Principles and the Limits of Law; In: Cohen, Marshall (Hrsg.): Ronald Dworkin and Contemporary Jurisprudence, London, 73-87.

Ross, Malcolm 2009: The Value of Solidarity in European Public Services Law; In: Krajewski, Markus/Neergaard, Ulla/van de Gronden, Johan W. (Hrsg.): The Changing Legal Framework for Services of General Interest in Europe: Between Competition and Solidarity, Den Haag/Cambridge, 81-100.

Ross, Malcolm 2010: Solidarity: A New Constitutional Paradigm for the EU?; In: Ross, Malcolm/Borgmann-Prebil, Yuri (Hrsg.): Promoting Solidarity in the European Union, Oxford, 23-45.

Rossi, Matthias 2011: Art. 80 AEUV; In: Calliess, Christian/Ruffert, Matthias (Hrsg.): EUV/AEUV: Das Verfassungsrecht der Europäischen Union mit Europäischer Grundrechtecharta, München.

Söllner, Renate 1985: Art. 5 EWG-Vertrag in der Rechtsprechung des Europäischen Gerichtshofes, München.

Stjernö, Steinar 2005: Solidarity in Europa: The History of an Idea, Cambridge.

Terhechte, Jörg P. 2010: Art. 3 EUV; In: Grabitz, Eberhard/Hilf, Meinhard/Nettesheim, Martin (Hrsg.): Das Recht der Europäischen Union: EUV/AEUV, München.

Tomuschat, Christian 2010: Discussion Following the Presentation by Karel Wellens; In: Wolfrum, Rüdiger/Kojima, Chie (Hrsg.): Solidarity: A Structural Principle of International Law, Heidelberg u.a., 39-54.

Tridimas, Takis 2006: The General Principles of EU Law, Oxford.

Vedder, Christoph 2007: Art. 1-5; In: Vedder Christoph/Heintschell von Heinegg, Wolff (Hrsg.): Europäischer Verfassungsvertrag, Baden-Baden.

Weiß, Wolfgang 2013: Öffentliche Daseinsvorsorge und soziale Dienstleistungen: Europarechtliche Perspektiven; In: Europarecht, 2013 (6), 669-688.

Wellens, Karel 2010: Revisiting Solidarity as a (Re-)Emerging Constitutional Principle: Some Further Reflections; In: Wolfrum, Rüdiger/Kojima, Chie (Hrsg.): Solidarity: A Structural Principle of International Law, Heidelberg u.a., 3-38.

Wernicke, Stephan 2009: Taking Stock: the EU Institutions and Services of General Economic Interest, In: Krajewski, Markus/Neergaard, Ulla/van de Gronden, Johan W. (Hrsg.): The Changing Legal Framework for Services of General Interest in Europe: Between Competition and Solidarity, Den Haag/Cambridge, 69-80.

Wouters, Jan/Coppens, Dominic/de Meester, Bart 2008: The European Union's External Relations after the Lisbon Treaty; In: Griller Stefan/Ziller, Jacques (Hrsg.): The

Lisbon Treaty: EU Constitutionalism without a Constitutional Treaty, Heidelberg u.a., 143-204.

Wouters, Jan/Coppens, Dominic/Geraets, Dylar 2012: The Influence of General Principles of Law; In: Gaines, Sanford E./Ege und Olsen, Birgitte/Engsig Sørensen, Karsten (Hrsg.): Liberalising Trade in the EU and the WTO: A Legal Comparison, Cambridge, 43-74.

Zuleeg, Manfred 1997: Art. 5 EGV; In: von der Groeben, Hans/Thiesing, Jochen/Ehlermann, Claus-Dieter (Hrsg.): EUV/EGV, Baden-Baden.

Katholische Kirche und soziale Solidarität in Europa

Hermann-Josef Große Kracht

>»Wenn man ›Europa‹ sagt, soll das ›Öffnung‹ heißen.«
>Johannes Paul II., 2003

Die Europäische Union versteht sich seit Anbeginn als politische Rechtsgemeinschaft, deren Verträge ihren Bürgern unmittelbar anwendbare Rechte zusprechen, von den marktbezogenen Freiheitsrechten über die politischen Teilhaberechte bis hin zu den in der europäischen Grundrechtecharta explizit festgeschriebenen sozialen Teilhaberechten. Dabei versteht sie sich zugleich als eine staatenübergreifende Solidaritätsgemeinschaft. In diesem Sinne hatte schon der Schuman-Plan vom Mai 1950 von der *solidarité de fait* und der *solidarité de production* gesprochen, die die politisch-ökonomische Ordnung der europäischen Nachkriegszeit kennzeichnen müssten. Und auch wenn die drei frühen europäischen Gemeinschaften Montanunion, Euratom und Europäische Wirtschaftsgemeinschaft eher den Charakter technischer Kooperation hatten und auf einen begleitenden Wertdiskurs weitgehend verzichten konnten, avancierte die Solidarität spätestens in der durch den Maastrichter Vertrag des Jahres 1992 gegründeten Europäischen Union explizit zu einem der zentralen normativen Leitbegriffe des europäischen Einigungsprozesses. Der 2007 verabschiedete Vertrag von Lissabon hat dann – zumindest in programmatisch-rhetorischer Hinsicht – »geradezu ein ›Feuerwerk der Solidarität‹ [entzündet], indem er, zumal in unterschiedlichen Dimensionen, explizit insgesamt 15 Mal auf den Begriff der Solidarität Bezug nimmt« (Calliess 2011, 14). Die spezifische Leistung der EU besteht dementsprechend

>»in der rechtlichen Verankerung der Verpflichtung auf gemeinsame Werte, [denn] Solidarität als Rechtsbegriff wirkt ganz anders als entsprechende ethische oder politische Forderungen. Das gilt vor allem dann, wenn, wie im System der Gemeinschaft, Institutionen geschaffen wurden, denen die auf das Solidaritätsprinzip gestützte Verwirklichung der Vertragsziele und des in ihnen verkörperten europäischen Gemeinwohls aufgegeben ist« (ebd., 17).

In diesem Zusammenhang ist es nicht zuletzt die katholische Kirche, die immer wieder die zunächst wenig christlich-religiös klingende Kategorie der Solidarität europapolitisch in Stellung zu bringen versucht; nicht zuletzt auch deshalb, weil sie als eine oberhalb nationalstaatlicher Grenzen angesiedelte globale Glaubens- und Lebensgemeinschaft immer schon als transnationale Akteurin agiert und sich elementar als Trägerin einer transnationalen Solidarität versteht, der es nicht um einzelne Völker und Nationen, sondern stets um die ›gesamte Menschheitsfamilie‹ geht. Schaut man sich vor diesem Hintergrund offizielle kirchliche Programmtexte und Stellungnahmen zum Selbstverständnis und zur Weiterentwicklung der Europäischen Union an, dann fällt in der Tat auf, dass hier nicht etwa das Leitbild des ›christlichen Abendlandes‹ oder das ›christliche Menschenbild‹, sondern der Begriff der Solidarität im Mittelpunkt der normativen Aufmerksamkeit steht, auch wenn keineswegs immer klar ist, was dieser Leitbegriff genau bezeichnen soll. Die Kategorie der Solidarität, die erst im 19. Jahrhundert Eingang in die politisch-soziale Sprache Europas gefunden hat, spielt in der Tradition der katholischen Soziallehre seit dem frühen 20. Jahrhundert jedenfalls eine zentrale Rolle, auch wenn hier immer wieder Spannungen zwischen einem eher analytisch-empirischen und einem eher ethisch-normativen Verständnis von Solidarität zu konstatieren sind; Spannungen, die auch in den kirchlichen Stellungnahmen zum europäischen Einigungsprozess unübersehbar sind.

Vor diesem Hintergrund will ich im Folgenden zunächst auf die begriffsgeschichtliche Entwicklung des europäischen Solidaritätsdiskurses zu sprechen kommen. Er nahm seinen Ausgang im nachrevolutionären Frankreich und kennzeichnet sich vor allem dadurch, dass es hier weniger um individuelle Tugendkategorien oder kleinräumige Sozialformen, sondern vor allem um die Komplexitätslagen funktional ausdifferenzierter Massengesellschaften geht (1.). Im Anschluss daran gebe ich einen kurzen Abriss zur Entwicklung des Solidaritätsverständnisses der katholischen Soziallehre (2.), bevor ich schließlich auf die Verwendungsweise des Solidaritätskonzepts in den Positionspapieren und Stellungnahmen der 1980 gegründeten Kommission der Bischofskonferenzen der Europäischen Gemeinschaft (COMECE) zu sprechen komme (3.). Dabei wird sich zeigen, dass die theoretischen und normativen Potenziale des Solidaritätskonzepts gerade im Hinblick auf seine Chancen zur Profilierung eines übernationalen europäischen Rechtsprinzips hier nicht hinreichend ausgeschöpft werden.

1. Solidarité de fait: Solidarität als soziales Faktum moderner Gesellschaften jenseits von Mitleid und Barmherzigkeit

Der Topos der Solidarität gehört seit langem zum Grundbestand der politisch-sozialen Sprache Europas. Was damit genau gemeint ist, ist aber keineswegs klar. Zumeist wird Solidarität heute mit den Tugenden von Gemeinwohlverantwortung und wechselseitiger Hilfs- und Unterstützungsbereitschaft in Verbindung gebracht; mit dem ursprünglichen Bedeutungsgehalt des Wortes hat dies jedoch nur wenig zu tun. Fragt man nach der Etymologie des Wortes, stößt man nämlich auf das lateinische Adjektiv *solidus* (solide, dicht, fest zusammengefügt), so dass sich hier schon ein erstes Indiz dafür findet, dass ›Solidarität‹ ursprünglich eine völlig moral- und tugendfreie Kategorie gewesen sein könnte. Als politischer Topos ist ›Solidarität‹ eine Erfindung des 19. Jahrhunderts, die aus dem nachrevolutionären Frankreich stammt. Der Begriff knüpft an das aus der römischen Rechtstradition bekannte Institut der *obligatio in solidum* an, der wechselseitigen Bürgschaft, in der sich eine oder mehrere Personen vertraglich verpflichten, im Zweifelsfall für die Schulden des oder der jeweils anderen nach dem Motto ›Einer für alle, alle für einen‹ einzustehen.[1]

Obwohl das Adjektiv *solidaire* gelegentlich, freilich nur sehr marginal, schon im Kontext der Revolution von 1789 Verwendung fand, gelangte die Rede von der Solidarität erst im Rahmen der politischen Aufbrüche des Jahres 1848 zu politischer Prominenz und Relevanz. Hier ist insbesondere die 1840 erschienene Schrift *De l'Humanité, de son principe et de son avenir* des oft dem christlichen Sozialismus zugerechneten Buchdruckers Pierre Leroux (1797-1871) zu nennen, der als der erste politische Philosoph der Solidarität gelten kann. Er trug wesentlich dazu bei, dass der Solidarität jener semantische Wärmegehalt zuwuchs, der ihn bis heute kennzeichnet. Die in Restbeständen noch heute anzutreffende Solidaritätskultur der Arbeiterbewegung des 19. und 20. Jahrhunderts, die nicht selten auch ihre Gaststätten, Gesangsvereine und Schrebergartenkolonien auf den Namen ›Solidarität‹ taufte, zeugt davon, welche emotionale Wärme und politisch-moralische Strahlkraft der Solidaritätsbegriff seit dieser Zeit zu transportieren vermochte und auch heute noch vielfach hervorzurufen vermag.

---

1   Vgl. zur Begriffsgeschichte u.a. *Wildt* 1995; *Zoll* 2000.

Das Jahr 1848 brachte aber auch im liberalen Bürgertum und in den Diskursen der marktwirtschaftlichen Freihandelsschule einen unerwarteten Boom des Solidaritätsmotivs. So schwärmte etwa der wortgewaltige Pariser Publizist Frédéric Bastiat (1801-1850), der sich energisch von den sozialistischen Strömungen seiner Zeit distanzierte, in seinen unvollendet gebliebenen *Harmonies économiques* (1850) von der modernen Marktgesellschaft, die nichts anderes sei als »ein Netz von verschiedenen, miteinander verbundenen Manifestationen von Solidarität« (Bastiat 1982, 538f.), von wechselseitiger Abhängigkeit und Interaktion, das sich allein aus den individuellen Kauf- und Verkaufsentscheidungen der Marktteilnehmer knüpfe, dennoch aber dafür sorge, dass sich eine optimale Allokation von Waren und Dienstleistungen einstelle, auch wenn sich die positiven Auswirkungen des freien Marktes mitunter erst auf längere Sicht einstellten. Bastiat konnte seinen sozialistischen Gegnern deshalb siegessicher zurufen: »Ihr werdet protestieren, aber wartet nur das Ende ab und ihr werdet sehen, dass, wenn ein Jeder für sich selber sorgt, Gott an alle denkt« (ebd., 241).

Mit dieser ›kalten‹ Solidarität des freien Marktes versuchte Bastiat also, dem frühsozialistischen Solidaritätspathos die gesellschaftskritische Spitze zu nehmen, denn an die Stelle planvoller Sozialreform müsse die Überzeugung von der mit den *lois économiques* immer schon gegebenen *solidarité naturelle* treten, die die sozialistischen Bemühungen um den Aufbau einer *solidarité artificielle* überflüssig und kontraproduktiv werden lasse.

Neben diesen politisch-publizistischen Aufbrüchen avancierte der Topos der Solidarität aber vor allem in der seit Mitte des 19. Jahrhunderts neu entstehenden Soziologie als ›Wissenschaft von der Gesellschaft‹ zu einer zentralen Basiskategorie moderner Gesellschaftstheorie. Schon in den 1830er Jahren hatte Auguste Comte (1798-1857) in Reaktion auf die zahlreichen Anomie- und Umsturzerfahrungen der nachrevolutionären Zeit nach zukunftsfähigen Perspektiven des gesellschaftlichen Zusammenhalts gefragt und in seinem *Cours de philosophie positive* – in Anlehnung an die moderne Biologie – erstmals ohne alle normativen Implikationen von der *solidarité sociale* als einer Kategorie zur Beschreibung der immer dichter werdenden gesellschaftlichen Interdependenzverhältnisse gesprochen. So wie die Biologie nicht mehr mechanisch, sondern organologisch vorgehe, also nicht das singuläre Einzelne, sondern das organische Ganze zum Ausgangspunkt ihrer Beobachtungen nehme, müsse sich auch im Blick auf die Gesellschaft die Einsicht durchsetzen, dass das Ganze

44

über höhere Fähigkeiten verfüge als seine einzelnen Elemente, also eine Existenz *sui generis* habe, da sich soziale Organismen durchaus ähnlich wie biologische Organismen organisierten. Zur Bezeichnung dessen, was diese Organismen strukturiert und zusammenhält, rekurriert Comte nun – im Bereich der Biologie ebenso wie in dem der Soziologie – mit großer Selbstverständlichkeit auf die Vokabel der *solidarité*. So wie

»die wachsende Vollkommenheit des tierischen Organismus vor allem in der immer mehr hervortretenden Spezialisierung der mannigfachen Funktionen besteht, die von den mehr und mehr unterschiedenen und gleichwohl streng solidarischen Organen ausgeführt werden, aus denen er sich allmählich zusammensetzt«,

so verhalte es sich auch mit dem »eigentümliche[n] Charakter unseres sozialen Organismus« und seiner »notwendigen Überlegenheit über jeden individuellen Organismus« (Comte 1923, 427). Und geradezu begeistert fragt er seine Leser in diesem Rahmen, ob man »ein wunderbareres Schauspiel sehen« könne

»als diese regelmäßige und fortgesetzte Konvergenz einer unzähligen Menge von Individuen, von denen jedes einzelne eine ganz bestimmte und bis zu einem gewissen Grade unabhängige Existenz besitzt, und die gleichwohl alle, trotz der größeren oder geringeren, zwiespältigen Verschiedenheiten ihrer Talente und insbesondere ihrer Charaktere, unaufhörlich geneigt sind, durch eine Unzahl verschiedener Mittel zu ein und derselben allgemeinen Entwicklung beizutragen, ohne sich für gewöhnlich darüber verständigt zu haben, ja sogar meist ohne daß die Mehrzahl von ihnen es weiß, die nur ihren persönlichen Trieben zu gehorchen meinen?« (ebd., 427f.)

Eine zentrale Rolle spielt die soziale Solidarität dann auch beim jungen Émile Durkheim (1858-1917), dem überzeugten Republikaner, der als der eigentliche Gründervater der modernen Soziologie gelten kann. Die neue Wissenschaft von den ›sozialen Tatsachen‹ (*faits sociaux*) sollte erklären, warum moderne Gesellschaften, die nicht mehr durch einen gemeinsam geteilten Glauben an Gott und die Gebote seiner Kirche zusammengehalten werden, trotzdem nicht auseinanderbrechen und in Chaos und Anarchie versinken. Die zentrale Ursache dafür sieht Durkheim – ähnlich wie Comte – in der Arbeitsteilung, die die modernen Massengesellschaften des Industriezeitalters kennzeichne. Sie mache die Menschen, wie er ausführt, »zu gleicher Zeit persönlicher und solidarischer« (Durkheim 1992, 82), d.h. in einem gleichgerichteten Prozess zugleich freier und abhängiger voneinander. Mit der zunehmenden Arbeitsteilung komme es nämlich nicht nur zu einem bisher unbekannten Wohlstand der Gesellschaft, zur Blüte von Handwerk und Kultur, sondern auch zu Prozessen der Spezialisierung und Professionalisierung der Individuen, d.h. zur massenhaften

Ausbildung individueller Persönlichkeiten. Demnach zeichnen sich moderne Gesellschaften dadurch aus, dass sie in den Prozessen sozialer Modernisierung Solidarität, Interdependenz und wechselseitige Abhängigkeit ebenso wie differenzierte Individualität, freie Entfaltungsmöglichkeiten und persönliche Selbstbestimmungschancen für die Einzelnen, d.h. komplexe soziale Ordnung ebenso wie hohe Grade personaler Selbstbestimmung, hervorbringen.

Zwar sieht Durkheim durchaus, dass die französische Gesellschaft seiner Zeit von erheblichen sozialen Anomien geprägt war und von einer modernen, proportional zur fortschreitenden sozialen Differenzierung entstehenden *solidarité organique* noch kaum die Rede sein konnte; dennoch war er mit seinem nicht länger moralphilosophisch räsonierenden, sondern nun moralsoziologisch rekonstruierenden Erkenntnisinteresse – zumindest in seiner Frühphase – davon überzeugt, dass sich die dazu notwendigen Motive und Empfindungen, Regeln und Institutionen mit der Zeit von selbst entwickeln und ausprägen würden. Seine Hoffnung auf eine entstehende organische Solidarität bringt Durkheim dabei explizit gegen die individualistischen Vertragstheorien der liberalen Tradition in Stellung, die die Phänomene der Arbeitsteilung ausschließlich auf bewusst eingegangene Tauschbeziehungen rationaler Marktteilnehmer zurückführen. Anders als in den Naturrechtslehren des politischen Liberalismus wird hier also auch im Blick auf die sozialphilosophischen Selbstverständigungsdebatten moderner Gesellschaften nicht mehr von der Fiktion eines im ›aufgeklärten Eigeninteresse‹ handelnden Individuums ausgegangen, sondern von der sozialen Totalität einer zunehmend komplexen Massengesellschaft, in der alles mit allem verflochten ist und alles mit allem unüberschaubar zusammenhängt.

Auf der Grundlage dieser soziologischen Konzeption sozialer Solidarität entstand dann im Frankreich der Jahrhundertwende die sozialpolitische Reformbewegung des linksrepublikanischen *solidarisme*, die unter der Leitmaxime *solidarité d'abord* nach einem »Dritten Weg« der Gesellschaftsreform jenseits von Liberalismus und Sozialismus Ausschau hielt und die ersten programmatischen Grundlagen des späteren französischen Wohlfahrtsstaates legte. Das Stichwort der Solidarität wurde hier zum zentralen Schlüsselbegriff einer umfassenden Bildungs-, Kultur- und Sozialpolitik, die das Zeitalter des bürgerlichen Liberalismus überwinden und die große Parole der Französischen Revolution, die Trias von Freiheit, Gleichheit und Brüderlichkeit, auf die veränderten Verhältnisse der modernen Industriegesellschaft umschreiben wollte. Der unumstrittene Anführer der solidaristischen Bewegung, der Jurist *Léon Bourgeois* (1851-1925), der zahlreiche sozialpolitische Reformprojekte auf den Weg brachte, nahm dabei explizit eine neue Theorie sozialer Gerechtigkeit auf dem Problemniveau komplexer Industriegesellschaften in den Blick. Aus der sozialen *solidarité de fait* folgt für ihn nämlich unmittelbar eine soziale Schuld (*dette sociale*) aller gegenüber allen, denn

»[d]er Mensch wird als Schuldner der menschlichen Assoziation geboren. [...] Der Mensch lebt in der Gesellschaft, und er kann ohne sie nicht leben; er ist zu jeder Stunde ein Schuldner gegenüber allen. Das ist die Basis seiner Pflichten, die Belastung [*la charge*] seiner Freiheit.« (Bourgeois 2008a, 88, 83)

Die *solidarité de fait* rufe aber soziale Effekte hervor, »von denen die einen profitieren und unter denen die anderen leiden, und dies in sehr ungleicher Weise« (Bourgeois 1907, 9). Sie produziere nämlich

»zum einen diejenigen, die im Besitz einer sehr großen Summe sozialer Vorteile sind und die davon profitieren, ohne wirklich ihre Schuld gegenüber allen bezahlt zu haben und die dabei ihren Teil verteidigen, so als wäre es ihr Recht – und sie begehen damit eine Hinterziehung [...]; zum anderen jene, die vom größten Teil der sozialen Vorteile beraubt sind und das Gefühl haben, dessen Gläubiger zu sein; sie leiden, sie fühlen sich betrogen, sie beanspruchen ihren Anteil, aber sie können nicht genau das Ausmaß des Schadens ermessen, der ihnen zugefügt wurde, oder die Rechtmäßigkeit ihres Anspruchs kalkulieren [...].« (Bourgeois 2008b, 114)

Im Rahmen sozialreformerischer Politik komme es deshalb darauf an,

»diejenigen bezahlen zu lassen [*faire payer*], die keine Anstrengungen unternehmen müssen, um nicht nur das Notwendige, sondern auch den Überfluss des Lebens zu haben und dabei meinen, sie könnten dieses frei genießen, ohne persönlich etwas zu schulden.« (Bourgeois 2008c: 144f.)

Bourgeois präsentiert den Profiteuren des gesellschaftlichen Solidarzusammenhangs also eine ›soziale Rechnung‹ (*compte social*), deren Begleichung er für eine unmittelbare Rechtspflicht hält, auch wenn die Höhe dieser Schuld nicht individuell zu ermitteln sei:

»Wenn der freie und starke Mensch die Profite seiner eigenen Aktivität für sich allein behalten will, als wenn er sie ohne die Solidarität erhalten hätte, wenn er die Vorteile, die er aus der sozialen Solidarität zieht, aufnehmen will, ohne ihre Lasten und Risiken zu tragen, d.h. ohne die Schuld zu begleichen, die er durch diese kontrahiert hat; dann ist, wir wiederholen es, die Gerechtigkeit verletzt.« (Bourgeois 1907, 16)

2. Gemeinverstrickung: Katholische Rezeptionen des solidaristischen Solidaritätskonzepts

Interessant ist nun, dass auch das Solidaritätsprinzip der katholischen Soziallehre genau dieselbe Stoßrichtung hat wie die Solidaritätsidee der antiklerikalen Solidaristen im Frankreich der Jahrhundertwende. Der Begründer des katholischen Solidaritätsgedankens, der aus Köln stammende Jesuit Heinrich Pesch (1854-1926), hat sich nämlich deutlich wahrnehmbar von den französischen Solidaritätstheoretikern inspirieren lassen. Er hat den Programmbegriff des *solidarisme* übernommen und in einem Artikel für die Jesuitenzeitschrift *Stimmen aus Maria Laach* eingedeutscht (Pesch 1902), auch wenn er sich von der dem französischen Solidarismus zugrundeliegenden Aufklärungsphilosophie deutlich distanzierte. In einem fünfbändigen, nahezu viertausend Druckseiten umfassenden *Lehrbuch der Nationalökonomie* (Pesch 1905-1923) hat er dann den groß angelegten Versuch gestartet, ein sozialphilosophisches ›System des Solidarismus‹ zu entfalten, das er als einen eigenständigen und jenseits von Liberalismus und Sozialismus angesiedelten Ordnungsentwurf für die Organisation des Wirtschafts- und Gesellschaftslebens in Deutschland anbieten wollte (vgl. dazu Große Kracht/Karcher/Spieß 2007).

Ähnlich wie für die französische Solidaritätssoziologie bildet auch für Pesch »die *tatsächliche* wechselseitige Abhängigkeit der Menschen« (Pesch 1914, 33; Herv. i. O.) den Ausgangspunkt seiner Überlegungen. Diese Solidarität ist für ihn zugleich ein ›Seinsprinzip‹ und ein sittliches Verpflichtungsprinzip, aus dem sich unmittelbar das Postulat sozialer Gerechtigkeit als Pflicht des Staates herleitet. Allerdings bleibt Pesch als katholischer Priester voll und ganz auf der klassischen Linie des neuscholastischen Naturrechtsdenkens seiner Zeit stehen und verankert die Solidarität als ›Seinsprinzip‹ in der von Gott erschaffenen, unveränderlichen Wesensnatur des Menschen und seiner sozialen Ordnungen; und mit dieser christlich-naturrechtlichen Sozialmetaphysik sollte sich der katholische Solidarismus im 20. Jahrhundert um wesentliche Dialogmöglichkeiten mit der politischen Moderne bringen.

Die Tradition des katholischen Solidarismus wurde in der Nachkriegszeit vor allem von dem Jesuiten Oswald von Nell-Breuning (1890-1991) fortgeführt, der noch 1968 eine kleine Programmschrift unter dem Titel *Baugesetze der Gesellschaft* vorlegte, die er explizit als ›Kurzfassung‹ des Pesch'schen Solidarismus präsentierte und die 1990 als letzte monografische Veröffentlichung Nell-Breunings eine gebundene Neuauflage erlebte

(Nell-Breuning 1990). Der Autor spricht hier von der Gemeinhaftung, die ihren Grund in der »Tatsache der Gemeinverstrickung« (ebd., 11) habe:

> »Die Gemeinschaft und ihre Glieder sind in das gleiche Geschick verstrickt (›wir sitzen alle in einem Boot‹). [...] Was die einzelnen tun und lassen, wirkt – gleich-viel, ob gewollt oder nicht – auf die Gemeinschaft. Und was die Gemeinschaft tut oder lässt, das wirkt – wiederum gleichviel, ob bezweckt oder nicht – auf die ein-zelnen, die Glieder der Gesellschaft sind.« (ebd., 17)

Dieser Spätschrift des katholischen Solidarismus ist deutlich das Bedauern anzumerken, dass sich diese Programmformel als politisch-sozialer Leit-begriff für die Gesellschaften des 20. Jahrhunderts nicht zu behaupten vermochte. So notiert Nell-Breuning denn auch resignativ:

> »Der Name ist gut und treffend gewählt, aber er ist nicht zügig. ›Sozialismus‹ ist ein Schlagwort geworden, das breiteste Massen elektrisiert; ›Solidarismus‹ ist ein wissenschaftlicher Fachausdruck geblieben, mit dem man keine Massen in Bewe-gung setzen kann.« (ebd., 45)

Aber auch wenn sich die Vokabel des Solidarismus im sozialkatholischen Denken nicht dauerhaft verankern konnte, gelangte das – vom solidaristi-schen Theoriekontext her stets als Strukturprinzip arbeitsteiliger Gesell-schaften und nie primär als Moral- oder Tugendkategorie verstandene – Solidaritätsprinzip im 20. Jahrhundert innerkirchlich zu höchsten sozial-ethischen Ehren. Hier sind vor allem die drei großen Sozialenzykliken zu nennen, die im Pontifikat Johannes Pauls II. (1978-2005) entstanden sind. Schon das 1981 erschienene Rundschreiben *Laborem exercens*, das vor dem Hintergrund der polnischen *solidarność*-Bewegung insbesondere »die Solidarität der arbeitenden Menschen« (Johannes Paul II. 1981, LE 8) thematisiert, rückt das mit dem Phänomen der industriellen Arbeit ver-bundene Motiv der Solidarität als wechselseitige Abhängigkeit in den Mit-telpunkt, wenn es heißt:

> »Für die Arbeit ist vor allem kennzeichnend, daß sie die Menschen eint; darin be-steht ihre gesellschaftliche Kraft; sie bildet Gemeinschaft. In dieser Gemeinschaft müssen sich letzten Endes alle irgendwie zusammenfinden, sowohl jene, die arbei-ten, wie auch jene, die über die Produktionsmittel verfügen oder deren Besitzer sind.« (ebd., LE 20,3)

Zehn Jahre später führt die Enzyklika *Centesimus annus* (Johannes Paul II. 1991) in diesem Zusammenhang zudem den Begriff der ›Solidaritätskette‹ ein, denn:

> »Jeder trägt zur Arbeit und zum Wohl anderer bei. Der Mensch arbeitet, um die Bedürfnisse seiner Familie, der Gemeinschaft, zu der er gehört, der Nation und schließlich der ganzen Menschheit zu erfüllen. Er trägt außerdem zur Arbeit der anderen bei, die im selben Unternehmen tätig sind, sowie, in einer *Solidaritätsket-*

te, die sich progressiv fortsetzt, zur Arbeit der Lieferanten bzw. zum Konsum der Kunden.« (ebd., CA 43,3; Herv. i. O.)

Auch in der Entwicklungsenzyklika *Sollicitudo rei socialis* (Johannes Paul II. 1987) kommt das Motiv der wechselseitigen Interdependenzverhältnisse mit Nachdruck zur Sprache, wenn es heißt, dass der Ausgangspunkt des Solidaritätsgedankens das Bewusstsein einer »tiefen wechselseitigen Abhängigkeit« sei:

> »Mehr als in der Vergangenheit werden sich die Menschen heute dessen bewusst, durch ein gemeinsames Schicksal verbunden zu sein, das man vereint gestalten muss, wenn die Katastrophe für alle vermieden werden soll.« (ebd., SRS 26,5)

Und aus diesem Wissen folgten dann unmittelbar politisch-moralische Konsequenzen:

> »Wenn die gegenseitige Abhängigkeit in diesem Sinne anerkannt wird, ist die ihr entsprechende Antwort als moralische und soziale Haltung, als ›Tugend‹, die Solidarität. Diese ist nicht ein Gefühl vagen Mitleids oder oberflächlicher Rührung wegen der Leiden so vieler Menschen nah und fern. Im Gegenteil, sie ist die feste und beständige Entschlossenheit, sich für das ›Gemeinwohl‹ einzusetzen, das heißt für das Wohl aller und eines jeden, weil wir für alle verantwortlich sind.« (ebd., SRS 38,6)

Das Solidaritätsverständnis der kirchlichen Sozialverkündigung entspricht also durchaus dem solidaristischen Motiv der *solidarité de fait*. Es setzt primär nicht moralisch-präskriptiv, sondern soziologisch-deskriptiv an; und auch wenn die älteren Motive christlicher Brüderlichkeit und die Appelle an universale Gefühle sozialer Verbundenheit und weltweiter Zusammengehörigkeit natürlich eine große Rolle spielen, bewegt sich der kirchliche Solidaritätsbegriff also keineswegs vorrangig oder gar ausschließlich im Rahmen tugendethischer Konzepte. Er macht sich vielmehr diejenigen Einsichten in die Komplexitätslagen funktional ausdifferenzierter Gegenwartsgesellschaften zu eigen, die erstmals in der französischen Soziologie des späten 19. Jahrhunderts thematisiert wurden und dann von Heinrich Pesch auch in die sozialkatholischen Selbstverständigungsdebatten eingeführt worden sind. Dennoch ist unübersehbar, dass die ursprüngliche »soziologische Grundierung« der Solidaritätssemantik heute deutlich in den Hintergrund getreten ist und mittlerweile ganz aus dem Blickfeld der sozialkatholischen Theoriebemühungen zu geraten droht. Insbesondere unter dem Pontifikat von Papst Benedikt XVI. (2005-2013) sind die solidaristischen Traditionen vollständig aufgegeben worden; und es bleibt abzuwarten, ob sie sich unter Papst Franziskus wieder zu erneuern vermögen.

3. Freiwilliges Geben? Ein reduziertes Solidaritätsverständnis in den Dokumenten der COMECE

Auch in den Texten der 1980 – als Verbindungsstelle zwischen der katholischen Kirche und den politischen Gremien der EU mit Sitz in Brüssel – gegründeten Kommission der Bischofskonferenzen der Europäischen Gemeinschaft (COMECE), die sich aus delegierten Bischöfen der 26 katholischen Bischofskonferenzen auf dem Gebiet der Europäischen Union zusammensetzt[2], fungiert die Kategorie der Solidarität seit langem als dominante normative Leitvokabel des europäischen Einigungsprozesses. Sie wird in zahlreichen Stellungnahmen immer wieder an zentraler Stelle genannt; und es gibt keinen vergleichbaren Programmbegriff, der in diesen Texten ähnlich prominent vertreten ist wie eben dieser Grundbegriff aus der Tradition der katholischen Soziallehre. Über das nähere inhaltliche Verständnis dessen, was die COMECE-Texte als Solidarität bezeichnen, ist damit allerdings noch nichts ausgesagt.

Auch für die COMECE spielt natürlich die Erinnerung an den Schuman-Plan des Jahres 1950, die Initialzündung zum europäischen Friedens- und Einigungsprozess der Nachkriegszeit, eine zentrale Rolle. Am 9. Mai 1950, fünf Jahre nach der Unterzeichnung der Kapitulationsurkunde und dem Ende des II. Weltkrieges, hatte der französische Außenminister Robert Schuman (2005) den ursprünglich von Jean Monnet entwickelten Vorschlag präsentiert, »die Gesamtheit der französisch-deutschen Kohle- und Stahlproduktion unter eine gemeinsame Hohe Behörde zu stellen.« Durch eine solche Zusammenlegung werde in denjenigen Bereichen der Wirtschaft, »die lange Zeit der Herstellung von Waffen gewidmet waren« , eine »Solidarität der Produktion [*la solidarité de production*]« begründet, mit der »jeder Krieg zwischen Frankreich und Deutschland nicht nur undenkbar, sondern materiell unmöglich ist« . Dies sei ein erster wichtiger Schritt »zur Bewahrung des Friedens« , für den es »vor allem ein Europa« brauche, und zwar »ein solide geeintes und gut aufgebautes Europa«, das sich allerdings »nicht mit einem Schlage herstellen« lasse: Vielmehr gelte: »Es wird durch konkrete Tatsachen entstehen, die zunächst eine Solidarität der Tat [*une solidarité de fait*] schaffen.«[3] Denn die gemeinsame Er-

---

2   Zu entsprechenden Beiträgen aus den evangelischen Kirchen vgl. *Losansky* 2010, 137-171.

3   Hier zeigt sich ein für die mit den soziologisch-solidaristischen Traditionen des französischen Denkens wenig vertraute deutsche Sprache nicht untypisches

richtung »dieser mächtigen Produktionsgemeinschaft, die allen Ländern offensteht, die daran teilnehmen wollen«, werde diesen nicht nur »die notwendigen Grundstoffe für ihre industrielle Produktion zu gleichen Bedingungen« liefern und damit »die realen Fundamente zu ihrer wirtschaftlichen Vereinigung legen«; sie werde ein kommendes Europa zugleich auch »mit vermehrten Mitteln« ausstatten, um »die Verwirklichung einer seiner wesentlichsten Aufgaben« verfolgen zu können: »die Entwicklung des afrikanischen Erdteils« (Schuman 2005).

An dieses Grunddokument der europäischen Einigungsgeschichte, das 1951 zur Errichtung der Europäischen Gemeinschaft für Kohle und Stahl (Montanunion) führte, hat die COMECE in einer im Mai 2005 veröffentlichten Erklärung unter dem Titel *Das Werden der Europäischen Union und die Verantwortung der Katholiken* ausführlich erinnert (COMECE 2005, bes. 16-28). Vor dem Hintergrund der Erweiterung der Europäischen Union um zehn neue Mitgliedstaaten zum 1. Mai 2004, die von der COMECE nachdrücklich begrüßt wurde, betont dieser Text, dass die EU

> »nicht in erster Linie ein großer gemeinsamer Markt und ein institutionelles Gebilde ist, sondern das Ergebnis einer politischen Entscheidung im vornehmsten Sinne des Wortes. Sie beruht auf dem Willen zu gegenseitigem Verzeihen, zur Versöhnung und zum Frieden.« (ebd., Nr. 8)

Die Schuman-Erklärung, die hier im Rahmen einer »Relectüre aus christlicher Sicht« ausgiebig gewürdigt wird, habe im Jahr 1950 »einen mutigen und klugen Weg für Europa insgesamt« (ebd., Nr. 15) eröffnet und die Hoffnung ausdrücken wollen, »nach der Erfahrung geteilter Armut nunmehr beim Wiederaufbau die Früchte der Solidarität zu ernten« (ebd., Nr. 17), wobei sie, wie es hier heißt, »ihre Wirkung vor allem als geistige Geste entfaltet hat« (ebd., Nr. 17).

Auch in diesem Text genießt der Leitbegriff der Solidarität eine hohe Prominenz; die vom französischen *solidarisme* inspirierten Schuman'schen Begriffe der *solidarité de production* und der *solidarité de fait* spielen aber keine Rolle. Das Stichwort der ›faktischen Solidarität‹ wird zwar an einer Stelle noch kursorisch erwähnt, nicht aber näher entfaltet. Stattdessen spricht der Text von der ›Methode der Solidarität‹ bzw. der ›Solidarität als Methode‹ (ebd., Nr. 20-22). Diese bestehe darin, dass die

---

Fremdeln in der Übersetzung des Topos der *solidarité de fait*, der angemessener und einfacher wohl als (immer schon bestehende) ›faktische Solidarität‹ statt als erst zu schaffende ›Solidarität der Tat‹ zu fassen wäre.

Europäische Union »den kleinen Nationen das gleiche Existenzrecht zu-
erkennt wie den großen«, da sie darauf beruhe,

> »dass die größeren Staaten bei der Verteilung der Stimmen und Sitze in den Insti-
> tutionen nicht auf der strikten Anwendung des Proportionalitätsprinzips bestehen,
> wohingegen die kleineren Staaten sich verpflichten, den Entscheidungsprozess
> nicht zu blockieren und die Union nicht zu lähmen.« (ebd., Nr. 20)

Für Gegenwart und Zukunft der Europäischen Union heißt es programma-
tisch: »Friede als Ziel, Freiheit als Prinzip und Solidarität als Methode«
(ebd., Nr. 23). Der Solidaritätsbegriff bleibt in diesem Zusammenhang allerdings ziemlich unbestimmt. Zwar nimmt der Text ausführlich Bezug
auf die Enzyklika *Centesimus annus* und »die Reflexion der Papstes über
die Idee der Solidarität« (ebd., Nr. 29), von arbeitsteiligen Verflechtungs-
und wechselseitigen Abhängigkeitsverhältnissen ist aber keine Rede mehr.
Stattdessen wird unter dem Stichwort ›Erfahrung von Solidarität‹ an die
Geschichte vom barmherzigen Samariter und »die Haltung von Mutter Teresa« (ebd., Nr. 29) erinnert, wobei aber zugleich eingeschärft wird, dass
Solidarität »nicht als einseitige Herablassung der Reichen zu den Armen«
(ebd., Nr. 20) verstanden werden dürfe.

Schon ein Jahr zuvor, im April 2004, hatte die COMECE im Blick auf
die anstehende EU-Erweiterung und die Diskussion um den vom Europäischen Konvent im Jahr 2003 erarbeiteten Verfassungsvertrag – ebenfalls
mit Bezug auf Jean Monnet und Robert Schuman – einen zehnseitigen
Text unter dem Titel *Solidarität ist die Seele Europas* veröffentlicht und
mit Nachdruck »für eine Ausweitung und Vertiefung der Solidarität in der
Europäischen Union« geworben (COMECE 2004, Nr. 2). Während die
Kategorie der Solidarität als Wertbegriff im Text dieses Verfassungsver-
trages, der aufgrund seiner starken neoliberalen Ausrichtung bekanntlich
in Volksabstimmungen in Frankreich und den Niederlanden im Jahr 2005
scheitern sollte, nur ganz am Rande Erwähnung findet,[4] erklärt die CO-
MECE hier, Solidarität sei »eine der eigentlichen Berufungen der Union,
der das Ziel der wirtschaftlichen Entwicklung unterzuordnen ist« (ebd.,
Nr. 2). Der Wert der Solidarität bilde ein »beständiges Element der bereits

---

4 So formuliert Art. I-2 VVE: »Die Werte, auf die sich die Union gründet, sind die
   Achtung der Menschenwürde, Freiheit, Demokratie, Rechtsstaatlichkeit und die
   Wahrung der Menschenrechte einschließlich der Rechte der Personen, die Min-
   derheiten angehören. Diese Werte sind allen Mitgliedstaaten in einer Gesellschaft
   gemein, die sich durch Pluralismus, Nichtdiskriminierung, Toleranz, Gerechtigkeit, Solidarität und die Gleichheit von Frauen und Männern auszeichnet.«

geltenden vertraglichen Grundlagen der Union« (ebd., Nr. 3); sie habe schon den EG-Vertrag von 1957 entscheidend bestimmt und in der im Dezember 2000 proklamierten Grundrechtecharta ein eigenes Kapitel erhalten, in dem »Grundrechte aus dem Arbeitsleben, des Gesundheitsschutzes, der sozialen Sicherheit, des Zugangs zu Diensten von allgemeinem wirtschaftlichen Interesse und des Umwelt- und Verbraucherschutzes« (ebd., Nr. 4) festgeschrieben worden seien. Solidarität definiert die COMECE hier »als Entscheidung zum helfenden Handeln aus dem Bewußtsein der Verbundenheit«, wobei sie immer auch einen »Appell an die eigene Verantwortung« enthalte (ebd., Nr. 5). Sie werde wirksam, »wenn ein Bewußtsein der Zusammengehörigkeit oder der freundschaftlichen Verbundenheit herrscht« (Nr. 7), wobei sie für Christen zugleich »Ausdruck ihres Glaubens« sei: »Als geistige Haltung, die im Schöpfungsglauben wurzelt, entspringt sie dem Bewußtsein gegenseitiger Abhängigkeit« (ebd., Nr. 1), das uns zu »teilen, helfen, verzichten, opfern, mitfühlen« anleite. Unübersehbar ist also auch hier eine erhebliche tugendethische Akzentuierung des Solidaritätsbegriffs, die die empirisch-analytischen Dimensionen des solidaristischen Konzepts der *solidarité de fait* weithin aus dem Blick verliert. Dennoch: Mit vergleichbarem Nachdruck sind die Werte der Solidarität und die damit verknüpften sozialen Grundrechte der Bürger Europas von der COMECE seitdem nicht mehr betont worden. Stattdessen sind die jüngeren Texte aus der Brüsseler Zentrale der europäischen Bischofskonferenzen durch deutliche Zugeständnisse an das neoliberale Projekt gekennzeichnet, das in den letzten zehn Jahren auch in kirchlichen Kontexten erhebliche Terraingewinne verzeichnen konnte.

Kennzeichnend dafür ist schon das im Februar 2005 veröffentliche 15seitige Papier mit dem Titel *Das europäische Sozialmodell stärken*, das allerdings nicht von den Bischöfen der COMECE in ihrer Gesamtheit, sondern – unter dem Vorsitz des damaligen Hildesheimer Bischofs Josef Homeyer – nur vom Präsidium der COMECE stammt (COMECE-Präsidium 2005). Vor dem Hintergrund der von den europäischen Staats- und Regierungschefs im März 2000 verabredeten ›Lissabon-Strategie‹, die EU bis zum Jahr 2010 zum ›wettbewerbsfähigsten und dynamischsten wissensgestützten Wirtschaftsraum der Welt‹ zu machen, betont dieses Papier vor allem, dass »dynamische und wettbewerbsfähige Unternehmen, die Steuern zahlen können« (ebd., 2), unverzichtbar seien, da nur so »die Erhaltung zentraler staatlicher Leistungen im sozialen Bereich, die unser Sozialmodell im Kern auszeichnen, vorstellbar ist« (ebd., 3). Um dieses Sozialmodell zu erhalten, sei es jedoch notwendig, »daß die bestehenden sozialen Sicherungssysteme der meisten europäischen Staaten gerade in ihrer staatlichen Komponente von Grund auf erneuert und neu ausgerichtet werden,« denn »eine Vielzahl der bestehenden Leistungen wird nicht mehr bezahlbar sein« (ebd., 4). Ferner müsse »in vielen Staaten Europas [...] der Preis der Arbeit gesenkt werden.« Viele ältere Arbeitnehmer fänden nämlich keinen Zugang mehr zum Arbeitsmarkt, »weil der Preis der Arbeit generell zu hoch ist und für ihre Qualifikation keine ausreichende Nachfrage mehr besteht.« Ähnliches gelte auch für Jugendliche, »weil ihr Eintrittspreis vielen Unternehmen zu hoch ist.« Und schließlich seien auch längere und flexiblere Wochen- und Lebensarbeitszeiten notwendig, »um die Wettbewerbsfähigkeit der Unternehmen zu erhöhen« (ebd., 11). Der normative Programmbegriff der Solidarität taucht in diesem Text nicht mehr auf.

Die nicht nur vom Präsidium, sondern von allen Bischöfen der COME-CE unterzeichnete kurze Erklärung zur Europawahl im Juni 2009 mit dem Titel *Am Haus Europa weiterbauen* schlägt dagegen wieder vertraute Töne aus der Tradition der katholischen Soziallehre an (COMECE 2009). Statt von der Wettbewerbsfähigkeit der Unternehmen ist hier wieder von den sozialen Rechten der Arbeitnehmer die Rede, denen man Arbeitsbedingungen bieten müsse, »welche ihre Gesundheit, Sicherheit und Würde respektieren.« Ebenso wird Solidarität »mit den Schwächsten und Ärmsten unserer Gesellschaft« im Rahmen einer EU-Politik eingefordert, die »die Würde des Menschen und die Förderung des Gemeinwohls« in den Mittelpunkt zu stellen habe (ebd., 3).

Die bisher jüngste ausführliche Stellungnahme der europäischen Bischöfe zu Selbstverständnis und Zukunftsperspektiven der Europäischen Union stammt vom Oktober 2011 und wurde wesentlich unter der Leitung des Münchener Erzbischofs Reinhard Kardinal Marx erarbeitet, der seit März 2012 auch das Amt des Vorsitzenden der COMECE bekleidet. Der 26seitige Text steht unter dem Titel *Eine europäische Solidaritäts- und Verantwortungsgemeinschaft* (COMECE 2011) und beschäftigt sich – vor dem Hintergrund der im Herbst 2008 ausgebrochenen Finanz- und Bankenkrise – vor allem mit dem EU-Leitbild einer ›im hohen Maße wettbewerbsfähigen Sozialen Marktwirtschaft‹, das mit dem am 1.12.2009 erfolgten Inkrafttreten des Lissabonner Vertrages von 2007 zu einem der offiziellen Vertragsziele der Europäischen Union geworden ist.

Der Text betont zwar mit Nachdruck, »dass bei diesem Leitbild der europäischen Politik die Betonung auf ›sozial‹ und nicht auf ›in hohem Maße wettbewerbsfähig‹ liegen muss« (ebd., Nr. 6); die Solidarität taucht hier

jedoch prominent nur noch im Titel auf. Als politisch orientierender Programmbegriff wird sie vollständig verdrängt von der neuen Pathosformel
der Sozialen Marktwirtschaft, die sich die europäischen Bischöfe hier –
unbeeinflusst vom bekanntlich sehr hartnäckigen Widerstand der katholischen Sozialtradition gegen das protestantisch-ordoliberale Konzept der
Sozialen Marktwirtschaft (vgl. Große Kracht 2010) – ohne jede Einschränkung zu eigen machen. In der von Reinhard Kardinal Marx verfassten ›Einführung‹, die die zentralen Inhalte des Textes bereits vorweg-
nimmt (COMECE 2011, 4-6), heißt es, die Soziale Marktwirtschaft zeichne sich dadurch aus, dass sie »Freiheit im Markt mit der Leitidee der Gerechtigkeit und dem Gebot der Nächstenliebe« verbinde, wobei sie sich
näherhin durch »vier wesentliche Merkmale« kennzeichne: zunächst durch
eine hohe Wertschätzung »des freien fürsorgenden Handelns für den sozialen Zusammenhang« , weshalb »freie Initiativen mit sozialer Zielsetzung« besondere Förderung und Anerkennung verdienten; dann durch die
Anerkennung der Tatsache, »dass eine Soziale Marktwirtschaft wirtschaftlich leistungsfähig, also wettbewerbsfähig sein muss, um Steuern und Abgaben für den Schuldenabbau und die Finanzierung der laufenden Ausgaben erheben zu können« , auch wenn sie »sowohl Regeln, insbesondere
auf dem Finanzsektor, als auch die Tugend der Marktteilnehmer, angefan-
gen vom Unternehmer bis hin zum Verbraucher« , brauche; drittens dann
durch die sozialpolitische Verpflichtung, dafür Sorge zu tragen, dass »allen Bedürftigen [...] sozialer Schutz und Beteiligungsgerechtigkeit ermöglicht« werde; und viertens schließlich in ökologischer Hinsicht durch eine
»Kultur des ›Maßhaltens‹« als Voraussetzung für »einen schonenden Umgang mit den natürlichen Ressourcen« (COMECE 2011, 4-6).

Der Begriff der ›Freiheit im Markt‹ taucht hier erstmals in einem offiziellen COMECE-Papier auf; ebenso wie die – deutlich von Papst Benedikt
XVI. und seiner Enzyklika *Caritas in veritate* (Benedikt XVI. 2009) inspirierten – Begriffe der ›spontanen Solidarität‹ und des ›freiwilligen Ge-
bens‹ (vgl. ebd., Nr. 4), da eine Gesellschaft »nicht nur in Rechtsansprü-
chen leben« könne, sondern vor allem »den Raum großzügigen Schen-
kens, besonders in der Lebenswelt der Familie« brauche (Nr. 4). Dagegen
könnte, wie es im Tenor der lange Zeit gängigen, seit der Bankenkrise von
2008 aber in die Defensive geratenen neoliberalen Sozialstaatskritik heißt,
»ein Übermaß an staatlicher Fürsorge [...] Abhängigkeitsverhältnisse erzeugen und die Übernahme von Eigenverantwortung, tätiger Nächstenliebe und Solidarität behindern« (ebd., Nr. 4). Zwar sei »die durch den Staat
organisierte Form der Solidarität [...] verlässlich, dauerhaft und deshalb

notwendig«, sie reiche jedoch nicht aus, »weil ihr insbesondere das Merkmal der Freiwilligkeit fehlt«, weshalb »der freien Form der Solidarität« der Vorrang gebühre (ebd., Nr. 5). Begriff und Konzept der Solidarität werden hier durchgängig auf »das christliche Gebot der Nächstenliebe« und die »Strukturen und Institutionen der Barmherzigkeit und der Nächstenliebe« (ebd., Nr. 3) enggeführt. Von der *solidarité de fait* findet sich keine Spur mehr, ebenso wenig wie vom nicht nur für die solidaristische Theorietradition, sondern auch für das Selbstverständnis der Europäischen Union so konstitutiven Rechtscharakter des Solidaritätsgedankens.

Der Text fragt vielmehr ganz im Sinne der deutschen Tradition des Neo- bzw. Ordoliberalismus vor allem nach den politisch-rechtlichen und den moralisch-normativen Voraussetzungen einer »funktionierenden Wettbewerbsordnung« (ebd., Nr. 7). Es sei »die Aufgabe politischer Rahmensetzung dafür zu sorgen, dass auf dem Markt ein wirklicher Leistungswettbewerb herrscht« (ebd., Nr. 6), der als solcher begleitet werden müsse durch »eine neue Kultur der Ehrbarkeit« (ebd., Nr. 8). Allerdings müssten dem Markt auch Grenzen gesetzt werden. So könne es zwar sinnvoll sein, »Teilbereiche der Daseins- und Gesundheitsversorgung nach marktwirtschaftlichen Prinzipien zu organisieren«; insgesamt seien die Bedarfe in diesem Bereich aber »durch geeignete Mittel und Maßnahmen der öffentlichen Gewalt sicherzustellen« (ebd., Nr. 10). Außerdem habe der Staat »marktfreie Zeiten und Lebensräume zu garantieren« und dafür zu sorgen, dass »das Marktgeschehen an gesetzlichen Feiertagen und Sonntagen [...] eingeschränkt« wird (ebd., Nr. 11). Notwendig sei schließlich auch, »dass Solidarleistungen den Markt ergänzen«, da hier die Bedürfnisse derjenigen unberücksichtigt blieben, »die aufgrund von Alter, Krankheit oder Arbeitslosigkeit nicht die Möglichkeit haben, selbst (in vollem Umfang) am Marktgeschehen teilzunehmen« (ebd., Nr. 14).

Die neoliberale Reformagenda in den nationalen Sozial- und Arbeitsmarktpolitiken des letzten Jahrzehnts wird dabei im Grundsatz begrüßt. So heißt es ähnlich wie schon im Präsidiumspapier von 2003, in vielen Ländern »könnte möglicherweise die Zahl der Beschäftigten erhöht werden, wenn man die auf dem Faktor Arbeit lastenden Abgaben und Steuern reduziert« (ebd., Nr. 17). Sozialstaatliche Hilfen müssten in erster Linie auf Wiedereingliederung in den Arbeitsmarkt zielen; und Hilfeempfänger hätten »die Pflicht, diese Reintegration durch eigene Anstrengungen zu verfolgen« (ebd., Nr. 16). Dennoch aber dürfe man »nicht an der Substanz sozialer Leistungen rühren« (ebd., Nr. 15). Zudem wachse bei zunehmender sozialer Ungleichheit auch die Legitimität von »Umverteilung, die für einen Ausgleich zwischen Arm und Reich, Krank und Gesund, Jung und Alt sorgt« (ebd., Nr. 15). Vor allem aber habe die EU auf eine Weltwirtschaftsordnung hinzuwirken, »die einen freien und fairen Wettbewerb garantiert und für die besonders schwachen Volkswirtschaften Entwicklungschancen eröffnet« (ebd., Nr. 2). Dabei müsse es nicht zuletzt auch darum gehen – und dies betonen nahezu alle COMECE-Papiere mit gleichbleibender Dringlichkeit –, dass die Regierungen der EU-Länder ihr schon 1970 den Vereinten Nationen feierlich gegebenes Versprechen einhalten, »die Entwicklungshilfe bis zum Jahr 2015 auf 0,7% des Bruttonationaleinkommens zu steigern«. Nachdem die EU ihr selbst gestecktes Zwischenziel von 0,56% für das Jahr 2010 bedauerlicherweise verfehlt habe, seien nun, wie es in diesem Papier heißt, »zusätzliche Anstrengungen von geschätzten 50 Milliarden Euro« notwendig, »um ein Versprechen einzuhalten, das Europa den ärmsten Ländern, insbesondere in Afrika, vor aller Welt gegeben hat« (ebd., Nr. 25).

Immer wieder wird in den Dokumenten der COMECE auch das nachsynodale apostolische Schreiben *Ecclesia in Europa* zitiert, das Johannes Paul II. im Juni 2003 veröffentlicht hatte und das gewissermaßen das ›höchstrangige‹ Europa-Dokument der katholischen Kirche darstellt (Johannes Paul II. 2003). In diesem Papier, in dem der von Johannes Paul II. vertretene solidaristische Solidaritätsgedanke immer wieder deutlich zutage tritt, wird von der Europäischen Union mit Nachdruck eine »neue Kultur der Solidarität« eingefordert, die »die Armen zu Vorkämpfern ihrer eigenen Entwicklung macht« (ebd., Nr. 111) und im Blick auf das »Phänomen der Globalisierung [...] Öffnung und Teilung« verlangt, damit die immer dichtere wirtschaftliche Verflechtung der Völker und Nationen »von solidarischer Teilnahme aller an der Produktion und am Austausch der Güter« (ebd., Nr. 101) gekennzeichnet sein könne. Schließlich gelte, so Johannes Paul II.: »Wenn man ›Europa‹ sagt, soll das ›Öffnung‹ heißen« (ebd., Nr. 111), weshalb es nicht zuletzt auch einer »Kultur der Aufnahme« bedürfe, »die der gleichen Würde aller Menschen und der pflichtgemäßen Solidarität gegenüber den Schwächsten Rechnung trägt und deshalb erfordert, dass jedem Einwanderer die Grundrechte zuerkannt werden« (ebd., Nr. 101).

Das erste Jahr des Pontifikats von Papst Franziskus gibt Anlass zu der Hoffnung, dass die im letzten Jahrzehnt in die Defensive geratenen solidaristischen Traditionen der katholischen Soziallehre einen neuen Aufschwung nehmen und neue Überzeugungskraft gewinnen könnten. Für die anstehenden Selbstverständigungsdebatten um das Programm und Profil der Europäischen Union hält der Topos der Solidarität jedenfalls wertvollere Orientierungen bereit als die Semantik der Sozialen Marktwirtschaft.

Literatur

Bastiat, Frédéric 1982: Harmonies économiques. Deuxième édition, augmentée des manuscrits laissés par l'auteur (1851), Faksimile-Nachdruck, Genève/Paris.

Benedikt XVI. 2009: Caritas in veritate. Enzyklika über die ganzheitliche Entwicklung des Menschen in der Liebe und in der Wahrheit vom 29. Juni, hrsg. vom Sekretariat der Deutschen Bischofskonferenz, Bonn.

Bourgeois, Léon 2008a: Solidarité; In: Ders.: Solidarité (La collection ›Bibliothèque républicaine‹; Présentation de Marie-Claude Blais), Paris, 47-101.

Bourgeois, Léon 2008b: Rapport au Congrès d'Éducation Sociale en 1990; In: Ders. Solidarité (La collection Bibliothèque républicaine; Présentation de Marie-Claude Blais), Paris, 104-120.

Bourgeois, Léon 2008c: Discours de clôture du Congrès d'Éducation Sociale en 1990; In: Ders.: Solidarité (La collection ›Bibliothèque républicaine‹; Présentation de Marie-Claude Blais), Paris, 141-158.

Bourgeois, Léon, 1907: L'idee de solidarité et ses conséquences sociales; In: Essai d'une philosophie de la solidarité. Conférences et discussions, Paris.

Calliess, Christian 2011: Das europäische Solidaritätsprinzip und die Krise des Euro – Von der Rechtsgemeinschaft zur Solidaritätsgemeinschaft?, Vortrag an der Humboldt-Universität zu Berlin am 18. Januar 2011. Online unter: www.polsoz.fuberlin.de/en/v/transformeurope/publications/latest_publications/authors/HU_FCE_Rede_Calliess.pdf (31.01.2014).

COMECE 2004: Solidarität ist die Seele der Europäischen Union. Erklärung der Kommission der Bischofskonferenzen der Europäischen Gemeinschaft vom 24. April 2004. Online unter: www.comece.org/site/de/publikationen/pubcomece (02.02.2014).

COMECE 2005: Das Werden der Europäischen Union und die Verantwortung der Katholiken (9.Mai 2005). Online unter: www.comece.org/site/de/publikationen/pubcomece (02.02.2014).

COMECE 2009: Am Haus Europa weiterbauen. Erklärung der Bischöfe der COMECE zu den Europawahlen vom 4.-7. Juni 2009. Online unter: www.comece.org/site/de/publikationen/pubcomece (02.02.2014).

COMECE 2011: Eine europäische Solidaritäts- und Verantwortungsgemeinschaft. Erklärung der Bischöfe der COMECE zum EU-Vertragsziel der wettbewerbsfähigen Sozialen Marktwirtschaft vom 27. Oktober 2011. Online unter: www.comece.org/site/de/publikationen/pubcomece (02.02.2014).

COMECE-Präsidium 2005: Das europäische Sozialmodell stärken. Thesen für eine erneuerte Lissabon-Strategie der Europäischen Union. Eine Erklärung des Präsidiums der COMECE vom Febuar 2005. Online unter: www.comece.org/site/de/ publikationen/pubcomece (02.02.2014).

Comte, Auguste 1923: Soziologie. 1. Band: Der dogmatische Teil der Sozialphiloso-phie, Jena.

Durkheim, Émile 1992: Über soziale Arbeitsteilung. Studie über die Organisation hö-herer Gesellschaften, Frankfurt.

Große Kracht, Hermann-Josef 2010: »... nichts gegen die soziale Marktwirtschaft, denn das ist verboten« (Konrad Adenauer). Sondierungen zur religiösen Tiefen-grammatik des deutschen Wirtschafts- und Sozialmodells im Anschluss an Alfred Müller-Armack und Oswald von Nell-Breuning; In: Ethik und Gesellschaft. Öku-menische Zeitschrift für Sozialethik 1/2010: Wem gehört die Soziale Marktwirt-schaft, Online unter: www.ethik-und-gesellschaft.de/mm/EuG-1-2010_Grosse _Kracht.pdf (02.02.2014).

Große Kracht, Hermann-Josef/Karcher SJ, Tobias/Spieß, Christian 2007: Das System des Solidarismus. Zur Auseinandersetzung mit dem Werk von Heinrich Pesch SJ, Berlin.

Johannes Paul II. 1981: Laborem exercens. Rundschreiben ›über die menschliche Ar-beit‹ vom 14. September 1981; In: Texte zur katholischen Soziallehre, 529-601.

Johannes Paul II. 1987: Sollicitudo rei socialis. Rundschreiben zwanzig Jahre nach der Enzyklika Populorum progressio vom 30. Dezember 1987; In: Texte zur katholi-schen Soziallehre, 619-687.

Johannes Paul II 1991: Centesimus annus. Rundschreiben zum hundertsten Geburtstag von Rerum novarum vom 1. Mai 1991; In: Texte zur katholischen Soziallehre, 689-764.

Johannes Paul II 2003: Ecclesia in Europa. Nachsynodales apostolisches Schreiben vom 28. Juni 2003; hg. vom Sekretariat der Deutschen Bischofskonferenz Bonn.

Losansky, Sylvia 2010: Öffentliche Kirche für Europa. Eine Studie zum Beitrag der christlichen Kirchen zum gesellschaftlichen Zusammenhalt in Europa, Gütersloh.

Nell-Breuning 1990: Baugesetze der Gesellschaft. Solidarität und Subsidiarität (1968). Durchgesehene Neuausgabe, Freiburg: Herder.

Pesch, Heinrich 1902: Solidarismus; In: Stimmen der Zeit 63, 38-60, 307-324.

Pesch, Heinrich 1905-1922: Lehrbuch der Nationalökonomie, Freiburg.

Pesch, Heinrich 1914: Lehrbuch der Nationalökonomie, Band 1: Grundlegung, Frei-burg.

Schuman, Robert 2005: Die historische Erklärung Robert Schumans vom 9. Mai 1950; In: COMECE 2005: Das Werden der Europäischen Union und die Verantwortung der Katholiken (9.Mai 2005), 64-67. Online unter: www.comece.org/site/ de/publikationen/pubcomece (02.02.2014).

Katholischen Arbeitnehmer-Bewegung Deutschlands e.V. 2007: Texte zur katholi-schen Soziallehre. Die sozialen Rundschreiben der Päpste und andere kirchliche Dokumente, Köln-Kevelaer.

Wildt, Andreas 1995: Art. Solidarität; In: Historisches Wörterbuch der Philosophie. Band 9, Basel, 1003-1015.

Zoll, Rainer 2000: Was ist Solidarität heute?, Frankfurt/M.

Die Konstruktion transnationaler Solidarität durch EU-Sozialpolitik

Stefanie Börner

1. Einleitung

>»Ist es wahrscheinlich, dass der französische Bauer bereit ist, für seinen Dünger einen höheren Preis zu zahlen, um der britischen chemischen Industrie zu helfen? Wird der schwedische Arbeiter mehr für seine Orangen bezahlen, um den kalifornischen Produzenten zu unterstützen? Oder der Angestellte im Londoner Bankenviertel mehr für seine Schuhe oder sein Fahrrad aus Solidarität mit dem amerikanischen oder dem belgischen Arbeiter?« (Streeck 2013, 144).

Dies fragte jüngst Wolfgang Streeck (2013) mit Hayek und stellte damit die entscheidende Frage, vor der die Europäische Union angesichts der durch die Krise manifest werdenden »defizitären Institutionalisierung der gemeinsamen Währung« (Preunkert/Vobruba 2012) steht.

Als »Zement« (Bayertz 1998, 11) zwischenmenschlicher Beziehungen wird das Konzept der Solidarität vor allem in der aktuellen Krisenphase der Europäischen Union nicht nur in der politischen Sphäre und der medialen Berichterstattung, sondern auch in akademischen Texten wie diesem immer wieder bemüht. Im Spannungsfeld individueller bzw. politischer Interessen und etablierter Vorstellungen von Gemeinschaft wird Solidarität hierbei als notwendiges Bindemittel einer erfolgreichen Krisen- und zunehmend notwendigen Sozialpolitik verhandelt. Wie im Zitat deutlich wird, kann dem Bereich der Sozialpolitik hierbei eine Schlüsselrolle zukommen, die aber kaum reflektiert wird. Denn was den französischen Bauern vom amerikanischen Arbeiter unterscheidet, ist, dass er Mitglied eines neuen politischen Gebildes ist, das, neben dem nationalstaatlichen, Einfluss nimmt auf sein Leben als Landwirt, Pensionär oder Konsument. Sozialpolitik bildet bislang einen vergleichsweise kleinen Teil dieser politischen Ordnung, was sich zahlreiche EU-Forscher mit der fehlenden Solidarität auf europäischer Ebene erklären (Kielmansegg 1996; Scharpf 1997; Streeck 2000; Offe 2003). Dieser Beitrag geht aber vom umgekehrten Mechanismus aus und argumentiert, dass, anders als häufig angenommen, Solidarität nicht etwa die Voraussetzung für die erfolgreiche Etablierung sozialpolitischer Maßnahmen auch auf europäischer Ebene darstellt, sondern vielmehr ihr Resultat.[1] Ganz ähnlich wie einst im Nationalstaat, so die These, dient Sozialpolitik der EU als wichtiger Transmissionsmechanismus, der Beziehungen zwischen den Bürgerinnen und Bürgern Europas knüpft, mit Hilfe derer Solidarität im europäischen Rahmen eingeübt wird. Im deutlichen Unterschied zur nationalstaatlichen Entwicklung löst europäische Solidarität die vorherigen Formen jedoch keineswegs ab, sondern versucht diese bewusst zu integrieren. Dieses (auch von der Europäischen Union ganz offiziell vertretene) inklusive und folglich sehr *abstrakte* Verständnis von Solidarität und Identität stößt jedoch im Bereich der Sozialpolitik nicht zuletzt deshalb an seine Grenzen, weil es hier um äußerst *konkrete* finanzielle Belastungen geht.[2] Vor dem Hintergrund der Annahme, dass Sozialpolitik eine Schlüsselfunktion bei der Herausbildung einer europäischen Solidarität zukommt, stellt sich also die Frage, ob die bisherigen sozialpolitischen Bemühungen der Europäischen Union ausreichen, einen neuen Sozialraum mit transnationalen solidarischen Bindungen hervorzubringen. Der Beitrag versucht diese Frage zu beantworten, indem er die verschiedenen Dimensionen analysiert, im Rahmen derer Solidarität innerhalb Europas gewährt bzw. nicht gewährt wird.

Dazu ist es zunächst sinnvoll, sich die verschiedenen Bereiche von EU-Sozialpolitik zu vergegenwärtigen. Zu unterscheiden sind hier, erstens, die Harmonisierung sozialer Standards etwa im Bereich Arbeitsschutz (Majone 1996; Lamping 2008), zweitens, genuin auf europäischer Ebene institutionalisierte und finanzierte umverteilende Maßnahmen, die sich mit den Struktur- und Regionalfonds bereits erschöpfen und schließlich, drittens, die sich aus den vier Freiheiten ergebenden und sukzessive ausgeweiteten sozialen Rechte der Bürgerinnen und Bürger, die die in einem anderen Mitgliedstaat lebenden EU-Bürgerinnen und Bürger in die Lage versetzen,

---

1 Etwa *Ferrera* 2005a; *Börner* 2013; *Börner/Eigmüller* 2014; historisch auch *Rothfels* 1960; *Tennstedt* 1981; *Manow* 1997.

2 Die abstrakte Symbolik der Euromünzen und -scheine sowie die offiziellen Symbole der EU illustrieren das Bemühen, die potentielle europäische Solidarität als gemeinsame Klammer und die Solidaritäten und Identitäten der Mitgliedstaaten zu einem stimmigen Ganzen werden zu lassen (»In Vielfalt geeint«). Während die zwölf Sterne der Flagge »für die Werte Einheit, Solidarität und Harmonie zwischen den Völkern Europas« (offizielle Homepage der EU) stehen, sind die Euromünzen ein schönes Beispiel für die Idealvorstellung der »Marmorkuchenidentität« (*Risse* 2004; 2010) der Europäerinnen und Europäer: Die Vorderseite repräsentiert Europa und die Mitgliedstaaten gestalten die Rückseite (vgl. *McNamara* 2013).

Kraft des Unionsbürgerstatus die gleichen Sozialleistungen zu erhalten wie Inländer.

Die erste Dimension der regulativen Sozialpolitik galt lange Zeit als Schwerpunkt der Europäischen Union, entsprechend nehmen die redistributiven Maßnahmen der zweiten Dimension nicht zuletzt aufgrund der Ressourcenfrage einen geringeren Stellenwert ein. Viel grundlegender ist aber, dass sich die umverteilenden Programme nicht an Individuen richten, sondern an Regionen.[3] Zentral für diesen Beitrag ist daher lediglich die dritte Dimension: Weil dieser Bereich am unmittelbarsten erfahrbar ist und sich direkt auf die Handlungsoptionen und Beziehungen der Bürgerinnen und Bürger auswirkt, sind normative Wirkungen wie etwa die Herausbildung einer transnationalen Solidarität insbesondere hier zu erwarten. Dieser Anspruch wird sich kaum eins zu eins umsetzen lassen, weil die unter Dimension drei fallenden rechtlichen Regelungen zwar zu Grenzverschiebungen in Europa beitragen, aber letztlich keine Solidarität zwischen Einzelpersonen institutionalisieren.

Der folgende Abschnitt stellt einige konzeptionelle Überlegungen zum Begriff der Solidarität vor, um die Anschlussfähigkeit des Konzepts an die Frage gewährleisten zu können. Die Analyse in Abschnitt 3 führt die vorliegenden Studien ein und verdeutlicht die Diskrepanz zwischen der Rhetorik der Europäischen Union auf der einen und der tatsächlich beobachtbaren Solidarität auf EU-Ebene auf der anderen Seite. Im Anschluss daran diskutiere ich die Argumente für und wider eine gemeinsame Sozialpolitik auf EU-Ebene und zeichne am Beispiel der Herausbildung des europäischen Gesundheitsraums den politischen Entscheidungsprozess nach. Dass Solidarität in Europa bis dato längst nicht den Stellenwert hat wie in den einzelnen Mitgliedsländern, so wird im Fazit argumentiert, lässt sich auf die Besonderheiten der EU-Sozialpolitik zurückführen.

---

3 Wie immer gibt es eine Ausnahme: Im Rahmen der bereits seit 1962 bestehenden Gemeinsamen Agrarpolitik der EU haben Landwirte Anspruch auf Direktzahlungen durch die EU, deren Umfang und Kontinuität Anlass dazu gaben, diese als ein supranationales Wohlfahrtsregime für das ländliche Europa zu interpretieren (*Knudsen* 2009).

2. Die Dynamik solidarischer Beziehungen

Ganz grundlegend bezeichnet Solidarität die »Idee eines wechselseitigen Zusammenhangs zwischen den Mitgliedern einer Gruppe« (Bayertz 1998, 11). Entsprechend werden kleine Gruppen wie Familien und nachbarschaftliche Zusammenhänge als der »natürliche Ort« von Solidarität behandelt (Prisching 2003, 159; Ostner 2004, 80). Die Frage jedoch, worauf sich ein solcher wechselseitiger Zusammenhang stützt, ist mit zunehmender Größe und Komplexität der Gruppe immer schwerer zu beantworten. Im Kontext abstrakterer und bedeutend umfassenderer sozialer Zusammenhänge wie der Nation, dem Wohlfahrtsstaat oder der Europäischen Union bietet sich daher eine konstruktivistische Lesart des Phänomens an, mit Hilfe derer die die Gruppe konstituierenden Gleichheitsvorstellungen, auf denen Solidarität meistens beruht, zwar als diskursiv, institutionell und symbolisch konstruiert begriffen werden, die Folgen, die diese Konstruktion aber zeitigt, alles andere als imaginiert sind (ausführlich Börner 2013; vgl. auch Risse 2010). Denn als zwischenmenschliche Beziehungen regelndes Prinzip strukturiert sie Verhalten und wirkt sich auf die konkreten Handlungen Einzelner aus, indem sie Interessen und Präferenzen formt. Dass zeigt sich etwa darin, dass ausschließlich den Mitgliedern einer Gruppe bestimmte Privilegien vorbehalten sind; sozialstaatliche Inklusions- und Exklusionsmechanismen sprechen hier für sich. Die Konstruktion einer Gruppe kann dann als besonders erfolgreich gelten, wenn die Mitglieder die institutionell vorgegebenen Solidarmuster verinnerlicht haben und eigenständig anwenden. Entsprechend instruktiv sind Studien, die nach dem präferierten Ort von Sozialpolitik fragen (vgl. Abschnitt 4), denn sie verweisen auf den Erfolg der Nation als geschlossene Gruppe, die »Umverteilungsopfer« (Offe 2003, 270) legitimiert, obgleich selbst die nationale Umverteilungsgemeinschaft alles andere als ein homogener Raum ist.

In Bezug auf die Motive, die solidarischem Verhalten zugrunde liegen, ist es daher sinnvoll, zwischen eher Interessen induzierter Solidarität und Formen der Solidarität, die auf kollektiven Identitäten basieren, zu unterscheiden. Entweder wird sie auf der Basis ökonomisch-rationaler Argumente gerechtfertigt (Hechter 1980) oder von Kategorien der Zugehörigkeit und Verbundenheit mit einer Gruppe getragen (Börner 2013; Kapeller/Wolkenstein 2013). Letztere erscheint nur auf den ersten Blick als *außer*rationale Orientierung, denn aus Sicht der Akteure sind die daran anknüpfenden Entscheidungen durchaus rational, sprich der Maximierung der eigenen Interessen geschuldet (etwa die Schließung gegenüber als fremd Wahrgenommenen aus Angst vor Verlust der alten Vertrautheit). Im Unterschied zur rational-ökonomischen Orientierung der Interessensolidarität orientiert sich diese Form des solidarischen Miteinanders allerdings an Kriterien der kollektiven Zugehörigkeit, die häufig durch Narrative, Semantiken der Gleichheit und symbolische Konstruktionen manifestiert werden. Stellt man sich die beiden Solidaritätsformen als Endpunkte eines Kontinuums von individuellen Interessen und Gemeinschaft vor, so stellt das vor allem im Fall der Europäischen Union häufig evozierte Konzept der eigennützigen Hilfe (etwa Vobruba 2005, 23f.) einen Extremfall der Interessensolidarität dar. Die Tatsache jedoch, dass Akteursinteressen eng verwoben sind mit den Gruppen, denen diese jeweils angehören, deutet darauf hin, dass außerhalb der Welt der Idealtypen vor allem Mischformen auftreten. Denn schließlich, so auch die Definition von Kaufmann (2009, 366), kann von Solidarität nur gesprochen werden, wenn die Bereitschaft besteht, eigene Interessen kollektiven unterzuordnen. Definiert als die Bereitschaft, Kosten zugunsten anderer zu tragen, wird Solidarität im sozialpolitischen Kontext also als Akzeptanz von Umverteilungskosten aufgefasst.

Dass Solidarität eng an die Qualität der Gruppe geknüpft ist, verweist auf einen weiteren, für das Verständnis des Konzepts zentralen Punkt. Da Solidarbeziehungen jeweils in unterschiedliche historische Kontexte eingebettet sind, ist Solidarität dem Wesen nach äußerst dynamisch und eben nicht, so hat die Geschichte vielfach gezeigt, an die Nation oder die Kleingruppe gebunden. Ob Solidarität im Wohlfahrtsstaat, innerhalb der Arbeiterbewegung oder zwischen Angehörigen eines Berufszweigs, ihre Motive und Ziele sind historisch kontingent und entsprechend wandelbar, denn »solidarity is always linked with specific ontological and normative assumptions« (Kapeller/Wolkenstein 2013, 477). Für die aktuelle Diskussion über die Möglichkeit einer europaweiten Solidarität ist das entscheidend. In diesem Zusammenhang haben Hondrich und Koch-Arzberger (1992) nicht nur auf die Dynamik solidarischer Beziehungen hingewiesen – also wer, auf welcher Grundlage mit wem solidarisch ist –, sondern auch darauf, dass sich der Modus von Solidarität im Zuge solcher Transformationen verändern kann. Sie entwickeln ein weiteres, modernen Gesellschaften inhärentes Verständnis des Konzepts, demzufolge Solidarität keineswegs ausschließlich auf affektive Bindungen angewiesen sei, sondern auch funktional sein kann. Folglich, so betonen die Autoren, wählen Individuen ihre solidarischen Bindungen selbst auch über potentielle Unterschiede hinweg.

Solidarität wird hier also als Verhalten strukturierende zwischenmenschliche Beziehung, die zugleich auf Vorstellungen der Homogenität und individuellen Interessen beruhen kann, aufgefasst. Dabei ist deutlich geworden, dass die Gleichheitsfiktionen je nach Kontext, in dem Solidarität auftritt, nicht nur äußerst unterschiedlich, sondern auch dynamisch sind, so dass sich Solidarität über die Zeit hinweg verändern und situativ anpassen kann. Solidarisch sein mit Anderen schließt zudem keineswegs aus, dass auch eigene, nutzenmaximierende Interessen verfolgt werden. Dies wird vor allem dann deutlich, bezieht man längerfristige Zeithorizonte mit ein. Besonders fruchtbar wird die Lesart von Solidarität als zwischenmenschliche Beziehungen prägende Moral- und Verhaltensinstanz im Bereich der Sozialpolitik, denn zum einen definiert sie Zugehörigkeiten und zum anderen werden die im Rahmen der geschaffenen Mitgliedschaftsräume erprobten Solidarmuster institutionalisiert. Auf diese sozialintegrative Wirkung von Sozialpolitik im nationalstaatlichen Rahmen hat bereits T. H. Marshall (1950) hingewiesen, indem er betonte, dass nicht nur politische Rechte, sondern auch soziale Rechte für die Herausbildung der modernen Staatsbürgerschaft entscheidend waren. Die sozialen Sicherungssysteme der frühen Wohlfahrtsstaaten haben so schließlich Mitgliedschaftsräume innerhalb der nationalen Territorien geschaffen und Solidarität entsprechend gerahmt und institutionalisiert (Ferrera 2005a, 226). In Übereinstimmung mit diesem dynamischen Verständnis von Solidarität wird nun auch ihr Wandel im Zuge der europäischen Integration vielfach thematisiert und problematisiert (bspw. Streeck 2000; Bartolini 2005; Münch 2008).

3. Selbstbeschreibungen und Zuschreibungen: Die Konstruktion europäischer Solidarität

Die verglichen mit dem ursprünglichen Mandat der EU als intensiv zu bezeichnenden sozialpolitischen Bemühungen der Europäischen Kommission erwecken den Anschein, dass sie sich der sozialintegrativen Wirkung von Sozialpolitik äußerst bewusst ist. Durchaus kreativ hat die Kommission neue (noch nicht nationalstaatlich besetzte) Politikfelder etabliert, Lücken geschlossen und neuartige Instrumente entwickelt (Leibfried 2005; Threlfall 2007). Die Delors-Ära muss hierbei als Schlüsselmoment begriffen werden, in dem sich die Rhetorik, dass eine erfolgreiche Sozialpolitik europäisches Bewusstsein befördert, etabliert hat. Jacques Delors' (1989, 3) berühmte Aufforderung, die soziale Dimension Europas zu stärken, denn »you cannot fall in love with the single market«, ist paradigmatisch hierfür. Auch die offiziellen Symbole (vgl. Fußnote 1) und die Konzepte ›soziale Kohäsion‹[4] und ›europäische Identität‹[5], die seit ihrer Einführung einen prominenten Teil des öffentlichen Diskurses bilden, reflektieren dieses Bestreben.

Nun lässt aber die Selbstbeschreibung der EU noch lange keine Aussagen über die Zusammengehörigkeitsgefühle und Solidaritätsbereitschaft der Europäerinnen und Europäer untereinander zu. Ist die Union mittlerweile zu einer Vergleichs- und Referenzeinheit für ihre Mitglieder geworden, so heißt dies nicht, dass dadurch auch nationale Grenzen transzendierende Solidaritäten entstanden sind (Díez Medrano 2008). Während unzählige Studien Ausmaß und Form europäischer Identität analysieren, fragen wenige empirische Untersuchungen nach der vorhandenen Solidarität in Europa.

Auf europäischer Ebene geben Bevölkerungsumfragen einen ersten Hinweis darauf, ob aktuell eine nationale Grenzen übersteigende Umverteilungsbereitschaft im Entstehen begriffen ist. Weil Solidarität selbst schwer zu operationalisieren ist, kann als erste Annäherung an diesen Gegenstand die Frage, ob einem sozialpolitischen Kompetenztransfer auf europäische Ebene zugestimmt wird, gelten. Laut einer Eurobarometerbefragung aus dem Jahr 2000 stimmten zwar 63 % der Befragten dafür, dass die EU im Bereich Armut und soziale Ausgrenzung Kompetenzen erhält, jedoch sprachen sich lediglich 32 % der Befragten für eine gemeinsame

---

4   Das Konzept wurde 1986 durch die Einheitliche Europäische Akte (Art. 130a) eingeführt, um eine harmonische Entwicklung zu fördern. Als politisches Instrument, das strukturelle und wirtschaftliche Zusammenwachsen der Mitgliedstaaten zu unterstützen, wurde 1994 schließlich der Kohäsionsfonds zusätzlich zu den bereits bestehenden Strukturfonds eingeführt. Gemessen wird der Erfolg dieser Instrumente u.a. in dem regelmäßig von Eurostat veröffentlichten Jahrbuch der Regionen.

5   Mit der »Declaration on European identity« trat die Idee 1973 nach dem Zusammenbruch des Bretton-Woods-Systems auf die politische Agenda (*Stråth* 2002). Die Staatsoberhäupter erklärten darin, dass »European identity will evolve as a function of the dynamic construction of a United Europe« (*Europäische Kommission* 1973).

Gesundheits- und Sozialpolitik auf EU-Ebene aus (Eurobarometer 2000).[6] Während der vergangenen zwölf Jahre hat sich diese Situation kaum verändert. Auf die Frage »Was auf dieser Liste würde am besten ihr Gefühl stärken, ein europäischer Bürger zu sein?« war die am häufigsten gewählte Antwort mit 37 %: »Ein europäisches Sozialsystem, das zwischen den Mitgliedstaaten vereinheitlicht ist« (Eurobarometer 2012). Obgleich die Zustimmungswerte sich kaum verändern, steht im Jahr 2000 die gemeinsame Gesundheits- und Sozialpolitik an letzter Stelle, während diese 2012 an erster Stelle genannt wird. Der feine Unterschied liegt hier in der Formulierung der Fragen. Fragt das Eurobarometer von 2000 noch direkt nach dem Kompetenztransfer von der nationalstaatlichen auf die europäische Ebene, so dass entsprechend Politikbereiche mit stark nationalem Charakter schlechter abschneiden, steht zwölf Jahre später das gemeinsame Sozialsystem unabhängig von der nationalen Ebene als positive Errungenschaft im Raum. So konnte das gemeinsame Sozialsystem von dem letzten auf den ersten Platz rutschen, obwohl sich die Zustimmung insgesamt kaum erhöht hat. Derart kritisch reflektiert legen die Ergebnisse nahe, dass Kategorien der Europäizität durch das von der Europäischen Kommission selbst erhobene Instrument des Eurobarometers überhaupt erst mitkreiert werden (vgl. ausführlich Höpner/Jurczyk 2012).

»Wer will eigentlich eine Sozialunion?« fragt sich auch Thorsten Heien (2006) und weist erwartungsgemäß Zustimmungswerte auf einem deutlich geringeren Niveau vor: nur noch ein Sechstel der Befragten unterstützt die Idee, dass Europa seine sozialpolitischen Aktivitäten verstärkt. Heiens Analyse von European Social Survey-Daten aus dem Jahr 2003 verstärkt zudem den Eindruck, dass der Bereich Sozialpolitik der am stärksten nationalstaatlich konnotierte Politikbereich ist.

Die Zustimmungsraten zu einem europäischen Sozialregime fallen bedeutend höher aus, fragt man auf einer abstrakteren Ebene nach der Gleichbehandlung im Bereich sozialer Rechte, so wie dies jüngst in einer Studie von Jürgen Gerhards und Holger Lengfeld (2013) geschehen ist. Drei Viertel aller Befragten stimmen der Aussage zu, dass alle in einem Land lebenden EU-Bürgerinnen und Bürger die gleichen sozialen Rechte genießen sollten wie Staatsangehörige dieses Landes. Dieses »Europa der

---

6   Insgesamt wurde für 25 Politikbereiche gefragt, ob Beschlüsse auf einzelstaatlicher oder EU-Ebene getroffen werden sollten. In 13 Bereichen unterstützten die Befragten mehrheitlich eine EU-Beschlussfassung (*Eurobarometer* 2000).

Sozialbürger« kann jedoch nicht auf einen europäischen Wohlfahrtsstaat zurückgeführt werden, sondern auf die durch die EU enorm ausgeweiteten Zugangsbedingungen zu den Sozialsystemen anderer Mitgliedstaaten (Gerhards/Lengfeld 2013, 182). In einem zweiten Schritt weisen die Autoren allerdings darauf hin, dass die Zustimmung beträchtlich sinkt, sobald die Akteure Umverteilungskosten zu fürchten haben – hier in Form von spürbaren Kürzungen des Sozialleistungsniveaus ihres Landes (Gerhards/ Lengfeld 2013, 1). Die geäußerte Solidarität, also die Bereitschaft, Kosten zugunsten anderer EU-Bürgerinnen und Bürger zu tragen, sinkt um rund 10 bis 25 % je nach Umfang der Kürzungen. Allein schon hypothetische Folgekosten verringern also die Chancen auf eine transnationale Solidarität.

Eine der ersten empirischen Studien, die direkt nach transnationaler Solidaritätsbereitschaft fragt, wurde von Holger Lengfeld, Sara Schmidt und Julia Häuberer (2012) durchgeführt. Sie greifen das für die Bürgerinnen und Bürger um einiges greifbarere Krisenszenario und die damit verbundenen Mehrkosten auf. Nahezu die Hälfte der deutschen Befragten und 41 % der Betreffenden in Portugal sind der Meinung, dass ihr Land während der Krise Mitgliedstaaten mit gravierenden wirtschaftlichen Problemen finanziell unterstützen sollte. Die Untersuchung verdeutlicht zudem die Kontextgebundenheit von Solidarität: Gefragt nach länderspezifischen Umverteilungspräferenzen, fällt die Zustimmung zu grenzübergreifender Solidarität deutlich höher aus (die Bezugsländer sind Italien, Spanien, Irland und Portugal). Nur im Fall von Griechenland sind die Befragten in Deutschland weniger bereit, ihren griechischen MitbürgerInnen in der EU Hilfestellung zu leisten.

Die vorgestellten Untersuchungen liefern erste Erkenntnisse darüber, ob eine Solidaritätsdynamik von der nationalen hin zur europäischen Ebene zu beobachten ist. Sie lassen sich wie folgt zusammenfassen: Die Zustimmung zu einer Übertragung klassischer sozialpolitischer Kompetenzen auf die EU-Ebene ist eher schwach ausgeprägt und über die Jahre konstant: mindestens zwei Drittel sehen im Nationalstaat den geeigneten Ort, über Sozialsysteme zu entscheiden. Entfällt der nationalstaatliche Kontext in den Fragestellungen, befürworten deutlich mehr Personen eine Sozialunion. Sobald sich die RespondentInnen jedoch zwischen der nationalstaatlichen und der europäischen Befugnisebene entscheiden müssen, werden die heimischen Affiliationen bevorzugt. Im nächsten Schritt wird deshalb nach Argumenten für und wider den Transfer von Sozialpolitik auf die EU-Ebene gefragt. So kann aufgezeigt werden, wann eine Öffnung verhindert wird bzw. wann sich eine Ausweitung des Solidarrahmens dennoch vollziehen kann.

4. Sozialpolitische Diskurse: Solidarität in Aktion

Auch wenn die sozialpolitischen Entwicklungen auf europäischer Ebene nationalstaatlich vorstrukturierte Solidaritäten inzwischen vielfach in Frage gestellt haben, dominieren in den Köpfen der Leute weiterhin die etablierten und lang erprobten wohlfahrtsstaatlichen und damit weitestgehend nationalen Solidarmuster. Während der vergangenen Jahre hat der öffentliche Krisendiskurs das Fortbestehen nationaler Grenzen immer wieder zu Tage befördert, was die ohnehin eher schwach ausgeprägte Bereitschaft zur Solidarität der Europäerinnen und Europäer möglicherweise gedämpft hat. Denn seit Beginn der Finanzkrise 2008 prägen vermehrt Nationalismus und Protektionismus die öffentlichen Debatten und Massenmedien (Gonzáles 2012) und haben nicht selten nationale Stereotypen von faulen SüdeuropäerInnen und korrupten griechischen Steuerhinterziehern evoziert (Kosma 2010; Elliott/Aitkenhead 2012; Hänska 2013). Angesichts der durch die Krise hervorgerufenen Umverteilungskämpfe (vgl. dazu genauer Vobruba 2012) gewinnen nationale Unterschiede wieder an Bedeutung und provozieren auf Stereotypen basierende Argumentationsmuster. In allseits bekannten Mustern tendieren Akteure dazu, Unterschiede zu betonen und ihre Argumente entlang der erstarkten nationalen Zugehörigkeitskategorien zu strukturieren. Die Lancierung des Europäischen Stabilitätsmechanismus im Dezember 2010 entfachte im deutschen Parlament eine Debatte über die Kosten des Rettungsfonds, in der der stellvertretende FDP-Vorsitzende es nicht länger für zumutbar hielt, dem deutschen Steuerzahler die Verantwortung für die fehlgeschlagene Schuldenpolitik anderer Mitgliedstaaten zu übertragen: »Für Griechenland und den Rettungsschirm ist Geld da, für eine Entlastung unserer Bürger aber nicht. Das mache ich nicht mehr mit.« (Jürgen Koppelin, zitiert nach Hulverscheidt 2011, 1)

Schaut man sich die Zustimmung zu sozialpolitischen Maßnahmen auf europäischer Ebene vor Eintritt der Krise in den einzelnen Mitgliedstaaten genauer an, so zeigen sich enorme Unterschiede, welche Steffen Mau (2003) auf die Heterogenität der nationalen Sicherungssysteme etwa hinsichtlich ihrer Finanzierung oder der Höhe der Transferzahlungen zurückführt. So fällt die Zustimmung in Staaten mit niedrigeren Sozialleistungen bedeutend höher aus, während skandinavische Länder aufgrund ihres hohen Sicherungsniveaus einer Europäisierung im Bereich der Sozialpolitik eher skeptisch gegenüberstehen, da sie mit dem drohenden Szenario eines Sozialabbaus einhergeht (Mau 2003; vgl. auch Heien 2006; Beramendi 2007). Befürchtete finanzielle Verluste könnten also verhindern, dass die institutionalisierten Formen nationaler Solidarität einfach in europäische Solidarität übersetzt werden.

Das Beispiel der grenzüberschreitenden Gesundheitsversorgung verdeutlicht, wie sozialpolitische Regelungen auf EU-Ebene trotz zum Teil erbitterter Opposition seitens nationalstaatlicher Akteure und struktureller Zwänge auf europäischer Ebene zustande kommen können. Die im Februar 2011 verabschiedete Patientenmobilitätsrichtlinie verlangt, dass der Versicherungsmitgliedstaat sicherstellt,

>»dass die Kosten, die einem Versicherten im Zusammenhang mit grenzüberschreitender Gesundheitsversorgung entstanden sind, [auch ohne vorherige Genehmigung, S.B.] erstattet werden, sofern die betreffende Gesundheitsdienstleistung zu den Leistungen gehört, auf die der Versicherte im Versicherungsmitgliedstaat Anspruch hat.« (Europäisches Parlament 2011, Art. 7)

Die Richtlinie beendete langjährige Auseinandersetzungen zwischen den Mitgliedstaaten und der EU. Denn bevor der Rat der Europäischen Union selbst tätig wurde, markierten bereits Mitte der 1990er Jahre einige bahnbrechende und wegweisende Rechtsprechungen des Europäischen Gerichtshofs (EuGH)[7] zur grenzüberschreitenden Gesundheitsversorgung die Relevanz dieses Bereiches für ein freizügiges Europa und erzwangen so schließlich eine politische Reaktion (Eigmüller 2012). Die EuGH-Urteile zur Patientenmobilität schränkten die mitgliedstaatliche Souveränität, die Grenzen ihrer sozialen Sicherungssysteme zu definieren, entscheidend ein. Deshalb ist es nicht verwunderlich, dass zum Zeitpunkt der Verfahren den meisten der 15 Mitgliedsländern die Idee eines europäischen Gesundheitsraums missfiel (Ferrera 2005b; Obermaier 2008; 2009). Entsprechend ver-

---

[7] 1996 verklagte der Luxemburger Raymond Kohll seine Krankenkasse, da sie ihm die Kosten für eine in Deutschland durchgeführte Zahnbehandlung nicht erstatten wollte. Ganz ähnlich erging es Nicolas Decker, ebenfalls aus Luxemburg, dessen Kasse ihm die Erstattung einer in Belgien erworbenen Brille verweigerte. Derartige Regelungen nationaler Träger sozialer Sicherheit verstoßen gegen EU-Recht, da sie den freien Warenverkehr und die Dienstleistungsfreiheit behindern, so einhellig die Urteilssprüche (Rechtssachen C158/96: Raymond Kohll gegen Union des Caisses de Maladie und C120/95: Nicolas Decker gegen Caisse de Maladie des Employés Privés).

urteilten Krankenkassen und Gesundheitsministerium in Deutschland die vorangegangenen EuGH-Urteile als fundamentalen Eingriff in die sozialen Sicherungssysteme und damit in eine exklusiv nationale Sphäre (Obermaier 2008, 28). »Eine Auszehrung des deutschen Gesundheitssystems muss verhindert werden«, so die Pressemitteilung des damaligen Gesundheitsministers Horst Seehofer vom 28. April 1998 (Obermaier 2009, 105), die ebenso paradigmatisch ist für Reaktionen anderer Länder. Aber anders als im britischen Fall, wo immense Kosten befürchtet wurden, wenn aufgrund der langen Wartelisten die Zahl der im Ausland behandelten Patientinnen und Patienten ansteigt, sahen die deutschen Akteure *das* nationale Bollwerk sozialer Sicherheit bedroht, ohne konkrete Folgekosten befürchten zu müssen. Politiker und Experten bemühten sich, Unterschiede ihrer nationalen Gesundheitssysteme zum luxemburgischen Präzedenzfall herauszustellen, um so das den nationalen Wohlfahrtsstaat prägende Territorialitätsprinzip zu bewahren. Ganz im Gegensatz dazu wurden die Europäische Kommission und sogar der Rat nicht müde, die gemeinsamen Werte der Solidarität, Gleichbehandlung und Universalität zu betonen (vgl. Europäischer Rat 2006; Europäische Kommission 2008). Die Reaktionen der politischen Vertreter einzelner EU-Mitglieder sind also durchaus mit den Einstellungen der Bürgerinnen und Bürger vergleichbar.

Obgleich die Einstellungen in Bezug auf gemeinsame Sozialpolitikkompetenzen auf europäischer Ebene und vor allem der öffentliche Diskurs über krisenbedingte Umverteilungsinstrumente von zahlreichen Vorbehalten und Ängsten zeugen, gibt es auch erste Anzeichen für einen europäischen Solidarraum. Neben der oben zitierten Studie von Lengfeld et al. geben vor allem die Praktiken einzelner Bürgerinnen und Bürger Aufschluss darüber. Auch hier ist die Patientenmobilität als Beispiel instruktiv, denn die Bestimmungen haben nicht nur die Grenzen zwischen nationalem und europäischem Sozialregime verschoben, sondern auch den Handlungsspielraum der Versicherten maßgeblich erweitert. Nicht zuletzt die den Gerichtsverfahren vorangehenden Entscheidungen der Patientinnen und Patienten selbst zeigen, dass schon lange vor dem Verabschieden der Richtlinie 2011 das Bewusstsein über einen durch EU-Recht ausgestalteten europäischen Sozialraum vorhanden war und dieser entsprechend genutzt wurde (Eigmüller 2012). Eine Umfrage aus dem Jahr 2007 bestätigt diesen Eindruck: 4 % der Befragten gaben an, bereits eine medizinische Behandlung im EU-Ausland genossen zu haben und über die Hälfte konnte sich prinzipiell vorstellen, diese Möglichkeit zu nutzen (Eurobarometer 2007).

Nun mag es vielleicht symptomatisch für diesen exemplarisch dargestellten europäischen Gesundheitsraum sein, dass er mit Solidarität, wie
sie hier verstanden wird, nicht viel zu tun hat. Vielmehr nehmen die Bürgerinnen und Bürger die hinzugewonnene Handlungsautonomie wahr, um
Kosten oder Wartezeit einzusparen.

> »Dass ein solcher strategischer Gebrauch europäischen Rechts zur Durchsetzung
> individueller Interessen und der sich daran anschließende Europäisierungsprozess
> sozialer Rechte aber nicht ohne Rückwirkungen auf die Wahrnehmung dieses sich
> so herausbildenden europäischen Sozialraums als Vergesellschaftungsraum (Bach
> 2008) bleibt, ist wahrscheinlich.« (Eigmüller 2012, 283)

Auch wenn die Handlungen selbst also noch keine Solidarbeziehungen
zwischen den Einzelnen etablieren, so gibt die eingangs erläuterte These
doch Grund zur Annahme, dass sich in der Folge dieser Erfahrungen mit
und in Europa ein Bewusstsein über die Probleme anderer Mitgliedsländer
und die Stellung des eigenen Landes herausbildet, also ein europäischer
Blick[8], der es ermöglicht, die Perspektive zu wechseln und auf dem transnationale Solidarität fußen kann.

5. Fazit und Ausblick

Sozialpolitische Programme konstituieren Solidaritäten, indem sie soziale
Beziehungen regulieren, individuelle Handlungsspielräume gestalten und
normative Erwartungen und folglich auch Interessen prägen. Geht man
davon aus, dass sozialpolitische Regulierungen auf EU-Ebene seit Maastricht an Bedeutung gewonnen haben (u.a. Pierson/Leibfried 1998; Threlfall 2003; Leibfried 2005), heißt das, dass ein europäischer Handlungs-
raum im Entstehen begriffen ist, der auch die Einstellungen und Zugehö-
rigkeitskonstruktionen jener Personengruppen verändert, die an dieser
Entwicklung teilhaben.

Wie die Diskussion gezeigt hat, ist die EU als neue bzw. zusätzliche
territorial-politische Klammer für Solidarität bislang aber bei Weitem
nicht so erfolgreich wie die einzelnen Nationalstaaten, die die Union konstituieren. Die Ursache dafür, so das Hauptargument dieses Beitrags, liegt
in dem theoretischen Zusammenhang von Sozialpolitik und Solidarität:
Zum einen entsteht die den nationalen *in-groups* übergeordnete neue

---

8   Ich beziehe mich hier auf *Ulrich Becks* (2004) kosmopolitischen Blick.

transnationale Solidarität nicht über Nacht, sie setzt vielmehr einen langwierigen Prozess voraus, der, wie zu vermuten ist, erst am Anfang steht. Zum anderen gilt es, die sozialpolitischen Bemühungen auf EU-Ebene selbst in den Blick zu nehmen und zu fragen, ob diese möglicherweise als Motor für grenzüberschreitendes solidarisches Engagement der Bürgerinnen und Bürger untereinander nicht ausreichen. Denn im Unterschied zu sozialpolitischen Maßnahmen auf nationalstaatlicher Ebene, die innerhalb weniger Jahrzehnte ihre Vorläufer ablösten,[9] löst EU-Sozialpolitik die bestehenden Wohlfahrtsstaaten nicht einfach auf. Vor dem Hintergrund der hier aufgeworfenen Solidaritätsfrage sollen deshalb abschließend noch die wichtigsten Besonderheiten europäischer Sozialpolitik schlaglichtartig eingeführt werden, da sie eine Herausbildung von europaweiter Solidarität zwischen den Bürgerinnen und Bürgern Europas möglicherweise erschweren: Obgleich die Idee eines europäischen Anspruchsraums für *individuelle* soziale Rechte bereits greift (vgl. Eigmüller 2014), muss betont werden, dass anders als im nationalen Wohlfahrtsstaat der Anspruchsgegner nicht die EU, sondern das Aufenthaltsland ist – bzw. das Versicherungsland wie im Fall der Patientenmobilität. Gewissermaßen werden also die im Nationalstaat geltenden sozialen Rechte für den Fall der Wohnortverlagerung europäisiert, so dass individuelle Anspruchsrechte also nicht direkt an die EU geknüpft werden, sondern diese den Anspruch auf Sozialtransfers in einem anderen EU-Land regelt. Dass die Akzeptanz für einen solchen Sozialbürgerstatus bereits sehr hoch ist, haben Gerhards und Lengfeld gezeigt, inwiefern damit aber auch eine Europäisierung von Solidarität einhergeht, ist offen.

In engem Zusammenhang damit steht die Tatsache, dass die an Mobilität geknüpften sozialen Rechte eine *Sozialpolitik der Wenigen* hervorbringen. Zwar haben faktisch alle EU-Bürgerinnen und Bürger Zugang zu den Gesundheits- und Sozialsystemen anderer Mitgliedstaaten, der tatsächliche Umfang, in dem Sozialhilfe im EU-Ausland in Anspruch genommen wird oder der Anteil der Krankenversicherten, die sich in einem anderen Mitgliedsland behandeln lassen, ist bis dato aber mit Werten um 4 % und weniger verschwindend gering (Eurobarometer 2007).[10] Selbst wenn die mo-

---

9 Man denke an Fabrik- oder Arbeiterkassen, aber auch die auf lokaler Ebene organisierte Armenfürsorge (für einen Überblick siehe *Ritter* 1991).

10 Vor allem für bedarfsabhängige Leistungen wie Sozialhilfe liegen keine empirischen Angaben vor, da die Ämter entweder keine Auskunft geben oder nicht zwischen der Herkunft der Leistungsempfänger unterscheiden (vgl. auch

bilitätsbedingte Sozialpolitik der Union zu einem Mehr an Solidarität in Europa führt, so betrifft dies zunächst nur eine Minderheit. Ähnlich umfassende politische Projekte wie die Bismarckschen Arbeiterversicherungen oder das schwedische *Volkshemet* erscheinen aufgrund der bereits vorhandenen nationalen Wohlfahrtsstaaten sowie der institutionellen Restriktionen auf EU-Ebene äußerst unwahrscheinlich.

Weiterhin erschwerend kommt hinzu, dass europäische Sozialpolitik häufig als marktermöglichende, statt als marktkorrigierende Politik wahrgenommen und beschrieben wird (vgl. Höpner/Schäfer 2010; Börner 2012). Diese veränderte sozialpolitische Logik könnte auch neue solidarische Muster zur Folge haben, etwa die von Wolfgang Streeck (2000) in die Debatte eingeführte Wettbewerbssolidarität, die »Gerechtigkeit in Fairness und diese wiederum in die Ermöglichung aussichtsreicher Beteiligung am Markt« umdeutet (Streeck 2001, 159). Die auf Mobilität basierenden individuellen sozialen Rechte fallen in die Kategorie der marktschaffenden Sozialpolitik und bergen entsprechend die Möglichkeit, neue, mit der liberalen Integrationslogik kompatible Formen von Solidarität hervorzubringen.

Um die bislang wenig erfolgreiche Konstruktion von Solidarität durch EU-Sozialpolitik erklären zu können, so hat dieser abschließende Exkurs gezeigt, ist es also hilfreich, sich die – zumindest gemessen am Maßstab nationaler Sozialpolitik – politischen *Fehl*konstruktionen auf europäischer Ebene bewusst zu machen. Zudem macht die im Rahmen nationalstaatlicher Sozialpolitik institutionalisierte und jahrzehntelang erfolgreich eingeübte interpersonelle Solidarität die Gegenreaktionen und die Unterschiede im Status quo europäischer Solidarität verständlicher. Das ein vor diesem Hintergrund entstehender europäischer Sozialraum unterschiedliche Konstellationen und Formen von Solidarität herausbilden wird, erscheint daher mehr als wahrscheinlich.

Literatur

Bach, Maurizio 2008: Europa ohne Gesellschaft. Politische Soziologie der Europäischen Integration, Wiesbaden.

Gerhards/Lengfeld 2013, 183). Insgesamt leben 2010 rund 3 % der UnionsbürgerInnen im EU-Ausland (eigene Berechnung nach Eurostat migr_pop), entsprechend gering muss die Zahl der Leistungsempfänger ausfallen.

Bartolini, Stefano 2005: Restructuring Europe: Centre Formation, System Building and Political Structuring Between the Nation State and the European Union, Oxford.

Bayertz, Kurt 1998: Begriff und Problem der Solidarität; In: Ders. (Hrsg.): Solidarität. Begriff und Problem, Frankfurt am Main, 11-53.

Beck, Ulrich 2004: Der kosmopolitische Blick oder: Krieg ist Frieden, Frankfurt a. M.

Beramendi, Pablo 2007: Inequality and the Territorial Fragmentation of Solidarity; In: International Organization, 61 (4), 783-820.

Börner, Stefanie 2013: Belonging, Solidarity and Expansion in Social Policy, Basingstoke.

Börner, Stefanie 2012: In Search for the European Social Question. Historicising European Social Policy, SEU Working Paper 3/2012, Leipzig.

Börner, Stefanie/Eigmüller, Monika 2014: Social security in Europe between territory, legitimacy and identity formation. Towards a diachronic perspective for analysing social policy rescaling; In: European Journal of Social Theory, i. E.

Delors, Jacques 1989: Address given by Jacques Delors to the European Parliament, 17 January 1989, Bulletin of the European Communities, Suppl. 1/89.

Díez Medrano, Juan 2008: Europeanization and the Emergence of a European Society, IBEI Working Paper No. 12.

Eigmüller, Monika 2014: Die Entwicklung des europäischen Rechtsraums als sozialpolitischer Anspruchsraum. Neue Raumdimensionen von Sozialpolitik in Europa; In: Jureit, Ulrike/Tietze, Nikola (Hrsg.): Postsouveräne Territorialität. Die Europäische Union und ihr Raum, i.E.

Eigmüller, Monika 2012: Europäisierung der Sozialpolitik. Der Einfluss individueller Akteure auf den Integrationsprozess; In: Zeitschrift für Sozialreform, 58 (3), 262-287.

Elliott, Larry/Aitkenhead, Decca 2012: It's payback time: don't expect sympathy – Lagarde to Greeks. Take responsibility and stop trying to avoid taxes, International Monetary Fund chief tells Athens; In: The Guardian, 25.05. Online unter: www.guardian.co.uk/world/2012/may/ 25/ payback-time-lagarde-greeks (29.01.2013).

Eurobarometer 2000: Public Opinion in the European Union, Standard Eurobarometer 54, Brüssel.

Eurobarometer 2007: Cross-border Health Services in the EU. Analytical Report, Flash Eurobarometer 210, Brüssel.

Eurobarometer 2012: European Citizenship, Standard Eurobarometer 77, Spring 2012, Brüssel.

Europäische Kommission 1973: Declaration on European Identity. General Report of the European Commission, Brüssel.

Europäische Kommission 2008: Communication from the Commission. A Community Framework on the Application of Patients' Rights in Cross-Border Healthcare, COM(2008) 415 final, Brüssel.

Europäisches Parlament 2011: Richtlinie 2011/24/EU des Europäischen Parlaments und des Rates vom 9. März 2011 über die Ausübung der Patientenrechte in der grenzüberschreitenden Gesundheitsversorgung, Amtsblatt der Europäischen Union L88, 45-65.

Europäischer Rat 2006: Presidency Conclusions, 24 and 25 March 2011, EUCO10/11, Brüssel.

Ferrera, Maurizio 2005a: Beyond national social rights?; In: McEwen, Nicola/Moreno, Luis (Hrsg.): The Territorial Politics of Welfare, London, 225-243.

Ferrera, Maurizio 2005b: The Boundaries of Welfare. European Integration and the New Spatial Politics of Social Protection, Oxford.

Gerhards, Jürgen/Lengfeld, Holger 2013: Wir, ein europäisches Volk? Sozialintegration Europas und die Idee der Gleichheit aller europäischen Bürger, Wiesbaden.

Gonzáles, Félipe 2012: More Europe, Less Nationalism; In: New Perspectives Quarterly, 29 (3), 14-16.

Hänska, Max 2013: The Politics of Blame, The Euro Crisis in the Press: The Politics of Public Discourse in Europe. Online unter: http://blogs.lse. ac.uk/eurocrisispress/2013/03/22/ the-politics-of-blame/ (24.11.2013).

Hechter, Michael 1980: Principles of Group Solidarity, Berkeley.

Heien, Thorsten 2006: Wer will eigentlich eine Sozialunion? Die Haltung der Bürger zu einer Verlagerung sozialpolitischer Kompetenzen und Maßnahmen auf die europäische Ebene; In: Sozialer Fortschritt, 10/2006, 241-248.

Hondrich, Karl Otto/Koch-Arzberger, Claudia 1992: Solidarität in der modernen Gesellschaft, Frankfurt a. M.

Höpner, Martin/Jurczyk, Bojan 2012: Kritik des Eurobarometers. Über die Verwischung der Grenze zwischen seriöser Demoskopie und interessengeleiteter Propaganda; In: Leviathan, 40 (3), 326-349.

Höpner, Martin/Schäfer, Armin 2010: Polanyi in Brussels? Embeddedness and the Three Dimensions of European Economic Integration, MPIfG Discussion Paper 10/8, Köln.

Hulverscheidt, Claus 2011: Genörgel gegen Merkels Griechenland-Kurs; In: Süddeutsche Zeitung, 11. Mai 2011, 1.

Kapeller, Jakob/Wolkenstein, Fabio 2013: The grounds of solidarity: From liberty to loyalty; In: European Journal of Social Theory, 16 (4), 476-491.

Kaufmann, Franz-Xaver 2009: Sozialpolitik und Sozialstaat: Soziologische Analysen, 3. Erw. Aufl., Wiesbaden.

Kielmansegg, Peter Graf 1996: Integration und Demokratie; In: Jachtenfuch, Markus/Kohler-Koch, Beate (Hrsg.): Europäische Integration, Opladen, 47-71.

Knudsen, Ann-Christina 2009: Farmers on Welfare: The Making of Europe's Common Agricultural Policy, Ithaca.

Kosma, Yvonne 2010: Venus de Focus; In: The International Journal of Interdisciplinary Social Sciences, 5 (7), 13-8.

Lamping, Wolfram 2008: Auf dem Weg zu einem postnationalen Sozialstaat? Die Sozialpolitik der Europäischen Union; In: Schubert, Klaus/Hegelich, Simon/Bazant, Ursula (Hrsg.): Handbuch Europäische Wohlfahrtssysteme, Wiesbaden, 595-620.

Leibfried, Stephan 2005: Social Policy: Left to the Judges and the Markets?; In: Wallace, William/Wallace, Helen/Pollack, Mark A. (Hrsg.): Policy-Making within the European Union, 5. Aufl., Oxford, 243-278.

Lengfeld, Holger/Schmidt, Sara/Häuberer, Julia 2012: Solidarität in der europäischen Fiskalkrise: Sind die EU-Bürger zu finanzieller Unterstützung von hoch verschuldeten EU-Ländern bereit?, Hamburg Reports on Contemporary Societies, 5/2012.

Majone, Giandomenico 1996: Redistributive und sozialregulative Politik; In: Jachtenfuchs, Markus/Kohler-Koch, Beate (Hrsg.): Europäische Integration, Opladen, 225-247.

Manow, Philip 1997: Social Insurance and the German Political Economy, MPIfG Discussion Paper 2/1997, Köln.

Marshall, Thomas H. 1977: Class, Citizenship and Social Development. Essays by T. H. Marshall, Chicago/London.

Mau, Steffen 2003: Wohlfahrtspolitischer Verantwortungstransfer nach Europa? Präferenzstrukturen und ihre Determinanten in der europäischen Bevölkerung; In: Zeitschrift für Soziologie, 32 (4), 202-224.

McNamara, Kathleen, R. 2013: Imaginary Europe: The euro as a symbol and practice; In: Moro, Giovanni (Hrsg.): The Single Currency and European Citizenship, New York/London, 22-35.

Münch, Richard 2008: Die Konstruktion der europäischen Gesellschaft. Zur Dialektik von transnationaler Integration und nationaler Desintegration, Frankfurt a. M.

Obermaier, Andreas 2008: Fine-Tuning the Jurisprudence: The ECJ's Judicial Activism and Self-Restraint, Working Paper No. 2/2008, Institute for European Integration Research, Wien.

Obermaier, Andreas 2009: The End of Territoriality? The Impact of ECJ Rulings on British, German and French Social Policy, Farnham.

Offizielle Homepage der EU. Online unter: http://europa.eu/about-eu/basic-information/symbols/index_de.htm (21.11.2013).

Offe, Claus 2003: Herausforderungen der Demokratie. Zur Integrations- und Leistungsfähigkeit politischer Institutionen, Frankfurt a. M.

Ostner, Ilona 2004: Familiale Solidarität; In: Beckert, Jens/Eckert, Julia/Kohli, Martin/Streeck, Wolfgang (Hrsg.): Transnationale Solidarität: Chancen und Grenzen, Frankfurt a. M., 78-94.

Pierson, Paul/ Leibfried, Stephan 1998: Multitiered Institutions and the Making of Social Policy; In: Leibfried, Stephan/Pierson, Paul (Hrsg.): European Social Policy: Between Fragmentation and Integration, Washington, 1-40.

Preunkert, Jenny/Vobruba, Georg 2012: Die Eurokrise : Konsequenzen der defizitären Institutionalisierung der gemeinsamen Währung; In: Kraemer, Klaus/Nessel, Sebastian (Hrsg.): Entfesselte Finanzmärkte: Soziologische Analysen des modernen Kapitalismus, Frankfurt a. M., 201-223.

Prisching, Manfred 2003: Solidarität. Der vielschichtige Kitt gesellschaftlichen Zusammenlebens; In: Lessenich, Stephan (Hrsg.): Wohlfahrtsstaatliche Grundbegriffe: Historische und aktuelle Diskurse, Frankfurt a. M., 157-190.

Risse, Thomas 2004: European Institutions and Identity Change: What Have We Learned; In: Herrmann, Richard K./Risse, Thomas/Brewer, Marilynn B. (Hrsg.): Transnational Identities: Becoming European in the EU, Lanham MD, 247-271.

Risse, Thomas 2010: A Community of Europeans? Transnational Identities and Public Spheres, Ithaca/London.

Ritter, Gerhard A. 1991: Der Sozialstaat. Entstehung und Entwicklung im internationalen Vergleich, München.

Rothfels, Hans 1960: Bismarck, der Osten und das Reich, Darmstadt.

Scharpf, Fritz W. 1997: Economic Integration, Democracy and the Welfare State; In: Journal of European Public Policy, 4 (1), 18-36.

Stråth, Bo 2002: A European Identity: To the Historical Limits of a Concept; In: European Journal of Social Theory, 5 (4), 387-401

Streeck, Wolfgang 2000: Competitive Solidarity: Rethinking the »European Social Model« ; In: Hinrichs, Karl/Kitschelt, Herbert/Wiesenthal, Helmut (Hrsg.): Kontingenz und Krise: Institutionenpolitik in kapitalistischen und postsozialistischen Gesellschaften, Frankfurt a. M., 245-261.

Streeck, Wolfgang 2001: Wohlfahrtstaat und Markt als moralische Einrichtungen: Ein Kommentar; In: Mayer, Karl Ulrich (Hrsg.): Die beste aller Welten? Marktliberalismus versus Wohlfahrtsstaat, Frankfurt a. M. 135-167.

Streeck, Wolfgang 2013: Gekaufte Zeit. Die vertagte Krise des demokratischen Kapitalismus, Berlin.

Tennstedt, Florian 1981: Sozialgeschichte der Sozialpolitik in Deutschland. Vom 18. Jahrhundert bis zum ersten Weltkrieg, Göttingen.

Threlfall, Monica 2003: European Social Integration: Harmonization, Convergence and Single Social Areas; In: Journal of European Social Policy, 13 (2), 121-139.

Threlfall, Monica 2007: The Social Dimension of the European Union. Innovative Methods for Advancing Integration; In: Global Social Policy, 7 (3), 271-293.

Vobruba, Georg 2005: Die Dynamik Europas, Wiesbaden.

Vobruba, Georg 2012: A complex conflict constellation: Distributional conflict in the Euro crisis; In: openDemocracy, 18 August 2012.

Unstrittig und doch umstritten – europäische Solidarität in der Eurokrise

Heinz Kleger und Thomas Mehlhausen

Im Zentrum des europaweiten Diskurses zur gegenwärtigen Eurokrise steht der Begriff der *europäischen Solidarität*.[1] Gleich einem Wettstreit um die Interpretationshoheit über einen konstitutiven Gemeinschaftswert konkurrieren diverse Deutungen mit verschiedenen normativen Prämissen und distributiven Effekten, selbst wenn niemand den Wert an sich in Frage stellen würde. Dabei wird die finanzielle Notlage mehrerer Eurostaaten geradezu zum Lackmustest europäischer Solidarität stilisiert. Doch obwohl der Begriff der Solidarität in den primärrechtlichen Verträgen deutlich an Bedeutung gewonnen hat – gab es im Vertrag von Maastricht nur fünf Erwähnungen, rekurriert der Vertrag von Lissabon ganze 20 Mal auf diesen Wert –, fehlt nach wie vor eine eindeutige Definition. Auch in der theoretischen Literatur mangelt es weitgehend an kohärenten Konzeptionen einer europäischen Solidarität zwischen den EU-Mitgliedstaaten (siehe aber Preuß 1998; Streeck 2000; Mau 2009).[2]

Eine solche Begriffsklärung ist jedoch aus mindestens drei Gründen vonnöten. Erstens ist für die politische Theorie eine exakte Definition eines derart zentralen Wertes deswegen essentiell, weil bei einer substantiellen Unterbestimmtheit diverse Handlungen mit unterschiedlichen Verteilungsauswirkungen gerechtfertigt werden können. Dabei büßt dieser Wert wiederum an Legitimität ein, da die Bevorzugung einer Implementierungsvariante gegenüber einer anderen moralisch-politisch willkürlich wird (Chwaszcza 2008, 123). Zweitens können die im Beitrag vorgeschlagenen idealtypischen Solidaritätsmodelle der empirischen Politikwissenschaft zur Konzeptspezifikation (siehe Wonka 2007) und Theoriebildung

---

1   Dieser Beitrag erschien 2013 unter demselben Titel in unveränderter Form in der Politischen Vierteljahresschrift, 54 (1), 50-74. Wir möchten insbesondere Andreas Busen, Thomas Fiegle und den beiden anonymen Gutachtern der Politischen Vierteljahresschrift für ihre kritisch-konstruktiven Anmerkungen danken.
2   Aus Gründen der Lesbarkeit verwenden wir das Attribut ›europäisch‹ nicht im geographischen Sinne, sondern bezogen auf die Europäische Union.

(Papineau 1976) dienen, etwa für empirische Studien zur europäischen Öffentlichkeit (siehe Gerhards 1993; Eder/Hellmann/Trenz 1998; Risse 2002; Kantner 2004; Vetters/Jentges/Trenz 2009). Drittens trägt eine klare Benennung von Bedingungen und Leistungen konkurrierender Solidaritätskonzepte im öffentlichen Diskurs dazu bei, disparate Handlungserwartungen offenzulegen, Missverständnissen vorzubeugen und mögliche Kompromisse zu identifizieren. Das Ziel des vorliegenden Beitrags ist somit, die diagnostizierte begriffliche Unschärfe zugunsten von drei Idealtypen aufzulösen, die sich in der gegenwärtigen Debatte zur Eurokrise wiedererkennen lassen.

Wir gehen in zwei Schritten vor. Im ersten Abschnitt klären wir den Begriff der europäischen Solidarität. Nachdem wir den semantischen Kern des Solidaritätsbegriffs herausgeschält haben, zeigen wir, dass das Verständnis einer europäischen Solidarität hinsichtlich der Motivation der solidarisch Handelnden, der Ausrichtung der Solidarleistungen und der Akteursebenen erheblich variieren kann. Da in der aktuellen Eurokrise auf diesen Gemeinschaftswert primär im Sinne einer zwischenstaatlichen Hilfsbereitschaft rekurriert wurde, konzentrieren wir uns auf den Typ der *intergouvernementalen* europäischen Solidarität und entwickeln dafür drei Idealtypen, die sich hinsichtlich der Motivation und Ausrichtung von Solidarakten unterscheiden. Im zweiten Teil des Beitrags ordnen wir die im Zuge der Eurokrise diskutierten und teils beschlossenen Maßnahmen den drei Idealtypen zu. Im Fazit werden abschließend die demokratietheoretischen Risiken einer sich immer stärker abzeichnenden distributiven europäischen Solidarität problematisiert.

1. Europäische Solidarität: Entwirrung eines semantisch diffusen Begriffs

Zur Idee der Solidarität

Der Begriff der Solidarität ist diffus, umstritten und ideengeschichtlich – in den Worten Herfried Münklers – »das Stiefkind der Moralphilosophie, aber auch der Gesellschaftstheorie« (Münkler 2004, 15; vgl. auch Bayertz 1998a, 293; Fiegle 2002, 11). Nach unserer Auffassung lassen sich dennoch einige konstitutive Attribute aufzählen, die wir als semantischen Kern bezeichnen.[3]

Folgt man der Kurzdefinition von Steffen Mau als »Zusammenhang zwischen Individuen oder gesellschaftlichen Gruppen, der sich durch besondere Formen von Verbundenheit und wechselseitiger Verpflichtung auszeichnet« (Mau 2009, 63; siehe auch Honneth 1991), so muss erstens eine affektuelle Kohäsionskraft eines Wir-Gefühls bestehen, die zweitens eine Opferbereitschaft generiert, die deutlich über die Minimalleistungen eines nur humanitären Akts der Barmherzigkeit hinausgeht (Preuß 1998, 402). Solidarität ist zudem eine in der Regel freiwillige und stets latent reziproke zwischenmenschliche Handlungsdisposition. Freiwillig ist sie insofern, als dass der Rezipient Hilfeleistungen nicht rechtlich oder moralisch einfordern kann (Wildt 1998, 212; Thome 1998, 247). Reziprok ist sie nicht im juristischen Sinne analog zu einer Versicherung, sondern aufgrund der impliziten Erwartung, im Bedarfsfalle selbst Solidarität zu erfahren (Thome 1998, 247; Schieder 2009, 18; Höffe 2002, 91).

Politische Solidarität – ursprünglich als Prinzip der Solidarhaftung ein Begriff aus der römischen Rechtslehre – ist ein fordernder und anspruchsvoller Wert. Umfang und Häufigkeit der Solidarleistungen können erheblich variieren, aber im Bedarfsfall kann ein solidarischer Beistand mit hohen Kosten für den Einzelnen verbunden sein. Darum wird eine solche auf ein belastbares Gemeinschaftsgefühl basierende Hilfsbereitschaft durch die Bedingungen eingeschränkt, dass die eine Solidarleistung erzwingende Notlage als solche von Adressaten und Adressanten ähnlich wahrgenommen wird und der Rezipient bereits ernsthafte Anstrengungen zur Bewältigung dieser unternommen hat (Wildt 1998). Seine Intensität sinkt nicht nur (a) mit dem Grad der Selbstverschuldung der Notlage durch den Rezipienten und (b) mit wachsendem Umfang der notwendigen Solidarleistungen, sondern auch (c) mit der Größe der Gemeinschaft und einer damit einhergehenden abnehmenden Interaktionsdichte der beteiligten Individuen (Preuß 1998, 401; Voland 1998, 304; Wagener 2009, 78f.). In diesem soziologischen Sinne ist Solidarität aufgrund ihrer zeitlichen und räumlichen Kontingenz – im Gegensatz zur Barmherzigkeit oder Nächstenliebe –

---

3   Streng genommen sind alle politischen Begriffe per se umstritten und verweigern sich einer Reduzierung auf einen wie auch immer definierten semantischen Kern. Um jedoch nicht einem methodischen Relativismus zu verfallen, scheint es uns dennoch fruchtbar, zwischen den in der Literatur weniger umstrittenen Bedeutungsebenen und solchen zu differenzieren, in denen sich die Solidaritätsverständnisse erheblich unterscheiden (siehe dazu den nachfolgenden Abschnitt).

kein universalistischer Wert (vgl. Kersting 1998, 415; Bayertz 1998b, 21; Preuß 1998, 401; Schieder 2009, 20f.).[4] Solidarität kann gleichwohl auch grenzüberschreitend gedacht werden, allerdings ist sie dann mit Grenzen der Motivation und Belastbarkeit konfrontiert. In welchem Sinne kann also vor diesem Hintergrund von einer spezifisch ›europäischen‹ Solidarität gesprochen werden?

Dimensionen einer europäischen Solidarität

Zunächst bezeichnet europäische Solidarität eine geographisch definierte Form der Solidarität, die sich im Diskurs zur Eurokrise konkret auf die Europäische Union (EU) bezieht. Jenseits des soeben beschriebenen semantischen Kerns kann eine europäische Solidarität hinsichtlich dreier Dimensionen variieren: der Motivation der solidarisch Handelnden, der Ausrichtung der Solidarleistungen sowie der Akteursebenen der Beteiligten.

Erstens können verschiedene Motivationen der solidarisch Handelnden identifiziert werden. Es lassen sich mindestens zwei moralische Rechtfertigungsgründe anführen, die ein *gemeinwohlorientiertes* solidarisches Handeln rechtfertigen. John Rawls argumentierte, dass aus der Interaktionsdichte der betroffenen Individuen eine gegenseitige moralische Verpflichtung aufgrund beidseitig vorteilhafter Kooperation entstünde (Rawls [1971] 1975, 20-23; siehe auch Durkheim [1893] 1977, 95-117). Daraus lässt sich ableiten, dass die Frage nach der Aufteilung der Kooperationsgewinne desto drängender wird, je intensiver die arbeitsteilige Kooperation von Menschen und somit auch je größer der Verflechtungsgrad der Mitglieder einer Solidargemeinschaft ist. Schließlich muss dann ein moralisches Kriterium diejenige der möglichen pareto-optimalen Aufteilungen bestimmen, die als fair gelten kann (Rawls [1971] 1975, 92-95). Nichtsdestotrotz kann selbst bei vollkommener Autonomie eine moralische

---

4   Selbst die marxistische Formel der internationalen Solidarität war letztlich aus ideologiekritischer Sicht partikularistisch, da sie sich auf das unterdrückte Proletariat beschränkte (vgl. *Göbel/Pankoke* 1998, 468). Zum (Spannungs-)Verhältnis zwischen Solidarität und Kosmopolitismus siehe *Derpmann* 2009, aber auch *Bayertz* 1998b, 11f. Knüpft man Solidarität hingegen nur an eine allgemeine Anerkennung von Menschenrechten und nicht, wie wir, an eine (nicht existentialistisch verstandene) Opferbereitschaft, so wäre sicherlich auch eine synthetische anerkennungstheoretische Position (*Taylor* 1993) vertretbar.

Pflicht zu Ausgleichszahlungen mit dem Argument einer willkürlichen Verteilung von natürlichen Ressourcen innerhalb territorialer Grenzen verteidigt werden (Beitz 1979, 136ff.; Pogge 1994). Beide Argumente lassen sich angesichts des gemeinsamen Binnenmarktes und einer gewissen Ungleichheit von nationalen Rohstoffvorkommen auch auf die Europäische Union beziehen.[5] Allerdings können Solidarakte in einem weiten Begriffsverständnis auch aus einer *eigennutzorientierten* Handlungsdisposition folgen (Baurmann 1998; Mau 2009). Das scheinbare Paradox zwischen Eigennutzorientierung und dem Solidaritätsbegriff innewohnender Gemeinwohlorientierung kann mit dem Hinweis darauf aufgelöst werden, dass bestimmte soziale Güter in arbeitsteilig organisierten Gesellschaften aufgrund einer funktionalen Interdependenz nur in Kooperation produziert werden können und mangels Handlungsalternativen so eine »Eigennutzsolidarität« (Mau 2009, 67ff.) oder »instrumentelle Solidarität« (Baum 1975) seitens der Gesellschaftsmitglieder erfordert.

Zweitens können ideengeschichtlich zwei einflussreiche Konzeptionen von Solidarität rekonstruiert werden, die sich in ihrer Ausrichtung erheblich unterscheiden. *Horizontal* ist die Solidarität, wenn sich die solidarisch Handelnden aufgrund ihrer ähnlich wahrgenommenen Lebensbedingungen zu einem gemeinsamen Zweck verbünden. In diesem Sinne fungierte der Solidaritätsbegriff der französischen Revolution – als ›fraternité‹ ursprünglich Brüderlichkeit meinend – und der deutschen Arbeiterbewegung als einigender Kampfbegriff, da sich Gleichgesinnte aufgrund ihrer vergleichbaren Lebensumstände zum Zweck einer Abwehr gemeinsamer Feinde miteinander zusammenschlossen (vgl. Bayertz 1998b; Wildt 1998).[6] *Vertikal* ausgerichtet ist Solidarität dagegen dann, wenn die wohlhabenderen den notleidenden Gemeinschaftsmitgliedern aufgrund eines Verbundenheitsgefühls beistehen (Bayertz 1998b).[7] Dieser ideenge-

---

5 Als wichtiger Indikator kann beispielsweise die Abhängigkeit der EU-Mitgliedstaaten vom Import von Energieträgern betrachtet werden. Während Malta zu 100 Prozent Energieträger importieren muss, weist Dänemark als einziger Mitgliedstaat einen Überschuss von 20 Prozent des eigenen jährlichen Verbrauchs auf, *Eurostat* 2011, 27.

6 Zum französisch-deutschen Begriffstransfer der Solidarität siehe *Fiegle* 2002. Zwar bezog sich der Begriff der ›fraternité‹ in der französischen Revolution auch auf unterdrückte »Brüder«, die (noch) nicht frei und gleich waren, doch ist er unserer Auffassung nach dennoch horizontal ausgerichtet, da die Adressanten solidarischer Hilfe die Adressaten als Gleiche wahrnahmen.

7 In seiner ideengeschichtlichen Spurensuche nach den Bedeutungsebenen dieses Begriffs identifiziert Bayertz vier relevante Strömungen, wobei er für nur zwei,

schichtliche Strang lässt sich auf die katholische Soziallehre zurückführen, denn hier gewährt der solidarisch handelnde Adressant dem Adressaten aufgrund seiner deutlich größeren Leistungsfähigkeit Beistand (Metz 1998, 190f.; Bayertz 1998b, 14; vgl. auch Große Kracht in diesem Band). In Bezug auf die Europäische Union erkennt in diesem Sinne auch Ines Hartwig (2005, 166) eine »doppelte Dimension europäischer Solidarität«. Einerseits lösen die Mitgliedstaaten kollektiv als globaler Akteur externe Probleme, z.B. in Form einer gemeinsamen Handelspolitik oder im Rahmen der Gemeinsamen Sicherheits- und Verteidigungspolitik, und andererseits unterstützen die wirtschaftlich prosperierenden Mitglieder die schwächeren Staaten etwa in Form der Struktur- und Kohäsionsfonds.

Drittens kann das Attribut »europäisch« den Begriff der Solidarität in Abhängigkeit von der jeweiligen Akteursebene in unterschiedlicher Weise geographisch konkretisieren. Eine *intranationale* Solidarität wäre dann europäisch, wenn eine Konvergenz der Wohlfahrtssysteme zu einer sukzessiven Homogenisierung von europaweiter Sozialstaatlichkeit führen würde, die sich aus globaler Perspektive als genuin europäisch charakterisieren ließe.[8] Gøsta Esping-Andersen (1990) zeigt jedoch, dass sich drei unterschiedliche Wohlfahrtssysteme in Europa unterscheiden lassen: ein liberal-angelsächsisches, konservativ-kontinentaleuropäisches sowie sozialdemokratisch-skandinavisches. Im Zuge der Erweiterungen der EG bzw. EU verschärfte sich die Heterogenität mitgliedstaatlicher Sozialstaatlichkeit, so dass man durchaus neben einem südeuropäischen (Leibfried 1992; Ferrera 1996; Arts/Gelissen 2002) auch ein postsozialistisches Wohlfahrtsmodell den drei westeuropäischen Typen hinzufügen könnte (Fenger 2007; Aidukaite 2009; kritisch aber Bazant/Schubert 2008, 644). Eine eu-

---

unserer referentiellen Differenzierung durchaus ähnelnden Konzeptionen plädiert: Kampf-Solidarität und Gemeinschafts-Solidarität.

8   Nun kann in Frage gestellt werden, ob Sozialstaatlichkeit tatsächlich Ausdruck von Solidarität ist. Einerseits mag kritisiert werden, dass bei einer solchen institutionell vermittelten »administrativen Solidarität« die Zielgruppe nicht mehr ausschließlich die Bedürftigen sind (*Schuyt* 1998, 301). Andererseits kann argumentiert werden, dass eine staatlich erzwungene Hilfsleistung die solidarische Motivation erstickt (*Halldenius* 1998, 339). Wir plädieren dennoch dafür – ob nun nationalstaatlich oder supranational koordinierte – Sozialstaatlichkeit als institutionell vermittelte und verrechtlichte Solidarität zu fassen, da Solidarität nicht nur der Ursprung der Sozialstaatlichkeit war, sondern auch als gesellschaftlicher »Kitt« eine funktionale Voraussetzung für ihre Akzeptanz und Fortbestand darstellt (vgl. auch *Börner* in diesem Band)

ropäische Solidarität im Sinne ähnlich praktizierter, staatlich koordinierter Sozialpolitiken existiert daher allenfalls rudimentär.

Eine *transnationale* Solidarität lässt sich hingegen immerhin ansatzweise in der EU erkennen (Hühn u.a. 2010). Als grenzüberschreitende nichtkommerzielle Kooperation zivilgesellschaftlicher Akteure ist eine solche Solidarität zwar beispielsweise im gewerkschaftlichen Bereich in Form des Europäischen Gewerkschaftsbundes (Buschak 2003), der Europäischen Betriebsräte (Jagodziński 2007) oder des Europäischen Sozialforums im Entstehen, doch eine substantielle Bedeutung kann diesen Institutionen nur bedingt zugesprochen werden (kritisch dazu: Streeck 2000; Zürcher 2001; Deppe 2005; Bieler 2007; Traum 2005, 96). Aufgrund der Mobilisierungskosten werden transnationale Solidarakte, z.B. in Form von Protestaktionen oder Beistand bei Naturkatastrophen, eher punktuell und mit geringer Nachhaltigkeit geleistet. Es darf dennoch vermutet werden, dass diese Dimension der europäischen Solidarität bei fortschreitender Vertiefung als kohäsionsförderndes Element an Bedeutung gewinnen wird (Heidenreich 2007; Magnusson/Stråth 2007), je mehr soziale Problemthemen in einem europäischen Kontext wahrgenommen werden.

Eine *supranationale* Solidarität steht im Zentrum der Debatte um die Wünschbarkeit eines sozialen Europas (siehe Scharpf 2002, 2009; Begg 2005; Stephan 2005; Ganßmann 2010; Lessenich 2010; Scharpff 2012). Institutionalisierte und auf supranationale Ebene delegierte Solidarmaßnahmen zielen auf eine Angleichung der innereuropäischen Lebensbedingungen. Da in der Nachkriegszeit der europäische Nationalstaat soziale Rechte vor dem ökonomischen Wettbewerbsdruck geschützt hat, müssen aufgrund der negativen europäischen Integration nun auch supranationale Korrekturmechanismen hinzutreten (Streeck 2000, 245). Aufgrund der distributiven Konsequenzen einer Supranationalisierung nationaler Sozialpolitiken gab es in diesem Bereich bisher nur sehr beschränkte Kompetenzübertragungen auf die europäische Ebene. Dennoch existieren in Form von allgemeinen Rechtsstandards und verschiedenen Fonds sowohl regulative wie distributive Instrumente supranationaler europäischer Solidarität mit unterschiedlichen Adressaten. Im regulativen Sinne existiert eine Reihe primär- und sekundärrechtlich festgeschriebener Mindeststandards sowie koordinierender Flankierungen, wie der ›Soziale Dialog‹ (Art. 138 EGV) oder die neu im Vertrag von Lissabon hinzugefügte Sozialklausel (Art. 9 AEUV). Empfänger supranational koordinierter distributiver Solidarakte sind einzelne soziale Gruppen, wie etwa Landwirte (Agrarfonds) oder verschiedene Arbeitnehmergruppen (Europäischer Sozialfonds), und

Regionen (Kohäsionsfonds), aber auch Staaten, beispielsweise Beitritts-kandidaten (PHARE, ISPA, SAPARD, IPA).[9] Eine *intergouvernementale* Solidarität impliziert eine Hilfsbereitschaft von Regierungen als kollektive Volksvertreter untereinander. Angesichts des primär zwischenstaatlichen Entscheidungsverfahrens bei Erweiterun-gen der EG bzw. EU kann hier auch der Appell der Beitrittskandidaten an eine europäische Solidarität eingeordnet werden. In diesem Sinne wurde spätestens mit der Süderweiterung der EG appelliert, sich nicht als »Klub der Reichen« weniger entwickelten Beitrittsaspiranten zu versperren (vgl. Garrigues 1977; Contogeorgis 1978). Ähnlich wurde im Zuge der Oster-weiterung der EU vor einem neuen »Jalta« gewarnt, das hinter einem »ökonomischen Eisernen Vorhang« die östliche Seite in Armut verharren lässt (Saryusz-Wolski 1994, 20f.; siehe auch Stawarska 1999). Diese in-tergouvernementale Solidarität ist auch ein regelmäßig wiederkehrendes Moment in den Verhandlungen zur Finanziellen Vorausschau. Während die Schaffung, die Bestimmung der finanziellen Ausstattung und der Zweck von Gemeinschaftsfonds der intergouvernementalen Solidarität zugeordnet werden kann, ist die konkrete Verteilung an die Adressaten supranational organisiert.

Tabelle 1: Dimensionen europäischer Solidarität

Motivation der solidarisch Handelnden	Ausrichtung der Solidar-leistungen	Akteursebene
gemeinwohlorientiert eigennutzorientiert	horizontal vertikal	intranational transnational supranational intergouvernemental

Quelle: eigene Darstellung

Die Eurokrise wirft die Frage nach solidarischem Handeln auf allen vier Ebenen auf. Während die wachsenden sozialen Ungleichheiten innerhalb der Krisenstaaten Forderungen nach einer stärkeren intranationalen Soli-darität provozieren, stellen die ersten grenzüberschreitenden Protest- und Unterstützungsaktionen sowie vereinzelte Forderungen nach einem stärke-

9 Im Folgenden berücksichtigen wir auch Beitrittskandidaten, da bisher nur im bri-tischen (1963) und norwegischen Fall (1972 und 1994) das Beitrittsverfahren nicht erfolgreich abgeschlossen werden konnte. Zudem war bereits im Grün-dungsmythos in den 1950er Jahren die paneuropäische Ausrichtung der europäi-schen Integration angelegt.

ren sozialen Europa Elemente einer transnationalen bzw. supranationalen Solidarität dar. Diese drei Konzeptionen europäischer Solidarität blenden wir im Folgenden jedoch aus, da im Zentrum der Debatte bisher primär eine Solidarität *zwischen* den Mitgliedstaaten stand, die in Form von spontan geschnürten Rettungspaketen und mittlerweile auch längerfristig angelegten Institutionen den Krisenstaaten auf Regierungskonferenzen gewährt wurde (vgl. Heinemann in diesem Band).[10] Wir entwickeln nun drei idealtypische Modelle einer *intergouvernementalen* europäischen Solidarität, die sich insbesondere hinsichtlich der beiden zuerst genannten Dimensionen – Motivation der solidarisch Handelnden und Ausrichtung der Solidarleistungen – unterscheiden.

Drei idealtypische Modelle einer intergouvernementalen europäischen Solidarität

Eine zwischenstaatliche Hilfsbereitschaft kann als föderative, organische oder distributive Solidarität konzeptionalisiert werden. Im Folgenden werden diese drei Idealtypen im Weberschen Sinne »durch einseitige Steigerung eines oder einiger Gesichtspunkte [...] vorhandener Einzelerscheinungen [...] zu einem in sich einheitlichen Gedankengebilde« (Weber 1951[1904], 190f.) entwickelt. Zur präzisen Klärung von Konzepten erscheint eine Idealtypenbildung gerade dann sinnvoll – wie im Falle der europäischen Solidarität –, wenn unterschiedliche Begriffsverständnisse hinsichtlich mehrerer Merkmale erheblich variieren (Stinchcombe 1968, 43-45). Ein Idealtyp ist als »idealer Grenzbegriff« (Weber 1951[1904], 194) eine explizit kontrafaktische Überzeichnung der zentralen, »genetischen« Merkmale eines Phänomens und bildet dadurch einen Pol auf einem Kontinuum dieser Merkmalsausprägungen (Hendricks/Peters 1973; Lindbekk 1992, 290). In einem deskriptiv-komparativen Verständnis stellen Idealtypen statische Vergleichskategorien dar, an denen die empirisch beobachtbaren heterogenen Einzelerscheinungen gemessen werden können.[11] Die-

---

10 Insbesondere die sich zuspitzende Frage transnationaler Solidarität gewinnt derzeit an Brisanz. Eine ausführliche Beschäftigung erscheint jedoch an dieser Stelle zu komplex und würde einen weiteren Aufsatz erfordern.

11 Damit wird kein explanativer Anspruch erhoben und die generische Entwicklung sowie die sozialen Entstehungsbedingungen von Solidarität werden ausgeblendet. Zur Kritik an dem sowohl deskriptiven als auch explanativen Anspruch bei We-

ses deduktive Vorgehen unterscheidet sich somit von einer induktiven Typenbildung über empiriegeleitete Clusterbildung (siehe Kluge 1999, 51-
85) oder über eine ideengeschichtliche Rekonstruktion konkurrierender
Solidaritätskonzeptionen.

Die entlang der oben erläuterten Merkmale »Motivation der solidarisch
Handelnden« und »Ausrichtung der Solidarleistungen« entstehenden Idealtypen (Abbildung 1) werden an einflussreiche politische Theorien zur Il-
lustration und theoretischen Einbettung geknüpft.[12] Wenngleich diese Idealtypen mit sehr unterschiedlichen Solidarbedingungen und –leistungen,
verschiedenem Umfang und Häufigkeit von Solidarakten sowie bezogen
auf die Europäische Union mit alternativen Finalitätsvorstellungen des europäischen Integrationsprozesses verbunden sind, sind diese Modelle
komplementär, da sie gleichzeitig auftreten können.

Abbildung 1: Drei Idealtypen intergouvernementaler europäischer Solidarität

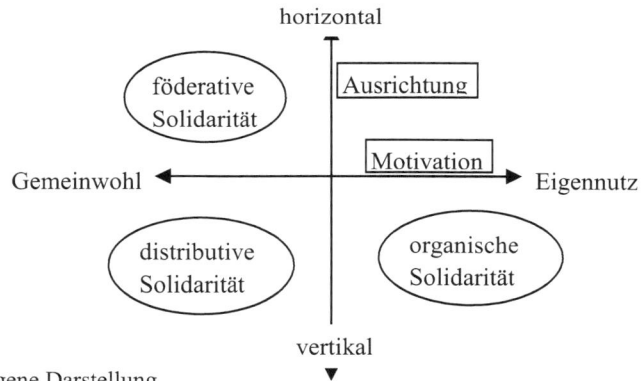

Quelle: eigene Darstellung

Das Modell der *föderativen* Solidarität ist von Immanuel Kants Schrift
›Zum Ewigen Frieden‹ (1984 [1795]) inspiriert. Sein souveränistischer

---

ber siehe *Hendricks/Peters* 1973; *Papineau* 1976. Zu den Entstehungsbedingungen von Solidarität und kollektiver Identität im Rahmen der Nationalismusfor-
schung siehe etwa *Deutsch* 1953; *Anderson* 1983.

12 Illustrativ sind diese ideengeschichtlichen Rekurse in dem Sinne, dass eine voll-
kommene Kongruenz der Idealtypen mit der jeweiligen politischen Theorie nicht
unterstellt wird. Für ein vergleichbares Vorgehen siehe *Wendt* (1999, 246-312)
und *Karolewski* (2005).

Zugang unterstellt eine friedliche Koexistenz autonom agierender Demokratien, die sich in einem »Föderalism freier Staaten« zur Schaffung »eines den Krieg abwehrenden, bestehenden und sich immer ausbreitenden *Bundes*« (Kant [1795] 1984, 20, Herv. im Original) zusammenschließen.[13] Wenngleich Kant in der pazifizierenden Kraft demokratischer Gesellschaften den Schlüssel zu einem ewigen Frieden sah, impliziert bereits der Begriff des Bundes (»foedus«) eine gegenseitige Beistandsverpflichtung, die über einen schlichten Nichtangriffspakt deutlich hinausgeht. Der Bundesbegriff, für den Kants Friedensschrift und sein Ausdruck des Völkerbundes wegweisend war, enthält eine Betonung von Gefühlsmomenten und ist ideengeschichtlich schon seit dem frühen Mittelalter eng mit dem Begriff der Bruderschaft (»fraternitas«) verbunden (Koselleck 1979, 582ff.), wobei die Bundesmitglieder sowohl eine strukturelle Gemeinsamkeit als auch durch gegenseitige Hilfe in einem Kampf nach außen geeint sind (Koselleck 1979, 599 u. 636).[14] In seiner späten Schrift »The Law of Peoples« folgt auch John Rawls dieser Konzeption, gewährt aber nun explizit ein Kriegsrecht zur Verteidigung von Alliierten (1999, 91) und öffnet so das Bündnis auch für illiberale, aber achtbare Staaten.[15] So verstanden wird eine föderative Solidarität nur in Extremsituationen existentieller äußerer Bedrohung eingefordert, so dass Solidarleistungen selten und im Umfang lediglich auf die Verteidigung des Status quo begrenzt sind.[16]

Eine föderative europäische Solidarität ist vereinbar mit der flachen Integrationslogik eines europäischen Staatenbundes im Sinne von De

---

13 Wenngleich Kant der demokratischen Regierungsform kritisch gegenüberstand und von Republiken sprach, finden letztere bekanntlich in modernen Demokratien durchaus ihren Ausdruck.

14 Hier werden Parallelen zur Kampf-Solidarität der französischen Revolution und deutschen Arbeiterbewegung (*Bayertz* 1998b), vgl. Fußnote 5, sowie zu Durkheims mechanischer Solidarität ([1893] 1977, 118-161) deutlich.

15 Rawls fordert auch die Unterstützung »belasteter Völker«, denen eine faire Institutionenordnung aufgrund von Ressourcenarmut verwehrt bleibt. Der hier entwickelte Begriff der föderativen Solidarität ist jedoch ohne Verteilungsauswirkungen zu verstehen, zumal das Existenzminimum für eine wohlgeordnete Gesellschaft innerhalb der EU bereits gesichert ist.

16 Es sei angemerkt, dass trotz der impliziten Beistandsverpflichtung innerhalb eines Bundes weder Kant noch Rawls in diesem internationalen Kontext explizit von ›Solidarität‹ sprechen. John Rawls verwendet zwar nicht den Begriff der Solidarität, bezieht sich aber auf eine »natürliche Bedeutung der Brüderlichkeit«, die sich ausdrücklich im Unterschiedsprinzip manifestiert (*Rawls* [1971] 1975, 126f.). Zur semantischen Unterscheidung der beiden Begriffe siehe *Bayertz* 1998b, 15f.

Gaulles ›Europa der Vaterländer‹. Aus dieser Perspektive fungieren die konkurrierenden globalen Gravitationszentren als einigender Kontrapunkt. Trotz des Aufbaus militärischer Kapazitäten im Rahmen der Europäischen Sicherheits- und Verteidigungspolitik scheint eine echte Verteidigungs-union auf absehbare Zeit ebenso wenig möglich wie eine Verteidigung in einem konventionellen Krieg nötig. Gleichwohl gibt es Formen föderati-ver empirischer Solidarität, wie im Rahmen einer polizeilichen Kooperati-on zur Bekämpfung von Kriminalität und Terrorismus (Europol) (vgl. Rü-ger und von Ondarza in diesem Band). Im Bereich der Energiepolitik wird eine Solidarität (›Energiesolidarität‹) angesichts der Abhängigkeit einiger Staaten von russischen Energieträgern angemahnt (Baumann 2008; Geden 2007; kritisch dazu Götz 2009; vgl. auch Knodt/Piefer in diesem Band). Im Konflikt mit Russland um den Export polnischen Fleisches lobte bei-spielsweise Warschau die Solidarität, die es seitens anderer EU-Mitgliedstaaten erfuhr (Marek 2010, 39).

Das Modell der *organischen* Solidarität orientiert sich an Émile Durk-heim ([1893] 1977). Sein zentraler Gedanke lautet, dass Solidarität als ein die Gesellschaft zusammenhaltendes Fundament keinesfalls eine Gleichar-tigkeit ihrer Mitglieder erfordert. Im Gegenteil, aufgrund der arbeitsteili-gen Interdependenz von unterschiedlich spezialisierten Gesellschaftsmit-gliedern sind die Individuen nicht mehr beliebig austauschbar, wodurch das sie verbindende funktionalistische Band beständiger und belastbarer ist als in primitiven, nicht differenzierten Gesellschaften. Analog zu den einzelnen Organen bei höher entwickelten Tieren »ist die Einheit des Or-ganismus umso größer, je stärker die Individualisierung der Teile ausge-prägt ist« (Durkheim [1893] 1977, 183). Da Durkheim die Gesellschaft endogen betrachtet und externe Schocks ausblendet, ist die organische So-lidarität vertikal ausgerichtet. Aus einer individuellen handlungstheoreti-schen Perspektive gesehen sind die rationalen Akteure prinzipiell bereit, distributive Maßnahmen zur Unterstützung notleidender Gemeinschafts-mitglieder solange hinzunehmen, wie sie die zentralen sozialen Güter nur innerhalb dieses Kooperationsgefüges erwerben können (vgl. Mau 2009, 68). Solidarleistungen werden in der Regel sporadisch, etwa in Krisenzei-ten, gewährt und richten sich in ihrem Umfang an einem Minimum aus, das für die Aufrechterhaltung der Funktionsfähigkeit der betroffenen Indi-viduen nötig ist. Das sich daraus entwickelnde Kollektivbewusstsein be-darf daher keiner republikanischen Gemeinwohlorientierung des individu-ellen Handelns oder gemeinsamer ethnischer Wurzeln, sondern ist durchaus vereinbar mit einem primär eigennützigen Handlungskalkül ziviler Bürger (Baum 1975; Baurmann 1998, 346-347; Mau 2009, 67-71).[17] Somit bildet die organische Solidarität ein nicht-intendiertes Desiderat eines sich spezialisierenden und stetig integrierenden Kooperationsgefüges, dessen Intensität und Reichweite mit der Interaktionsdichte und funktionalen Differenzierung der Gesellschaftsmitglieder zunimmt. Damit wird aber auch ein Ausschluss von Gesellschaftsmitgliedern möglich: Sobald die Kosten der Unterstützung notleidender Gesellschaftsmitglieder die Kooperationsgewinne übersteigen, wird ein Ausscheiden aus dem Kooperationsverbund wahrscheinlich. Damit stellt Solidarität in diesem Verständnis keinen mobilisierenden »moralischen Kampfbegriff« (Imbusch/Rucht 2005, 24) wie im föderativen Modell dar, noch ist sie Ausdruck von Nächstenliebe, sondern sie ist eine sich aus der allseitig nützlichen Arbeitsteilung ergebende Bindekraft.

Die Voraussetzungen für eine organische europäische Solidarität scheinen angesichts der bislang vorrangig negativen Integration der europäischen Volkswirtschaften und der damit einhergehenden ökonomischen Interdependenz sowie der relativ schwach ausgeprägten europäischen Identität erfüllt zu sein (vgl. Streeck 2000, 256).[18] Die Infrastrukturfinanzierungen des Kohäsionsfonds können beispielsweise in diesem organischen Sinne gedeutet werden, da sie die Transaktionskosten eines grenzüberschreitenden und arbeitsteiligen Produktionsprozesses und Vertriebs reduzieren. Aus einer sicherheitspolitischen Perspektive kann selbst der Agrar-

---

17 Dies ist ohne Zweifel eine Zuspitzung des Durkheimschen Solidaritätskonzepts, denn Durkheim selbst unterscheidet durchaus zwischen einem negativ konnotierten Egoismus und einem positiv eingefärbten Individualismus (vgl. *Durkheim* 1893 [1992], 468; auch *Fournier* 2005, 54); Solidarität und Moral verwendet er kongruent (*Luhmann* 1992, 24). Gleichwohl kann eingewendet werden, dass zum einen die Austauschbeziehungen auch aus nutzenmaximierenden Motiven entstehen können (*Müller/Schmid* 1992, 514f.) und zum anderen Durkheim nur unzureichend erläutert, wie aus wechselseitiger Interdependenz eine moralische Handlungsdisposition entstehen soll (*Schmid* 1989, 528). Letztlich erscheint die bei ihm als organisch bezeichnete Solidarität durchaus mit einem egoistischen Verhaltensmodus vereinbar.

18 Streecks Plädoyer für eine ›competitive solidarity‹ kann als die normative Wendung dieses Konzepts betrachtet werden. Während ihm zufolge eine innerstaatliche Kohäsion durch eine mechanische Solidarität gewährleistet werden kann, sollten die externen Beziehungen innerhalb der EU einer organischen Solidarität überlassen werden (vgl. *Streeck* 2000, 260).

fonds als Gewährleistung von Autarkie interpretiert werden, wenngleich dies kaum das Motiv für seine Schaffung und Aufrechterhaltung war.

Das Modell der *distributiven* Solidarität basiert auf dem egalitär-liberalen Gerechtigkeitsverständnis von John Rawls (1975[1971]). Die gegenseitige Hilfsbereitschaft geht deutlich über die sporadische Bekämpfung externer Bedrohungen zur Verteidigung der negativen Freiheit von Staaten oder eine bloße Gewährleistung der Funktionsfähigkeit der Mitglieder eines Kooperationsverbundes zugunsten einer allseitig nutzenmaximierenden Wohlstandssteigerung hinaus.[19] In seiner »Theorie der Gerechtigkeit« plädierte Rawls für ein Unterschiedsprinzip, wonach eine Ungleichheit von sozialen Gütern nur dann als fair gilt, wenn sie den am wenigsten Begünstigten besser stellt (Rawls 1975 [1971], 96). Zwei Rechtfertigungsstränge lassen sich bei ihm erkennen (vgl. Kymlicka 1990): Das intuitive Argument lautet, dass die natürliche Ungleichverteilung der individuellen Ausstattungen mit angeborenen Talenten, Eigenschaften oder Fähigkeiten als Ergebnis der willkürlichen Lotterie der Natur deswegen durch soziale Institutionen ausgeglichen werden muss, da Ansprüche prinzipiell auf Entscheidungen und nicht auf derartig zufälligen Handlungsbedingungen beruhen dürfen. Das kontraktualistische Argument unterstellt hingegen einen fiktiven Urzustand, in dem die rationalen Wähler aufgrund eines Schleiers des Unwissens keine Informationen über ihre persönlichen Eigenschaften und sozialen Positionen besitzen und aufgrund der Verbindlichkeit ihrer einmaligen Wahl risikoavers einer Gesellschaftsordnung zustimmen würden, welche die schlechtmöglichste Position in der Gesellschaft maximiert. Aus der Rawlsschen Gerechtigkeitstheorie lässt sich mithin ein vertikal ausgerichtetes Solidaritätsverständnis ableiten, wonach zufällige Ungleichverteilungen zwischen den Mitmenschen kompensiert werden sollten. Dies führt zu einem permanenten Umverteilungsmechanismus mit erheblichen distributiven Konsequenzen. Eine entscheidungs-, aber nicht ausstattungsabhängige (vgl. Dworkin 1981, 311) Solidarität hat jedoch dort ihre Grenzen, wo die *Eigenverantwortung* beginnt: Je stärker die Notlage selbst verschuldet ist, desto geringer wird die Hilfsbereitschaft des Bessergestellten.[20]

---

19 Dieses Konzept ähnelt *Streecks* (2000, 246) ›redistributive solidarity‹ , das er allerdings explizit auf die innerstaatliche Dimension beschränkt.

20 Diese Kritik an seinem ursprünglichen Unterschiedsprinzip hat *Rawls* später (1999, 108) akzeptiert.

Allerdings weist Rawls selbst darauf hin, dass seine Gerechtigkeitstheorie auf den (wohlgeordneten) Nationalstaat beschränkt bleibt, da es an einem geteilten Gerechtigkeitssinn auf internationaler Ebene mangele (Rawls [1971] 1975, 498; Waldron 1987, 145). Insofern ist eine Übertragung dieses vertikalen Solidaritätskonzepts auf die Europäische Union zumindest gewagt, denn es existiert kaum eine belastbare kollektive Identität (Deutsch 2005, 171), die ›unkompensierte Sonderopfer‹ legitimieren würde (Scharpf 2002). Gleichwohl lassen sich zwei Argumente dafür anführen, diesen Solidaritätsbegriff dennoch auf die Europäische Union anzuwenden: Erstens gleicht sie immer weniger einer internationalen Organisation, da sie mittlerweile einige klassische Merkmale eines europäischen Bundesstaates aufweist, wie z.B. den Vorrang des europäischen vor dem nationalen Recht oder die Wirtschafts- und Währungsunion. Außerdem besteht ein beachtlicher Wertekonsens, der sich in der Europäischen Grundrechtecharta und den Kopenhagener Kriterien manifestiert, so dass durchaus von einem grenzüberschreitenden kollektiven Gerechtigkeitssinn gesprochen werden kann. Zweitens kann mit Charles Beitz auch der Einsatz eines *globalen* Schleiers des Unwissens – analog zu den erwähnten moralischen Rechtfertigungsgründen für ein solidarisches Handeln – damit gerechtfertigt werden, dass einerseits natürliche Ressourcen als Bedingung für eine erfolgreiche ökonomische Entwicklung willkürlich verteilt sind und andererseits moderne Staaten nicht autark agieren, sondern voneinander abhängig sind, woraus soziale Verpflichtungen und die Notwendigkeit fairer Kooperationsregeln resultieren (Beitz 1979, 141f.). Daher fordert Beitz im Gegensatz zu Rawls »an international difference principle [...] in the sense that it is the globally least advantaged representative person (or group of persons) whose position is to be maximized« (Beitz 1979, 152).[21] Während sein erstes Argument empirisch mit dem Hinweis darauf relativiert werden kann, dass Rohstoffe nur bedingt die wirtschaftliche Entwicklung eines Staates beeinflussen – wie die Rohstoffarmut Japans und der Reichtum an natürlichen Ressourcen Argentiniens verdeutlichen (Rawls 1999, 108) – und erst recht unter den EU-Mitgliedstaaten wenig ausschlaggebend sein dürfte, spricht die fortschreitende Globalisierung im Allgemeinen und die wirtschaftliche Verflechtung innerhalb der EU im Besonderen durchaus *für* eine Übertragung der Rawlsschen Gerechtigkeitskonzeption auf eine zwischenstaatliche Ebene.

---

21   Vgl. die Gegenposition bei *Rawls* 1999, 166ff.

Tabelle 2: Drei Idealtypen intergouvernementaler europäischer Solidarität

Solidaritätsmodell / Merkmale	föderativ	organisch	distributiv
Motivation	gemeinwohlorientiert (Bündnistreue)	eigennutzorientiert (Verflechtung)	gemeinwohlorientiert (Fairness)
Ausrichtung	horizontal	vertikal	vertikal
Zweck der Solidarleistungen	Abwehr zur Wahrung des Status Quo	Minimalunterstützung zur Wiederherstellung des Status Quo	Rekompensation für willkürliche Handlungseinschränkungen
Solidarbedingungen	exogene existentielle Bedrohung	kritische Funktionseinschränkung eines elementaren Gesellschaftsmitglieds	unverschuldete Schlechterstellung eines Gesellschaftsmitgliedes
Umfang	gering (Verteidigung)	mittel (Funktionssicherung)	hoch (Ausgleichszahlungen)
Häufigkeit	selten	sporadisch	permanent
Anwendbarkeit auf die EU (AEUV)	Europol (Art. 88)	Kohäsionsfonds (Art. 177)	Europäischer Sozialfonds (Art. 162)
Finalitätsvorstellung	Staatenbund	Wirtschaftsverbund	Bundesstaat

Quelle: eigene Darstellung

In einem solchen distributiven Sinne existiert eine europäische Solidarität allenfalls in Ansätzen. Es nimmt wenig Wunder, dass gerade diejenigen Politikbereiche mit hohen finanziellen Kosten und redistributiven Konsequenzen, wie Arbeits- und Sozialpolitik, nicht integriert wurden. Dennoch existiert seit den Römischen Verträgen mit dem Europäischen Sozialfonds ein Instrument redistributiver europäischer Sozialpolitik, das finanzielle Mittel (ca. 10 Milliarden Euro) zur Prävention und Bekämpfung von Arbeitslosigkeit, beruflicher Qualifikation, sozialer Integration in den Arbeitsmarkt sowie Gleichstellung von Frau und Mann bereitstellt. Zudem wurde 2006 ein Globalisierungsfonds zur Kompensation von entlassenen Angestellten gegründet, die aufgrund der globalen Standortkonkurrenz – also unverschuldet – ihre Arbeit verloren haben (vgl. auch Hartwig in diesem Band). Der Artikel 222 (AEUV), wonach im Falle eines Terroranschlags, einer Naturkatastrophe oder einer von Menschen verursachten Katastrophe Solidarität mit allen verfügbaren Mitteln angemahnt wird (vgl. von Ondarza in diesem Band), kann je nach Funktionsbeeinträchtigung sowohl der organischen als auch der distributiven Solidarität zugeordnet werden.

2. Intergouvernementale europäische Solidarität in Zeiten der Eurokrise

Durch dieses konzeptionelle Prisma kann nun das Verhalten der Mitgliedstaaten in der Eurokrise dahingehend analysiert werden, in welchem Sinne Solidarität eingefordert und geleistet wurde.

Aufgrund der eingeschränkten Zahlungsfähigkeit von Griechenland (ab Mai 2010), Irland (ab November 2010) und Portugal (ab April 2011) entschied sich der Rat diesen Eurostaaten gemeinsam mit dem IWF sukzessive Kredite zur Abwendung von Staatsinsolvenzen zu gewähren. Neben einem einmaligen Direktkredit von 110 Milliarden Euro an Griechenland wurden zum Zweck einer Eindämmung der Krise erst ein Europäischer Finanzstabilisierungsmechanismus (EFSM) mit einem Volumen von 750 Milliarden Euro (Mai 2010) und später ein permanent angelegter Europäischer Stabilitätsmechanismus (ESM) als eigenständige internationale Finanzinstitution mit einer Kapazität von 500 Milliarden Euro (September 2012) geschaffen. Darüber hinaus kaufte die Europäische Zentralbank parallel Anleihen von Krisenländern an und gewährte günstige Kredite für Banken, während im Falle Griechenlands private Gläubiger einem partiellen Schuldenschnitt zustimmten (März 2012). Nach wie vor ist allerdings kein Ende der Eurokrise absehbar, denn nachdem auch Spanien und Zypern im Juni 2012 finanzielle Unterstützung aus dem EFSF beantragt haben, gelten auch Slowenien und Italien weiterhin als bedroht.[22]

Die öffentliche Debatte innerhalb der EU oszilliert gegenwärtig zwischen erbeteter *Solidarität* seitens der Geberstaaten und eingeforderter *Solidität* in der Haushaltspolitik der Krisenstaaten – und beides steht zur Disposition: Einerseits deutet der gescheiterte Versuch Finnlands, für seine Kredite an Griechenland auf Garantien zu bestehen, die schleichende Erosion der Hilfsbereitschaft der wohlhabenderen Staaten an.[23] Andererseits gab es wiederholt Kritik an der mangelnden Umsetzung von Reformankündigungen insbesondere in Griechenland, aber auch in Italien (vgl.

---

22 Für eine ausführliche Darstellung des Krisenverlaufs siehe beispielsweise *Berger/Ücker* 2011.

23 Siehe dazu die offene und umstrittene Formulierung des Punktes 9 in *Council of the European Union* 2011, 3.

European Commission u.a. 2011). Damit steht die Reichweite der Solidarleistungen und ihrer Bedingungen im Mittelpunkt, doch diese hängen wiederum vom *konkreten Solidaritätsverständnis* ab.

Zur Mobilisierung der Opferbereitschaft in den Geberstaaten wurde vielerorts auf eine Solidarität *im föderativen Sinne* rekurriert: So zeichneten zahlreiche prominente Mitglieder der Bundesregierung, aber auch führende Vertreter der EU das Bild einer in den stürmischen Gewässern der Globalisierung gefährdeten Gemeinschaft, die im 21. Jahrhundert mit anderen globalen Machtzentren sowohl politisch als auch ökonomisch nur gemeinsam konkurrieren könne.[24] In dieses Bild fügt sich das Verbot von ungedeckten Leerverkäufen, die unter anderem die unkontrollierten und destabilisierenden Aktivitäten von Spekulanten domestizieren sollen, wobei die nur partielle Einführung einer Finanztransaktionssteuer in nur elf EU-Mitgliedstaaten im Rahmen einer verstärkten Kooperation die Grenzen einer solchen Solidarität illustriert. Auch die Eigenständigkeit der drei führenden US-amerikanischen Ratingagenturen Standard & Poor, Moody's und Fitch wurde in diesem Sinne kritisiert (Bundesfinanzministerium 2011), da deren mitunter überraschende Herabstufungen der Kreditwürdigkeit von strauchelnden Staaten in eine gefährliche Abwärtsspirale aus Überschuldung und sinkender Bonität zu münden drohen. Der Plan, eine eigene europäische Ratingagentur zu gründen (EUObserver 2010), scheiterte jedoch an mangelndem Interesse von Investoren.

Die ersten substantiellen Rettungsversuche und die Intervention der Europäischen Zentralbank lassen sich hingegen einer *organischen Solidarität* zuordnen, denn einerseits hätte eine Umschuldung im Falle eines einzukalkulierenden Zahlungsausfalls faktisch redistributive Effekte und andererseits orientierten sich die finanziellen Garantien am Minimum, das für die Funktionsfähigkeit der bedrohten Volkswirtschaften notwendig erschien. Der sukzessive Ausbau des Rettungssystems war dabei offensichtlich nur Ausdruck einer Korrektur dessen, was zum gegebenen Zeitpunkt als insolvenzverhindernde conditio sine qua non wahrgenommen wurde. Der Diskurs spiegelte die Handlungslogik einer organischen Solidarität deutlich wider. Ex negativo wurde auf die Alternativlosigkeit der Ret-

---

24 Vgl. den auf Initiative des Bundesumweltministers Röttgen gefassten Beschluss des *CDU-Landesvorstands Nordrhein-Westfalen* (2011) sowie die Positionen der Bundesminister von der Leyen (*ZEIT ONLINE*, 2011a) und Schäuble (*WirtschaftsWoche Online*, 2011), der Bundeskanzlerin Merkel (*Tagesspiegel Online*, 2011) sowie *Barroso* 2012, 5f. und *Pöttering* 2012, 14.

tungsversuche in einer bezeichnenden und inflationär verwendeten Metapher hingewiesen: Ein Ausscheiden Griechenlands aus dem Euroraum würde eine immanente ›Ansteckungsgefahr‹ für andere bedrohte Staaten bergen.[25] Positiv gewendet erinnerten die Befürworter der Rettungsaktionen hingegen daran, dass gerade die Geberstaaten – allen voran Deutschland – von dem gemeinsamen Binnenmarkt profitierten (vgl. z.B. Die Bundesregierung 2007).

Im weiteren Krisenverlauf deuten allerdings einige Anzeichen darauf hin, dass die Eindämmungsversuche der Mitgliedstaaten allmählich über eine organische Solidarität hinausgehen und sich zunehmend an einer *distributiven Solidarität* orientieren. Immerhin stehen die Kosten der inkrementalen Schuldenvergemeinschaftung für die Geberstaaten in zunehmendem Missverhältnis zum Nutzen an der Teilhabe der Krisenstaaten am gemeinsamen Binnenmarkt.[26] Einerseits erstrecken sich die Solidar*leistungen* mittlerweile auf einen EFSM, der sogar präventiv Staatsanleihen von Krisenstaaten erwerben kann und somit de facto eine Haftungsgemeinschaft zementiert, da letztlich die Geberstaaten in der Eurozone – direkt oder indirekt – im Bedarfsfall für die Verpflichtungen größtenteils aufkommen müssen. Andererseits wurden die Solidar*bedingungen* nun immer mehr betont. In Form von pro-aktiven Präventionsmaßnahmen zielen der »Six-Pack« und der Europäische Fiskalpakt auf eine Kontroll- und Sanktionsverschärfung der mitgliedstaatlichen Haushaltspolitik.[27] Das im September 2011 beschlossene Maßnahmenprogramm (›Six-Pack‹) umfasst eine Verschärfung des Stabilitätspakts, härtere halbautomatische Sanktionsmaßnahmen, raschere Schuldenreduzierung, strengere Ausgabenkon-

---

25 Vgl. die Äußerungen des damaligen Direktors des Internationalen Währungsfonds Dominique Strauss-Kahn in *ZEIT ONLINE* (2010), des Vorsitzenden der Eurozone Jean-Claude Juncker in *WirtschaftsBlatt* (2011) sowie des damaligen Präsidenten der Europäischen Zentralbank Jean-Claude Trichet in *SPIEGEL ONLINE* (2010).

26 Vergleicht man aus deutscher Perspektive den Durchschnitt der jährlichen Überschüsse in der deutschen Handelsbilanz zwischen 2000 und 2009 von 140,29 Milliarden Euro (Statistisches Bundesamt) mit dem kontinuierlich wachsenden Gesamtschuldenvolumen allein von Griechenland von rund 329 Milliarden Euro (Eurostat) oder der Haftungsobergrenze für Deutschland von 211 Milliarden im Rahmen des ESM, so deutet sich zumindest ein sich verschärfendes Ungleichgewicht an. Gleichwohl ist eine exakte Kosten-Nutzen-Rechnung nur schwer möglich, da zahlreiche Faktoren bei dieser Gegenüberstellung ausgeblendet werden.

27 Zur Unterscheidung der reaktiven und pro-aktiven Maßnahmen siehe ausführlicher *Beichelt/von Ondarza* 2011.

trolle, eine verfassungsmäßig verankerte Schuldenbremse sowie von der EU-Kommission vorgeschriebene Maßnahmen zur Steigerung der Wettbewerbsfähigkeit. Der von allen EU-Mitgliedstaaten außer Großbritannien und Tschechien unterschriebene und voraussichtlich im Januar 2013 in Kraft tretende Europäische Fiskalpakt konkretisiert und verschärft die Regeln nationaler Schuldenpolitik. Auch die jüngst diskutierte und in Teilen vereinbarte Bankenunion kann letztlich der distributiven Solidarität zugerechnet werden.[28] Die im Dezember 2012 von den Staats- und Regierungschefs der EU-Mitgliedstaaten beschlossene Bankenaufsicht systemrelevanter Banken (»too big to fail«) entspricht einem entscheidungsabhängigen Gerechtigkeitsverständnis. Aus dieser Perspektive erscheint es unfair, wenn private Banken bei spekulativen Geschäften Gewinne für sich verbuchen können, aber im Verlustfall zur Vermeidung von Systeminstabilität über eine Staatsintervention indirekt auf Kosten der nationalen Steuerzahler gerettet werden müssen. Im Falle Irlands führte eine solche alternativlose Stützung nationaler Banken zu einer drohenden Staatsinsolvenz, die nur mit externer Hilfe verhindert werden konnte.[29] Als Ausdruck des Prinzips der Eigenverantwortung können aber auch sowohl die von der Europäischen Kommission vorgeschlagene EU-weite permanente Bankenabgabe als auch die Beteiligung privater Gläubiger in Höhe von 50 Milliarden Euro bis 2014 im griechischen Fall verstanden werden. Als Sanktionsmaßnahmen wurden bereits die Aussetzung der Zuteilungen der nationalen Kontingente aus den Agrar- und Strukturfonds (Rehn 2010a, 3), ein nur konditionierter Zugang zu Eurobonds (Reding 2011) und die von Bundesfinanzminister Schäuble vorgeschlagene vertragliche Einführung eines Ausschlussverfahrens als Ultima Ratio bei Nichtkooperation diskutiert (Deutscher Bundestag 2010, 2719).[30] Das Spannungsverhältnis zwischen umfangreichen Solidarleistungen und strengen Solidarbedingungen spiegelt sich auch in der Rhetorik von Bundeskanzlerin Merkel wider, wenn sie einerseits mit ihrem Appell »Scheitert der Euro, dann scheitert Europa!« (Deutscher Bundestag 2011, 15955) die Eurokrise pathetisch zur Herausforderung für eine europäische Schicksalsgemeinschaft stilisiert und andererseits auf Forderungen nach einer Ausweitung der Rettungs-

---

28 Großbritannien und Schweden haben sich für ein Opt-out entschieden.
29 Die Bankenunion soll zudem einen Abwicklungsfonds für insolvente Banken und eine gemeinsame Einlagesicherung umfassen.
30 Bezüglich der rechtlichen Umsetzbarkeit des Vorschlags gibt es jedoch Zweifel, vgl. *Athanassiou* 2009, 30.

maßnahmen defensiv mit dem Bestehen auf einem »ausgewogenen Verhältnis zwischen Solidarität und Eigenverantwortung« (cdu.de 2011) reagiert.

Die bisherigen Maßnahmen können einer distributiven Solidarität in einem weichen Verständnis zugeordnet werden, da weiterhin zwischen nationalen Anleihen mit unterschiedlichen Kreditkonditionen unterschieden wird. Der Vorschlag Jean-Claude Junckers, Gemeinschaftsanleihen (Eurobonds) einzuführen, entspricht hingegen diesem Idealtyp im vollen Sinne, denn diese würden eine ausstattungsunabhängige Chancengleichheit der Eurostaaten am internationalen Finanzmarkt in Form von gleichen Zinsen gewährleisten (siehe Europäische Kommission 2011; Delpla/von Weizsäcker 2011).

Mittlerweile werden aber in der europäischen Debatte zunehmend die konkreten Solidar*bedingungen* hinterfragt. Denn zum einen scheint eine strenge Austeritätspolitik deswegen kontraproduktiv, da sie konjunkturbremsend wirkt und damit die Zahlungsunfähigkeit der betroffenen Staaten weiter einschränkt. Zum anderen wird die unterstellte Selbstverschuldung der Krise seitens der betroffenen Staaten zunehmend angezweifelt, indem insbesondere auf die steigenden Handelsbilanzen Deutschlands verwiesen wird.[31] Damit ist ein Ende des Solidaritätsdiskurses derzeit nicht absehbar.

3. Fazit: Die Risiken einer distributiven europäischen Solidarität

Angesichts des im Zuge der Eurokrise inflationären, aber uneinheitlichen Rekurses auf eine europäische Solidarität zielte der vorliegende Beitrag auf eine semantische Begriffsbestimmung dieses zentralen Gemeinschaftswerts. Da die Übertragung des Bedeutungskerns auf die Europäische Union mehrere Interpretationen zulässt, wurden entlang der Dimensionen Motivation und Ausrichtung der Solidarakte drei Idealtypen intergouvernementaler europäischer Solidarität – föderativ, organisch und distributiv – entwickelt. Die in der derzeitigen europaweiten Debatte diskutierten und teils auf Regierungskonferenzen beschlossenen Initiativen und Instrumente zur Eindämmung der Eurokrise wurden sodann den unter-

---

31 Siehe hierzu die Debatte zu den krisenbegünstigenden Effekten der deutschen Außenhandelsüberschüsse, z.B. die damalige französische Finanzministerin und derzeit amtierende IMF-Direktorin Christine Lagarde in *FT.com* 2010.

schiedlichen Solidaritätsmodellen zugeordnet. Der Umfang und die Häufigkeit der vorgeschlagenen und beschlossenen Solidarmaßnahmen als auch ihre Rechtfertigungsargumente deuten zunehmend auf ein distributives Solidaritätsverständnis hin, wodurch nun immer stärker die Solidar*bedingungen* hinterfragt werden. Insbesondere die heftig umstrittene Einführung von Eurobonds als Ausdruck einer distributiven europäischen Solidarität im vollen Sinne birgt trotz seines Krisenlösungspotenzials jedoch auch einige Risiken.

Auf der Ebene der *nationalen Regierungen* verlangt eine solche Vergemeinschaftung von Staatsanleihen institutionelle Vorrichtungen dagegen, dass in den weniger wettbewerbsfähigen Eurostaaten eine unsolide Haushaltspolitik oder demoskopiegeleitete Wahlkampfgeschenke subventioniert werden. Effektive Kontroll- und Interventionsinstanzen mit Sanktionskompetenzen zur Vermeidung von Trittbrettfahren würden allerdings die Budgethoheit der nationalen Parlamente empfindlich einschränken. Damit steht die konstitutionelle Architektur der Europäischen Union abermals zur Disposition. Die temporäre Einschränkung demokratischer Kontrolle in einer akuten Krise kann zwar in Hobbesscher Manier mit Verweis auf die Output-Legitimation vorübergehend gerechtfertigt werden, doch ein dauerhafter, die europäische Gewaltenordnung restrukturierender Interventionsmechanismus muss demokratisch legitimiert werden (vgl. Habermas 2011). Angesichts der erheblichen distributiven Effekte dieser konstitutionellen Neuordnung stellt sich die bekannte Frage nach dem Demokratiedefizit der EU drängender denn je.

Auf der Ebene der *Unionsbürger* erfordert das Prinzip der Eigenverantwortlichkeit zudem eine Debatte über eine stärkere sozial- und fiskalpolitische Harmonisierung zur Angleichung der Arbeits- und Lebensbedingungen. So verweigerte beispielsweise die Slowakei bereits 2010 eine Beteiligung an den Rettungspaketen für Griechenland mit dem Hinweis auf den geringeren Wohlstand der eigenen Bürger; in Deutschland wurde hingegen diskutiert, inwiefern es einer Angleichung des gesetzlichen Renteneintrittsalters zwischen den Eurostaaten bedarf.[32] Letztlich müssen die Bürger in allen Eurostaaten – sowohl der Nehmer- als auch der Geberstaaten – die Bedingungen einer distributiven Solidarität als *fair* akzeptieren können. Anderenfalls zerbricht eine intergouvernementale distributive So-

---

32 Allerdings liegt das reale Renteneintrittsalter in den bedrohten Eurostaaten tatsächlich über dem Durchschnitt in der EU, vgl. z.B. *ZEIT ONLINE* (2011b).

lidarität an ihrer Grundvoraussetzung, dass die Regierungen ihre Beschlüsse auch innenpolitisch rechtfertigen und durchsetzen können.

Literatur

Aidukaite, Jolanta 2009: Old welfare state theories and new welfare regimes in Eastern Europe; In: Communist and Post-Communist Studies, 42, 23-39.

Anderson, Benedict 1983: Imagined communities. Reflections on the origin and spread of nationalism. London u.a.

Arts, Wil/Gelissen, John 2002: Three worlds of welfare capitalism or more? A state-of-the-art report; In: Journal of European Social Policy, 12, 137-158.

Athanassiou, Phoebus 2009: Withdrawal and expulsion from the EU and EMU. Some reflections, European Central Bank Working Paper 10.

Barroso, José M. 2012: Europa am Scheideweg. Perspektiven und Chancen eines geprüften Kontinents; In: Die Politische Meinung, 1, 5-12.

Baum, Rainer C. 1975: The System of Solidarities. A Working Paper in General Action Analysis; In: Indian Journal of Sociology, 16; 306-353.

Baumann, Florian 2008: Energiesolidarität als Instrument der Versorgungssicherheit. CAP Aktuell 6.

Baurmann, Michael 1998: Solidarität als soziale Norm und als Norm der Verfassung; In: Bayertz, Kurt (Hrsg.): Solidarität. Begriff und Problem; Frankfurt a. M., 345-388.

Bayertz, Kurt 1998a: Solidarity and the Welfare State: Some Introductory Considerations; In: Ethical Theory and Moral Practice, 1, 293-296.

Bayertz, Kurt 1998b: Begriff und Problem der Solidarität; In: Bayertz, Kurt (Hrsg.): Solidarität. Begriff und Problem, Frankfurt/M., 345-388.

Bazant, Ursula/Schubert, Klaus 2008: Europäische Wohlfahrtssysteme. Vielfalt jenseits bestehender Kategorien; In: Bazant, Ursula/Hegelich, Simon/Schubert, Klaus (Hrsg.): Europäische Wohlfahrtssysteme. Ein Handbuch, Wiesbaden, 623-645.

Begg, Iain 2005: Rethinking the Social Dimension of the EU: The Costs of Non-Social Policy; In: Baum-Ceisig, Alexandra/Faber, Anne (Hrsg.): Soziales Europa? Perspektiven des Wohlfahrtsstaates im Kontext von Europäisierung und Globalisierung, Wiesbaden, 293-312.

Beichelt, Timm/von Ondarza, Nicolai 2011: Von der Schulden- zur Integrationskrise? Euro-Krisenmanagement und europäische Integrationsdynamik; In: Beichelt, Timm/von Ondarza, Nicolai/Verheugen, Günter (Hrsg.): Die EU auf dem Weg zur Wirtschaftsregierung? Europäische Reaktionen auf die Finanz-, Wirtschafts- und Schuldenkrise, MES-Perspektiven 1, 15-21.

Beitz, Charles R. 1979: Political Theory and International Relations, Princeton/New Jersey.

Berger, Cathleen/Ücker, Christina 2011: Die Finanz-, Wirtschafts- und Schuldenkrise und die Europäische Wirtschaftsregierung; In: Beichelt, Timm/von Ondarza, Nicolai/Verheugen, Günter (Hrsg.): Die EU auf dem Weg zur Wirtschaftsregierung? Europäische Reaktionen auf die Finanz-, Wirtschafts- und Schuldenkrise, MES-Perspektiven 1, 7-14.

Bieler, Andreas 2007: Der Kampf für eine soziales Europa: Gewerkschaften und die neoliberale Umstrukturierung der Europäischen Union. In: Kurswechsel, 1, 6-15.

Bundesfinanzministerium 2011: Bundesfinanzminister Dr. Wolfgang Schäuble im Interview mit dem Deutschlandradio. Online unter: www.bundesfinanzministerium .de/nn_88146/DE/Presse/Reden-und-Interviews/20110712-Deutschlandfunk.html (29.10.2011).

Buschak, Willy 2003: Der Europäische Gewerkschaftsbund und die Europäischen Gewerkschaftsverbände; In: Friedrich-Ebert-Stiftung (Hrsg.): Europäische Gewerkschaftsorganisationen. Bestände im Archiv der sozialen Demokratie und in der Bibliothek der Friedrich-Ebert-Stiftung, 2. erw. Aufl., Bonn, 9-19.

CDU Landesvorstand Nordrhein-Westfalen 2011: Mehr Europa im deutschen Interesse. Beschluss vom 19.09. Online unter: www.cdu-nrw.de/images/stories/docs/ Mehr_Europa_im_deutschen_Interesse-Beschluss-LaVo20110919.pdf (29.10.2011).

cdu.de 2011: Regierungserklärung: Europa gelingt nur gemeinsam. Online unter: www.cdu.de/portal2009/26423_32593.htm (26.04.2012).

Chwaszcza, Christine 2008: Sozialstaatlichkeit und demokratische Legitimation in Europa; In: König, Helmut/Richter, Emanuel/Schielke, Sabine (Hrsg.): Gerechtigkeit in Europa. Transnationale Dimension einer normativen Grundfrage, Bielefeld, 119-134.

Contogeorgis, Giorgios 1978: The Greek view of the Community and Greece's approach to membership; In: Wallace, William/Herreman, Inneke (Hrsg.): A Community of Twelve? The Impact of Further Enlargement on the European Community, Bruges, 22-31.

Council of the European Union 2011: Statement by the heads of state or government of the euro area and EU institutions. Online unter: www.consilium.europa.eu/uedocs /cms_data/docs/pressdata/en/ec/123978.pdf (29.10.2011).

Delpla, Jacques/von Weizsäcker, Jakob 2011: Eurobonds: The Blue Bond Concept and its Implications; In: Bruegel Policy Contribution 2/2011.

Deppe, Frank 2005: Der Umbau des Sozialstaates in Europa und die Probleme der Gewerkschaften; In: Baum-Ceisig, Alexandra/Faber, Anne (Hrsg.): Soziales Europa? Perspektiven des Wohlfahrtsstaates im Kontext von Europäisierung und Globalisierung, Wiesbaden, 78-94.

Derpmann, Simon 2009: Solidarity and Cosmopolitanism; In: Ethic Theory and Moral Practice, 12, 303-315.

Deutsch, Franziska 2005: Legitimacy and identity in the European Union: empirical findings from the old member states; In: Karolewski, Ireneusz P./Kaina, Viktoria

(Hrsg.): European identity. Theoretical Perspectives and Empirical Insights, Münster, 149-178.

Deutsch, Karl 1953: Nationalism and Social Communication: An Inquiry into the Foundations of Nationality, New York u.a.

Deutscher Bundestag 2010: Plenarprotokoll 17/30.

Deutscher Bundestag 2011: Plenarprotokoll 17/135.

Die Bundesregierung 2007: Starker Binnenmarkt. Chance für Europa und Deutschland. Online unter: www.bundesregierung.de/Content/DE/Magazine/emags/economy/045/sp-3-starker-binnenmarkt-chance-fuer-europa-und-deutschland.html (29.10.2011).

Durkheim, Émile [1893] 1977: Über soziale Arbeitsteilung. Studie über die Organisation höherer Gesellschaften, Frankfurt/M.

Dworkin, Richard 1981: What is Equality? Part II: Equality of Resources; In: Philosophy and Public Affairs, 10, 283-345.

Eder, Klaus/Hellmann, Kai-Uwe/Trenz, Hans-Jörg 1998: Regieren in Europa jenseits öffentlicher Legitimation? Eine Untersuchung zur Rolle von politischer Öffentlichkeit in Europa; In: Kohler-Koch, Beate (Hrsg.): Regieren in entgrenzten Räumen. Politische Vierteljahresschrift, Sonderheft 29, Opladen, 321-344.

Esping-Andersen, Gøsta 1990: The Three Worlds of Welfare Capitalism, Cambridge.

EUobserver 2010: Merkel backs creation of European credit rating agency. Online unter: http://euobserver.com/19/30001 (29.10.2011).

Europäische Kommission 2011: Grünbuch der Europäischen Kommission über die Durchführbarkeit der Einführung von Stabilitätsanleihen, 23.11.2011. Online unter: http://europa.eu/rapid/press-release_MEMO-11-820_de.htm (14.12.2012).

European Commision/European Central Bank/International Monetary Fund 2011: Statement by the European Commission, the ECB and IMF on the Fifth Review Mission in Greece. Online unter: www.imf.org/external/np/sec/pr/2011/pr 11359.htm (29.10.2011).

Eurostat 2011: Energy, transport and environment indicators, Luxembourg.

Fenger, H.J.M. 2007: Welfare regimes in Central and Eastern Europe: Incorporating post-communist countries in a welfare regime typology; In: Contemporary Issues and Ideas in Social Sciences, 3, 1-30.

Ferrera, Maurizio 1996: The «Southern" Model of Welfare in Social Europe; In: Journal of European Social Policy, 6, 17-37.

Fiegle, Thomas 2002: Von der Solidarité zur Solidarität. Ein französisch-deutscher Begriffstransfer. Münster u.a.

FT.com 2010: Lagarde criticises Berlin policy. Online unter: http://cachef.ft.com /cms/s/0/225bbcc4-2f82-11df-915300144feabdc0.html#axzz1cfe4hRHA (29.10.2011).

Fournier, Marcel 2005: Durkheim's life and context: something new about Durkheim?; In: Alexander, Jeffrey C./Smith, Philip (Hrsg.): The Cambridge Companion to Durkheim, Cambridge, 41-69.

Ganßmann, Heiner 2010: Soziale Sicherheit durch die EU? Staatstheoretische und europasoziologische Perspektiven; In: Eigmüller, Monika/Mau, Steffen (Hrsg.): Gesellschaftstheorie und Europapolitik: sozialwissenschaftliche Ansätze zur Europaforschung, Wiesbaden, 329-352.

Garrigues, Emilio 1977: Stellungnahme zum Gesuch Spaniens um Beitritt zu den Europäischen Gemeinschaften; In: Europa-Archiv, 19, 533-536.

Geden, Oliver 2007: Energiesolidarität im EU-Reformvertrag. Ein zentraler Baustein der europäischen Energiepolitik, SWP-Aktuell 34.

Gerhards, Jürgen 1993: Westeuropäische Integration und die Schwierigkeiten der Entstehung einer europäischen Öffentlichkeit; In: Zeitschrift für Soziologie, 22, 96-110.

Göbel, Andreas/Pankoke,Eckart 1998: Grenzen der Solidarität. Solidaritätsformeln und Solidaritätsformen im Wandel; In: Bayertz, Kurt (Hrsg.): Solidarität. Begriff und Problem, Frankfurt a. M., 463-494.

Götz, Roland 2009: Pipeline-Popanz. Irrtümer der europäischen Energiedebatte; In: OSTEUROPA, 59, 5-20.

Habermas, Jürgen 2011: Wie demokratisch ist die EU? Die Krise der Europäischen Union im Licht einer Konstitutionalisierung des Völkerrechts; In: Blätter für deutsche und internationale Politik, 8, 37-48.

Halldenius, Lena 1998: Non-domination and Egalitarian Welfare Politics; In: Ethical Theory and Moral Practice, 1, 335-353.

Hartwig, Ines 2005: Herausforderungen an die europäische Solidarität. Die Reform der EU-Strukturpolitik; In: Hartwig, Ines/Petzold, Wolfgang (Hrsg.): Solidarität und Beitragsgerechtigkeit. Die Reform der EU-Strukturfonds und die Finanzielle Vorausschau, Baden-Baden, 159-168.

Heidenreich, Martin 2007: The Development of Social Inequalities in Europe; In: Magnusson, Lars/Stråth, Bo (Hrsg.): European Solidarities. Tensions and Contentions of a Concept, Brüssel, 33-54.

Hendricks, Jon/Breckinridge Peters, C. 1973: The Ideal Type and Sociological Theory. In: Acta Sociologica, 16, 31-40.

Höffe, Otfried 2002: Demokratie im Zeitalter der Globalisierung, München.

Honneth, Axel 1991: Kampf um Anerkennung. Zur moralischen Grammatik sozialer Konflikte, Frankfurt/M.

Hühn, Melanie/Lerp, Dörte/Petzold, Knut/Stock, Miriam 2010: In neuen Dimensionen denken? Einführende Überlegungen zu Transkulturalität, Transnationalität, Transstaatlichkeit und Translokalität; In: Hühn, Melanie/Lerp, Dörte/Petzold, Knut/Stock, Miriam (Hrsg.): Transkulturalität, Transnationalität, Transstaatlichkeit, Translokalität. Theoretische und empirische Begriffsbestimmungen, Münster, 11-46.

Imbusch, Peter/Rucht, Dieter 2005: Integration und Desintegration in modernen Gesellschaften; In: Heitmeyer, Wilhelm/Imbusch, Peter (Hrsg.): Integrationspotenziale einer modernen Gesellschaft, Wiesbaden, 13-71.

Jagodziński, Romuald 2007: Involving European Works Councils in Transnational Negotiations – A Positive Functional Advance in their Operation or Trespassing?; In: Industrielle Beziehungen, 14, 316-333.

Kant, Immanuel [1795] 1984: Zum Ewigen Frieden. Ein philosophischer Entwurf, Stuttgart.

Kantner, Cathleen 2004: Kein modernes Babel. Kommunikative Voraussetzungen europäischer Öffentlichkeit, Wiesbaden.

Karolewski, Ireneusz P. 2005: Citizenship and collective identity in Europe?; In: Karolewski, Ireneusz P./Kaina, Viktoria (Hrsg.): European Identity: Theoretical Perspectives and Empirical Insights, London, 209-241.

Kersting, Wolfgang 1998: Internationale Solidarität; In: Bayertz, Kurt (Hrsg.): Solidarität. Begriff und Problem, Frankfurt/M., 411-429.

Kluge, Susann 1999: Empirisch begründete Typenbildung. Zur Konstruktion von Typen und Typologien in der qualitativen Sozialforschung, Opladen.

Koselleck, Reinhart 1979: Bund. Bündnis, Föderalismus, Bundesstaat; In: Koselleck, Reinhart/Brunner, Otto/Conze, Werner (Hrsg.): Geschichtliche Grundbegriffe. Historisches Lexikon zur politisch-sozialen Sprache in Deutschland Bd. 1, Stuttgart, 582-671.

Kymlicka, Will 1990: Contemporary political philosophy. An Introduction, Oxford.

Lessenich, Stephan 2010: Der «Wohlfahrtsstaat Europa" zwischen Wunsch und Wirklichkeit; In: Eigmüller, Monika/Mau, Steffen (Hrsg.): Gesellschaftstheorie und Europapolitik: sozialwissenschaftliche Ansätze zur Europaforschung, Wiesbaden, 321-328.

Leibfried, Stephan 1992: Towards a European welfare state? On Integrating Poverty Regimes into the European Community; In: Ferge, Zsuzsa/Kolberg, Jon E. (Hrsg.): Social Policy in a Changing Europe, Frankfurt/M., 245-279.

Lindbekk, Tore 1992: The Weberian Ideal-type: Development and Continuities; In: Acta Sociologica, 35, 285-297.

Luhmann, Niklas 1992: Arbeitsteilung und Moral. Durkheims Theorie; In: Durkheim, Emile (Hrsg.): Über soziale Arbeitsteilung. Studie über die Organisation höherer Gesellschaften, Frankfurt/M., 19-40.

Magnusson, Lars/Stråth, Bo 2007: A social Polity? Challenges to European Inequalities; In: Magnusson, Lars/Stråth, Bo (Hrsg.): European Solidarities – Tensions and Contentions of a Concept, Brüssel, 11-31.

Marek, Norbert 2010: Diskurs der Geopolitik – Diskurs der Sprachlosigkeit. Polnisch-Russische Schwierigkeiten; In: European Journal of Transnational Studies, 2, 30-45.

Mau, Steffen 2009: Europäische Solidarität. Erkundung eines schwierigen Geländes; In: Harnisch, Sebastian/Maull, Hanns W./Schieder, Siegfried (Hrsg.): Solidarität und internationale Gemeinschaftsbildung. Beiträge zur Soziologie der internationalen Beziehungen, Frankfurt a. M./New York, 63-87.

Metz, Karl H. 1998: Solidarität und Geschichte. Institutionen und sozialer Begriff der Solidarität in Westeuropa im 19. Jahrhundert; In: Bayertz, Kurt (Hrsg.): Solidarität. Begriff und Problem, Frankfurt a. M., 172-194.

Müller, Hans-Peter/Schmid, Michael 1992: Arbeitsteilung, Solidarität und Moral. Eine werksgeschichtliche und systematische Einführung in die »Arbeitsteilung" von E- mile Durkheim; In: Durkheim, Emile (Hrsg.): Über soziale Arbeitsteilung. Studie über die Organisation höherer Gesellschaften, Frankfurt/M., 481-521.

Münkler, Herfried 2004: Enzyklopädie der Ideen der Zukunft: Solidarität; In: Beckert, Jens/Eckert, Julia/Kohli, Martin/Streeck, Wolfgang (Hrsg.): Transnationale Solidarität. Chancen und Grenzen, Frankfurt/M., 15-28.

Papineau, David 1976: Ideal Types and Empirical Theories; In: British Journal for the Philosophy of Science, 27, 137-146.

Pogge, Thomas 1994: An Egalitarian Law of Peoples; In: Philosophy and Public Affairs, 23, 195-224.

Pöttering, Hans-Gert 2012: Den Gemeinschaftsgeist erneuern. Europa benötigt Fairness und Solidarität; In: Die Politische Meinung, 1, 13-18.

Preuß, Ulrich K. 1998: Nationale, supranationale und internationale Solidarität; In: Bayertz, Kurt (Hrsg.): Solidarität. Begriff und Problem, Frankfurt/M., 399-410.

Rawls, John [1971] 1975: Eine Theorie der Gerechtigkeit, Frankfurt/M.

Rawls, John 1999: The Law of Peoples, Cambridge u.a.

Reding, Viviane 2011: The end of Europe? No, the beginning of a stronger, more united Europe. Online unter: http://europa.eu/rapid/pressReleasesAction.do?reference= SPEECH/11/566&format=HTML&aged=0&language=EN&guiLanguage=en (29.10.2011).

Rehn, Olli 2010a: A toolbox for stronger economic governance in Europe. Online unter: http://europa.eu/rapid/pressReleasesAction.do?reference=MEMO/10/288& format=HTML&aged=0&language=EN&guiLanguage=en (29.10.2011).

Risse, Thomas 2002: Zur Debatte um die (Nicht-)Existenz einer europäischen Öffentlichkeit – Was wir wissen, und wie es zu interpretieren ist; In: Berliner Debatte Initial, 13, 15-23.

Saryusz-Wolski, Jacek 1994: The Reintegration of the ›Old Continent‹: Avoiding the Costs of ›Half Europe‹; In: Bulmer, Simon/Scott, Andrew (Hrsg.): Economic and Political Integration in Europe. Internal Dynamics and Global Context, Oxford, 19-28.

Scharpf, Fritz 2002: The European Social Model. Coping with the Challenges of Diversity; In: Journal of Common Market Studies, 40, 645-670.

Scharpf, Fritz 2009: Weshalb die EU nicht zur sozialen Marktwirtschaft werden kann; In: Zeitschrift für Staats- und Europawissenschaften, 7, 419-435.

Scharpff, Nancy 2012: Von der »sozialen Dimension Europas« zum »sozialen Europa«. Sozialpolitikentwicklung in der Globalisierung; In: Eigmüller, Monika (Hrsg.): Zwischen Gemeinschaft und Gesellschaft. Sozialpolitik in historisch-soziologischer Perspektive, Weinheim/Basel, 177-201.

Schieder, Siegfried 2009: Zur Theorie der Solidarität und internationalen Gemeinschaft; In: Harnisch, Sebastian/Maull, Hanns W./Schieder, Siegfried (Hrsg.): Solidarität und internationale Gemeinschaftsbildung. Beiträge zur Soziologie der internationalen Beziehungen, Frankfurt a. M./New York , 11-59.

Schmid, Michael 1989: Solidarität und Arbeitsteilung. Bemerkungen zu Durkheims Theorie; In: Haller, Max (Hrsg.): Kultur und Gesellschaft, Frankfurt/M. u.a., 518-531.

Schuyt, Kees 1998: The Sharing of Risks and the Risks of Sharing: Solidarity and Social Justice in the Welfare State; In: Ethical Theory and Moral Practice, 1, 297-311.

SPIEGEL ONLINE 2010: Kampf gegen Währungskrise. Trichet fordert «Quantensprung« von Euro-Staaten. Online unter: www.spiegel.de/politik/ausland/ 0,1518,694891,00.html (29.10.2011).

Stawarska, Renata 1999: EU enlargement from the Polish perspective; In: Journal of European Public Policy, 6, 822-838.

Stephan, Antje 2005: Europäische Beschäftigungsstrategie und die offene Methode der Koordinierung; In: Baum-Ceisig, Alexandra/Faber, Anne (Hrsg.): Soziales Europa? Perspektiven des Wohlfahrtsstaates im Kontext von Europäisierung und Globalisierung, Wiesbaden, 264-292.

Stinchcombe, Arthur 1968: Constructing Social Theories, New York.

Streeck, Wolfgang 2000: Competitive Solidarity: Rethinking the ›European Social Model‹; In: Hinrichs, Karl/Kitschelt, Herbert/Wiesenthal, Helmut (Hrsg.): Kontingenz und Krise. Institutionenpolitik in kapitalistischen und postsozialistischen Gesellschaften, Frankfurt a. M./New York , 245-261.

Tagesspiegel Online 2011: »Die Sehnsucht nach einfachen Lösungen ist groß«. Angela Merkel im Interview. Online unter: http://www.tagesspiegel.de/politik/die-sehnsucht-nach-einfachen-loesungen-ist-gross/4596984.html (29.10.2011).

Taylor, Charles 1993: Multikulturalismus und die Politik der Anerkennung, Frankfurt a.M.

Thome, Helmut 1998: Soziologie und Solidarität: Theoretische Perspektiven für die empirische Forschung; In: Bayertz, Kurt (Hrsg.): Solidarität. Begriff und Problem, Frankfurt a. M., 217-262.

Traum, Detlef 2005: Europäische Betriebsräte. Eine empirische und theoretische Analyse aus der Perspektive der Systemtheorie, München/Mering.

Vetters, Regina/Jentges, Erik/Trenz, Hans-Jörg 2009: Whose project is it? Media debates on the ratification of the EU Constitutional Treaty; In: Journal of European Public Policy, 16, 412-430.

Voland, Eckart 1998: Die Natur der Solidarität; In: Bayertz, Kurt (Hrsg.): Solidarität. Begriff und Problem, Frankfurt a. M., 297-318.

Wagener, Hans-Jürgen 2009: Zwischen Solidarität und Subsidiarität. Was ist die soziale Kompetenz der Europäischen Union; In: Vogt, Matthias T./Sokol, Jan/Ociepka, Beata/Pollack, Detlef/Mikołajczyk (Hrsg.): Bedingungen europäischer Solidarität, Frankfurt a. M., 65-89.

Waldron, Jeremy 1987: Theoretical Foundations of Liberalism; In: Philosophical Quarterly, 37, 463-482.

Weber, Max 1951 [1904]: Die »Objektivität« sozialwissenschaftlicher und sozialpolitischer Erkenntnis; In: Weber, Max (Hrsg.): Gesammelte Aufsätze zur Wissenschaftslehre, 2. Aufl., Tübingen, 146-214.

Wendt, Alexander 1999: Social Theory of International Politics, Cambridge u.a.

Wildt, Andreas 1998: Solidarität – Begriffsgeschichte und Definition heute; In: Bayertz, Kurt (Hrsg.): Solidarität. Begriff und Problem, Frankfurt a. M., 202-216.

WirtschaftsBlatt 2011: Brüssel erteilt europäischer Ratingagentur Absage. Online unter: www.wirtschaftsblatt.de/home/international/wirtschaftspolitik/bruessel-erteilt-europaeischer-ratingagentur-absage-486951/index.do (29.10.2011).

WirtschaftsWoche Online 2011: Wolfgang Schäuble: »Griechenland braucht Zeit – und unsere Hilfe.« Online unter: www.wiwo.de/politik-weltwirtschaft/griechenland -braucht-zeit-und-unsere-hilfe-482574 (29.10.2011).

Wonka, Arndt 2007: Um was geht es? Konzeptspezifikation in der politikwissenschaftlichen Forschung; In: Gschwend, Thomas/Schimmelfennig, Frank (Hrsg.): Forschungsdesign in der Politikwissenschaft. Probleme – Strategien – Anwendungen, Frankfurt a. M./New York, 63-89.

ZEIT ONLINE 2010: IWF-Chef fürchtet Domino-Effekt in der EU. Online unter: www.zeit.de/wirtschaft/2010-05/griechenland-krise-iwf (29.10.2011).

ZEIT ONLINE 2011a: Von der Leyen will Vereinigte Staaten von Europa. Online unter: www.zeit.de/politik/deutschland/2011-08/leyen-politische-union-europa (29.10. 2011).

ZEIT ONLINE 2011b: Faul und wohlhabend. Online unter: www.zeit.de/2011/25/Arbeitswelt-Deutschland (29.10.2011).

Zürcher, Markus D. 2001: Transnationale Solidarität. Grundlage für ein soziales Europa; In: Küchehoff, Joachim (Hrsg.): Solidarität und Selbstverwirklichung, Gießen, 57-72.

Lösungsoptionen für die europäische Schuldenkrise zwischen Solidarität und Eigenverantwortung[1]

Friedrich Heinemann

1. Einleitung

Die Debatte um die Bewältigung der europäischen Schuldenkrise ist gleichzeitig eine Debatte um die in einer Währungsunion angemessene Balance zwischen Solidarität und Eigenverantwortung. Während die Krisenstaaten europäische Solidarität in Form von Kredithilfen und weit reichender Garantien einfordern, verweisen die fiskalisch gesünderen Staaten auf die nationale Eigenverantwortung für wachstumsfreundliche Strukturen und tragbare öffentliche Finanzen. Unabhängig vom nationalen Eigeninteresse sollte die Staaten der Eurozone jedoch das Ziel einen, Krisenmechanismen zu entwickeln, die in Zukunft das Auftreten von vergleichbaren Krisen weniger wahrscheinlich machen oder zumindest die sozialen und ökonomischen Kosten ihrer Bewältigung verringern.

Allerdings bleiben viele Analysen oberflächlich und damit auch unbefriedigend in ihren Lösungsperspektiven. Vor diesem Hintergrund verfolgt dieser Beitrag eine doppelte Zielsetzung: Zum einen sollen Ursachen und Charakter der europäischen Schuldenkrise dargelegt werden. Im Kern wird dabei die These vertreten, dass sich fundamental gerechtfertigte Zweifel an der Solvenz einzelner Staaten zu einer umfassenden und sich selbst erfüllenden Vertrauenskrise um die Zahlungsfähigkeit großer Teile der europäischen Peripherie gesteigert haben. Zum anderen sollen die verfügbaren Lösungsoptionen mit ihren ganz verschiedenen Ausformungen von Solidarität bewertet werden. Diese Optionen stehen vor der Herausforderung, dass eine sich selbst erfüllende Vertrauenskrise nicht alleine durch Verbesserungen des langfristig wirksamen fundamentalen Umfelds beseitigt werden kann.

Basierend auf dieser Analyse wird abschließend das bisherige Krisenmanagement beurteilt. Eine Erkenntnis ist, dass das langsame Herantasten

---

1 Der Beitrag ist angelehnt an *Heinemann, Friedrich* (2012): Die Europäische Schuldenkrise: Ursachen und Lösungsstrategien, Jahrbuch für Wirtschaftswissenschaften, 63 (1), 18-41.

an eine dauerhafte Lösung und viele der bisherigen Weichenstellungen mit ihrer konditionalen Solidarität nicht völlig unangemessen erscheinen. Das, was als »muddling through« oftmals kritisiert wird, ist möglicherweise der richtige Umgang mit Entscheidungen, die durch erhebliche Zielkonflikte und Unwägbarkeiten gekennzeichnet sind. Ein zentraler Zielkonflikt ist dabei der zwischen Sicherung von Eigenverantwortung und solidarischer Krisenabwehr. Derartige Zielkonflikte erklären, dass es die eindeutig überlegene Lösung nicht gibt und eine Kombination aus verschiedenen lang- und kurzfristig wirkenden Maßnahmen angemessen erscheint, und dass etwa auch die Anleihekäufe durch die Zentralbank Teil einer verantwortbaren Gesamtlösung sein können.

Im Gegensatz dazu können vermeintliche mutige Lösungen wie die ausgesprochen solidarisch erscheinende Etablierung von Eurobonds oder auch die radikale Absage an jede Solidarität mit einem raschen Ausschluss von Krisenländern aus der Währungsunion nicht überzeugen. Diese »schnellen« Lösungen kranken an ihrer Eindimensionalität. Entweder wollen sie die kurzfristige Vertrauenskrise beseitigen, verschärfen aber die langfristigen Schuldenanreize (Eurobonds). Oder aber sie wollen einen raschen Beitrag zur Rückgewinnung der Wettbewerbsfähigkeit der Krisenstaaten leisten, ohne dass sie einen Weg zur Eindämmung der kurzfristigen Vertrauenskrise mit ihrem zerstörerischen Potenzial weisen (kurzfristiger Ausschluss aus der Währungsunion).

Schließlich geht der Beitrag durch Rückbezüge auf die ökonomische Literatur der frühen 1990er-Jahre auch der Frage nach, inwieweit die ökonomische Forschung die heutigen Probleme bereits ausreichend thematisiert und adressiert hat. Im Kontext der Finanzkrise mussten die Wirtschaftswissenschaften mit einiger Berechtigung mit dem Vorwurf leben, wichtige Fehlentwicklungen nicht ausreichend thematisiert und analysiert zu haben. In Bezug auf die europäische Schuldenkrise gilt dies eindeutig nicht. Denn trotz einiger prominenter Fehleinschätzungen zeigt der Blick zurück in die damalige Forschung, dass die hohe Staatsverschuldung und die Möglichkeit einer Schuldenkrise schon vor zwanzig Jahren klar analysiert und als besonderes Risiko der Europäischen Währungsunion benannt worden waren.

Zunächst werden im folgenden Kapitel aber die Ursachen für die Zuspitzung des Verschuldungsproblems analysiert, die Auslöser für die Diskussion um Modelle weit reichender europäischer Solidarität gewesen ist.

2. Ursachen der Schuldenkrise

2.1. Langfristige Verschuldungsneigung

Eine vordergründige Erklärung für die Schuldenkrise verweist auf die Finanzkrise und schwere Rezession der Jahre 2008/09 und den durch diese Krise verursachten Verschuldungsanstieg. Auch wenn diese Entwicklung sicherlich als Auslöser der Schuldenkrise gelten kann, muss eine Ursachenanalyse früher ansetzen. Denn der Schuldenanstieg der Finanzkrise konnte nur deshalb das Vertrauen in die Zahlungsfähigkeit der Euro-Staaten erschüttern, weil die Staatsverschuldung schon in den zurückliegenden Jahrzehnten nicht wirklich eingedämmt werden konnte. Eine umfassende Ursachenanalyse muss daher zunächst erklären, warum demokratisch gewählte Regierungen immer wieder Staatsausgaben in einem Maße über Schulden finanzieren, das auf Dauer mit erheblichen Stabilitätsrisiken verbunden ist.

Wäre die »Ricardianische Äquivalenz« maßgeblich für das Denken der Wähler in einer Demokratie, dann wären öffentliche Defizite ähnlich unbeliebt wie Steuern. Das Theorem basiert auf der intertemporalen Budgetrestriktion des Staates und besagt, dass rationale Steuerzahler neutral zwischen Defizitfinanzierung und Steuerfinanzierung gegenwärtiger Ausgaben sind. Für einen wohlinformierten und rationalen Akteur mit unbegrenztem Zeithorizont ergibt sich kein Vorteil, wenn der Staat heutige Ausgaben statt durch Steuern durch Kreditaufnahme finanziert. Dem wachsenden Schuldenstand entspricht ein Anstieg im Barwert der künftigen Besteuerung, so dass mit der Verschuldung aus Sicht des Steuerzahlers keine Vermögenseffekte verbunden sind (Barro 1974). Würden die Bürger diesen Zusammenhang verinnerlichen, dann würden Parteien und Kandidaten für Verschuldungspläne im Wahlkampf genauso abgestraft wie für Steuererhöhungs-Ankündigungen.

In der politischen Realität ist diese Indifferenz zwischen Steuererhöhung und Neuverschuldung kaum zu beobachten. Ganz verschiedene Ursachen beeinträchtigen die politökonomische Relevanz der Ricardianischen Äquivalenz. So unterstellt das Theorem einen unendlichen Zeithorizont der Individuen. Mit einem begrenzten Zeithorizont wäre hingegen Verschuldung unmittelbar attraktiv, weil die Finanzierungslast auf später lebende Steuerzahler abgewälzt werden kann. In Modellierungen der Ricardianischen Äquivalenz (Barro 1974) wird das Problem der menschlichen Sterblichkeit durch intergenerativ verknüpfte Nutzenfunktionen »gelöst«. Der Wähler mit einer kurzen verbleibenden Lebenserwartung hat dann dennoch einen langfristigen Horizont, weil er das Wohl seiner Kinder und Enkel mit in das Kalkül einbezieht. Ob diese Annahme der Realität fiskalischer Präferenzbildung entspricht, ist fraglich. In jedem Fall schwächen die stark verringerte Fertilität und der steigende Anteil der Kinderlosen in den Industrieländern die Relevanz intergenerativer Bindungen und damit auch der Ricardianischen Äquivalenz.

Ein weiterer Einwand gegen ihre Gültigkeit ergibt sich im Hinblick auf die implizite Annahme der vollständigen Information des Wählers. »Fiskalillusion« kann dazu führen, dass Wähler die Budgetrestriktion des Staates nicht vollständig verstehen, so dass ihnen der Zusammenhang zwischen den Schulden von heute und den zukünftigen Steuern nicht immer vollständig präsent ist. Fiskalillusion kann dabei als Spielart der »rationalen Ignoranz« (Downs 1957) interpretiert werden (Congleton 2001), wonach rationale Wähler keinen Anreiz haben, wohl informiert an die Wahlurne gehen.

Aber auch ein perfekt informierter Wähler mit langem Zeithorizont kann aus rationalen Gründen die Schuldenfinanzierung öffentlicher Ausgaben der Steuerfinanzierung vorziehen. Die in die Zukunft verschobene Steuerbelastung stellt einen Kredit an die Steuerzahler dar. Diese über den Staat und seine Finanzierungsinstrumente abgewickelte Kreditierung kann für den Steuerzahler gegenüber der privaten Kreditaufnahme Vorteile aufweisen. Dies ist der Fall, wenn der Fiskus über bessere Finanzierungsbedingungen verfügt als der Steuerzahler oder letzterer keinen Zugang zu Krediten in der gewünschten Höhe hat. In diesem Fall mildert der staatliche Kredit, der über die verzögerte Steuerzahlung wirkt, Kreditrestriktionen auf Seiten des Steuerzahlers ab (Hayford 1989).

Alle diese Ursachen können erklären, dass Defizitfinanzierung mit geringeren politischen Kosten als die Steuerfinanzierung verbunden ist. Schuldenfinanzierung von Staatsausgaben bietet der Politik die Option »to spend without to tax« (Buchanan/Wagner 1977). Auch wenn die Steuern in der Zukunft – mit Zins und Zinseszins – nachzuentrichten sind, kann die Verschuldung in der Gegenwart zu einem Popularitätsgewinn für die verantwortlichen Politiker führen.

Während die bisher genannten Phänomene auf die Verschuldungsneigung auf der Wählerebene hindeuten, treten weitere Anreize auf der Ebene der Politik hinzu. Hier können insbesondere strategische Interaktionen zwischen Parteien mit unterschiedlichen Ideologien Staatsverschuldung begünstigen. Der Grundgedanke derartiger Modellierungen ist, dass Verschuldung für die amtierende Regierung die Möglichkeit bietet, die finanzpolitischen Entscheidungen der Nachfolger zu beeinflussen. Dies gilt in besonderer Weise, wenn zwischen Regierung und Opposition starke ideologische Unterschiede über den präferierten Umfang der Staatsausgaben (Persson/Svensson 1989) oder die bevorzugte Ausgabestruktur (Alesina/Tabellini 1990) bestehen.

2.2. Fehlende institutionelle Begrenzungen der Verschuldungsneigung

Die zuvor skizzierten allgemeinen Verschuldungsanreize sind in ihren Wirkungen zumindest seit den 1970er Jahren beobachtbar und haben zu Versuchen geführt, die Verschuldungsmöglichkeiten in Demokratien durch numerische Regeln zu begrenzen. Solche Regeln definieren beispielsweise Obergrenzen für das Haushaltsdefizit oder den maximal zulässigen Schuldenstand. Die Empirie über die Wirksamkeit numerischer Fiskalregeln ist bedingt optimistisch. Einerseits ist die Kreativität der Politik in der Umgehung von Regeln groß, andererseits können stringent formulierte Regeln tatsächlich die Fiskalpolitik beeinflussen.

Dies zeigt sich etwa für die USA (für einen Überblick vgl. Heinemann/ Moessinger/Osterloh 2011), wo Ende der 1970er Jahre in zahlreichen Bundesstaaten der USA numerische Ausgabe- oder Defizitregeln eingeführt wurden. So analysiert beispielsweise von Hagen (1991) den Einfluss der gesetzlich festgelegten Verschuldungsgrenzen der US-Bundesstaaten auf die Verschuldung in einer Querschnittsanalyse für das Jahr 1985. Dabei kommt er zu dem Ergebnis, dass die Schuldenstandsquoten der Bundesstaaten durch die Einführung von Schuldengrenzen nicht signifikant reduziert wurden. Vielmehr deuten seine Ergebnisse darauf hin, dass die Einführung von Schuldengrenzen die Bundesstaaten vermehrt zu einer »kreativen Buchführung« veranlasst hat – beispielsweise durch die Auslagerung von Schulden aus den Kernhaushalten in öffentliche Unternehmen. Es existieren aber auch eine ganze Reihe neuerer Untersuchungen, die einen disziplinierenden Effekt von Schulden- und Defizitregeln nachweisen. Beispielsweise untersuchen Eichengreen/Bayoumi (1994) in einer Panel-Analyse für die US-Bundesstaaten mithilfe eines eigens konstruierten Indikators den Einfluss von Saldoregeln auf die Höhe des Defizits. Die Ergebnisse ihrer Analyse deuten darauf hin, dass Saldoregeln einen dämpfenden Effekt auf die Defizite ausüben. Auch Bohn/Inman (1996) können einen solchen Effekt nachweisen. Mithilfe eines von der »Advisory Commission Intergovernmental Relations (ACIR)«[2] konstruierten Indikators

---

2 Die »Advisory Commission on Intergovernmental Relations« war eine in den USA gesetzlich verankerte Institution, die im Jahr 1959 eingerichtet wurde, um

für die Stringenz von Fiskalregeln können die Autoren in verschiedenen Regressionsanalysen nachweisen, dass stringentere Saldoregeln mit geringeren Defiziten einhergehen. Die Datengrundlage für ihre Untersuchungen bilden dabei 47 US-Bundesstaaten über den Zeitraum von 1970 bis 1991. Zu ähnlichen Ergebnissen gelangen Alt/Lowry (1994) sowie Alesina/Bayoumi (1996), die ebenfalls den ACIR-Indikator verwenden.

Für die Staaten der EU wurde eine erste Untersuchung von der Europäischen Kommission (2006) durchgeführt. Darin wird analysiert, wie sich die Einführung der unterschiedlichen Fiskalregeln über den Zeitraum von 1990 bis 2005 in den EU-25-Ländern auf die konjunkturbereinigten Primärdefizite sowie auf die Höhe der Ausgaben eben dieser 25 Länder ausgewirkt hat. Die Ergebnisse deuten auf einen signifikant dämpfenden Effekt von numerischen Fiskalregeln auf beide Größen hin. Debrun/Kumar (2007) sowie Debrun und Koautoren (Debrun u.a. 2008) können den signifikant dämpfenden Effekt der Fiskalregeln auf die Primärdefizite bestätigen.

Während diese Literatur auf die Wirksamkeit nationaler Schuldengrenzen verweist, muss die Wirksamkeit des Stabilitäts- und Wachstumspakts als Schuldengrenze für die Staaten der Eurozone als gering bezeichnet werden. Der Pakt hat vor seinen aktuellen Reformen zu viele Schlupflöcher offen gelassen und nachweislich zu kreativer Buchführung animiert (von Hagen/Wolff 2006). Seine Achillesferse war die fehlende Durchsetzbarkeit der angedrohten Sanktion (Schuknecht u.a. 2011): Schon die Kommission als Wächterin des Pakts verfügte über einen großen diskretionären Spielraum, noch dazu war jeweils eine qualifizierte Mehrheit im Rat der Wirtschafts- und Finanzminister notwendig, um das abgestufte Überwachungsverfahren mit seinen Fristsetzungen und Sanktionsdrohungen voranschreiten zu lassen. Die Schwäche des Pakts wurde endgültig im Jahr 2003 offenbar, als die Kommission einen Schritt in Richtung einer Sanktionierung Frankreichs und Deutschlands empfahl, die beiden Länder aber eine Mehrheit im Rat gegen diese Empfehlung organisierten und den Pakt damit faktisch außer Kraft setzten. Diese Episode mit der anschließenden, verwässernden Reform des Pakts hat die Glaubwürdigkeit dieses europäischen Regelwerks entscheidend geschwächt: Die Außerkraftsetzung einer Regel im ersten wichtigen Anwendungsfall hat demonstriert, dass zumindest die großen Eurostaaten nicht gewillt waren, sich europäischen Regeln zu unterwerfen.

---

die föderalen Beziehungen zwischen dem Bund, den Bundesstaaten sowie den Gemeinden zu stärken. 1996 wurde diese Institution jedoch wieder aufgelöst.

Der Stabilitäts- und Wachstumspakt hat somit bislang nicht an den durchaus belegbaren Erfolgen nationaler Fiskalregeln anknüpfen können und nicht in vergleichbarer Weise Disziplinierungsdruck erzeugt. In Bezug auf dieses institutionelle Defizit der Europäischen Währungsunion muss sich die ökonomische Forschung kein fehlendes Problembewusstsein vorwerfen lassen: Die Skepsis in Bezug auf die Wirksamkeit des Pakts war von Beginn an groß, in der deutschsprachigen, aber auch in der internationalen Fachliteratur (vgl. die Literaturüberblicke von: Feldmann 2000; Jonung/Drea 2009). Ein großer Teil dieser Literatur verwies auf die Notwendigkeit stringenter fiskalischer Regeln, erachtete den Stabilitätspakt in seiner konkreten Gestalt aber als unzureichende institutionelle Schuldenbegrenzung.

Allerdings gab es auch einflussreiche andere Sichtweisen, die den Pakt nicht nur als fehlkonstruiert, sondern als gänzlich überflüssig oder sogar schädlich bewerteten. Eine viel zitierte derartige Fundamentalkritik ist der Aufsatz von Buiter und Koautoren aus dem Jahr 1993 (Buiter/Corsetti/Roubini 1993). Die Autoren kritisieren nicht nur die ihrer Ansicht nach verfehlte, zu simple Konstruktion der fiskalischen Konvergenzkriterien, sondern befürchten außerdem unnötige Wachstumsverluste durch übermäßige Konsolidierung. Zudem stellen sie die Motivation solcher Fiskalregeln grundlegend in Frage. Ihrer damaligen Bewertung nach können die Kapitalmärkte öffentliche Verschuldung effektiv begrenzen. Auch sind sie zuversichtlich, dass die No-Bailout-Klausel des Vertrags glaubwürdig ist: »Nor is there much reason to believe that intra-EC altruism will be strengthened by EMU, or that EMU will strengthen the bargaining power of debtor governments vis-à-vis creditor governments« (ebd., 79). Die Autoren durchdenken in ihrer Analyse zwar die Folgen eines Zahlungsausfalls für die Systemstabilität des gemeinsamen Währungsraumes, sind aber optimistisch, dass ein solcher Fall ohne Transfers vermieden werden kann, weil die Zentralbank die Rolle eines »lender of last resort« übernehmen und gleichzeitig ihre Unabhängigkeit wahren könne. Von daher bestreiten sie, dass von der Verschuldung eines Landes tatsächlich negative Externalitäten für den Rest der Währungsunion ausgehen, welche verbindliche Schuldenregeln rechtfertigen könnten.

Aus heutiger Sicht und unter Einbezug der neuen Erfahrungen der europäischen Schuldenkrise muss diese prominente Kritik am vermeintlich unnötigen und unnötig restriktiven Pakt empirisch als widerlegt angesehen werden. Die Jahre 2010 und 2011 haben überdeutlich gemacht, wie sehr die Schuldenkrise sogar eines kleinen Euro-Lands ganz erhebliche negative Externalitäten für den gesamten Währungsraum mit sich bringt und dass Konvergenzkriterien und Stabilitätspakt keineswegs einen übermäßigen Konsolidierungsdruck mit sich gebracht haben. Ganz im Gegenteil muss der Konsolidierungsdruck der bisherigen Regeln als zu gering bewertet werden, um gefährliche Überschuldungssituationen zu vermeiden. Alleine auf den Disziplinierungsdruck der Märkte zu vertrauen, hat sich bis zum Ausbruch der Schuldenkrise als nicht ausreichend erwiesen. Seit Ausbruch der Krise ist dieser Disziplinierungsdruck zwar hoch, bis dahin konnten sich die hoch verschuldeten Staaten der Euro-Zone aber zu günstigen Konditionen finanzieren. Diese Erfahrung bestätigt viel eher die Sichtweise, die im Delors-Bericht 1989 als Motivation für die Einführung von Fiskalregeln gegeben wurde:

> »Rather than leading to a gradual adaption of borrowing costs, market views about the creditworthiness of official borrowers tend to change abruptly and result in the closure of access to market financing. The constraints imposed by market forces might either be too slow and weak or too sudden and disruptive.« (Delors-Bericht 1989, Nr. 30)

Die Möglichkeit multipler Gleichgewichte auf den Anleihemärkten (vgl. dazu unten Abschnitt 2.3) unterstreicht die Skepsis gegenüber einer einzig auf die Marktdisziplin setzenden Schuldenbegrenzung.

2.3. Fehlende Optimalität des Euro-Währungsraums

Eine weitere Ursache für die Zuspitzung des Verschuldungsproblems in einigen Euro-Staaten muss schließlich in der Einführung einer gemeinsamen Währung selbst gesucht werden. Zwar wäre es eine unzulässige Vereinfachung, die realwirtschaftlichen Probleme der Krisenstaaten alleine auf deren Währungsregime – die Mitgliedschaft in der Europäischen Währungsunion – zurückzuführen. Ein Land wie Griechenland ist durch vielfältige institutionelle Schwächen gekennzeichnet, die sich auch dann negativ auf die ökonomische Performance des Landes ausgewirkt hätten, wenn es im Jahr 2001 den Euro nicht eingeführt hätte. Denn das Wachstum bremsende Faktoren wie Überregulierung, fehlende Effizienz der (Steuer-)verwaltung, Korruption und hohe Sozialleistungen wären mit einer eigenen Währung mitnichten neutralisiert. Dennoch lässt sich argumentieren, dass die Restriktionen, die sich aus der Mitgliedschaft in einer Währungsunion ergeben, zumindest mit zur Verschärfung der realwirtschaftlichen Krisensituation beigetragen haben.

Ein grundsätzliches Problem der Maastrichter Währungsverfassung ist, dass die über eine Euro-Einführung entscheidenden Konvergenzkriterien nicht mit den Kriterien der Theorie der optimalen Währungsräume (TOWR) übereinstimmen (Sapir 2011). In den Neunzigerjahren hat sich, angestoßen von den Weichenstellungen zur Europäischen Währungsunion, eine umfangreiche empirische Literatur entwickelt, welche die Kriterien der TOWR auf die europäischen Verhältnisse angewendet hat (vgl. etwa Bayoumi/Eichengreen 1997). Im Mittelpunkt dieser Analysen stand die Messung asymmetrischer Schocks und struktureller Unterschiede zwischen den damaligen fünfzehn Mitgliedstaaten der Europäischen Union. Ein zentrales Ergebnis war (Sapir 2011), dass die Union im Lichte dieser Empirie deutlich in einen Kern und eine Peripherie zerfiel. Im Kern (Deutschland, Frankreich, Benelux, Österreich und Dänemark) waren demnach die Schocks hoch korreliert und die Anpassungen verliefen schnell. Demgegenüber unterlag die Peripherie (Italien, Spanien, Griechenland, Portugal, Irland, Finnland, das Vereinigte Königreich und Schweden) größeren und spezifischen Schocks bei langsamer verlaufender Anpassung. Dieser Befund verwies eindeutig darauf, dass für die Länder der Peripherie der Verlust anpassungsfähiger Wechselkurse eine Herausforderung darstellen würde.

Auch in Bezug auf die Gefahren einer zu großen Währungsunion ist der Vorwurf unberechtigt, die volkswirtschaftliche Forschung hätte diese Gefahren vernachlässigt. Gerade deutsche Ökonomen haben sich immer wieder unter Verweis auf die TOWR und weiterer Argumente gegen eine zu große Währungsunion ausgesprochen. In einem stark beachteten Memorandum urteilten beispielsweise 62 deutsche Wirtschaftsprofessoren im Jahr 1992 in folgender Weise:

> »Die ökonomisch schwächeren europäischen Partnerländer werden bei einer gemeinsamen Währung einem verstärkten Konkurrenzdruck ausgesetzt, wodurch sie aufgrund ihrer geringeren Produktivität und Wettbewerbsfähigkeit wachsende Arbeitslosigkeit erfahren werden. Hohe Transferzahlungen im Sinne eines ›Finanzausgleichs‹ werden damit notwendig.« (Memorandum 1993, 234)

Die Politik hat sich über solche Bedenken hinweg gesetzt, partiell allerdings durchaus mit Unterstützung aus der Wissenschaft. Dem Argument der empirisch belegbaren fehlenden Optimalität einer die europäische Peripherie umfassenden Währungsunion wurde in der akademischen Literatur etwa entgegengehalten, dass die vor der Euro-Einführung beobachtbaren Asymmetrien durch die Währungsunion beseitigt oder zumindest stark abgemildert würden (»Endogenität der TOWR-Kriterien«). Weil etwa zu hohe Lohnabschlüsse in einer Währungsunion nicht mehr durch Abwertungen kompensiert werden können, würde – so die Hoffnung – sich auch das Verhalten der Tarifvertragsparteien ändern. »So wird es [...] zu Verhaltensänderungen in der Lohnpolitik kommen. Das kartellartige Ritual nationaler Lohnrunden [...] wird mehr und mehr geprägt sein vom Wettbewerb der Länder und Regionen um Arbeitsplätze« (Sievert 1993, 17f.).

Im Rückblick auf diese Diskussion ist heute zu konstatieren, dass die Euro-Skeptiker Recht behalten und die Hoffnungen auf eine Disziplinierung der Lohnpolitik oder eine Beschleunigung von Strukturreformen in den Ländern der Peripherie sich nicht erfüllt haben. Die vor der Währungsunion beobachtbare Asymmetrie zwischen Kern und Peripherie hat auch nach der Euro-Einführung fortbestanden, mit zur Entstehung der Schuldenkrise beigetragen und tatsächlich Schritte in Richtung Transferunion erzwungen, so wie es die Kritiker im Jahr 1992 befürchtet hatten. In Ländern wie Griechenland oder auch Italien hat sich die Hoffnung auf eine konsequent wettbewerborientierte Arbeitsmarkt- und Reformpolitik nicht erfüllt. Ganz im Gegenteil haben die anfänglichen Effekte der Euro-Einführung Reformen und Anpassungen in den südeuropäischen Ländern eher noch verlangsamt. Denn zunächst haben die Länder der Peripherie von stark fallenden Zinsen und damit einer stark verbesserten Verfügbarkeit von Kapital profitiert. Die Kreditfinanzierung öffentlicher, aber auch privater Ausgaben wurde dadurch wesentlich erleichtert, so dass Probleme sinkender Wettbewerbsfähigkeit zunächst durch einen leicht zu realisierenden Kapitalimport überdeckt werden konnte.

Damit sind Länder, die wie Griechenland und Portugal im Mittelpunkt der Schuldenkrise stehen, Volkswirtschaften mit einem doppelten Defizit: einem hohen Leistungsbilanz- und einem nicht tragbaren Haushaltsdefizit.[3] Dabei besteht eine wechselseitige Kausalität zwischen fehlender internationaler Wettbewerbsfähigkeit und fiskalischen Ungleichgewichten. Die fehlende Wettbewerbsfähigkeit, zu der die Aufnahme in einen suboptimalen Währungsraum beigetragen hat, hat das außenwirtschaftliche Defizit anschwellen lassen, die Steuerbasen verringert und damit zur Verschärfung des Fiskalproblems beigetragen. Umgekehrt haben aber auch die Unzulänglichkeiten der Fiskalverfassung und die »weiche Budgetrestriktion« mit ihrer exzessiven Staatsverschuldung den Verlust an Wettbewerbsfähigkeit begünstigt. Durch die großzügige Schuldenfinanzierung von Sozialleistungen und staatlicher Beschäftigung wurde der Druck auf die Tarifparteien zu eigenen Anpassungsleistungen verringert. Die Wähler blieben dank der Schuldenwirtschaft jahrelang von den negativen Folgen der fehlenden Wettbewerbsfähigkeit abgeschottet, so dass der Zwang zur Anpassung nicht spürbar war. Von daher sind stringente Fiskalregeln auch

---

3 Diese Analyse trifft so für Irland nicht zu. Die irische Schuldenkrise wurde nicht durch einen jahrelangen Verlust an Wettbewerbsfähigkeit und chronisch hohe Leistungsbilanz- und Haushaltsdefizite, sondern durch die Immobilien- und Bankenkrise des Landes verursacht.

deshalb ein wichtiger Lösungsbeitrag, weil sie den Druck auf notwendige realwirtschaftliche Anpassungen erhöhen.

2.4. Zuspitzung durch sich selbst erfüllende Ausfall-Prophezeiungen

Die langfristigen Ursachen der sich stetig verschärfenden Verschuldungsprobleme sind somit durch die politökonomische Attraktivität von Defiziten, fehlende institutionelle Absicherungen, einen suboptimalen Zuschnitt der Europäischen Währungsunion und einen damit verbundenen Verlust an internationaler Wettbewerbsfähigkeit erklärbar.

Die Schuldenkrise ist in ihrer akuten Dimension allerdings nicht alleine durch die steigende Staatsverschuldung und das außenwirtschaftliche Ungleichgewicht, sondern außerdem durch einen kurzfristigen Umschwung in der Beurteilung der Tragbarkeit der aktuellen Fundamentaldaten gekennzeichnet. Es gibt keinen objektiv benennbaren Wert in der Höhe der Staatsverschuldung, von dem an ein Land den Kapitalmarktzugang verlieren würde. Stattdessen sind solche Entwicklungen immer auch von der (volatilen) Risikosensitivität der Kapitalgeber getrieben. Dies wird etwa an der Bewertung Italiens im Verlaufe der Schuldenkrise deutlich. Anders als in Griechenland oder Irland ist es in Italien durch die Finanzkrise nicht zu einem dramatischen Anstieg in der Schulden-BIP-Quote gekommen.[4] Dennoch haben sich die Finanzierungsbedingungen Italiens im Jahresverlauf 2011 deutlich verschlechtert.

Diese schwankenden Bewertungsverläufe sind in ihrer Dynamik durch die Mechanismen sich selbst erfüllender Prophezeiungen gekennzeichnet. Aus der Sorge, ein Land könne in Zukunft seinen Kreditverpflichtungen nicht nachkommen, resultiert eine Verschlechterung seiner Finanzierungsbedingungen. Die steigenden Zinskosten führen dann tatsächlich zu einer objektiven Verschlechterung der Finanzierungssituation. Im ungünstigen Fall kann diese negative Dynamik bis zur faktischen Illiquidität eines Landes führen. Der einzelne Investor, der in einem solchen Teufelskreis der Panik seine Anleihen auch zu niedrigen Kursen auf den Markt wirft, handelt keinesfalls individuell irrational. Droht am Ende ein Verlust des eingesetzten Kapitals im Zusammenhang mit einer Umschuldung, dann ist eine frühzeitige Schadensbegrenzung rational.

---

4 In Italien stieg die Schulden-BIP-Quote von 2008 bis 2011 von 106 auf 121 Prozent des BIP, in Griechenland von 113 auf 163 Prozent, in Irland von 44 auf 108 Prozent (*European Commission* 2011).

Auch in Bezug auf diese Dimension einer Schuldenkrise ist der Vorwurf unberechtigt, die ökonomische Forschung habe die Gefahren nicht dargestellt. Denn auch das Problem der Zahlungsunfähigkeit aufgrund einer sich selbst erfüllenden Panik wurde bereits in den späten Achtzigern herausgearbeitet. Zu nennen sind hier die Arbeiten von Calvo (1988) und Alesina/Prati/Tabellini (1989). Anlass für diese Arbeiten waren bezeichnenderweise bereits im Jahr 1987 aufgetretene Probleme Italiens, fällig werdende Anleihen reibungslos zu refinanzieren.

Diese Modellierungen betrachten eine Vertrauenskrise um die Staatsverschuldung eines Landes in Analogie zum Modell eines Banken-Run. Auch solvente Banken können Opfer einer Vertrauenskrise werden und im Falle einer Panik-Attacke zahlungsunfähig werden (Diamond/Dybvig 1983). In der spieltheoretischen Terminologie existieren multiple Gleichgewichte: In einem »guten Gleichgewicht« haben die Sparer Vertrauen in die Bank und belassen ihre kurzfristigen Einlagen dort. Im »schlechten Gleichgewicht« herrscht Misstrauen in die Zahlungsfähigkeit der Bank vor und eine schnelle Abhebung der Ersparnisse ist einzelwirtschaftlich rational. Diese multiplen Gleichgewichte können ganz analog für Staatsanleihen existieren. Signifikant verschuldete Staaten sind darauf angewiesen, im Zuge der Fälligkeit von Staatsanleihen revolvierend den Anleihemarkt für Anschlussfinanzierungen in Anspruch zu nehmen. In ihrem Modell betrachten Alesina und Koautoren (Alesina/Prati/Tabellini 1989) das Zusammenspiel zwischen heutigen Investoren und zukünftigen Investoren: Im schlechten Gleichgewicht führt der Zweifel der heutigen Investoren an der Investitionsfreudigkeit zukünftiger Investoren bereits in der Gegenwart zu ansteigenden Risikoprämien bis hin zum Ausfall des staatlichen Schuldners.

Allerdings dürfen diese Phänomene multipler Gleichgewichte nicht missverstanden werden in dem Sinn, dass ein Land der Zufälligkeit eines »schlechten Gleichgewichts« schutzlos ausgesetzt wäre. Alesina und Koautoren (ebd.) arbeiten die Faktoren heraus, die ein Land tendenziell gegen das schlechte Gleichgewicht immunisieren. Dies sind ein niedriger Schuldenstand, ein langes und gleichmäßiges Fälligkeitsprofil der umlaufenden Staatsanleihen sowie die Kosten der Steuererhebung. Ein niedriger Schuldenstand, der noch dazu langfristig finanziert ist, impliziert in jeder Periode einen nur geringen Refinanzierungsbedarf. Mit einem solchen Schuldenprofil haben kurzfristige Panikattacken keine nennenswerten negativen Folgen, weil steigende Risikoprämien nur in geringem Maße die Zinslast nach oben treiben. Umgekehrt ist ein hoch verschuldetes Land mit hohen jährlichen Fälligkeiten umlaufender Anleihen stark den Risiken sich verschlechternder Refinanzierungsbedingungen ausgesetzt, so dass auch eine sich selbst erfüllende Panikattacke leichter entstehen kann. Die

Kosten der Steuererhebung sind deshalb relevant, weil ein Land mit Refinanzierungsschwierigkeiten prinzipiell auch kurzfristig Steuern erhöhen kann, um den Refinanzierungsbedarf zu decken. Wenn ein Land über ein wettbewerbsfähiges Steuersystem und eine effektive Steuerverwaltung verfügt, die Steuererhöhungen auch tatsächlich kassenwirksam rasch umsetzen kann, reduziert diese Tatsache die Wahrscheinlichkeit einer spekulativen Attacke auf die Zahlungsfähigkeit des Landes.

Auch darf die Möglichkeit eines schlechten Gleichgewichts nicht in dem Sinne interpretiert werden, dass Kapitalmärkte nicht auch einen hilfreichen Disziplinierungsbeitrag liefern könnten. Zur Begrenzung von Verschuldungsanreizen ist es politökonomisch hilfreich, dass steigende Schuldenfinanzierung mit wachsenden Risikoprämien und wachsenden Finanzierungsrisiken einhergeht. Die aktuelle Schuldenkrise lehrt, wie effektiv der Kapitalmarktdruck sein kann. Unter dem Druck eines erschwerten Kapitalmarktzugangs sind plötzlich Reform- und Konsolidierungsmaßnahmen rasch durchsetzbar, die viele Jahre lang niemals auf politische Akzeptanz gestoßen wären.

Eine im Kontext der aktuellen Schuldenkrise wesentliche Einsicht dieser Modelle ist dennoch, dass das »schlechte Gleichgewicht« auch ein langfristig solventes Land treffen kann und eine dann eintretende Zahlungsunfähigkeit als Marktversagen zu klassifizieren ist, das mit unnötigen Wohlfahrtskosten einher geht. Im Kontext des Banken-Run-Modells von Diamond und Dybvig (1983) ergibt sich aus dieser Einsicht die Legitimation von Einlagensicherungssystemen und der Etablierung eines »lender of last resort«, der alleine durch seine Existenz vertrauensbildend wirkt und panische Banken-Runs mit ihrem hohen Zerstörungspotenzial verhindern soll. In der gleichen Logik ergibt sich hier im Kontext der Märkte für Staatsanleihen ein starkes Argument für die Etablierung von Notfallkreditmechanismen, falls solvente Staaten in Marktphasen mit plötzlicher hoher Risikosensitivität in Finanzierungsschwierigkeiten geraten. Solche Länder sich einfach selbst zu überlassen und einen kurzfristigen Zahlungsausfall zuzulassen, ist für ein größeres Land (Spanien) oder gar ein großes Land (Italien) keine Option, die verantwortbar erscheint.

Auch dieses »too big to fail«-Problem war bereits vor Euro-Einführung präzise dargelegt. So haben Giovannini und Spaventa (1991) bereits zu Beginn der 1990er auf die Möglichkeit einer gemeinschaftsweiten Finanz- und Wirtschaftskrise beim Ausfall eines großen nationalen Gläubigers hingewiesen. Auch ihre besonderen Sorgen gelten dabei Italien, dessen Verschuldung Ende der 1980er-Jahre fast 30 Prozent der gesamten öffentlichen Verschuldung in der EU ausmachte, so dass eine Schuldenkrise zwangsläufig mit einer Bankenkrise einhergehen würde.

3. Lösungsstrategien zwischen Eigenverantwortung und Solidarität

3.1. Die Dilemmata aller Lösungsstrategien

Aus der zuvor dargestellten Ursachenanalyse der Schuldenkrise ergeben sich folgende zwei Dilemmata für die Entwicklung von Strategien zur Eindämmung der Schuldenkrise:

Asynchrone zeitliche Perspektiven: Das Verschuldungsproblem ist über Jahrzehnte als Folge der dargelegten politökonomischen Phänomene, defizitärer Institutionen und falscher ökonomischer Rahmenbedingungen entstanden und kann auch nur über eine langfristig wirkende Strategie abgemildert und auf Dauer entschärft werden. Die akute Schuldenkrise, die von den Mechanismen zirkulärer negativer Erwartungen getrieben wird, kann durch langfristig wirkende Maßnahmen aber möglicherweise nicht überwunden werden. Es kennzeichnet ein von Panik getriebenes schlechtes Gleichgewicht mit Illiquidität eines Staates, dass eine allmähliche Verbesserung von Fundamentalfaktoren nicht unbedingt ausreicht, die in negativen Zirkeln gefangene Erwartungsbildung in Richtung eines guten Gleichgewichts zu verändern. Alle Reformforderungen, die auf verschärfte Schuldenregeln und Einleitung von Strukturreformen in den Krisenländern hinauslaufen, sind daher berechtigt, bleiben aber unvollständig, weil sie keine Antwort auf die akute Dimension der Krise bieten. Dieses Problem wird erneut an der Analogie zwischen einem Banken-Run und der Staatsschuldenkrise deutlich: Inmitten eines Banken-Run ist wenig damit gewonnen, wenn die illiquiden Banken auf langfristig steigende Ertragsquellen verweisen könnten. Eine zuverlässige Eindämmung akuter Liquiditätskrisen ist nur durch die Etablierung von Finanzierungsquellen möglich, die in ihrer Höhe ausreichend sind, die Zahlungsunfähigkeit solventer aber illiquider Institutionen zu verhindern.

Langfristfolgen kurzfristiger Krisenlösung: So unverzichtbar die Zuführung von Liquidität im Fall eines Runs auf den Staatsanleihen-Markt ist, so problematisch sind die langfristigen Folgen einer solchen Strategie. Das Problem besteht hier darin, dass mit der Etablierung von neuen Kreditmechanismen möglicherweise die langfristig wirksamen Verschuldungsanreize noch erhöht werden. Wie in anderen Kontexten ist auch hier somit die Etablierung von Solidarität mit Kosten in Bezug auf die Folgen eingeschränkter Eigenverantwortung verbunden. Dies ist zumindest dann der Fall, wenn die Kreditmechanismen Moral Hazard verursachen und Regierungen im Vertrauen auf diese neuen Kreditmechanismen in Zukunft noch leichtsinniger öffentliche Defizite beschließen und Investoren diese deshalb noch lieber finanzieren, weil für den Krisenfall durch die Notfall-

Liquidität eine Art von Ausfallversicherung besteht. Das Dilemma besteht somit darin, dass solidarische Maßnahmen zur glaubwürdigen Eindämmung der kurzfristigen Schuldenkrise die langfristig krisenverursachenden Faktoren sogar noch vergrößern und den potenziell durchaus hilfreichen Disziplinierungsdruck der Märkte ganz beseitigen könnten. Die Gefahr ist dann besonders ausgeprägt, wenn Liquiditätshilfen zeitlich unbegrenzt zur Verfügung gestellt werden und keine Unterscheidung zwischen solventen und insolventen Staaten vorgenommen wird. Liquiditätshilfen sind für solvente Länder weniger problematisch als für insolvente Länder. Für Letztere haben solche Hilfen einen Transfercharakter, weil sie ihre Verschuldung auch nach Überwindung einer allgemeinen Vertrauenskrise an den Anleihemärkten nicht aus eigener Kraft mehr werden bedienen können.

Aufgrund dieser beiden Problemkreise muss eine umfassende Lösungsstrategie einen Mittelweg einschlagen, der zwischen einer bedingungslosen Solidarität auf der einen und der Absage an jegliche Liquiditätshilfen auf der anderen Seite verläuft. Die Strategie muss auf diese Weise einerseits zur Beruhigung in der akuten Vertrauenskrise beitragen, sie darf andererseits dabei aber nicht die langfristig wirksamen Verschuldungsanreize noch verstärken.

3.2. Ungeeignete Lösungsstrategien: unsolidarischer Ausschluss oder scheinbare Solidarität

Aufgrund der vorausgegangenen Analyse sind alle Lösungsoptionen wenig überzeugend, die entweder die Restriktionen der kurzfristigen Vertrauenskrise nicht ausreichend beachten, oder aber umgekehrt zwar die Vertrauenskrise adressieren, dabei gleichzeitig aber die langfristigen Verschuldungsanreize unverändert lassen oder sogar verschlimmern. Unter diesen ungeeigneten Lösungen sind zwei radikale und viel diskutierte Lösungen einzuordnen: erstens der unmittelbare unsolidarische Ausschluss eines Krisenlandes aus der Währungsunion und zweitens die dauerhafte Etablierung scheinbar solidarischer gesamtschuldnerischer Euro-Bonds als Substitut für nationale Verschuldungsinstrumente.

3.2.1. Unmittelbarer unsolidarischer Ausschluss eines Krisenlandes aus der Währungsunion

Immer wieder wird insbesondere in politischen Äußerungen die »Lösung« ins Spiel gebracht, ein Krisenland wie Griechenland kurzerhand aus der Eurozone auszuschließen. Auf den ersten Blick kann sich diese Option auf die oben dargestellten Argumente der TOWR berufen. Weil die Einheitswährung mit zu den realwirtschaftlichen Problemen der peripheren Euro-Staaten beigetragen habe, könne eine eigene Währung die Vorbedingungen für eine ökonomische Erholung verbessern. So könnte die Abwertung der neu einzuführenden nationalen Währung die Wiedererlangung der internationalen Wettbewerbsfähigkeit beschleunigen, was bei Verbleib im einheitlichen Währungsraum nur durch langwierige und politisch schwierige Anpassungen möglich wäre. So plausibel diese Überlegungen erscheinen mögen, so wenig geben sie eine Antwort auf die Probleme der akuten Schuldenkrise mit ihrer Bedrohung der Systemstabilität. Eintritt und Austritt aus einer Währungsunion sind keine symmetrischen Ereignisse, der Eintritt ist ungleich leichter als der Austritt. So wäre die kurzfristige Einführung einer nationalen Währung mitnichten ein Beitrag zur Stabilisierung der Euro-Staatsanleihemärkte. Ein solcher Schritt würde die Zahlungsunfähigkeit des betreffenden Landes mit all ihren Ansteckungseffekten vermutlich unmittelbar herbeiführen. Die neue nationale Währung würde in Relation zum Euro sicherlich unter Abwertungsdruck geraten, so dass die in Euro denominierte Staatsverschuldung aus Perspektive der neuen Landeswährung stark zunehmen würde. Dies würde auch die fundamentalen Voraussetzungen für einen vertragstreuen Euro-Schuldendienst weiter verschlechtern. Gleichzeitig würde der Präzedenzfall eines Euro-Ausschlusses die Kapitalflucht aus anderen »verdächtigen« Staaten anheizen. Die Wahrscheinlichkeit unkontrollierbarer zerstörerischer Abwärtsspiralen pessimistischer Erwartungen würde zunehmen.

Diese kritische Beurteilung eines Euro-Ausschlusses als Allheilmittel bedeutet nicht, dass die Wiedereinführung einer nationalen Währung in den Krisenländern für jede Volkswirtschaft und »für alle Zeiten« ausgeschlossen werden sollte. In der zeitlichen Terminierung wäre sie aber erst nach überzeugenden Vorkehrungen gegen eine um sich greifende Liquiditätskrise und nach sorgfältiger Vorbereitung des Bankensystems auf den damit verbundenen Zahlungsausfall sinnvoll und könnte dann möglicherweise einen Beitrag zur Wiedererlangung und dauerhaften Sicherung der Wettbewerbsfähigkeit der betreffenden Volkswirtschaft leisten. Der Ausschluss aus der Eurozone ist aber eben nicht als Beitrag zur Entschärfung einer akuten, die Finanzstabilität bedrohenden Krisenlage an den Märkten für Staatsanleihen geeignet.

3.2.2. Dauerhafte Etablierung scheinbar solidarischer gesamtschuldnerischer Euro-Bonds

Die Bewertungen von Euro-Staatsanleihen sind seit dem Frühjahr 2010 durch eine ausgeprägte Differenzierung der Konditionen gekennzeichnet. Während die südeuropäischen Euro-Staaten und Irland mit stark steigenden Zinsen bis hin zum faktischen Marktzugangsverlust (Griechenland) konfrontiert waren, hat die Flucht in die vermeintliche Sicherheit die Renditen von deutschen Staatsanleihen fallen lassen. Auf den ersten Blick ließe sich dieses »Problem« dadurch lösen, dass die Euro-Staaten sich auf gesamtschuldnerische Schuldeninstrumente einigen. Wenn alle Euro-Staaten unbegrenzte wechselseitige Garantien übernehmen, dann würde an den Anleihemärkten nur noch der Staatssektor der Eurozone insgesamt bewertet. Die Bewertung solcher gesamtschuldnerischer Euro-Bonds würde nur noch von der durchschnittlichen Bonität der Staaten abhängen und hier könnte die hohe deutsche Bonität möglicherweise die eingeschränkte Bonität kleinerer peripherer Staaten aufwiegen.

Es ist selbstverständlich, dass die Idee der gesamtschuldnerischen Haftung in Europa mit sehr unterschiedlichen Interessen diskutiert wird, weil sich ein eindeutiges Muster der Verteilungseffekte ergeben würde: Länder mit hoher Bonität leihen ihre Kapitalmarkt-Reputation unentgeltlich Ländern mit schlechterer Bonität. Statt der differenzierten Risikoaufschläge nationaler Verschuldungsinstrumente käme es zur nivellierten Verzinsung der über Eurobonds finanzierten Staatsverschuldung. Die Zinskosten würden aus deutscher Sicht steigen, aus Sicht der Krisenländer stark sinken. Entsprechend populär ist diese Option in den finanziell bedrängten Ländern. Inwieweit diese Verteilungseffekte akzeptabel wären, ist eine Frage politischer Einschätzungen. Übersteigen das Ausmaß der Verteilungseffekte die Solidarität der Wähler in den belasteten Staaten, dann wäre hier ein neuer Risikofaktor für die politische Akzeptanz der europäischen Integration etabliert.

Unabhängig von diesen Verteilungseffekten stellt sich die Frage, wie Euro-Bonds im Hinblick auf die Dilemmata der Schuldenkrise zu beurteilen sind. Und hier fällt die Antwort zwiespältig aus. Eurobonds wären zwar vermutlich geeignet, die aktuelle Vertrauenskrise um die Staatsverschuldung in der Eurozone unmittelbar zu beenden. Solange die Bonität Deutschlands, Frankreichs und der anderen noch als halbwegs gute

Schuldner bewerteten Staaten (Finnland, Österreich, Niederlande, Luxemburg) als Ausgleich für die Probleme der Peripherie ausreicht, solange wäre die reibungslose Weiterfinanzierung der Staatsschuld abgesichert. Im Hinblick auf die notwendige Eindämmung von Verschuldungsanreizen sind gesamtschuldnerische Eurobonds hingegen kontraproduktiv. Sie würden eine Garantiegemeinschaft schaffen, in welcher unsolide wirtschaftende Eurostaaten nicht mehr mit Sanktionen des Kapitalmarktes zu rechnen hätten. Für die heutigen Krisenstaaten würden sich die Finanzierungskonditionen mit der Einführung dieser Instrumente abrupt und drastisch verbessern. Der Zwang zur Konsolidierung zur Sicherung oder Wiedererlangung des Kapitalmarktzugangs wäre beseitigt. Das Verschuldungsproblem wäre damit nicht gelöst oder eingedämmt – im Gegenteil. Der Kapitalmarkt könnte nicht länger durch länderindividuelle Risikoprämien einen hilfreichen Reform- und Konsolidierungsdruck ausüben. Aus Sicht eines einzelnen Landes bestünde kaum mehr ein spürbarer Zusammenhang zwischen der eigenen Verschuldungssituation und den eigenen Finanzierungsbedingungen. Damit würden Institutionen mit erheblichen budgetpolitischen Fehlanreizen etabliert. Damit würde die kurzfristige Entschärfung der Krisensituation durch eine dauerhafte Verschärfung des Grundproblems übermäßiger Verschuldungsanreize erkauft.

3.3. Elemente einer dauerhaften Problemlösung durch konditionale Solidarität

Eine im Gegensatz zu den zuvor skizzierten Optionen überzeugendere Lösungsstrategie sollte durch folgende drei Elemente gekennzeichnet sein: Erstens sollten europäische und nationale Schuldengrenzen implementiert werden, welche die bisherigen Erfahrungen mit erfolgreichen und erfolglosen Fiskalregeln berücksichtigen. Zweitens muss für den akuten Krisenfall ein überzeugendes Liquiditätsinstrument verfügbar sein, um sich selbst erfüllende Vertrauenskrisen vermeiden zu können. Dieses muss aber mit klaren Vorkehrungen gegen Moral Hazard-Effekte ausgestattet sein und den Disziplinierungsdruck der Märkte aufrechterhalten. Drittens müssen für insolvente Staaten Umschuldungsprozeduren entwickelt werden. Sind Staaten eindeutig überschuldet, dann kann auch die Zuführung von Liquidität keinen Kapitalmarktzugang eröffnen.

Das erste Element einer Lösungsstrategie ist kaum mehr strittig und verschiedene Reformen zur Etablierung besser wirksamer Fiskalregeln sind in den Jahren 2010/11 in Angriff genommen worden (vgl. dazu unten Abschnitt 4.1.).

3.3.1. Fiskalische Instrumente begrenzter Notfall-Liquidität

Noch komplexer gestaltet sich die Konkretisierung des zweiten und dritten Elements einer umfassenden Lösung, die Schaffung von Notfallliquidität bei gleichzeitiger Aufrechterhaltung der Marktdisziplinierung und Offenhaltung der Möglichkeit einer Umschuldung. In der akademischen Literatur sind hier einige Modelle konzipiert worden. Beispielhaft zu nennen ist hier etwa das Modell von Gros/Mayer (2010). Dieses sieht folgende zentrale Elemente vor: Ein Europäischer Währungsfonds (EWF) wäre zu etablieren, dessen Kapital aus einer Abgabe der Mitgliedstaaten zu speisen ist, wobei sich die Höhe der Abgabe nach Schulden und Neuverschuldung richten sollte. Zusätzlich kann der EWF Kredit aufnehmen, hier könnte an die Europäische Finanzstabilisierungsfazilität (EFSF) angeknüpft werden, diese wäre in den EWF zu überführen. Mitgliedstaaten könnten zunächst bis zur Höhe ihrer akkumulierten Beiträge auf die Ressourcen des EWF zurückgreifen, darüber hinaus nur nach Einigung auf ein Anpassungsprogramm. Im Fall einer dennoch eintretenden Zahlungsunfähigkeit wäre der EWF Dreh- und Angelpunkt einer geordneten Insolvenz: Der EWF würde von den Gläubigern gegen Abschlag (»Haircut«) die Anleihen des Default-Landes im Tausch gegen Eurobonds des EWF übernehmen. Der Abschlag dieses Tauschgeschäfts sollte so bemessen werden, dass die Staatsschuld durch die Umschuldung auf 60 Prozent des BIP verringert wird. Der Bezug auf die 60-Prozent-Grenze würde zur Folge haben, dass künftig insbesondere bei Schuldenständen oberhalb von 60 Prozent des BIP Gläubiger sensibel für das Ausfallrisiko eines Staates würden. Umgekehrt müssten Länder mit Schuldenquoten unter oder nahe bei 60 Prozent mit keinen Vertrauenskrisen rechnen. Der Referenzwert des Maastrichter Vertrags würde somit auch zu einem zentralen Element der Marktdisziplinierung.

Das Gros-Mayer-Modell macht deutlich, wie ein Kompromiss zwischen Schaffung von Krisenliquidität und Erhaltung von Marktdisziplin aussehen könnte. In diesem Modell würde die Gefahr einer schnell um sich greifenden Vertrauenskrise für solvente Staaten (mit Schuldenquoten nicht weit über 60 Prozent) verringert: Hier wüssten die Gläubiger, dass im Fall einer Umschuldung nur geringe Verluste zu erwarten wären. Dennoch bliebe die Marktdisziplin für kritische Schuldenstände intakt. Im Licht der aktuellen Krisen bestünde ein wesentliches Problem jedoch darin, dass ein systemkritisches Land wie Italien einen Schuldenstand von über 120 Prozent des BIP hat und das 60-Prozent-Sicherheitsnetz für Italien somit das Risiko eines fünfzigprozentigen Kapitalverlusts signalisieren würde. Dieses Signal wäre kaum geeignet, zu einer Beruhigung der Lage beizutragen. Auch wäre es naiv, im Zeitverlauf nicht mit einer Modifikation dieser Instrumente durch die Politik zu rechnen. Wäre erst einmal eine kollektiv garantierte Verschuldung in Höhe von 60 Prozent des BIP erreicht, könnte der Druck wachsen, diesen Grenzwert dann doch weiter zu erhöhen. Dann würde das Gros-Mayer-Modell sich doch in Richtung der Eurobonds-Idee, also einer unbegrenzten gesamtschuldnerischen Finanzierung der europäischen Staatsverschuldung, entwickeln.

Andere Modelle wie der »Schuldentilgungspakt« des Sachverständigenrats (2011) wollen die Moral-Hazard-Gefahren der Liquiditätshilfen dadurch verringern, dass die Rückzahlungen der gemeinschaftlich garantierten Kredite für eine über 60 Prozent des BIP hinausgehende Staatsverschuldung durch die Verpfändung von Währungsreserven und die Abtretung nationaler Steuereinnahmen abgesichert sind. Dann könnten zunächst einmal bis zu 60 Prozent der nationalen Verschuldung durch einen gemeinschaftlichen Fonds finanziert werden. Verschuldung jenseits dieser Obergrenze wäre dann aber in jedem Fall wieder national zu finanzieren. Der Rat veranschlagt für den Abbau der gemeinschaftlich garantierten Kredite einen Zeitraum von 20 bis 25 Jahren. Dieses Modell wirft aufgrund seiner extrem langen Zeithorizonte jedoch Glaubwürdigkeitsprobleme auf. Auch hier besteht das Problem darin, dass dieses Modell als Einstieg in eine umfassende Eurobonds-Lösung verstanden und genutzt werden würde.

3.3.2. EZB-Notfallliquidität: monetär finanzierte Solidarität

Eine grundsätzliche Alternative oder Ergänzung zu von den Euro-Staaten finanzierten oder garantierten Kreditinstrumenten sind Liquiditätshilfen durch die Europäische Zentralbank (EZB), wie sie zunächst im Mai 2010 im Rahmen der Anleihekäufe der Zentralbank bereits bereit gestellt wurden und dann 2012 durch die Etablierung des OMT-Programms (Outright Monetary Transactions) in unbegrenzter Höhe in Aussicht gestellt worden sind. Die EZB hat mit dem OMT-Programm ihre Rolle als »Lender of last resort« ausgebaut und sich dazu bereit erklärt, notfalls in unbegrenzter Höhe durch Käufe am Euro-Staatsanleihemarkt eine Panik zu bekämpfen.[5]

---

5 Die eindeutige Unterscheidung zwischen einer von Panik gekennzeichneten Situation und einer sich fundamental verschlechternden Bewertung am Markt für Staatsanleihen ist schwierig. So bleibt strittig, ob die Interventionen der EZB am

Ein zentrales Problem einer solchen EZB-Rolle sind die Stabilitätsgefahren, die sich aus einer monetären Finanzierung der Staatsverschuldung ergeben können. Eine solche Aktivität verwischt die Grenzen zwischen Geldpolitik und Staatsverschuldung und wird daher in der Regel äußerst negativ bewertet (Sachverständigenrat 2011).[6]

Weil aber wie dargelegt auch die fiskalischen Instrumente der Liquiditätshilfe erhebliche Risiken aufweisen, geht es letztlich um die Wahl des kleineren Übels. Und hier existieren im Vergleich durchaus Gesichtspunkte, die eher für EZB-Kredite als für rein fiskalische Instrumente sprechen. Eine erste Überlegung ist politökonomischer Natur und betrifft das Interesse der für die jeweilige Strategie verantwortlichen Akteure. Während die Anleihe-Käufe in der alleinigen Entscheidung der EZB liegen, sind Entscheidungen über Garantiefazilitäten und Eurobonds-Varianten von der Meinungsbildung der Regierungen und europäischer Institutionen wie Kommission und Parlament abhängig. Hier gibt es viele Akteure, für die der dauerhafte Einstieg in ein umfassendes europäisches Verschuldungsinstrument ein hochwillkommener Zentralisierungsschritt wäre. Damit bestünde die große Gefahr, dass ein solcher Schritt nicht mehr reversibel ist. Wird ein zeitlich zunächst begrenzter, durch gemeinschaftliche Bonds finanzierter Kreditmechanismus beschlossen, dann wird eine Allianz aus Kommission und begünstigten Mitgliedstaaten diese Innovation verteidigen, auch wenn die Ursache – die akute Schuldenkrise – lange Vergangenheit geworden ist.

Die Reversibilität der EZB-Anleihekäufe ist günstiger zu bewerten. Es liegt keinesfalls im institutionellen Eigeninteresse der EZB, auf Dauer zum Financier des Fiskus zu werden. Die klare Orientierung des EZB-Erfolgs am Ziel der Preisniveaustabilisierung machen die Anleihekäufe für den EZB-Rat derzeit zu einem notwendigen Übel; darauf deuten auch die Konflikte im EZB-Rat über diese Maßnahmen hin. Eine permanente Durchfinanzierung der Mitgliedstaaten über die Notenpresse würde den an der Inflationsrate messbaren Erfolg des EZB-Rats beeinträchtigen. Hier

---

europäischen Anleihemarkt seit Mai 2010 tatsächlich bereits als Maßnahmen zur Panik-Eindämmung zu legitimieren waren.

6 Außerdem kann es durch die EZB-Interventionen zu demokratisch nicht legitimierten Umverteilungseffekten kommen, wenn nämlich Anleihen von insolvenzgefährdeten Staaten aufgekauft werden und der daraus langfristig erwachsende Abschreibungsbedarf zu Lasten der EZB und damit zu Lasten der anderen Eurostaaten geht. Umverteilungseffekte entstehen allerdings nicht, wenn lediglich ein Liquiditätsproblem vorliegt, die Solvenz des betreffenden Staates aber gegeben ist.

besteht somit ein glaubwürdiges Interesse daran, diese Finanzierung nur als temporäre Notfinanzierung zu handhaben und nach Abklingen der Vertrauenskrise wieder einzustellen. Hilfreich ist außerdem, dass die EZB unabhängig von den Weisungen der Mitgliedstaaten ist. Die Schuldenkrise hat zwar deutlich gezeigt, dass diese rechtliche Unabhängigkeit in der Realität ihre Grenzen hat. Gleichwohl besteht bei der EZB im Vergleich zu unmittelbar von der Politik kontrollierten Kreditinstrumenten mehr Spielraum für unpopuläre Entscheidungen.

Aber auch technisch bestehen für eine »Exit-Strategie« im Fall von Notenbank-Notfall-Liquidität weniger Probleme als im Fall der nichtmonetären Lösungen. Die EZB kann ihre Anleihekäufe ohne langwierige komplexe Verhandlungen zurückfahren und die Bestände mit den Fälligkeiten der Papiere abbauen. Für jede Eurobonds-Lösung würde es hier großer politischer Diskussionen bedürfen, die an den Kapitalmärkten bereits wieder destabilisierend wirken könnten.

Auch das Erfordernis, für insolvente Staaten eine Umschuldung als Option offen zu halten, lässt die Rolle der EZB in der Krisenlösung in einem günstigen Licht erscheinen. Es wird bei allen Kreditentscheidungen unter der Kontrolle der nationalen Regierungen äußerst schwierig werden, die Fallunterscheidung zwischen solventen und insolventen Ländern politisch durchzusetzen und insolvente Länder in die Umschuldung zu schicken. Der Fall liegt für die EZB anders. Sie kann ihre Anleihekäufe viel kompromissloser an der Frage orientieren, ob ein Land aufgrund von Marktpanik oder aber aufgrund fundamentaler Überschuldung unter Druck gerät. Schon in der bisherigen Krisenerfahrung hat sich gezeigt, dass die EZB private Gläubiger stärker und frühzeitiger beteiligt als dies bei den Liquiditätsmechanismen außerhalb ihres Verantwortungsbereichs der Fall ist. So hat die EZB die Staatsanleihen der Krisenländer von Beginn an zu teilweise ganz erheblichen Abschlägen gegenüber dem Nominalwert am Markt aufgekauft. Die privaten Gläubiger mussten somit beim EZB-Kredit schon dann nennenswerte Verluste realisieren, als sich die Politik offiziell noch gegen eine Umschuldung Griechenlands sperrte.[7] Damit hat sich der EZB-Weg auch in der Umschuldungsfrage als überlegen gezeigt.

---

7   Zwar haben die Anleihekäufe der EZB das Kursniveau der betreffenden Staatsanleihen stabilisiert und damit auch zur Begrenzung der Verluste der Investoren beigetragen. Dennoch war der Verkauf umlaufender Anleihen an die EZB zu Kursen deutlich unter dem Nennwert der Anleihen für die privaten Investoren mit der Realisierung von Verlusten verbunden. Hingegen haben die fiskalischen Kredite aus dem ersten Griechenlandpaket und der EFSF Griechenland, Irland und Portugal in die Lage versetzt, fällig werdende Anleihen in den Jahren 2010 und

Zwar bestehen auch für die Anleihekäufe der EZB erhebliche Risiken, die mit der Monetisierung von Staatsschulden einhergehen. Im Fall einer umfassenden Panik an den Anleihemärkten ist es aber ein entscheidender Vorteil des EZB-Engagements, dass ihre Notfallkredite mit geringerer Wahrscheinlichkeit zu einer unumkehrbaren Weichenstellung in Richtung einer vollständigen Garantiegemeinschaft führen. Diese Gefahr ist bei allen Fazilitäten ohne Zentralbankbeteiligung, wie intelligent sie zunächst auch konstruiert sein mögen, aus politökonomischen Gründen größer.

Diese Überlegungen machen deutlich, dass es keinen Weg zur Bereitstellung von Notfallliquidität gibt, der nicht mit erheblichen Risiken verbunden wäre. Alle monetären Instrumente gefährden den Auftrag der EZB, Preisstabilität zu bewahren. Und alle nicht-monetären Instrumente laufen noch stärker als die EZB-Kredite Gefahr, eine europäische Garantiegemeinschaft mit weit reichenden negativen Anreizwirkungen zu etablieren. Gleichwohl erzwingen die unkalkulierbaren Kosten einer Kettenreaktion von Zahlungsausfällen europäischer Staaten die Bereitstellung dieser Notfallliquidität.

4. Bewertung der bisherigen Maßnahmen

4.1. Absage an schnelle und »mutige« Lösungen

Das bisherige Krisenmanagement der Politik – bewertet im Herbst 2013 – ist vor diesem Hintergrund in einigen Grundsatzentscheidungen keinesfalls als völlig unangemessen zu bezeichnen. Hier erscheint die Kritik oftmals überzogen – auch aus der Wissenschaft. So wird immer wieder die geringe Geschwindigkeit der Entscheidungen und das Fehlen »mutiger« Lösungen kritisiert. Diese tastenden Vorwärtsbewegungen sind aber möglicherweise genau angemessen angesichts vieler Unwägbarkeiten und Trade-offs. Auch können aus schnellen Lösungsversuchen Weichenstellungen resultieren, welche die europäische Fiskalverfassung auf Dauer in äußerst problematischer Weise verändern würden. Dass solche Entscheidungen sorgfältig erwogen werden müssen, steht außer Frage. Vermeintliche schnelle und radikale Maßnahmen der Schuldenkrise, die unter dem

---

2011 zum vollen Nennwert zu tilgen. Investoren dieser endfälligen Papiere haben keinerlei Verluste realisieren müssen. Das Verlustrisiko aus diesen Kreditbeziehungen wurde mit den Fälligkeiten der Anleihen anders als bei den EZB-Anleihekäufen in voller Höhe auf den Steuerzahler abgewälzt.

akuten Krisendruck empfohlen werden, wie etwa der schnelle Euro-Ausschluss eines Krisenstaats oder die Etablierung von gesamtschuldnerischen Euro-Bonds, können in keiner Weise als überzeugende Lösungen der Krise in all ihren Dimensionen angesehen werden. Konkret sind die folgenden Elemente der bisherigen Vorgehensweise trotz aller Detailprobleme als problemadäquat anzuerkennen.

4.2. Fiskalregeln

Problemadäquat ist, dass viele Mühen auf eine Verschärfung des fiskalischen Regelwerks verwendet wurden.[8] Diese Reformen sind angesichts der unverändert fortbestehenden Verschuldungsanreize ein zentraler langfristiger Beitrag zur Bekämpfung der tieferen Ursachen der Schuldenkrise.

Der Stabilitäts- und Wachstumspakt wurde präzisiert und verschärft. Elemente der laufenden Reformgesetzgebung beinhalten Mindestvorgaben für nationale Fiskalregeln, eine Stärkung des präventiven Arms des Pakts durch eine stärkere Betonung von Ausgabengrenzen und frühzeitige Überwachung des Haushaltsprozesses (»Europäisches Semester«). Künftig gilt eine »umgekehrte Mehrheit« bei einer Sanktionsverhängung: Im Rat wird eine qualifizierte Mehrheit notwendig, um eine von der Kommission initiierte Sanktionierung aufzuhalten; bisher war diese Mehrheit nötig, um eine Sanktion verhängen zu können.

Im Dezember 2011 haben zudem die Regierungschefs zunächst eine Absichtserklärung zum Abschluss eines internationalen Abkommens über einen »Fiskalpakt« abgegeben (European Council 2011). Auf einem weiteren Gipfeltreffen im Januar 2012 wurden die Inhalte des geplanten neuen »Treaty on Stability, Coordination and Governance« konkretisiert (European Council 2012). In diesem verpflichten sich die Unterzeichner-Staaten zur Einführung einer Obergrenze für das strukturelle gesamtstaatliche Budgetdefizit von maximal 0,5 Prozent des BIP. Diese Regel soll innerhalb eines Jahres nach Inkrafttreten der Vereinbarung in die jeweilige nationale Verfassung (oder in »gleichwertige« gesetzliche Regeln) aufgenommen werden. Der Europäische Gerichtshof wird die Umsetzung der Vorschriften zur Budgetregel überwachen. Bei fehlender Umsetzung droht eine Sanktion von bis zu 0,1 Prozent des BIP. Das Abkommen wurde im März 2012 von allen EU-Staaten mit Ausnahme Großbritanniens und Tschechiens unterzeichnet.

---

8   Vgl. für einen Überblick über die laufenden Reformen *Schuknecht* u.a. 2011.

Sicherlich bleibt trotz all dieser Bemühungen eine Grundskepsis berechtigt, inwieweit solche Regeln, wenn sie überhaupt tatsächlich zum größten Teil implementiert werden können, einen möglicherweise fehlenden Stabilitätskonsens wirklich ersetzen können.[9] Beispielsweise kritisieren Schuknecht und Koautoren (Schuknecht u.a. 2011), dass die Stabilitätspaktreformen den notwendigen »Quantensprung« nicht leisten, weil keine von der Politik wirklich unabhängigen Überwachungsinstitutionen geschaffen werden. Bei aller Skepsis ist jedoch anzuerkennen, dass es derzeit zumindest zu graduellen Verbesserungen der europäischen und nationalen Fiskalregeln kommt.

4.3. Liquiditätsbereitstellung

Anzuerkennen ist auch, dass über verschiedene Instrumente Notfall-Liquidität geschaffen wurde, die als Mittel gegen zerstörerische Vertrauenskrisen wirken können, und dass dennoch bislang noch der Weg in eine umfassende Garantiegemeinschaft verhindert werden konnte. Für die Europäische Finanzstabilitätsfazilität und den geplanten dauerhaften Europäischen Stabilitätsmechanismus wurde bislang die Gefahr begrenzt, dass sich diese Instrumente in Richtung einer gesamtschuldnerischen und unbegrenzten wechselseitigen Haftung aller Euro-Staaten entwickeln könnten. Weder EFSF noch ESM sind gesamtschuldnerisch ausgelegt, stattdessen haftet jeder Staat nur für eine präzise definierte Obergrenze. Ein Land wie Deutschland behält außerdem nach dem derzeitigen Stand sowohl für EFSF als auch ESM ein Veto-Recht für jede Kreditvergabeentscheidung. Moral Hazard-Gefahren wurde außerdem dadurch begegnet, dass bislang eine Konditionalität in der Kreditgewährung gilt, die durch den Einbezug des Internationalen Währungsfonds mit seiner gegenüber den europäischen Institutionen stärkeren Unabhängigkeit in der konditionalen Kreditvergabe noch unterstrichen wird. Diese fiskalischen Instrumente sind somit derzeit in ihrer Ausgestaltung noch weit entfernt von einer abzulehnenden echten Eurobonds-Lösung.

---

9   *Heinemann/Kalb/Osterloh* (2011) finden Hinweise darauf, dass strenge Fiskalregeln auf der nationalen Ebene bislang eher in Ländern mit hohem Stabilitätskonsens zu beobachten waren. Gleichwohl zeigt sich, dass solche Regeln insbesondere in Ländern mit geringem Stabilitätskonsens einen messbaren disziplinierenden Effekt haben.

Auch die vielfach kritisierte Beteiligung der EZB an der Liquiditätsbereitstellung über die Anleihekäufe und das im September 2012 durch den EZB-Rat beschlossene OMT-Programm sind wie oben dargelegt durchaus sachgerecht und verantwortbar. Allein die Tatsache, dass die EZB durch die bisherigen begrenzten Anleihekäufe die Möglichkeit signalisiert, bei einer weiteren Eskalation der Krise vielleicht doch in noch ganz anderen Größenordnungen Liquidität bereit zu stellen, kann vertrauensbildend zur Abwehr eines sich selbst erfüllenden »schlechten Gleichgewichts« wirken. Die Erfahrungen seit Sommer 2012 deuten auf diese sich selbst verstärkenden Vertrauenseffekte hin: Ohne dass das OMT-Programm aktiviert werden musste, hat es bis zum Herbst 2013 doch zu einer erheblichen Beruhigung der Lage und sinkenden Anleihezinsen für die Krisenstaaten geführt.

4.4. Einbezug privater Gläubiger

Zudem ist zu begrüßen, dass zumindest im Fall Griechenlands der Einbezug privater Gläubiger im Rahmen einer im Grundsatz beschlossenen Umschuldung in durchaus signifikanter Größenordnung erfolgt ist. Allerdings hat die Politik bis zum Eingeständnis, dass Griechenland insolvent ist und daher eine Umschuldung Teil einer Problemlösung sein muss, zu viel Zeit verstreichen lassen. Spätestens mit dem Grundsatzbeschluss über einen fünfzigprozentigen Schuldenschnitt für die privaten Gläubiger Griechenlands im Oktober 2011 wurde jedoch ein wichtiger Präzedenzfall geschaffen, der Investoren signalisiert, dass Anlagen in Anleihen hoch verschuldeter Euro-Staaten ein Ausfallrisiko mit sich bringen. Ein zweiter Präzedenzfall war das Heranziehen großer Bankeinlagen im Fall Zyperns im Frühjahr 2013. Diese Präzedenzfälle sind ein Beitrag zur dauerhaften Absicherung der Marktdisziplin und in jedem Fall jetzt bereits eine Weichenstellung gegen einen Fiskalföderalismus nach dem Negativbeispiel Deutschlands, wo umfassende Garantien für alle föderalen Jurisdiktionen erhebliche Schuldenanreize bedingen.

Zwar haben die Staats- und Regierungschefs auf ihrem Krisengipfel im Dezember 2012 versucht, die Beteiligung des privaten Sektors im Fall Griechenlands als einzigartigen Ausnahmefall darzustellen, um weitere

Ansteckungsgefahren zu vermeiden.[10] Die tatsächliche Durchführung und die ebenfalls substanzielle Beteiligung privater Gläubiger im Falle Zyperns dürften dennoch auf lange Zeit Investoren zur sorgfältigen individuellen Risikoprüfung von Euro-Staaten veranlassen. Dass diese begrüßenswerte Aktivierung der Marktdisziplin gleichzeitig die Gefahren von Vertrauenskrisen auch um solvente Staaten vergrößert, gehört zu den unausweichlichen Trade-offs der Schuldenkrise.

5. Schlussüberlegung

Ob die Schuldenkrise in den nächsten Jahren ohne weitere Eskalation oder auch gänzlich katastrophale Entwicklungen erfolgreich überwunden werden kann, ist zur Jahreswende 2013/14 trotz einiger hoffnungsvoller Entwicklungen noch nicht absehbar. Nur eine Kombination aus langfristig wirkenden neuen institutionellen Schuldengrenzen und vorsichtigen, die akute Krise eindämmenden Maßnahmen kann die Problemlage in einem mehrjährigen Prozess entschärfen. Die Absage an jegliche Solidarität unter Inkaufnahme eines Euro-Zerfalls kann insofern ebenso wenig überzeugen wie die unbegrenzte und bedingungslose Solidarität einer gesamtschuldnerischen Gemeinschaftshaftung. Das bislang zur Anwendung gekommene Prinzip des Tausches solidarischer Hilfen (über Kreditfazilitäten oder EZB-Zusagen) gegen nachweisbare Reform- und Konsolidierungsbemühungen kann als verantwortbare Abwägung zwischen den großen Risiken der Extremlösungen bewertet werden.

Im Übrigen ist anders als in Bezug auf die Finanzkrise der Vorwurf, die ökonomische Forschung habe Politik und Öffentlichkeit nicht in ausreichender Weise frühzeitig gewarnt, für die Schuldenkrise eher unberechtigt. Die Rückbezüge auf den ökonomischen Erkenntnisstand der frühen 1990er-Jahre hat deutlich gemacht, dass die akademische Forschung lange vor Ausbruch der Krise immer wieder auf die großen Risiken einer übermäßigen Staatsverschuldung in einer Währungsunion hingewiesen haben. Die für die hohe Verschuldung verantwortlichen Akteure können sich somit nicht auf fehlende wirtschaftswissenschaftliche Beratung und Unwissenheit berufen.

---

10 »We clearly reaffirm that the decisions taken [...] concerning Greek debt are unique and exceptional« (*European Council* 2011, 6).

Literatur

Alesina, Alberto/Bayoumi, Tamim 1996: The Costs and Benefits of Fiscal Rules: Evidence from U.S. States, NBER Working Paper No. 5614.

Alesina, Alberto/Prati, Alessandro/Tabellini, Guido 1989: Public Confidence and Debt Management: A Model and a Case Study of Italy, NBER Working Paper No. 3135.

Alesina, Alberto/Tabellini, Guido 1990: A Political Theory of Fiscal Deficits and Government Debt in a Democracy; In: The Review of Economic Studies, 57, 403-414.

Alt, James E./Lowry, Robert C. 1994: Divided Government, Fiscal Institutions, and Budget Deficits: Evidence from the States; In: The American Political Science Review, 88 (4), 811-828.

Barro, Robert J. 1974: Are Government Bonds Net Wealth?; In: Journal of Political Economy, 82, 1095-117.

Bayoumi, Tamim/Eichengreen, Barry 1997: Ever Closer to Heaven? An Optimum-Currency-Area Index for European Countries; In: European Economic Review, 41 (3-5), 761-770.

Bohn, Henning/Inman, Robert 1996: Balanced Budget Rules and Public Deficits: Evidence from the U.S. States, NBER Working Paper No. 5533.

Buchanan, James M./Wagner, Richard E. 1977: Democracy in Deficit: The Political Legacy of Lord Keynes, New York.

Buiter, Willem/Corsetti, Giancarlo/Roubini, Nouriel 1993: Excessive Deficits: Sense and Nonsense in the Treaty of Maastricht; In: Economic Policy, 8 (16), 57-90.

Calvo, Guillermo A. 1988: Servicing the Public Debt: The Role of Expectations; In: American Economic Review, 78 (4), 647-661.

Congleton, Roger D. 2001: Rational Ignorance, Rational Voter Expectations, and Public Policy: A Discrete Informational Foundation for Fiscal Federalism; In: Public Choice, 107, 35-64.

Debrun, Xavier/Kumar, Manmohan 2007: Fiscal Rules, Fiscal Councils and All That: Commitment Devices, Signaling Tools or Smokescreens?; In: Banca d'Italia (Hrsg.): Fiscal Policy: Current Issues and Challenges, 479-512.

Debrun, Xavier/Moulin, Laurent/Turrini, Alessandro/Ayuso-i-Casals, Joaquim/Kumar, Manmohan 2008: Tied to the Mast? National Fiscal Rules in the European Union; In: Economic Policy, 23 (54), 297-362.

Delors-Bericht 1989. Committee for the Study of Economic and Monetary Union, Report on Economic and Monetary Union in the European Community, Luxembourg.

Diamond, Douglas W./Dybvig, Philip H. 1983: Bank Runs, Deposit Insurance, and Liquidity; In: Journal of Political Economy, 91 (3), 401-410.

Downs, Anthony 1957: An Economic Theory of Democracy, New York.

Eichengreen, Barry/Bayoumi, Tamim 1994: The Political Economy of Fiscal Restrictions: Implications for Europe from the United States; In: European Economic Review, 38 (3-4), 783-791.

Europäische Kommission 2006: European Economy 2006 – Public Finances in EMU 2006, European Commission: Directorate-General for Economic and Financial Affairs.

European Commission 2011: General Government Data, Part II: Tables by Series, Autumn 2011.

European Council 2011: Statement by the Euro Area Heads of State or Government, 9 December 2011, Brussels.

European Council 2012: Agreement on strengthening fiscal discipline and convergence, Press Release, 30 January 2012, Brussels.

Feldmann, Horst 2000: Warum der Stabilitätspakt reformiert werden muß; In: Jahrbuch für Wirtschaftswissenschaften, 50, 197-221.

Giovannini, Alberto/Spaventa, Luigi 1991: Fiscal Rules in the European Monetary Union: A No-Entry Clause, CEPR Discussion Paper No. 516.

Gros, Daniel/Mayer, Thomas 2010: How to deal with sovereign default in Europe: Create the European Monetary Fund now!, CEPS Policy Brief, No. 202/February 2010, Updated 17 May 2010.

Hayford, Marc 1989: Liquidity Constraints and the Ricardian Equivalence Theorem; In: Journal of Money, Credit, and Banking, 21 (3), 380-387.

Heinemann, Friedrich/Kalb, Alexander/Osterloh, Steffen 2011: Sovereign Risk Premia: The Link Between Fiscal Rules and Stability Culture, Paper Prepared for the Workshop «Public finances in times of severe economic stress: The role of institutions", European Commission, DG ECFIN

Heinemann, Friedrich/Moessinger, Marc-Daniel/Osterloh, Steffen 2011: Nationale Fiskalregeln – Ein Instrument zur Vorbeugung von Vertrauenskrisen? Monatsbericht des Bundesministeriums der Finanzen (August), 58-66.

Jonung, Lars/Drea, Eoin 2009: The euro: it can't happen. It's a bad idea. It won't last. US economists on the EMU, 1989-2002, European Economy – Economic Papers, No. 395.

Memorandum 1993: Memorandum führender deutscher Wirtschaftswissenschaftler zur Währungsunion vom 11. Juni 1992, In: Bofinger, Peter/Collignon, Stephan/Lipp, Ernst-Moritz (Hrsg.): Währungsunion oder Währungschaos? Was kommt nach der D-Mark, Wiesbaden, 233-235.

Persson, Torsten/Svensson, Lars E. 1989: Why a Stubborn Conservative Would Run a Deficit: Policy With Time Inconsistent Preferences; In: Quarterly Journal of Economics, 104, 325-346.

Sachverständigenrat zur Begutachtung der gesamtwirtschaftlichen Entwicklung 2011: Jahresgutachten 2011/12 »Verantwortung für Europa wahrnehmen« .

Sapir, André 2011: European Integration at the Crossroads: A Review Essay on the 50th Anniversary of Bela Balassa's Theory of Economic Integration; In: Journal of Economic Literature, 49 (4), 1200-1229.

Schuknecht, Ludger/Moutot, Philippe/Rother, Philipp/Stark, Jürgen 2011: The Stability and Growth Pact, Crisis and Reform, European Central Bank Occasional Paper Series No. 129.

Sievert, Olaf 1993: Geld, das man nicht selbst herstellen kann – Ein ordnungspolitisches Plädoyer für die Europäische Währungsunion; In: Bofinger, Peter/Collignon, Stephan/Lipp, Ernst-Moritz (Hrsg.): Währungsunion oder Währungschaos? Was kommt nach der D-Mark, Wiesbaden, 13-24.

von Hagen, Jürgen 1991: A Note on the Empirical Effectiveness of Formal Fiscal Restraints; In: Journal of Public Economics, 44, 191-210.

von Hagen, Jürgen/Wolff, Guntram 2006: What Do Deficits Tell Us About Debt? Empirical Evidence on Creative Accounting with Fiscal Rules in the EU; In: Journal of Banking & Finance, 30, 3259-79.

Solidarität im europäischen Einwanderungs- und Asylrecht[1]

Jürgen Bast

1. Solidarität im Migrationsrecht – zwischen Bürgern oder Staaten?

Eine kursorische Analyse der Kontexte, in denen der Solidaritätsgedanke im Migrationsrecht eine Rolle spielt, erhellt die Bedeutungsvielfalt des Begriffs,[2] aber auch seine bislang eher punktuelle Relevanz für dieses Politikfeld und Rechtsgebiet.

Ein erstes Thema, bei dem Fragen der Solidarität verhandelt werden, ist die Inklusion von Fremden in die – regelmäßig national verfassten – wohlfahrtstaatlichen Systeme. Ein Beispiel hierfür ist die unionsrechtlich begründete Pflicht, arbeitsuchende Migranten aus anderen Mitgliedstaaten *ad hoc* in die Leistungen der sozialen Sicherungssysteme einzubeziehen.[3] Konzeptionell geht es hier um transnationale Solidarität zwischen den Bürgern der Union.[4]

Ein weiterer Kontext ist die Solidarität mit schutzbedürftigen, verfolgten Migranten.[5] Zum einen lässt sich die rechtlich verbürgte Bereitschaft eines Gemeinwesens, einem Flüchtling Asyl zu gewähren, selbst als ein Akt transnationaler Solidarität unter Weltbürgern rekonstruieren (vgl. Keil 2009). Zum anderen wird gerade im flüchtlingsrechtlichen Zusammenhang häufig eine zwischenstaatliche Dimension des Solidaritätsbegriffs

---

1 Dieser Beitrag ist die aktualisierte Fassung eines Vortrags beim XI. Walter-Hallstein-Kolloquium an der Goethe-Universität Frankfurt, zuerst veröffentlicht in *Kadelbach, Stefan* 2014: Solidarität als europäisches Rechtsprinzip?, Baden-Baden.

2 Zu den Bedeutungselementen eines anspruchsvollen Solidaritätsprinzips *Dann* 2010, 61.

3 Näher *Heinig* 2013, 39ff.; zur historischen Einordnung *Schönberger* 2005, 349ff.; siehe auch *Börner* in diesem Band.

4 Zu den drei Dimensionen eines auf Gegenseitigkeit beruhenden Solidaritätsprinzips (nationale, transnationale und zwischenstaatliche Solidarität) siehe *Sangiovanni* 2013, 221ff.

5 Zuletzt insbesondere *UNHCR* 2012.

thematisiert (Fröhlich 2011, 121). Der Völkerrechtler Otto Kimminich hat die Formel geprägt, nach der das internationale Flüchtlingsrecht in Gestalt der Genfer Flüchtlingskonvention als solches »Ausdruck globaler Solidarität« sei, da in ihr die Bereitschaft der Staaten zum Ausdruck komme, bei der Bewältigung der Flüchtlingsströme zusammenzuarbeiten (Kimminich 1991, 263).

Ein dritter Diskurskontext ist die republikanische Solidarität gleicher Rechtsgenossen, wie sie namentlich Hauke Brunkhorst herausgearbeitet und im Innovationpotenzial der Französischen Revolution historisch verortet hat (Brunkhorst 2002). Unter den heutigen Bedingungen globaler Mobilität stellt sich die Frage, ob eine politische Gemeinschaft (aktuellen oder potenziellen) Zuwanderern Einwanderungschancen eröffnen will, also das Angebot unterbreiten, sich in diesen Verband solidarischer Rechtsgenossen dauerhaft zu integrieren (Davy 2004; Eichenhofer 2012, 141). Neben die klassische rechtliche Form dieses Angebots – die Einbürgerungsoption, die bestimmten Zuwanderern den Erwerb der Staatsbürgerschaft (*citizenship*) in Aussicht stellt – ist in der Praxis der europäischen Staaten eine weitere Form getreten, und zwar die einer Wohnbürgerschaft (*denizenship*) kraft eines Daueraufenthaltsstatus, der im Wesentlichen gleiche Rechte im Aufenthaltsstaat verleiht, üblicherweise mit Ausnahme des Wahlrechts.[6] Die gesetzliche Begründung von *denizenships* lässt sich als Form republikanischer Solidarität einer Einwanderungsgesellschaft verstehen, die ohne die oft anspruchsvollen und zur Exklusion tendierenden Annahmen einer »Solidargemeinschaft der Nation« (Renan) auskommt.

Von Solidarität unter Bürgern ist in den Gründungsverträgen der Europäischen Union kaum die Rede, vielleicht mit schwachen Anklängen in Art. 2 EUV (von Bogdandy 2009, 70). In den meisten Artikeln bezieht sich die geschuldete oder zu fördernde Solidarität ausdrücklich auf die Beziehungen zwischen den Mitgliedstaaten. In diesem zwischenstaatlichen Sinne findet man den Begriff auch in den Bestimmungen, die die rechtlichen Grundlagen für eine europäische Migrationspolitik legen, also in Art. 67–80 AEUV. Im Folgenden wird zunächst ein Überblick über die einschlägigen Vorschriften gegeben (2.), um dann den kritischen Fall zu

---

6   Zum Konzept der Denizenship siehe *Hammar* 1990, 12ff.; entsprechende Deutung der Daueraufenthalts-Richtlinie 2003/109 bei *Groenendijk* 2007; zur Anwendung auf das europäisierte deutsche Aufenthaltsrecht *Bast* 2011, 224f., 269ff.

diskutieren, in dem erhebliche Konflikte über die Solidarbeziehungen existieren: das Dublin-System zur Bestimmung des zuständigen Asylstaats (3.). An die kritische Aufarbeitung des gegenwärtigen Rechtszustands schließen die Reformüberlegungen an, wie das Dublin-System in ein solidarisches Modell der Lastenteilung zwischen den Mitgliedstaaten umgebaut werden könnte (4.). Überlegungen zum Ertrag für die Diskussion über ein allgemeines Solidaritätsprinzip im Europäischen Verfassungsrecht beschließen den Beitrag (5.).

2. Das Solidaritätskonzept der EU-Verträge

Die beiden Bestimmungen, die die Einwanderungs- und Asylpolitik der EU ausdrücklich in einen Zusammenhang mit (dem Grundsatz) der Solidarität (der Mitgliedstaaten) rücken, sind Art. 67 Abs. 2 und Art. 80 AEUV. Beide finden sich im Vertragstitel über den »Raum der Freiheit, der Sicherheit und des Rechts«, einem von vier Großprojekten (neben dem Binnenmarkt, der Wirtschafts- und Währungsunion und der Gemeinsamen Außen- und Sicherheitspolitik), die gemäß Art. 3 EUV den Tätigkeitsschwerpunkt der Union bilden. Dahinter verbergen sich im Wesentlichen die Ressorts, die man üblicherweise Justiz- und Innenpolitik nennt.

Art. 67 AEUV definiert drei Handlungsfelder, die dem Vertragsziel eines Freiheits-, Sicherheits- und Justizraums ohne Binnengrenzen zugeordnet sind: Migrationspolitik, Kriminalpolitik und grenzüberschreitende Aspekte des Zivilrechts. Die in Art. 67 Abs. 2 AEUV geregelte Migrationspolitik besteht ihrerseits aus den Teilbereichen Asyl, Einwanderung und Grenzkontrolle. In dieser Dachbestimmung, die sich auf die Migrationspolitik der EU in der Breite bezieht, wird festgelegt, dass die Union eine »gemeinsame Politik« entwickelt. In der Sprache des europäischen Rechts ist damit eine besonders intensive Form europäischer Integration projektiert, man denke etwa an die Gemeinsame Agrarpolitik (Monar 2009, 756). Die gemeinsame Migrationspolitik soll gemäß Art. 67 Abs. 2 AEUV auf drei normativen Grundlagen beruhen: Erstens, die Gewährleistung des freien Personenverkehrs in der Union durch Beseitigung der Kontrollen an den Binnengrenzen, also die Schaffung eines kontinentalen Migrationsraums. Zweitens, eine angemessene Behandlung von Drittstaatsangehörigen. Die Wahl des Begriffs »angemessen« erschließt sich besser, wenn man den englischen Vertragstext hinzunimmt (»fair towards third-country nationals«, siehe auch Art. 79 Abs. 1 AEUV: »fair treatment«). Es geht also um die Entwicklung einer Politik, die ungeachtet der Wahrung der Interessen der EU und ihrer Bürger gegenüber den Drittstaatsangehörigen grundlegenden Anforderungen von Gerechtigkeit genügt. Die dritte normative Säule, auf der die gemeinsame Migrationspolitik ruhen soll, ist die »Solidarität der Mitgliedstaaten«; dazu sogleich mehr.

Freizügigkeit, Solidarität und Fairness als Leitprinzipien des europäischen Migrationsrechts richten also die Politik der EU inhaltlich aus. Allerdings ist damit ersichtlich kein abschließender Katalog von Zielen aufgestellt, da beispielsweise die ökonomischen Interessen des Einwanderungskontinents Europa nicht genannt sind, was aber gewiss nicht bedeutet, dass sie bei der Formulierung der europäischen Migrationspolitik keine Rolle spielen dürften. Überdies leisten die Prinzipien nur eine schwache Determinierung des europäischen Gesetzgebers.[7] Es handelt sich um vage Konzepte, aus denen keine konkrete Politik mittels juristischer Methoden deduziert werden kann. Durch die Pflicht zur Orientierung an den Leitprinzipien Freizügigkeit, Solidarität und Fairness wird ein allgemeiner Rahmen definiert, der aufgrund politischer Beratungen zu füllen ist. Allerdings handelt sich auch nicht um bloße Programmsätze, denen ein rechtlicher Gehalt gänzlich fehlen würde (Hoffmeister 2008, 156).[8]

Die zweite Bestimmung, die den Begriff Solidarität in die Vertragsgrundlagen der Migrationspolitik einführt, ist juristisch gehaltvoller und zugleich in ihrer dogmatischen Struktur komplexer. Art. 80 AEUV beinhaltet ebenfalls Regelungen, die sich, systematisch »hinter die Klammer gezogen«, auf alle Teilbereiche der EU-Migrationspolitik beziehen. Satz 1 bekräftigt die Geltung des Grundsatzes der Solidarität und konkretisiert ihn dahingehend, dass er eine gerechte Aufteilung von Verantwortlichkeiten (»fair sharing of responsibilities«) zwischen den Mitgliedstaaten verlangt. Der ausdrückliche Hinweis, dass eine solidarische Lastenteilung auch in finanzieller Hinsicht geboten ist (»including its financial implications«), bringt die konkrete Materialität zum Ausdruck, die dem Solidaritätsgedanken von jeher eigen ist.[9] Dogmatisch wirkt das so konkretisierte Solidaritätsprinzip als Orientierungs- und Kontrollmaßstab für die Uni-

---

7 Kommentar von *Thym* in *Grabitz/Hilf/Nettesheim* 2013, zu Art. 79 AEUV, Rn. 3, und Art. 80 AEUV, Rn. 4.

8 Andere Auffassung im Kommentar von *Rossi* in *Calliess/Ruffert* 2011, zu Art. 80 AEUV, Rn. 1.

9 Siehe das treffende Bonmot von *Michael Stolleis* (2004): »Wer Solidarität sagt, will etwas haben«.

onsorgane und für die vollziehenden mitgliedstaatlichen Stellen (Bieber/Maiani 2012, 324).

Art. 80 Satz 2 AEUV fügt dem jedoch noch eine spezifische Regelung hinzu, die eine zweifache Bedeutung für die Kompetenzordnung der Union besitzt. Er verdichtet, erstens, die allgemeinen Vorgaben des Solidaritätsprinzips zu einer konkreten Handlungspflicht für den Unionsgesetzgeber, die erforderlichen Normen zu erlassen, um eine gerechte Aufteilung von Verantwortlichkeiten zwischen den Mitgliedstaaten herzustellen. Zweitens erweitert Art. 80 Satz 2 AEUV den Umfang der migrationspolitischen Regelungskompetenzen der Union um die Annexbefugnis, im je betreffenden Feld einen Finanzausgleich oder andere Mechanismen der Lastenumverteilung zwischen den Mitgliedstaaten vorzusehen. Insoweit steht Art. 80 AEUV in Kontinuität zu Art. 63 Nr. 2 lit. b EG, geht aber in seinem sachlichen Anwendungsbereich über die Vorgängerregelung, die auf die Asylpolitik beschränkt war, hinaus. Es kann hier offen bleiben, in welchem Umfang die weit gefassten Sachregelungskompetenzen der Art. 77–79 AEUV bereits ohnehin implizit die Befugnis umfassen, Mechanismen einer solidarischen Lastenumverteilung zu kreieren.[10] Jedenfalls kommt Art. 80 Satz 2 AEUV eine wichtige klarstellende Funktion für die entsprechende Auslegung der Art. 77–79 AEUV zu:[11] Bei der Ausgestaltung des gemeinsamen europäischen Migrationsraums hat die Union zugleich die erforderlichen Kompetenzen zur fairen Umverteilung der administrativen und finanziellen Belastungen, die die Mitgliedstaaten aufgrund ihrer geographischen Lage, der Unterschiede ihrer wirtschaftlichen Leistungsfähigkeit und wegen der Stabilität etablierter Wanderungsrouten ungleich treffen.

Die Konzeption der EU-Verträge zum Solidarprinzip im europäischen Migrationsrecht lässt sich so zusammenfassen: Der Grundsatz der Solidarität in seiner Ausprägung als zwischenstaatliche Solidarität beansprucht ausdrücklich Geltung für die Migrationspolitik der EU. Adressat des Prinzips ist in erster Linie der Unionsgesetzgeber, der diese vage Vorgabe in operative Politik umzusetzen hat. Es geht insbesondere um die solidarische Verteilung der Verantwortlichkeiten, also administrative und finanzi-

---

10 Als Beispiele für die Anerkennung von Annexbefugnissen in der Rechtsprechung siehe etwa EuGH, Rs. C-217/04, Großbritannien/Rat, Slg. 2006, I-3771, Rn. 44f. (Gründung von Agenturen), und Rs. C-176/03, Kommission/Rat, Slg. 2005, I-7879, Rn. 48 (strafrechtliche Sanktionen).

11 Kommentar von *Thym* in *Grabitz/Hilf/Nettesheim* 2012, zu Art. 80 AEUV, Rn. 4.

elle Lasten, die mit der Schaffung einer gemeinsamen europäischen Grenzsicherungs-, Asyl- und Einwanderungspolitik einhergehen. Die Union hat die Aufgabe und die Befugnis, die erforderlichen Umverteilungsmechanismen einzurichten, um die ungleichen Belastungen zu korrigieren bzw. zu kompensieren, die durch etwas entstehen, was die EU-Verträge selbst auf den Plan gerufen haben: das Projekt einer gemeinsame Migrationspolitik in einem Freiheits-, Sicherheits- und Justizraum ohne Binnengrenzen.

3. Der kritische Fall: Das Dublin-System

Das Dublin-System zur Bestimmung des zuständigen Asylstaats stellt derzeit den Hauptanwendungs- und -problemfall für die Verwirklichung des Solidaritätsgrundsatzes im europäischen Migrationsrecht dar. Rechtlich gilt Art. 80 AEUV, wie erwähnt, für alle Teilbereiche der Migrationspolitik, praktisch gesehen hat dieser Artikel seinen Ursprung in Konflikten, die in der Asylpolitik beheimatet sind.

Das Dublin-System ist ein Kernstück des Programms, ein gemeinsames europäisches Asylsystem (GEAS) zu schaffen (vgl. Art. 78 Abs. 2 AEUV). Es beruht auf einem grundlegenden Gesetzgebungsakt über die Kriterien zur Bestimmung des Staates, der für die Prüfung und Bescheidung eines Asylantrags zuständig ist, der auf das Jahr 2003 zurückgeht und 2013 neu gefasste wurde (die sog. Dublin III-Verordnung Nr. 604/2013),[12] sowie begleitenden Rechtsakten, insbesondere einer Verordnung, die die Erhebung und den automatisierten Abgleich von Fingerabdruckdaten von Asylbewerbern zum Gegenstand hat (sog. Eurodac-Verordnung Nr. 603/2013).[13] Die Dublin-Verordnung etabliert den Grundsatz des gegenseitigen Vertrauens der Mitgliedstaaten, genauer gesagt ihrer Asylbehörden.[14] Jeder drittstaatsangehörige Asylbewerber, der in der Union ei-

---

12 Verordnung (EU) Nr. 604/2013 v. 26.6.2013 zur Festlegung der Kriterien und Verfahren zur Bestimmung des Mitgliedstaats, der für die Prüfung eines [...] Antrags auf internationalen Schutz zuständig ist (Neufassung), ABl. L 180 v. 29.6.2013, S. 31.

13 Verordnung (EU) Nr. 603/2013 v. 26.6.2013 über die Einrichtung von Eurodac für den Abgleich von Fingerabdruckdaten zum Zwecke der effektiven Anwendung der Verordnung (EU) Nr. 604/2013 [...] (Neufassung), ABl. L 180 v. 29.6.2013, S. 1.

14 Im Einzelnen *Battjes* 2011.

nen Asylantrag stellt, soll einen Anspruch auf Durchführung eines fairen Asylverfahrens haben, allerdings grundsätzlich nur in *einem* der Dublin-Staaten (Art. 3 Abs. 1 VO Nr. 604/2013). Damit wird das Unionsgebiet, erweitert um das Hoheitsgebiet der assoziierten Dublin-Staaten Island, Liechtenstein, Norwegen und Schweiz, als ein einheitlicher Asylraum konzipiert, in dem eine lückenlose Asylzuständigkeitsordnung besteht. So soll der Gefahr begegnet werden, dass Flüchtlinge zwischen verschiedenen Staaten hin- und hergeschoben werden, von denen sich keiner für die Prüfung der Flüchtlingseigenschaft und die Gewährung des Schutzes für zuständig hält (sog. *refugees in orbit*).[15]

Entsprechend ist das Herzstück der Verordnung eine rangmäßig geordnete Liste von Kriterien, anhand derer der zuständige Asylverfahrensstaat zu ermitteln ist (Art. 7 ff. VO Nr. 604/2013). Wenn sich der Asylbewerber in einem anderen Staat aufhält als dem zuständigen, besteht auf Antrag eine (Rück-)Übernahmepflicht. Die einschlägigen transnationalen Verwaltungsverfahren sind detailliert geregelt (vgl. Bast 2007, 21 ff.). Allerdings kann der Aufenthaltsstaat jederzeit entscheiden, die eigene Zuständigkeit für die inhaltliche Prüfung eines Asylbegehrens durch Selbsteintritt zu begründen (Art. 17 Abs. 1 VO Nr. 604/2013).

Inhaltlich knüpfen die Dublin-Kriterien teils an humanitäre Gesichtspunkte wie die Familieneinheit an (Art. 8–11 VO Nr. 604/2013), im Übrigen aber an die Reiseroute des Antragsstellers, indem sie das *country of first asylum* in die Pflicht nehmen.[16] Das in der Praxis bedeutsamste Zuständigkeitskriterium ist der Ort der illegalen Einreise in das Unionsgebiet (Art. 13 Abs. 1 VO Nr. 604/2013). Erst danach kommt als Auffangkriterium der Ort des (ersten) Asylbegehrens zur Anwendung (Art. 3 Abs. 2 VO Nr. 604/2013).

Im Effekt errichtet die Dublin-Verordnung ein EU-internes System sicherer Transitstaaten, an die die Schutzsuchenden zurückverwiesen werden können. Dies entlastet tendenziell die Staaten Nord- und Westeuropas von ihrer Verpflichtung, Asylbegehren zu prüfen und Flüchtlingen Schutz zu gewähren, wohingegen die Staaten Süd- und Osteuropas verstärkt mit

---

15 Zum Phänomen des »refugee in orbit« im Kontext des Dublin-Systems *Goodwin-Gill/McAdam* 2007, 400 ff.

16 Zur Karriere dieses Konzepts *Lavenex* 2001, 80 ff., 94 ff.

solchen Begehren konfrontiert werden.[17] Dies führt zu einem erheblichen Ungleichgewicht bei der Verteilung der Asylbewerber und Flüchtlinge auf die Staaten des gemeinsamen europäischen Asylsystems, zumal dann, wenn man die absoluten Zahlen in Beziehung setzt zur Bevölkerungszahl oder der Wirtschaftsleistung (Thielemann 2010, 84f.; Bieber/Maiani 2012, 317).

Bereits aus dieser Skizze wird deutlich, dass das Dublin-System nicht als solidarisches System konzipiert ist,[18] sondern im Gegenteil gerade eine »Zuständigkeitsabgrenzung ohne zwischenstaatliche Lastenteilung« (Thym 2010, 365; ebenso Schmidt 2012, 134) etabliert. Als solidarische Verteilungsregel innerhalb eines Gemeinsamen Europäischen Asylsystems ist die Idee des *country of first asylum* ungeeignet, denn sie kann die ungleichen Belastungen, die aus der geographischen Lage und etablierten Wanderungsrouten resultieren, nicht kompensieren, sondern verstärkt diese Effekte noch dadurch, dass sie Weiterwanderungen erschwert.[19]

Es leuchtet ein, dass eine solche Struktur starke Anreize für die Transitstaaten setzt, die Regeln des Systems offen oder verdeckt zu unterlaufen. Je gewissenhafter beispielsweise ein Staat die Außengrenzen der EU überwacht und die Fingerabdrücke von irregulär eingereisten Migranten aufnimmt, desto größer ist die Wahrscheinlichkeit, für einen späteren Asylantrag zuständig zu sein. Diese Anreize für systematische Vollzugsdefizite haben sich zuletzt in einem bestimmten Dublin-Staat, in Griechenland, zum praktischen Zusammenbruch des Systems verdichtet. Schon vor der Zuspitzung der Haushalts- und Finanzkrise im Euroraum existierte in Griechenland kein funktionsfähiges Asylsystem mehr, sowohl was die Durchführung eines fairen Verfahrens angeht als auch mit Blick auf die sozialen Bedingungen für die Asylbewerber.[20] Der EGMR und ihm folgend der EuGH haben hieraus den Schluss gezogen, dass es menschen- bzw. grundrechtlich geboten ist, die Überstellung von Asylbewerbern

---

17 Zum Eigeninteresse Deutschlands an der Aufrechterhaltung der Dubliner Zuständigkeitsordnung als »indirekte Lastenteilung« zu seinen Gunsten siehe *Thym* 2010, 354, 364.
18 Das ist im Kern unbestritten, siehe *Europäische Kommission* 2007, sub 4.1.; *Marx* 2012, 189.
19 So auch EGMR (GK), Nr. 30696/09, M.S.S./Belgien und Griechenland, 21.1.2011, § 223.
20 Siehe die entsprechenden Feststellungen des EGMR, ebd., §§ 159ff.

nach Griechenland einzustellen.[21] Diese Griechenland-Krise des Dublin-Systems ist nicht (oder jedenfalls nicht allein) das Resultat eines Massenzustroms von Flüchtlingen, die die Kapazitäten eines notorisch schwachen Verwaltungsapparats überfordert hätten, sondern sie ist die Folge des Boykotts eines Systems, von dem die Akteure vor Ort nicht einzusehen vermochten, wie ihre Interessen in ihm angemessen berücksichtigt sind.

Aus der Perspektive des Solidarprinzips zeigt dieser Vorgang, dass es einen Konnex gibt zwischen Effektivität und Solidarität. Ein kollektives System des Flüchtlingsschutzes, das grundlegenden Erwartungen an eine solidarische Verteilung von Lasten nicht entspricht, hat auf Dauer keine Chance, effektiv ins Werk gesetzt zu werden. Dass effektiver Flüchtlingsschutz ohne solidarische Unterstützung der Erstaufnahmestaaten durch die Staatengemeinschaft problematisch ist, ist im Übrigen ein Zusammenhang, der im globalen Kontext seit langem anerkannt ist (Fonteyne 1980, 175ff.).[22]

Zusammenfassend kann festgehalten werden: Die Dublin-Verordnung errichtet kein solidarisches System, vielmehr werden in Anwendung der Dublin-Kriterien Lasten für die Umsetzung des Gemeinsamen Europäischen Asylsystems überproportional auf die Staaten der südlichen und östlichen Peripherie der Union abgewälzt. Dies ist exakt die Situation, die Art. 80 Satz 2 AEUV im Blick hat, um eine Handlungspflicht des Unionsgesetzgebers auszulösen. Zwar verstößt die Dublin III-Verordnung für sich genommen wohl nicht gegen Art. 80 AEUV, aber eine fortgesetzte Untätigkeit des Unionsgesetzgebers, die erforderlichen Vorschriften zur solidarischen Korrektur bzw. Kompensation der Wirkungen des Dublin-Systems zu erlassen, wäre ein Verstoß gegen Art. 80 AEUV und damit rechtswidrig.[23] Ungeachtet des weiten Ermessens des Gesetzgebers bei der Wahl der geeigneten Mittel kann diese Vertragsverletzung im Wege einer Untätigkeitsklage nach Art. 265 AEUV vor dem EuGH geltend gemacht werden.[24]

---

21 EGMR ebd.; EuGH, verb. Rs. C-411/10 und C-493/10, N.S., Slg. 2011, I-0000, Rn. 75ff.; hierzu *Bank/Hruschka* 2012.

22 Zum einschlägigen völkerrechtlichen Soft Law siehe *Kritzman-Amir/Berman* 2010, 629ff.

23 So wohl auch *Bieber/Maiani* 2012, 324.

24 Zur Zulässigkeit einer Klage wegen legislativen Unterlassens EuGH, Rs. 13/83, Parlament/Rat, Slg. 1985, 1513 (Gemeinsame Verkehrspolitik).

4. Reformperspektiven für ein solidarisches Asylzuständigkeitssystem

Es folgt ein knapper Überblick über die Optionen, wie das Gemeinsame Europäische Asylsystem reformiert werden könnte, damit es den Vorgaben der Art. 67 Abs. 2 und Art. 80 AEUV genügt. Das Stichwort, unter dem diese Problematik diskutiert wird, ist das sog. *burden sharing*. Dies ist gewiss keine unproblematische Begrifflichkeit, da sie schutzsuchende Personen per se als Belastung darstellt. Allerdings ist nicht von der Hand zu weisen, dass mit der Aufnahme von schutzsuchenden Personen, die naturgemäß nicht in die lokale Wirtschaftsordnung integriert sind, auch Fürsorgelasten einhergehen.[25] Hinzu kommen die Ressourcen, die für die Durchführung eines Asylverfahrens notwendig sind.[26] Vor diesem Hintergrund wird im globalen Kontext überzeugend argumentiert, dass eine moralische Verpflichtung zum flüchtlingsrechtlichen *burden sharing* existiert.[27]

(1) Die erste Möglichkeit zur Implementierung von Solidarität im GEAS, die in Art. 80 AEUV ausdrücklich erwähnt wird, ist die finanzielle Kompensation von überproportional belasteten Staaten – also »sharing money« als Form der Lastenteilung, nach einer von Gregor Noll entwickelten Typologie (Noll 2000, 263ff.). In der Tat existiert mit dem Europäischen Flüchtlingsfonds (EFF) ein Finanzinstrument der EU, in dessen Vergabemodalitäten ein Ausgleich für die Kosten der Durchführung von Asylverfahren vorgesehen ist.[28] Das Problem besteht zum einen darin, dass die Vergabekriterien auf die absolute Zahl von Flüchtlingen abstellen und damit für die relative Belastung kleinerer und strukturschwacher Mit-

---

25 Deren Erfüllung ist für die EU-Mitgliedstaaten normiert in der Richtlinie 2013/33/EU v. 26.6.2013 zur Festlegung von Normen für die Aufnahme von Personen, die internationalen Schutz beantragen (Neufassung), ABl. L 180 v. 29.6.2013, S. 96.

26 Richtlinie 2013/32/EU v. 26.6.2013 zu gemeinsamen Verfahren für die Zuerkennung und Aberkennung des internationalen Schutzes (Neufassung), ABl. L 180 v. 29.6.2013, S. 60.

27 Ausführlich *Kritzman-Amir* 2009; aus dieser Perspektive ist das Dublin-System kein Mechanismus des »burden sharing«, siehe *Kritzman-Amir/Berman* 2010, 632.

28 Entscheidung 573/2007/EG v. 23.5.2007 zur Einrichtung des Europäischen Flüchtlingsfonds für den Zeitraum 2008 bis 2013 innerhalb des generellen Programms »Solidarität und Steuerung der Migrationsströme«, ABl. L 144 v. 6.6.2007, S. 1.

gliedstaaten unsensibel sind (Thielemann 2010, 92). Zum anderen sind die transferierten Beträge zu gering, um eine fühlbare Anreizwirkung zu entfalten oder die lokalen Aufnahmekapazitäten erheblich zu verbessern.[29] Nach Berechnungen der britischen Regierung beliefen sich ihre Kosten pro Asylbewerber im Jahr 2002 auf knapp 30.000 €; im gleichen Zeitraum hat Großbritannien, als der zweitgrößte Mittelempfänger, etwa 100 € pro Asylverfahren aus dem EFF erhalten (Thielemann 2010, 93). Damit bleiben die Verteilungseffekte des EFF unterhalb der Schwelle eines von Art. 80 AEUV geforderten Solidaritätsmechanismus.

(2) Ein zweiter Ansatz, den namentlich die Kommission in die Diskussion eingebracht hat, ist die weitere Angleichung der nationalen Asylverfahren, des materiellen Flüchtlingsrechts und der Aufnahmebedingungen (»sharing norms« als weitere Form lastenteilender Solidarität). Sie verspricht sich eine Angleichung der Schutzniveaus und damit eine Verringerung der Anreize für Sekundärmigration von Asylsuchenden innerhalb des Unionsgebiets. Dies soll insgesamt zu einer gleichmäßigeren Verteilung der Asylanträge auf die Mitgliedstaaten führen (Europäische Kommission 2007, sub. 4.1 und 2008, sub. 5.1). Bei diesem Ansatz bleibt zum einen undeutlich, wie er sich zu den unsolidarischen Verteilungswirkungen der Dublin-Verordnung verhält, in der die subjektive Wahl des Asyllands nur ein nachrangiges Kriterium darstellt. Zum anderen beruht die erhoffte Entlastung des Dublin-Systems durch Verringerung von Migrationsanreizen auf allzu simplen Annahmen über die Bestimmungsfaktoren von Migrationsentscheidungen, die von den Erkenntnissen der Migrationssoziologie nicht gedeckt sind (vgl. Massey u.a. 1993).

(3) Als dritter Reformansatz wird eine EU-interne Umverteilung von anerkannten Flüchtlingen diskutiert (»sharing people«) (siehe Europäische Kommission 2011, sub 3.2). Als Pilotprojekt hat eine solche Umsiedlungsaktion – im EU-Jargon spricht man von *relocation*, in Abgrenzung zum *resettlement* von Flüchtlingen, die sich außerhalb des Unionsgebiets befinden – bereits einmal zugunsten von Malta stattgefunden. Dabei haben die anderen Mitgliedstaaten insgesamt 340 Flüchtlinge freiwillig übernommen (Bieber/Maiani 2012, 318). Diese eher symbolische Zahl weist auf die zugrunde liegende Problematik hin. Es ist schwer vorstellbar, wie ein politisch so sichtbarer Verteilungsmechanismus, der auf *ad-hoc-*

---

29 Eine ausführliche Analyse bei *Thielemann* 2005, 818ff.; eine positivere Einschätzung bei *Thym* 2010, 365f.

Zusagen einzelner Mitgliedstaaten beruht, zu einem verlässlichen System der Lastenteilung ausgebaut werden könnte.

(4) Schließlich kommt naheliegenderweise eine Reform des Dublin-Systems selbst in Betracht. Allerdings hat sich der Unionsgesetzgeber bei der Neufassung der Dublin-Verordnung gerade erst gegen eine grundlegende Veränderung entschieden. Die Kommission war im Vorfeld sehr zurückhaltend, eine substanzielle Veränderung der Dublin-Kriterien oder ihrer Hierarchie zu erwägen – auch nicht nach der Zuspitzung der Griechenland-Krise des Dublin-Systems (Europäische Kommission 2011). In ihrem ursprünglichen Gesetzgebungsvorschlag aus dem Jahr 2008 hatte die Kommission noch angeregt, einen Notfallmechanismus zu schaffen, der es erlauben würde, in Krisensituationen, die allgemein umschrieben derjenigen von Griechenland entsprechen, das Dublin-System für diesen Staat vorläufig auszusetzen (Europäische Kommission 2008a, Art. 31 neu). Ein solcher Mechanismus zur Aussetzung von Überstellungen könnte die unsolidarischen Wirkungen des Dublin-Systems für den betroffenen Staat in der Tat vorübergehend abmildern. Allerdings ist dieser Vorschlag auf der Ebene des Rates politisch gescheitert. Beschlossen wurde lediglich ein »Frühwarnmechanismus« für Funktionsdefizite des Asylsystems eines Mitgliedstaates, denen mit Maßnahmen zur Stärkung der Verwaltungskapazitäten und mit Amtshilfe durch nationale und europäische Behörden begegnet werden soll (Art. 33 VO Nr. 604/2013). Die Funktionsweise des Dublin-Systems soll also nicht korrigiert, es soll vielmehr effektiviert werden. Der Bezug zum Solidaritätsprinzip, den die Verordnung in diesem Zusammenhang herstellt, erscheint hier nicht am Platz.

(5) Im politischen Raum dagegen werden auch grundlegendere Schritte zur Änderung des Dublin-Systems diskutiert, namentlich eine Änderung der Dublin-Kriterien oder ihre vollständige Ersetzung durch einen solidarischen Verteilungsmechanismus. Für ersteres hat sich beispielsweise Reinhard Marx ausgesprochen, der für eine Streichung des Kriteriums der illegalen Einreise plädiert, was die Dynamik der Dublin-Verordnung grundlegend ändern würde, ohne die Idee einer lückenlosen Zuständigkeitsordnung aufzugeben (Marx 2012, 191f.). Allerdings verzichtet auch dieser Vorschlag auf eine solidarische Korrektur der »willkürlichen« Verteilungseffekte, die sich dann im Wesentlichen aus den individuellen Entscheidungen der Asylbewerber ergeben würden – ganz abgesehen von der Frage der politischen Durchsetzbarkeit des Vorschlags.

Eine generelle Abkehr von dem mit dem Dublin-System eingeschlagenen Weg würde es bedeuten, für die Verteilung der Asylbewerber eine

Quotenregelung vorzusehen, die von vornherein eine proportionale Verteilung der Lasten zum Ziel hat. Eine solche Quotierung nach einem festgelegten Schlüssel wird seit Jahrzehnten innerhalb von Deutschland praktiziert, um Asylbewerber und unerlaubt eingereiste Ausländer auf die deutschen Bundesländer zu verteilen (§ 45 AsylVfG). Der ursprünglich für Zwecke der Forschungsfinanzierung entwickelte »Königsteiner Schlüssel« berücksichtigt zu 2/3 das Steueraufkommen der einzelnen Länder und zu 1/3 die Bevölkerungszahlen.[30] Die Übertragung dieses Ansatzes auf das europäische Asylsystem würde sicherlich den Anforderungen des Art. 80 AEUV gerecht. Allerdings stellen sich viele rechtliche und verwaltungspraktische Fragen, wie nach Erschöpfung der Quote in einem bestimmten Mitgliedstaat die Verweisung von Asylbewerbern auf die übrigen Staaten umzusetzen wäre.

(6) Dem begegnet ein alternativer Vorschlag des Verfassers, der eine Korrektur der Wirkungen des Dublin-Systems dadurch zu erreichen sucht, dass den Asylberechtigten das Recht auf Freizügigkeit im Unionsgebiet gewährt wird.

Der Zusammenhang stellt sich folgendermaßen dar: Anerkannte Flüchtlinge und andere Personen mit einem internationalen Schutzstatus haben nach derzeitiger Rechtslage[31] zwar einen Anspruch auf einen Aufenthaltstitel, dieser verleiht ihnen aber nicht das Recht, sich dauerhaft in einem anderen Mitgliedstaat niederzulassen. Aufgrund der fehlenden Freizügigkeit von Asylberechtigten errichtet die Dublin-Verordnung mithin nicht nur eine Zuständigkeitsordnung, sondern besitzt auch eine einwanderungsbezogene Steuerungsfunktion: Der zuständige Asylverfahrensstaat (temporärer Schutz) ist bei einem begründeten Schutzbegehren auch der spätere Asylgewährstaat (dauerhafter Schutz).

Die hier vorgeschlagene Entkopplung dieser beiden Funktionen geht davon aus, dass die Dublin-Kriterien, einschließlich der Idee des *country of first asylum*, einen plausiblen Bezug zur örtlichen Zuständigkeit für das Asylverfahren aufweisen, als Instrument der Einwanderungssteuerung jedoch willkürlich erscheinen. Daher wird vorgeschlagen, als Bestandteil

---

30 Kommentar von *Funke-Kaiser* im Gemeinschaftskommentar zum Asylverfahrensgesetz (*Fritz/Vormeier* 2013), zu § 45 AsylVfG, Rn. 9.

31 Art. 24 der Richtlinie 2011/95/EU v. 13.12.2011 über Normen für die Anerkennung von Drittstaatsangehörigen oder Staatenlosen als Personen mit Anspruch auf internationalen Schutz ... (Neufassung), ABl. L 337 v. 20.12.2011, S. 9 (sog. Qualifikations-Richtlinie).

eines in der ganzen Union gültigen Asylstatus (vgl. Art. 78 Abs. 2 lit. a AEUV) weitgehende Freizügigkeitsrechte vorzusehen. Diese Rechte sollten zugleich mit der Anerkennung des internationalen Schutzstatus erworben werden, jedenfalls aber nach Ablauf einer Karenzzeit, die deutlich kürzer ist als die Frist von fünf Jahren, die für den Erwerb des Daueraufenthaltsrechts nach der Richtlinie 2003/109 vorgesehen ist.[32] Es bliebe dann den Berechtigten selbst überlassen, ob sie ihre Einwanderungskarriere im Land der Erstaufnahme fortsetzen oder nach Weiterwanderungsoptionen Ausschau halten. Lediglich für die Dauer des Asylverfahrens bliebe es bei den derzeit geltenden Mobilitätsbeschränkungen.

Entlang dieser Linie könnte sich ein asylpolitischer Kompromiss zwischen den Staaten der Peripherie und den wirtschaftlichen Zentren Europas abzeichnen: Erstere bleiben zu einem überproportionalen Anteil mit der Aufgabe der temporären Schutzgewähr und der Durchführung von Asylverfahren belastet, erfüllen diese Aufgabe aber in dem Wissen, dass die Verantwortung für die dauerhafte Asylgewährung nicht bei ihnen konzentriert ist, sondern aufgrund von Weiterwanderungen in erheblichem Umfang von den Staaten Nord- und Westeuropas übernommen wird. Hierin gleicht der Vorschlag der Idee von EU-internen Umsiedlungsprogrammen, verzichtet aber mit dem individualrechtlichen Ansatz beim Freizügigkeitsrecht bewusst auf deren planwirtschaftlich-bürokratisches Element.

5. Schlussfolgerungen für ein europäisches Solidaritätsprinzip

Die Analyse von Struktur und Wirkungen des Solidarprinzips im europäischen Migrationsrecht kann möglicherweise dazu beitragen, die Konturen eines allgemeinen Grundsatzes der Solidarität im Europäischen Verfassungsrecht weiter zu klären. Die Existenz eines solchen Verfassungsprinzips wird verbreitet angenommen, wenngleich mit unterschiedlichen dogmatischen Akzenten.[33]

Im europäischen Migrationsrecht findet die Verfassungsrechtswissenschaft dafür insofern günstige Voraussetzungen vor, als das Prinzip der

---

32 Zur Einbeziehung von Flüchtlingen und subsidiär geschützten Personen in den Anwendungsbereich der Richtlinie *Peers* 2012, 540ff.

33 Hierzu nur *Bieber/Maiani* 2012, 289f.; *von Bogdandy* 2009, 69ff.; *Calliess* 2007, 315; *Lais* 2007, 146ff.; *Bieber* 2002.

Solidarität hier ausdrücklich normiert ist und in Art. 80 AEUV konkrete kompetenzrechtliche Bedeutung gewinnt. Diese Norm reagiert auf spezifische Problemlagen bei der Schaffung eines europäischen Migrationsraums. Adressat der statuierten Handlungspflichten und -befugnisse ist die Europäische Union als Verband: Von der Tätigkeit des Unionsgesetzgebers, nicht von autonom koordinierten Handlungen der Mitgliedstaaten erwarten die Vertragsautoren die Herstellung eines solidarischen Interessenausgleichs zwischen den Gliedern des föderalen Verbunds.

Die bisherigen Erfahrungen mit dieser Konzeption mahnen allerdings eher zur Zurückhaltung, das Solidaritätsprinzip im verfassungstheoretischen Zentrum des Unionsrechts zu verorten. Im europäischen Migrationsrecht ist die zwischenstaatliche Solidarität kein Primärziel der zu entwickelnden Politik, wie es bei der Kohäsionspolitik der Fall ist, auf die das Förderziel des Art. 3 Abs. 3 UAbs. 3 EUV in erster Linie zugeschnitten ist (Hoffmeister 2008, 153; Schmidt-Aßmann 2011, 824, 834; vgl. auch Hartwig in diesem Band). Solidarität stellt hier vielmehr eine Funktionsbedingung dar, deren Erfüllung es der Union ermöglichen soll, die Ziele zu erreichen, die mit der Schaffung eines europäischen Migrationsraums verfolgt werden, beispielsweise die kollektive Gewährung internationalen Schutzes für Flüchtlinge. Der kritische Fall des Dubliner Asylzuständigkeitssystems zeigt, dass es der Union durchaus nicht leicht fällt, bei der Formulierung einer gemeinsamen Migrationspolitik einen solidarischen Interessenausgleich zwischen den Mitgliedstaaten zu organisieren. Die Ergebnisse des politischen Prozesses bedürfen mithin der verfassungsprinzipiellen Korrektur, zumal wenn sie über den Umweg völkerrechtlicher Integrationsschritte in den institutionellen Rahmen der Union eingewandert sind, sodass der prozedurale Interessenausgleich des ordentlichen Gesetzgebungsverfahrens ursprünglich nicht zum Tragen kam (vgl. Bast/Heesen 2011).

Vielleicht zeigt sich hierin eine allgemeine Struktur, die für ein angemessenes Verständnis eines europäischen Solidaritätsprinzips fruchtbar gemacht werden kann. Das Solidaritätsprinzip reagiert auf eine Spannungslage zwischen einem hohen Grad an supranationaler Integration bei gleichzeitiger Heterogenität der Mitgliedstaaten. Es antwortet verfassungsrechtlich auf eine Situation, in der ungleiche Anpassungslasten bei der

Herstellung europäischer öffentlicher Güter zu kompensieren sind.[34] Hier-in liegt eine wichtige Gemeinsamkeit zu dem Politikfeld, auf das Solidari-tätsdiskurse dieser Tage häufig bezogen sind: die Finanzkrise im Euro-Raum und die Solidarität in Form von fiskalischer Unterstützung für über-schuldete Mitgliedstaaten (vgl. Bieber/Maiani 2012, 301ff.; siehe auch Heinemann und Kleger/Mehlhausen in diesem Band). Der Euro ist ein solches Gemeinschaftsgut, das große, asymmetrisch verteilte Anpassungs-lasten ausgelöst hat, die ohne eine kompensatorische Mobilisierung mit-gliedstaatlicher Solidarität nicht abzuarbeiten waren und sind (Collignon 2013, 140ff.). Nur auf den ersten Blick ist es paradox, dass die genossen-schaftliche Idee der zwischenstaatlichen Solidarität just in dem Moment angerufen wird, in dem sich die EU-Mitgliedstaaten mit dem Vertrag von Lissabon noch weiter in eine quasi-bundesstaatliche Struktur integriert ha-ben. Die heutige Verfassungslage der europäischen Integration kennzeich-net eine Gemengelage von genossenschaftlichen und hierarchischen Ele-menten, die sich gegenseitig bedingen und verstärken. Die Aktualität des Konzepts der zwischenstaatlichen Solidarität ist Ausdruck dieses kompli-zierten Prozesses des föderalen Übergangs.

Literatur

Bank, Roland/Hruschka, Constantin 2012: Die EuGH-Entscheidung zu Überstellungen nach Griechenland und ihre Folgen für Dublin-Verfahren (nicht nur) in Deutsch-land; In: Zeitschrift für Ausländerrecht und Ausländerpolitik, 32 (6), 182-187.

Bast, Jürgen 2011: Aufenthaltsrecht und Migrationssteuerung, Tübingen.

Bast, Jürgen 2007: Transnationale Verwaltung des europäischen Migrationsraums; In: Der Staat, 46, 1-32.

Bast, Jürgen/Heesen, Julia 2011: European Community and Union, Supplementary Agreements between Member States; In: Wolfrum, Rüdiger (Hrsg.): Max Planck Encyclopedia of Public International Law. Online unter: www.mpepil.com (Stand: April 2011).

Battjes, Hemme 2011: Mutual Trust in Asylum Matters. The Dublin System; In: ders. u.a. (Hrsg.): The Principle of Mutual Trust in European Asylum, Migration and Criminal Law. Reconciling Trust and Fundamental Rights, Utrecht, 8-18.

---

34 Zur strukturell ähnlichen Situation bei der Einheitlichen Europäischen Akte siehe den Kommentar von *Bast* in *Grabitz/Hilf/Nettesheim* 2012, zu Art. 27 AEUV, Rn. 2, 5.

Bieber, Roland 2002: Solidarität als Verfassungsprinzip der Europäischen Union; In: von Bogdandy, Armin/Kadelbach, Stefan (Hrsg.): Solidarität und Europäische Integration, Baden-Baden, 41-53.

Bieber, Roland/Maiani, Francesco 2012: Ohne Solidarität keine Europäische Union. Über Krisenerscheinungen in der Wirtschafts- und Währungsunion und im Europäischen Asylsystem; In: Epiney, Astrid/Fasnacht, Tobias (Hrsg.): Schweizerisches Jahrbuch für Europarecht 2011/2012, 297-327.

Bogdandy, Armin von 2009: Grundprinzipien; In: ders./Bast, Jürgen (Hrsg.): Europäisches Verfassungsrecht, 2. Aufl., Berlin/Heidelberg, 13-72.

Brunkhorst, Hauke 2002: Solidarität. Von der Bürgerfreundschaft zur globalen Rechtsgenossenschaft, Frankfurt.

Calliess, Christian 2007: Tous pour un, un pour tous. Die Solidaritätsklausel des Art. I-43 der Europäischen Verfassung als Ausdruck eines allgemeinen europäischen Soldidaritätsprinzips?; In: Epiney, Astrid/Haag, Marcel/Heinemann, Andreas (Hrsg.): Die Herausforderung von Grenzen. Festschrift für Roland Bieber, Baden-Baden, 302-315.

Calliess, Christian/Ruffert, Matthias (Hrsg.) 2011: EUV/AEUV, München.

Collignon, Stefan 2013: Die Europäische Union als Republik; In: Bast, Jürgen/Rödl, Florian (Hrsg.): Wohlfahrtsstaatlichkeit und soziale Demokratie in der EU, Europarecht Beiheft 1/2013, Baden-Baden, 131-154.

Davy, Ulrike 2004: Einwanderung und Integrationspfade; In: Zeitschrift für Ausländerrecht und Ausländerpolitik, 24 (7), 231-236.

Dann, Philipp 2010: Solidarity and the Law of Development Cooperation; In: Wolfrum, Rüdiger/Kojima, Chie (Hrsg.): Solidarity. A Structural Principle of International Law, Heidelberg u.a., 55-78.

Eichenhofer, Eberhard 2012: Solidarität und die Geschichte der Anwerbeabkommen; In: Zeitschrift für Ausländerrecht und Ausländerpolitik, 32 (5), 135-142.

Europäische Kommission 2011: Mitteilung der Kommission an das Europäische Parlament, den Rat, den Europäischen Wirtschafts- und Sozialausschuss und den Ausschuss der Regionen über verstärkte EU-interne Solidarität im Asylbereich. Eine EU-Agenda für weitergehende Teilung der Verantwortung und mehr gegenseitiges Vertrauen, KOM(2011) 835 endg., Brüssel.

Europäische Kommission 2008: Mitteilung der Kommission an das Europäische Parlament, den Rat, den Europäischen Wirtschafts- und Sozialausschuss und den Ausschuss der Regionen. Eine gemeinsame Einwanderungspolitik für Europa: Grundsätze, Maßnahmen und Instrumente, KOM(2008) 359 endg., Brüssel.

Europäische Kommission 2008a: Vorschlag für eine Verordnung des Europäischen Parlaments und des Rates zur Festlegung der Kriterien und Verfahren zur Bestimmung des Mitgliedstaats, der für die Prüfung eines von einem Drittstaatsangehörigen oder Staatenlosen in einem Mitgliedstaat gestellten Antrags auf internationalen Schutz zuständig ist, KOM(2008) 820 endg., Brüssel.

Europäische Kommission 2007: Grünbuch über das künftige Gemeinsame Europäische Asylsystem, KOM(2007) 301 endg., Brüssel.

Fonteyne, Jean-Pierre L. 1980: Burden-Sharing. An Analysis of the Nature and Function of International Solidarity in Cases of Mass Influx of Refugees; In: Australian Yearbook of International Law, 8 (1978-1980), 162-188.

Fritz, Roland/Vormeier, Jürgen (Hrsg.) 2013: Gemeinschaftskommentar zum Asylverfahrensgesetz, München, Stand: November 2013.

Fröhlich, Daniel 2011: Das Asylrecht im Rahmen des Unionsrechts, Tübingen.

Goodwin-Gill, Guy S./McAdam, Jane 2007: The Refugee in International Law, 3. Aufl., Oxford.

Grabitz, Eberhard/Hilf, Meinhard/Nettesheim, Martin (Begr. bzw. Hrsg.) 2013: Das Recht der Europäischen Union, München, Stand September 2013.

Groenendijk, Kees 2007: The Long-Term Residence Directive, Denizenship and Integration; In: Baldaccini, Anneliese/Guild, Elspeth/Toner, Helen (Hrsg.): Whose Freedom, Security and Justice?, Portland, 429-450.

Hammar, Tomas 1990: Democracy and the Nation State, Aldershot u.a.

Heinig, Hans Michael 2013: Territorialität sozialer Sicherheit und transnationale soziale Rechte; In: Bast, Jürgen/Rödl, Florian (Hrsg.): Wohlfahrtsstaatlichkeit und soziale Demokratie in der EU, Europarecht Beiheft 1/2013, Baden-Baden, 31-48.

Hoffmeister, Frank 2008: Das Prinzip der Solidarität zwischen den Mitgliedstaaten im Vertrag von Lissabon; In: Pernice, Ingolf (Hrsg.): Der Vertrag von Lissabon. Reform der EU ohne Verfassung?, Baden-Baden, 152-157.

Keil, Rainer 2009: Freizügigkeit, Gerechtigkeit, demokratische Autonomie. Das Weltbürgerrecht nach Immanuel Kant als Maßstab der Gerechtigkeit geltenden Aufenthalts-, Einwanderungs- und Flüchtlingsrechts, Baden-Baden.

Kimminich, Otto 1991: Die Genfer Flüchtlingskonvention als Ausdruck globaler Solidarität; In: Archiv des Völkerrechts, 29 (3), 261-269.

Kritzman-Amir, Tally 2009: Not in My Backyard. On the Morality of the Responsibility Sharing in Refugee Law; In: Brooklyn Journal of International Law, 34 (2), 355-393.

Kritzman-Amir, Tally/Berman, Yonathan 2010: Responsibility Sharing and the Rights of Israel. The Case of Israel; In: George Washington International Law Review, 41 (3), 619-649.

Lais, Martina 2007: Das Solidaritätsprinzip im europäischen Verfassungsverbund, Baden-Baden.

Lavenex, Sandra 2001: The Europeanisation of Refugee Policies, Aldershot/Burlington.

Marx, Reinhard 2012: Ist die Verordnung (EG) Nr. 343/2003 (Dublin-II-VO) noch reformfähig?; In: Zeitschrift für Ausländerrecht und Ausländerpolitik, 32 (6), 188-193.

Massey, Douglas S. u.a. 1993: Theories of International Migration; In: Population and Development Review, 19 (3), 431-466.

Monar, Jörg 2009: Der Raum der Freiheit, der Sicherheit und des Rechts; In: von Bogdandy, Armin/Bast, Jürgen (Hrsg.): Europäisches Verfassungsrecht, 2. Aufl., Berlin/Heidelberg, 749-800.

Noll, Gregor 2000: Negotiating Asylum. The EU Acquis, Extraterritorial Protection and the Common Market of Deflection, The Hague.

Peers, Steve 2012: Transfer of International Protection and European Union Law; In: International Journal of Refugee Law, 24 (3), 527-560.

Sangiovanni, Andrea 2013: Solidarity in the European Union; In: Oxford Journal of Legal Studies, 33 (2), 213-241.

Schmidt, Manfred 2012: Solidarität. Ein wichtiges Kriterium in den Aufgabenstellungen des Bundesamtes für Migration und Flüchtlinge?; In: Zeitschrift für Ausländerrecht und Ausländerpolitik, 32 (5), 129-134.

Schmidt-Aßmann, Eberhard 2011: Der Kohärenzgedanke in den EU-Verträgen. Rechtssatz, Programmsatz oder Beschwörungsformel?; In: Appel, Ivo/Hermes, Georg/Schönberger, Christoph (Hrsg.): Öffentliches Recht im offenen Staat. Festschrift für Rainer Wahl, Berlin, 819-836.

Schönberger, Christoph 2005: Unionsbürger: Europas föderales Bürgerrecht in vergleichender Sicht, Tübingen.

Stolleis, Michael 2004: Wer Solidarität sagt, will etwas haben; In: Rechtsgeschichte, 5, 49-54.

Thielemann, Eiko 2010: The Common European Asylum System. In Need of a More Comprehensive Burden-Sharing Approach; In: Luedtke, Adam (Hrsg.): Migrants and Minorities. The European Response, Newcastle upon Tyne, 82-97.

Thielemann, Eiko 2005: Symbolic Politics or Effective Burden-Sharing? Redistribution, Side-Payments and the European Refugee Fund; In: Journal of Common Market Studies, 43 (4), 807-824.

Thym, Daniel 2010: Migrationsverwaltungsrecht, Tübingen.

UN High Commissioner for Refugees (UNHCR) (Hrsg.) 2012: The State of the World's Refugees, In Search of Solidarity.

Solidarische Kohäsionspolitik jenseits 2013

Ines Hartwig

Seit Einführung der mehrjährigen Finanzperspektive unterliegt die Kohäsionspolitik der Europäischen Union einem Zyklus, dessen fester Bestandteil eine Revision der Rechtsgrundlagen ist. Die jüngste Reform der europäischen Kohäsionspolitik kam nach gut zwei Jahren der Verhandlungen zwischen Ministerrat, Europäischem Parlament und Europäischer Kommission im Dezember 2013 mit der Veröffentlichung der verschiedenen Verordnungen zum Abschluss.[1] Das Gesetzespaket, das die Programmperiode 2014-2020 regelt, umfasst die maßgebliche, äußerst komplexe Rahmenverordnung[2] mit gemeinsamen Regelungen für den Europäischen Fonds für regionale Entwicklung (EFRE), den Europäischen Sozialfonds (ESF), den Kohäsionsfonds (KF), den Europäischen Landwirtschaftsfonds für die Entwicklung des ländlichen Raumes (ELER) und den Europäischen Meeres- und Fischereifonds (EMFF). Diese Fonds werden nunmehr als »europäische Struktur- und Investitionsfonds« (ESI-Fonds) bezeichnet. Die Verordnung besteht aus mehreren Teilen: Teil Eins enthält die Begriffsbestimmungen. Die gemeinsamen auf die ESI-Fonds anwendbaren Regelungen sind in Teil Zwei der Verordnung niedergelegt. In Teil Drei werden die allgemeinen Regelungen für den EFRE, den ESF (als Sammelbegriff die »Strukturfonds«) und den Kohäsionsfonds in Bezug auf die Aufgaben, die vorrangigen Ziele und die Organisation der Fonds sowie die Kriterien, die die Mitgliedstaaten und Regionen erfüllen müssen, um für

---

1 Verordnung (EU, Euratom) Nr. 1311/2013 des Rates vom 2. Dezember 2013 zur Festlegung des mehrjährigen Finanzrahmens für die Jahre 2014-2020.
2 Verordnung (EU) Nr. 1303/2013 vom 17. Dezember 2013 mit gemeinsamen Bestimmungen über den Europäischen Fonds für regionale Entwicklung, den Europäischen Sozialfonds, den Kohäsionsfonds, den Europäischen Landwirtschaftsfonds für die Entwicklung des ländlichen Raums und den Europäischen Meeres- und Fischereifonds sowie mit allgemeinen Bestimmungen über den Europäischen Fonds für regionale Entwicklung, den Europäischen Sozialfonds, den Kohäsionsfonds und den Europäischen Meeres- und Fischereifonds und zur Aufhebung der Verordnung (EG) Nr. 1083/2006 des Rates, im Folgenden »Rahmenverordnung«.

eine Förderung aus den ESI-Fonds in Betracht zu kommen, die verfügbaren Finanzmittel und die Kriterien für deren Zuweisung festgelegt. Teil Vier der Verordnung umfasst die Schlussbestimmungen und Befugnisübertragungen.

Darüber hinaus enthält das Paket spezifische Verordnungen des Europäischen Parlaments und des Rates zu den einzelnen Strukturfonds und dem Kohäsionsfonds,[3] zur »Europäischen territorialen Zusammenarbeit«[4] und zum Fonds für die Förderung des ländlichen Raumes.[5]

Kohäsionspolitik hat, insbesondere im Hinblick auf ihre Bedeutung im EU-Haushalt, mit der Gemeinsamen Agrarpolitik gleichgezogen. Im Jahre 2013 lag der Anteil der für Kohäsionspolitik bereitgestellten Mittel bei knapp 47% des EU-Haushalts. Die Herausforderungen, die sich ihr stellen, sind vielfältig. Nicht zuletzt mit der letzten Erweiterung der EU auf nunmehr 28 Mitgliedstaaten haben sich die bestehenden wirtschaftlichen und sozialen Disparitäten zwischen den einzelnen Volkswirtschaften teilweise dramatisch verstärkt. Dies zeigt sich aber nicht nur am Bruttoinlandsprodukt; zunehmendes Augenmerk richtet sich auch auf den besorgniserregenden Anstieg der Arbeitslosenzahlen. Mit insgesamt 26,6 Millionen Arbeitslosen im April 2013 waren 10 Millionen mehr Menschen arbeitslos als noch im Jahr 2008. Auch wenn diese EU-weiten Zahlen teilweise erhebliche Unterschiede zwischen den Mitgliedstaaten und Regionen verdecken, belegen sie dennoch ein massives europaweites Problem, das eine nicht zu unterschätzende Herausforderung für europäische Solidarität darstellt. Kohäsionspolitik zielt auf die Stärkung des wirtschaftlichen und sozialen Zusammenhalts in der EU vor allem über regional-, struktur-, sozi-

---

3 Verordnung (EU) Nr. 1301/2013 vom 17. Dezember 2013 über den Europäischen Fonds für regionale Entwicklung und mit besonderen Bestimmungen hinsichtlich des Ziels »Investitionen in Wachstum und Beschäftigung« und zur Aufhebung der Verordnung (EG) Nr. 1080/2006. Verordnung (EU) Nr. 1304/2013 vom 17. Dezember 2013 über den Europäischen Sozialfonds und zur Aufhebung der Verordnung (EG) Nr. 1081/2006 des Rates. Verordnung (EU) Nr. 1300/2013 vom 17. Dezember 2013 über den Kohäsionsfonds und zur Aufhebung der Verordnung (EG) Nr. 1084/2006.

4 Verordnung (EU) Nr. 1299/2013 vom 17. Dezember 2013 mit besonderen Bestimmungen zur Unterstützung des Ziels »Europäische territoriale Zusammenarbeit« aus dem Europäischen Fonds für regionale Entwicklung (EFRE).

5 Verordnung (EU) Nr. 1305/2013 vom 17. Dezember 2013 über die Förderung der ländlichen Entwicklung durch den Europäischen Landwirtschaftsfonds für die Entwicklung des ländlichen Raums (ELER) und zur Aufhebung der Verordnung (EG) Nr. 1698/2005.

al-, agrar- und arbeitsmarktpolitische Maßnahmen und auf eine Verbesserung der Beschäftigungsmöglichkeiten der Arbeitskräfte im Binnenmarkt, um damit zur Hebung der Lebenshaltung insbesondere durch berufliche Bildung und Umschulung beizutragen (Art. 162 AEUV).

Solidarität als politisches Konzept

Solidarität wird als interdependentes Verhältnis zwischen dem Einzelnen und einer bestimmten Gruppe definiert (Thome 2003, 223). Solidarität bedeutet hierbei die gegenseitige Verpflichtung der Einzelnen gegenüber einem Zusammenschluss, einem politisch verfassten Gemeinwesen, einer Gruppe, Gemeinschaft, institutionellen Ordnung oder der gesamten Menschheit (Engelhardt 1995, 52). Solidarität steht somit in einem direkten Gegensatz zur Grundhaltung des Individualismus. Der hier unmittelbar angesprochene, mit dem Begriff der Solidarität verwandte Ausdruck von Einheit oder »Brüderlichkeit« findet seine Grundlage in moralischen Empfindungen. Er ist ein Prinzip von Gemeinschaften mit ähnlichen Werten und Normen (Reinert 1999, 48). Solidarität wird aus moralischen Gründen bejaht. In dieser Hinsicht basiert Solidarität auf dem Empfinden »natürlicher« (Zürcher 1998, 175) Zusammengehörigkeit zwischen den Mitgliedern einer Gemeinschaft (Bayertz 2003, 12). Der Topos der Solidarität kennzeichnet somit ein Spannungsfeld zwischen Individuum und Gemeinschaft: Die Verwirklichung individueller Ziele ist dabei von der Erfüllung gemeinschaftlicher, gemeinwohlorientierter Ziele abhängig. Individuelle einzelstaatliche Ziele können im Rahmen der EU demnach nur im Zusammenwirken mit den anderen Gemeinschaftsgliedern – den anderen Staaten – erreicht werden (Lais 2007, 45). Zwischen den einzelnen Gliedern dieser Gemeinschaft begründet die wechselseitige Abhängigkeit eine Art »qualifizierte Verbundenheit« (Kingreen 2003, 244). In ihrer normativen Dimension folgen aus dieser Verbundenheit allgemeine wie auch spezielle Verhaltens-, Handlungs- und Unterlassungspflichten (Lais 2007, 46).

Historisch beinhaltet diese Konzeption von Solidarität den Gedanken der gegenseitigen Verpflichtung, wobei die Empfänger öffentlicher Hilfsleistungen eine Gegenleistung erbringen oder sich des Erhalts der Leistungen würdig im Sinne von explizit anerkennend erweisen sollen (Metz 1995, 27). Daher birgt dieses Konzept das Risiko der Diskriminierung mittelbar in sich. Mit dem Ziel der Ausschaltung dieses Risikos hat die liberale politische Philosophie den Begriff der Solidarität um den Gedanken der *Fairness* ergänzt, dem die Vorstellung von Gegenseitigkeit zugrunde liegt (Rawls 1957). So führt John Rawls in *Political Liberalism* aus, dass alle,»who are engaged in cooperation and who do their part as the rules and procedures require, are to benefit in an appropriate way as assessed by a suitable benchmark of comparison" (Rawls 1993, 16). Doch Rawls reduziert Solidarität nicht auf den gegenseitigen Vorteil; vielmehr ist für ihn die Grundlage von Solidarität ein übergreifender Konsens, der sich nicht nur auf die Akzeptanz bestimmter Autoritäten oder die Übereinstimmung mit einer bestimmten institutionellen Ordnung stützt, sondern auf einer Konvergenz von Eigen- und Gruppeninteressen gründet. Geht man von diesem politischen Solidaritätsverständnis aus, so erfolgt dessen Genese und Erhalt auf der Grundlage von Gesamtüberzeugungen und deren religiösen, philosophischen und moralischen Fundamenten (ebd., 147). Allerdings – so betont Rawls – leitet sich dieses Verständnis im Unterschied zu Immanuel Kant nicht aus einer umfassenden Morallehre ab, sondern ist

> »ein Gebot der Klugheit, was bedeutet, dass diejenigen, welche dieser Theorie zustimmen, sie einfach als einen modus vivendi ansehen, der es den Gruppen im übergreifenden Konsens erlaubt, ihr eigenes Gut mit gewissen Einschränkungen zu verfolgen.« (Rawls 1983, 284)

Auch im Rahmen der Arbeiterbewegung hat sich ein rationales Verständnis von Solidarität entwickelt. Friedrich Engels begründet das Solidaritätsprinzip mit dem Bestehen gemeinsamer Interessen. Er geht davon aus, dass das einfache, auf der Einsicht in die Gleichheit der Klassenlage beruhende Gefühl der Solidarität hinreicht, unter den Arbeitern aller Länder eine und dieselbe große Partei des Proletariats zu schaffen und zusammenzuhalten (Engels 1885, 223).

Solidarität entsteht jedoch nicht alleine dadurch, dass gemeinsame Interessen bestehen, sondern auch dadurch, dass gemeinsame Probleme erkannt werden. Aus dieser Sicht ist Solidarität vor allem ein Gefühl der Verbundenheit, das auf einer »latenten Reziprozität« basiert (Hondrich 1992, 14). Da Gruppeninteressen innerhalb gegebener Gemeinwesen unterschiedlich ausfallen können, kann Solidarität in letzter Konsequenz als Kampfinstrument eingesetzt werden. Auch die rationale Ausübung der Solidarität setzt moralspezifische Motive voraus: Es bedarf einer bestimmten Vorstellung von Verpflichtung und Opferbereitschaft seitens der Gruppenmitglieder (Wildt 1995, 45).

Die Ausübung von Solidarität basiert also auf einem Wir-Gefühl. Sie erfordert die Bereitschaft, »to share resources with (same) others, the readiness for collective action and a will to institutionalize it through the establishment of rights and citizenship« (Domurath 2012, 460). Solidarität gilt dann als »variable d'ajustement justifiant des mécanismes de redistribution« (Monjal 2013, 51).

Dadurch steht das Prinzip der Solidarität im Kontext der EU in einem besonderen Spannungsfeld. Solidarität wird mit dem Gebot, der Forderung nach oder dem Auftrag der Umverteilung und Gegenseitigkeit in Zusammenhang gebracht (Gloser 2005, 49).

Auch wenn somit die einzelnen Entwürfe von Solidarität sehr unterschiedlich ausfallen, sind ihnen doch bestimmte grundlegende Züge gemeinsam:

- Erstens erlegt Solidarität den Mitgliedern einer Gemeinschaft bestimmte Pflichten auf. Eine auf Solidarität basierende Gemeinschaft bedeutet, dass insbesondere – aber nicht nur – in Zeiten der Not oder im Fall von Krisen Unterstützung geleistet wird (Galbraith 1996).
- Zweitens erweist sich Solidarität als kontextgebunden und –begrenzt (Böckenförde 2003; Kleinhenz 1996, 19). Das heißt, dass in Bezug auf die materielle Unterstützung sowie geographische Geltung Grenzen bestehen.
- Drittens basiert Solidarität auf der Wahrnehmung einer »Wir-Perspektive«, also eines Gemeinschaftsgefühls zwischen den Mitgliedern einer Gemeinschaft.

Solidarität innerhalb einer homogenen Gemeinschaft ist, so betont Durkheim, nicht vergleichbar mit Solidarität in heterogenen Gemeinwesen wie beispielsweise in der EU. Solidarität steht deshalb im Kontext der EU in einem besonderen Spannungsfeld. Durkheim benennt diesen Unterschied mit mechanischer Solidarität homogener Gesellschaften und organischer Solidarität heterogener Gesellschaften. Im Bild des Organismus habe jedes Organ

> »its special physiognomy, its autonomy. And, moreover, the unity of the organism is as great as the individuation of the parts is more marked. Because of this analogy, we propose to call the solidarity which is due to the division of labor, organic.« (Durkheim 1947 [1893], 131)

Solidarität wird in dieser Lesart sowohl als Hilfe für Schwächere als auch als Wahrnehmung gemeinsamer Interessen und Lösung gemeinsamer Probleme verstanden. Einen Unterschied zwischen nationaler (i.e. mechanischer) und europäischer Solidarität (i.e. organischer) macht auch Sangiovanni aus. Allerdings ist seine Herleitung eine andere. Er sieht den Unterschied insbesondere darin begründet, dass »European citizens do not provide each other with the same range of collective goods secured at the domestic level«. Umgekehrt spricht er von einem »fair return which member states owe one another«, wobei die Kosten der Mitgliedschaft gegen den Nutzen aufgerechnet werden und damit eine »reciprocity amongst states« entsteht (Sangiovanni 2013, 229f.). Solidarität ist in diesem Modell eher als eine Versicherung gegen Risiken zu verstehen, die mit bestimmten Kosten bzw. Pflichten einhergeht (Molle 2007, 3).

Die EU kann nicht wie Nationalstaaten auf ein gemeinsames, allgemein positiv besetztes Erbe zurückgreifen, um ein Gemeinschaftsgefühl zu erzeugen, das in Verteilungskrisen solidarisierend wirkt. Auch wenn außerhalb Europas die europäische Identifikation gegenüber der nationalen überwiegen mag, so werden innerhalb der EU identifikationsstiftende Symbole nach wie vor von den Mitgliedstaaten beansprucht (Böckenförde 2003). Exklusive, ausschließlich für die europäische Ebene vorbehaltene Symbolbezüge existieren nicht.[6] Und es ist fraglich, ob Europas Eliten ein gemeinsames Verständnis von Werten wie Verbundenheit und Gerechtigkeit teilen (ebd.). In einem so heterogenen System wie der EU kann Gerechtigkeit nicht einfach mit Gleichheit oder Gleichwertigkeit gleichgesetzt werden (Nowotny 2002, 143).

Die von allen Mitgliedern der »Solidarunion« geteilten Werte scheiden somit zunächst als Grundlage für politische Solidarität aus. Ist es dann und daher möglich, dem Gedankengang von Jürgen Habermas zu folgen und über einen institutionalisierten Prozess zu einem gemeinsamen Verständnis und einer Definition von Solidarität zu finden (Habermas 1991, 232)? Böckenförde scheint davon auszugehen. Seine These ist, dass die Entwicklung politischer Solidarität zwischen den EU-Mitgliedstaaten davon abhängt,

> »ob und inwieweit die Europäische Union als eigener Träger von Gemeinwohlverantwortung für die Menschen erfahren und erlebt werden kann. Solange die Gemeinwohlverantwortung nahezu allein dem Nationalstaat zugeschrieben und von ihm erwartet wird, ist eine europäische politische Solidarität – noch – nicht ausgebildet.« (Böckenförde 2003, 27)

Darüber hinaus ist jede Gemeinschaft, die auf einem rationalen Verständnis von Solidarität basiert, mit einem weiteren Problem konfrontiert: Sie

---

6   Die gemeinsame europäische Währung, der Euro, könnte langfristig ein solches Symbol der Zusammengehörigkeit darstellen. Gegenwärtig stößt der Euro jedoch auf zu geringe Akzeptanz, als dass er symbolstiftend wirken könnte.

muss den potentiellen Konflikt zwischen bestehenden Solidarverpflichtungen auf der einen und der individuellen Nutzenmaximierung einzelner Mitgliedstaaten auf der anderen Seite lösen.[7] Hierfür sind Kriterien zur Ausübung von legitimer und illegitimer Solidarität für die Abgrenzung von zulässiger und unzulässiger Parteilichkeit zu definieren. Daher ist eine klare Abwägung geboten, wenn Solidarität als Legitimation zur Einschränkung einzelstaatlichen Handelns und damit zur Förderung gemeinschaftsverträglicher Politik der Mitgliedstaaten herangezogen wird. Nur so kann sichergestellt werden, dass einzelne Mitgliedstaaten daran gehindert werden, ihre aus dem Prinzip der Autonomieschonung abgeleiteten, (kurzfristigen) nationalen Interessen über die der Gemeinschaft zu stellen.[8]

In dieser Lesart ist Solidarität somit eher ein Prozesselement und Resultat als eine Vorbedingung des Integrationsprozesses (Preuß 2003, 407). Das politische und rechtliche System der EU-28 basiert auf dem Grundgedanken der Legitimität von Solidarität als Prozess (»eine immer engere Union«). Solidarität, die gleichermaßen Ergebnis wie auch Voraussetzung des Integrationsprozesses ist, entsteht demnach bei der Übernahme und effektiven Ausübung von Gemeinwohlverantwortung. In Abgrenzung von nationalstaatlicher Gemeinwohlverantwortung kann es dabei nur um gemeinsam identifizierte Herausforderungen gehen.

Vor dem Hintergrund der letzten Erweiterungswelle, der Krisen um den Verfassungsvertrag und der anhaltenden Haushalts- und Wirtschaftskrise stellt sich aber die Frage, wie die Instrumente und Verfahren der europäischen »Solidarunion« einem diffuser und heterogener gewordenen Wertekanon angepasst werden können. Anders: Wie kann einer »Entsolidarisierung« (Göbel/Pankoke 2003, 476) entgegen gewirkt werden, um die mit dem Lissabonner Vertrag projizierte Integrationstiefe zu realisieren?

Um der Beantwortung dieser Frage näher zu kommen und sich damit der Materialisierung des Solidaritätsgedankens in der Kohäsionspolitik zu nähern, sollen zunächst die primärrechtlichen Normen des AEUV daraufhin bewertet werden, ob sie die diffusen Solidaritätsprinzipien vertragsrechtlich konkretisieren.

---

7 Das Prinzip der Solidarität hat nur in jenen Kontexten eine Bedeutung, in denen das individuelle Eigeninteresse und das Wohl der Gemeinschaft divergieren; *Khushf* 2003, 127.

8 Vgl. *Khushf* 2003 , 121 sowie zur Balance zwischen Gemeinschaftsverträglichkeit einzelstaatlicher Politik und Autonomieschonung gemeinschaftlicher Politik *Scharpf* 1993.

Solidarität und Kohäsionspolitik im Primärrecht der EU

Solidarität gehört zu jenen Werten der EU, die ihrem Gründungsakt immanent sind und den Prozess der Integration seit Beginn der Gemeinschaft für Kohle und Stahl definieren.[9] Selbst wenn in den Gründungsverträgen nicht explizit auf den Begriff der Solidarität verwiesen wird, liegt ihnen dieser Topos als den Integrationsprozess tragender Wert und als Handlungsprinzip in einer Vielzahl von Regeln und Mechanismen zugrunde.[10]

Wie vielfach in diesem Band betont, fächert der Vertrag von Lissabon das Solidaritätsprinzip in mehrere Dimensionen auf. Zum einen ist es ein grundlegender Wert, der »allen Mitgliedstaaten in einer Gesellschaft gemeinsam« ist (Art. 2 EUV). Zum anderen definiert der Vertrag Solidarität auch als ein in die Zukunft gerichtetes Handlungsmandat, indem die Solidarität zwischen den Mitgliedstaaten als Ziel herausgestellt wird. Es ist bemerkenswert, dass der Vertrag die Förderung des wirtschaftlichen, sozialen und territorialen Zusammenhalts als gleichwertiges Ziel neben die Förderung der Solidarität stellt (Art. 3(3) EUV). Damit stellt das Primärrecht die Kohäsionspolitik nicht als (alleiniges) Instrument europäischer Solidarität dar. Solidarität zwischen den Mitgliedstaaten wird zwar in den Kontext des wirtschaftlichen, sozialen und territorialen Zusammenhalts gestellt; sie lässt sich aber nicht darauf beschränken. Auch Titel XVIII AEUV, der die Politik des wirtschaftlichen, sozialen und territorialen Zusammenhalts regelt – gemeinhin als Kohäsionspolitik bezeichnet – und Titel XI AEUV über den Europäischen Sozialfonds enthalten keinen weiteren Verweis auf das Prinzip der Solidarität. Dies ist umso auffälliger, weil andere Politiken, wie z.B. Energie (Art. 194 AEUV) und die Bestimmungen zum Raum der Freiheit, der Sicherheit und des Rechts (Art. 67 AEUV), durchaus explizit auf das Solidaritätsprinzip rekurrieren.

Die Kohäsionspolitik fällt auch nach dem Lissabonner Vertrag in die geteilte Zuständigkeit (Art. 4 (2b) AEUV), d.h. die »Mitgliedstaaten nehmen ihre Zuständigkeit wahr, sofern und soweit die Union ihre Zuständigkeit nicht ausgeübt hat« (Art. 2 (2) AEUV). Die bis 2009 geltende Kompetenzordnung wird demnach beibehalten, wofür sich vor dem Hintergrund großer sozialpolitischer Unterschiede unter den Mitgliedstaaten auch schon der Verfassungskonvent ausgesprochen hatte. Als bedeutende

---

9   Vertiefend dazu *Mau* 2008, 14.
10   Siehe dazu *Hartwig/Nicolaides* 2003, 19 und *Denninger* 2009, 29f.

Änderung, deren Auswirkungen bei der Ausgestaltung der Kohäsionspolitik noch nicht absehbar sind, könnte sich längerfristig Artikel 9 AEUV erweisen, mit dem der Vertrag von Lissabon eine soziale Querschnittsklausel einführt. Demnach muss die Union bei

»der Festlegung und Durchführung ihrer Politik und ihrer Maßnahmen [...] den Erfordernissen im Zusammenhang mit der Förderung eines hohen Beschäftigungsniveaus, mit der Gewährleistung eines angemessenen sozialen Schutzes, mit der Bekämpfung der sozialen Ausgrenzung sowie mit einem hohen Niveau der allgemeinen und beruflichen Bildung und des Gesundheitsschutzes Rechnung [tragen].«

Vor dem Hintergrund der Interpretationsoffenheit des Lissabonner Vertrags bei der Verknüpfung von europäischer Solidarität mit Kohäsionspolitik hat die Frage nach der Bedeutung und Ausgestaltung von europäischer Solidarität in der Kohäsionspolitik große Strahlkraft. Ist Solidarität ein der Kohäsionspolitik inhärenter Wert, der als normativer Imperativ die funktionale Ausrichtung bestimmt und der aufgrund dessen nicht mehr expliziert werden muss, wie Holder und Layard schlussfolgern (Holder/Layard 2010, 276)? Einen ähnlich normativen Ansatz vertritt Davoudi mit Blick auf die territoriale Kohäsion, die sich gründet auf einer

»extension of the underlying principles of the European model from individuals to places and territories. It calls for solidarity not only amongst European citizens but also amongst European territories. It extends the call for work-based social protection to place-based territorial protection.« (Davoudi 2005, 580)

Die im Vertrag verankerte Verzahnung von Solidarität und Kohäsionspolitik macht vor dem Hintergrund der oben dargelegten unscharfen Konturierung europäischer Solidarität deutlich, dass Kohäsionspolitik, anders als oftmals gedeutet (Axt 2005, 16), nicht eindimensional als Unterstützung beim wirtschaftlichen Aufholprozess von Regionen oder als bedingungslose Förderung von Wirtschaftswachstum verstanden werden kann (Koenig 2012, 262).

Der im Lissabonner Vertrag kodifizierten Kohäsionspolitik, zumal in ihrem Dreiklang wirtschaftlicher, sozialer und territorialer Kohäsion, liegt ein normatives Konzept mit teilweise widersprüchlichen Zielbestimmungen zugrunde (Holder/Layard 2010, 286). So handlungsleitend das Solidaritätsprinzip in der Kohäsionspolitik ist, so wenig »rechtlichen Gehalt« weist das Prinzip in seiner vertraglich verankerten Verknüpfung mit der Kohäsionspolitik auf (Schlegel 2010, 334). Primärrechtlich lässt sich eine auf dem Prinzip der Solidarität gründende Kohäsionspolitik somit nicht weiter positionieren oder konkretisieren. Es stellt sich daher die Frage, inwieweit das Sekundärrecht hilfreich ist, eine solidarische Kohäsionspolitik vor dem Hintergrund teilweise widersprüchlicher Solidaritätskonzepte und –ansprüche zu verorten.

Im Folgenden sollen hierfür die von der Europäischen Kommission am 6. Oktober 2011 vorgelegten Vorschläge und am 20. Dezember 2013 im Amtsblatt der Europäischen Union veröffentlichen Verordnungen zur Kohäsionspolitik betrachtet werden. Als Maßstab soll dabei das oben dargestellte Verständnis einer politischen Solidarität, die sich kontinuierlich und immer wieder aufs Neue herausbildet, herangezogen werden. Abschließend soll dann bewertet werden, ob die reformierte Kohäsionspolitik in ihrer Gesamtheit das Solidaritätsprinzip der EU befördert, be- oder verhindert.

Die Materialisierung des Solidaritätsprinzips in der Kohäsionspolitik

In der Vergangenheit waren die Verhandlungen über die Organisation der Strukturfonds und des Kohäsionsfonds oft von einer Haltung des »just-retour« und einer Gegenüberstellung von »Nettozahlern« und »Nettoempfängern« geprägt (Zimmermann 2005, 89). Um am Ende des Entscheidungsprozesses allen Begehrlichkeiten gerecht zu werden, entfernten sich die Verhandlungspartner von den zuvor von ihnen beschworenen Zielprinzipien und verteilten die Mittel entsprechend der mitgliedstaatlichen Wunschlisten. Dieses Vorgehen wirkte in hohem Maße de-solidarisierend, weil der Anspruch, dem europäisch definierten Gemeinwohl zu nutzen, hinter die auf einzelstaatlichen Partikularinteressen basierenden Begehrlichkeiten zurücktrat. Damit wurde europäische Solidarität zu einer Voraussetzung von Kohäsionspolitik und nicht ihr Ergebnis, wie es das Prinzip politischer Solidarität auf europäischer Ebene annimmt.

Die Kommission wollte in ihrem Vorschlag für die Programmperiode 2014-2020 mit dieser Verkürzung der Kohäsionspolitik auf Fragen der Redistribution brechen und die strategische Ausrichtung der Fonds stärken. Die Kommission schreibt in ihrer Begründung für die Reformen, dass die

»Konzentration der strukturpolitischen Finanzmittel auf eine kleinere Zahl von Prioritäten, die in engem Zusammenhang mit ›Europa 2020‹ stehen, Ergebnisorientierung, Überwachung der Fortschritte bei der Erreichung der vereinbarten Ziele und vereinfachte[n] Verfahren«

liegen sollte (Europäische Kommission 2011a). Ziel der Vorschläge sei es, die »Wirksamkeit der Strukturinstrumente zu verbessern, was angesichts der derzeitigen Wirtschafts- und Finanzkrise von umso größerer Bedeutung ist« (ebd.). Damit stellt die Europäische Kommission die Kohäsionspolitik eindeutig unter das Primat ihrer Wirksamkeit und – in Abgrenzung von einzelstaatlichen Interessen – der europäischen Zielbestimmung. Aber steht dies im Widerspruch zu einer solidarischen Kohäsionspolitik? Oder anders formuliert, wirkt Kohäsionspolitik in der Anfang 2014 beginnenden Programmperiode weiterhin als Instrument bzw. Hebel für eine politische Solidarität auf europäischer Ebene und befördert sie das Entstehen einer immer engeren Solidarunion oder ist sie diesem Prozess eher abträglich?

Um dieser Frage nachzugehen, sollen im Folgenden die von der Kommission vorgeschlagenen und im Gesetzespaket angenommenen Mechanismen zu einer engeren Anbindung der Mittelverwendung an Europa 2020 Ziele, die stärkere Ausrichtung auf Wirksamkeit und das Prinzip der Konzentration näher untersucht werden.

Enge programmatische Verknüpfung mit den Europa 2020 Zielen

Die in Artikel 4 der Rahmenverordnung festgelegten allgemeinen Grundsätze der ESI-Fonds ziehen eine klare Verbindung zwischen den auf die Verträge gestützten Zielvorgaben der Fonds – einschließlich des wirtschaftlichen, sozialen und territorialen Zusammenhalts – und der Umsetzung der Europa 2020 Strategie. Kohäsion und Europa 2020 Ziele werden somit als Leitgedanken für die Nutzung der Kohäsionsmittel gleichberechtigt nebeneinander gestellt. Damit setzt die Kommission den bereits in der vorangegangenen Reform eingeleiteten Paradigmenwechsel hin zur engen Anbindung an europäisch definierte Politikziele fort (Hellmund 2005, 81).

Um diese Verknüpfung zwischen Kohäsion und Europa 2020 im Instrumentarium der ESI-Fonds zu verankern, hat die Kommission vorgeschlagen, mit jedem Mitgliedstaat einen Vertrag, ein sogenanntes »Partnerschaftsabkommen« abzuschließen, in dem die jeweiligen Ziele für die Programmperiode dargelegt werden sollten. Dieser Vorschlag geht auf einen im Auftrag der Europäischen Kommission erstellten Bericht des unabhängigen Experten Fabrizio Barca zurück, der die Wirksamkeit der Kohäsionspolitik untersucht sowie eine Reihe von Reformvorschlägen unterbreitet. Darin fordert Barca u.a., dass jeder Mitgliedstaat einen Entwicklungsvertrag (»*Development Contract*«) mit der Kommission abschließt. Dieser Vertrag würde die Mitgliedstaaten und ihre Regionen verpflichten »to a strategy and to results for the use of the funds [...] and to quantified and verifiable objectives, coherent with the goals of the European Strategic Development Framework« (Barca 2009, 167).

Die Europäische Kommission hat zwar mit dem »Partnerschaftsabkommen« Fabrizio Barcas Idee für eine vertragliche Übereinkunft zwischen Kommission und jedem einzelnen Mitgliedstaat aufgegriffen; allerdings stellte sie dabei weniger auf die Wirksamkeit oder gar auf im Abkommen niederzulegende quantifizierte Ziele zur Messung der Wirksamkeit des Mitteleinsatzes ab. Vielmehr sollte das »Partnerschaftsabkommen« als Scharnier dienen zwischen Europa 2020 und den im Europäischen Semester[11] erstellten Strategien und Analysen einerseits und der Programmplanung und Ausrichtung der Kohäsionsmittel andererseits.

Ein »Gemeinsamer Strategischer Rahmen«, den die Kommission am 14. März 2012 vorlegte, sollte

> »die Mitgliedstaaten bei ihren Vorbereitungen für den nächsten Programmplanungszeitraum unterstützen. Dieser Rahmen soll den Mitgliedstaaten und ihren Regionen helfen, für den nächsten Finanzplanungszeitraum von 2014 bis 2020 klare Investitionsschwerpunkte zu setzen. Die verschiedenen Fonds sollen deutlich besser miteinander kombiniert werden können, was die Wirksamkeit der EU-Investitionen optimieren wird. Nationale und regionale Behörden werden den Rahmen als Ausgangspunkt für die Abfassung ihrer Partnerschaftsvereinbarungen mit der Kommission nutzen, in denen sie sich verpflichten, die EU-Ziele für Wachstum und Beschäftigung 2020 zu erreichen.« (Europäische Kommission 2012)

In den Verhandlungen fand die Idee einer vertragsähnlichen Vereinbarung zwischen Kommission und Mitgliedstaat bei den Mitgliedstaaten wenig Anklang. Konsentiert wurde hingegen der Ansatz eines übergeordneten Strategiedokuments, das sich als «Partnerschaftsvereinbarung" in der Verordnung wiederfindet. Das Abkommen entzieht damit die Verwendung

---

11 Mit dem Europäischen Semester wird ein jährlicher Zyklus der Koordinierung der Wirtschaftspolitik beschrieben. In diesem seit 2011 eingerichteten Steuerungsinstrument nimmt die Kommission jedes Jahr eine eingehende Analyse der Wirtschafts- und Strukturreformprogramme der EU-Länder vor und gibt ihnen Empfehlungen für die nächsten zwölf bis 18 Monate. Es soll sicherstellen, dass die haushaltspolitische Überwachung (im Rahmen des Wachstums- und Stabilitätspakts) und die strukturpolitische Überwachung (im Rahmen von »Europa 2020«) besser aufeinander abgestimmt sind.

der Struktur- und Kohäsionsfondsmittel dem kurzfristigen, am nationalen oder regionalen Wahlkalender entlang entwickelten Kalkül der Mitgliedstaaten und unterwirft sie der strategischen Ausrichtung auf die Europa 2020 Ziele. Die Partnerschaftsvereinbarung legt damit einen strategischen Rahmen für die langfristige Nutzung der Finanzmittel fest und reicht so über kurzfristiges just-retour Denken hinaus.

Die Partnerschaftsvereinbarung eines jeden Mitgliedstaates besteht aus mehreren Abschnitten, wobei sich die beiden Hauptteile unter folgenden Überschriften zusammenfassen lassen: Der erste Abschnitt soll Vorkehrungen enthalten, um eine Übereinstimmung mit der Europa 2020 Strategie zu gewährleisten. Der zweite Teil soll Vorkehrungen zur Gewährleistung eines wirksamen und effizienten Einsatzes der ESI-Fonds darlegen.

Darüber hinaus verbindet die Partnerschaftsvereinbarung erstmals auf strategischer Ebene für jeden Mitgliedstaat die Strukturfonds und den Kohäsionsfonds einerseits mit den Mitteln des Landwirtschaftsfonds für die Entwicklung des ländlichen Raumes und dem Europäischen Meeres- und Fischereifonds andererseits. Damit soll der in der Vergangenheit oft beklagten kleinteiligen, in einzelne Sektoren aufgeteilten Nutzung der verschiedenen Fonds ein Ende bereitet werden. Angezeigt wird damit ein sich transversal über die Sektorpolitiken erstreckendes Kohäsionsverständnis:

> »Um eine effiziente Koordinierung der EU-Strategien und -Instrumente gewährleisten zu können, ist eine strategische Planung vorgesehen, die auf EU-Ebene den Gemeinsamen Strategischen Rahmen und auf nationaler Ebene Partnerschaftsvereinbarungen umfasst.« (Europäische Kommission, Vorschlag für eine Rahmenverordnung 2011c, 5)

Auch auf der unterhalb der Partnerschaftsvereinbarung gelegenen Planungsebene, den »operationellen Programmen«, setzt der Kommissionsvorschlag auf eine enge Verzahnung mit Europa 2020 Zielen. Über den Hebel der thematischen Konzentration der Mittel, die in Artikel 18 der Rahmenverordnung eingeführt wird, werden die Mitgliedstaaten verpflichtet, »ihre Unterstützung auf Interventionen, die in Bezug auf die Unionsstrategie für intelligentes, nachhaltiges und integratives Wachstum den größten Mehrwert bieten«, zu konzentrieren. Darüber hinaus sollen sie neben territorialen »gegebenenfalls« auch Herausforderungen berücksichtigen, die in dem nationalen Reformprogramm, den entsprechenden länderspezifischen Empfehlungen nach Artikel 121 Absatz 2 AEUV und den entsprechenden, gemäß Artikel 148 Absatz 4 AEUV angenommenen Ratsempfehlungen ermittelt wurden. Der Kommissionsvorschlag forderte noch eine Konzentration der

»Unterstützung auf Maßnahmen, die in Bezug auf die EU-Strategie für intelligentes, nachhaltiges und integratives Wachstum den größten Mehrwert bieten, die in den länderspezifischen Empfehlungen nach Artikel 121 Absatz 2 des Vertrags und den entsprechenden gemäß Artikel 148 Absatz 4 des Vertrags angenommenen Ratsempfehlungen ermittelten Herausforderungen aufgreifen und nationale wie regionale Bedürfnisse berücksichtigen.« (Europäische Kommission, Vorschlag für eine Rahmenverordnung, 2011c, Art. 16)

Zwar behält die angenommene Formulierung die Fokussierung auf Europa 2020 Ziele bei; sie schwächt aber erheblich die Rolle der im Rahmen des Europäischen Semesters ermittelten Herausforderungen eines jeden Mitgliedstaates und stärkt die Flexibilität der Mitgliedstaaten, eigenständige »Herausforderungen« zu formulieren, die von den im Konsens europäischer Entscheidungsfindung ermittelten abweichen (können). Nichtsdestotrotz etabliert die Verordnung aber die enge Ausrichtung der Fonds auf die Europa 2020 Ziele als eine im Zweiklang miteinander verzahnte Leitidee von Kohäsion als bottom-up und Europa 2020 als top-down Dimension.

Als weitere neu in die Kohäsionspolitik aufgenommene Stellschraube zur Fokussierung auf Europa 2020 Ziele dient auch das Konzentrationsprinzip. In der Programmperiode 2007-2013 hatten die Mitgliedstaaten noch große Freiheit in der Nutzung und Verteilung der Mittel auf unterschiedliche Themenbereiche. Zwar gaben die entsprechenden fondsspezifischen Verordnungen einzelne Themenbereiche vor; aber diese waren sehr breit gestaltet und die Programme durften somit aus einem sehr breit gefächerten Themenrepertoire auswählen (Axt 2005, 31).

Vor dem Hintergrund schwindender Mittel hat die Kommission für 2014-2020 vorgeschlagen, die Hilfen auf zentrale Fragen zu konzentrieren. Dabei soll ein maßgebliches Kriterium die Erfüllung der Europa 2020 Ziele sein. Es ging dabei nicht darum, allen Mitgliedstaaten die gleichen Rezepte für ihre Problemlösung aufzunötigen. Jeder Mitgliedstaat sollte als Grundlage seine entsprechenden Europa 2020 Vorgaben, i.e. den Nationalen Aktionsplan und die entsprechenden Ratsempfehlungen bei der Mittelplanung zugrunde legen. Auch sollten die Mitgliedstaaten in Abhängigkeit von ihrem wirtschaftlichen Entwicklungsstand die Mittel auf eine begrenzte Zahl von Förderschwerpunkten konzentrieren. Die weniger entwickelten Regionen sollten mehr Förderschwerpunkte auswählen dürfen als die weiter entwickelten.

Auch hier waren die Verhandlungen von teils erheblichem Widerstand seitens der Mitgliedstaaten gekennzeichnet. Konzentration wurde von allen Mitgliedstaaten als Prinzip anerkannt; jedoch gab es starke Bestrebungen, die Intensität und Ausrichtung der Konzentration innerhalb der Mitgliedstaaten eigenständig festzulegen. Die Vorgaben der Verordnung sollten den Mitgliedstaaten möglichst viel eigenen Gestaltungsraum überlassen. So wundert es nicht, dass die Zahl der von der Kommission vorgeschlagenen maximal auswählbaren Förderschwerpunkte in der verabschiedeten Verordnung angehoben wurde. So können die Mitgliedstaaten jetzt den größten Anteil ihrer Mittel auf fünf anstatt wie von der Kommission vorgeschlagen auf vier Förderschwerpunkte verteilen.[12]

Trotz dieser Aufweichung des Rechtstextes im Vergleich zum Kommissionsvorschlag begrenzt das Konzentrationsprinzip die mögliche individuelle Nutzenmaximierung einzelner Mitgliedstaaten, die potentiell immer das Risiko birgt, europäisch definierten Herausforderungen entgegenzustehen. Es wird entscheidend sein, dass in der Phase der programmatischen Festlegung der Mittel in jedem Mitgliedstaat und während der Verhandlungen der operationellen Programme zwischen Mitgliedstaaten und Kommission die Einhaltung der Konzentration von der Kommission nicht nur pro forma, sondern auch de facto eingefordert wird. Eine besonders starke Anknüpfung an europäische Zielvorgaben, die über die in der Rahmenverordnung niedergelegte hinausgeht, findet sich in der ESF-Verordnung. Den Schlussfolgerungen des Europäischen Rates im Februar 2013 folgend[13] hatte die Kommission einen revidierten Vorschlag für die ESF-Verordnung vorgelegt. Der Europäische Rat schlug eine Beschäftigungsinitiative für junge Menschen vor, die bis 2015 über ein Budget von 6 Mrd. EUR verfügen und allen Regionen offenstehen sollte, in denen die Jugendarbeitslosigkeit[14] über 25 % liegt. Die Initiative soll aus der Haushaltsteilrubrik für die Kohäsionspolitik der EU finanziert werden und zwar durch 3 Mrd. EUR aus gezielten Investitionen des ESF und 3 Mrd. EUR aus einer eigens dafür geschaffenen Haushaltslinie. Die Kommission knüpfte diese Initiative daher an die Umsetzung der Empfehlungen zur

---

12 Bei den stärker entwickelten Regionen bezieht sich diese Anforderung an die Konzentration auf 80% der jeweiligen ESF-Mittel, bei den Übergangsregionen auf 70% und bei den weniger entwickelten Regionen auf 60%; ESF-Verordnung, Artikel 4.

13 Schlussfolgerungen des Europäischen Rates, v. 7./8. Februar 2013, EUCO 37/13, Punkte 59-60.

14 Jugendarbeitslosigkeit bezieht sich auf junge Menschen zwischen 15 und 24 Jahren.

»Jugendgarantie«, die der Ministerrat im April 2013 angenommen hatte.[15] Obwohl es sich hierbei lediglich um eine Empfehlung des Ministerrates ohne rechtliche Bindungswirkung an die Mitgliedstaaten handelt, sollten die aus der Beschäftigungsinitiative abgeleiteten zusätzlichen Mittel für die Umsetzung der Empfehlung genutzt werden.

Diese Verknüpfung war seitens der Mitgliedstaaten heftig umstritten. Insbesondere ging es in der Kontroverse darum, dass die Empfehlung zur »Jugendgarantie«, die keinen rechtsverbindlichen Charakter hat, über die Aufnahme in die ESF-Verordnung eine rechtlich bindende Wirkung entfalten würde. Das Europäische Parlament hingegen sah in der Verknüpfung der Beschäftigungsinitiative für junge Menschen mit der Empfehlung zur Jugendgarantie aber eine wesentliche Voraussetzung für eine wirksame Nutzung der Mittel. Nur wenn, so lautete die Argumentation seitens des Parlaments, die Empfehlung zur Jugendgarantie umgesetzt werde, könnten die zusätzlichen Mittel auch wirksam eingesetzt werden.

Die Differenzen der beiden Organe in dieser Frage schienen über lange Strecken unüberbrückbar. Erst unter der litauischen Präsidentschaft, die in dieser Frage einen weniger prinzipiellen Ansatz als die vorherige irische Präsidentschaft verfolgte, konnte eine Einigung erzielt werden. So bestimmt Artikel 3 der ESF-Verordnung nunmehr als entsprechende Investitionspriorität die

> »dauerhafte Eingliederung von jungen Menschen in den Arbeitsmarkt, insbesondere von solchen, die weder einen Arbeitsplatz haben noch eine schulische oder berufliche Ausbildung absolvieren, darunter junge Menschen, denen soziale Ausgrenzung droht und die Randgruppen angehören, ins Erwerbsleben, einschließlich durch die Durchführung der Jugendgarantie.«

Durch die Aufnahme der Jugendgarantie in den Korpus der ESF-Verordnung überwindet der Gesetzgeber die vorher bestehende Trennung zwischen den verschiedenen Normtypen und verleiht der relativ schwachen, da rechtlich nicht sanktionsfähigen Empfehlung des Europäischen Rates den höchsten Verbindlichkeitsgrad innerhalb der in Artikel 288 AEUV etablierten Normenhierarchie (vgl. Maurer 2003).

---

15 Empfehlungen des Rates zur Einführung einer Jugendgarantie, v. 22. April 2013, Abl. 2013/C 120/01.

Wirksamkeit als Stellschraube einer solidarischen Kohäsionspolitik

Ein wesentliches Element in den Reformbestrebungen, die sich durch den Vorschlag der Kommission ziehen, liegt in der Ausrichtung der Fonds auf einen effektiven Einsatz der Mittel. Es soll fortan primär nicht mehr nur darum gehen, die Mittel entsprechend dem Grundsatz der wirtschaftlichen Haushaltsführung auszugegeben; vielmehr soll es auch gleichwertig darum gehen, die größtmögliche Wirkung im Hinblick auf die in den Programmen niedergelegten und teilweise quantifizierten Ziele zu entfalten. Effektivität wird in Artikel 4 der Rahmenverordnung zu einem allgemeinen Grundsatz der Fonds: »Die Kommission und die Mitgliedstaaten gewährleisten die Wirksamkeit der ESI-Fonds während der Vorbereitung und Inanspruchnahme in Bezug auf Begleitung, Berichterstattung und Bewertung.« Mehr als die Tatsache, dass Wirksamkeit nunmehr als Grundsatz der Fonds gilt, überrascht die Tatsache, dass Wirksamkeit in der Vergangenheit eine untergeordnete Rolle spielte und nur im Abschnitt zur Evaluierung Eingang in die Verordnung gefunden hatte.[16]

Damit zielt die Kommission mit ihrem Vorschlag auf einen Paradigmenwechsel in der Kohäsionspolitik, der zur Stärkung einer europäischen Solidarität im oben dargestellten Sinne führen kann. In der Kohäsionspolitik soll es nun nicht mehr in erster Linie um redistributive Aspekte, also um die (Um-)Verteilung von Mitteln für weniger entwickelte Regionen gehen. Die verabschiedeten Verordnungen etablieren eine Bringschuld auf Seiten der Mitgliedstaaten gegenüber anderen Mitgliedstaaten und der europäischen Öffentlichkeit. Es ist an jedem Mitgliedstaat, zunächst auf Strategieebene sicherzustellen und ex post zu belegen, dass und in welchem Maße die zur Verfügung gestellten Fondsmittel effektiv genutzt wurden und welche Wirkung sie im Hinblick auf die vom Mitgliedstaat selbst wie auf die auf europäischer Ebene für jeden Mitgliedstaat definierten (Kohäsions-) Ziele und auf die in der Europa 2020 Strategie niedergelegten Ziele entfaltet haben. Diese Bringschuld manifestiert sich nicht nur über den in Artikel 4 aufgeführten Grundsatz der Effektivität. Sie manifestiert sich über eine Vielzahl von Stellschrauben, die in die Verordnungen eingewoben sind.

---

16 Verordnung (EG) Nr. 1083/2006 des Rates vom 11. Juli 2006 mit allgemeinen Bestimmungen über den Europäischen Fonds für regionale Entwicklung, den Europäischen Sozialfonds und den Kohäsionsfonds und zur Aufhebung der Verordnung (EG) Nr. 1260/1999, Titel IV.

Ein neues Instrument, das Effektivitätsüberlegungen geschuldet ist, ist die leistungsgebundene Reserve. Sie ist bereits aus der Programmperiode 2000-2006 bekannt. Anders als jedoch noch in der früheren Programmperiode soll es künftig nicht nur um die Verteilung von zusätzlichen Finanzmitteln mittels der leistungsgebundenen Reserve gehen; vielmehr ist die Reserve Teil eines umfassenden Leistungsrahmens, in dessen Zentrum für jedes operationelle Programm eine begrenzte Anzahl von vorab identifizierten Indikatoren mit quantifizierten Zielwerten stehen soll. Ziel ist es dabei,

> »to ensure and to reward good performance in the implementation of programmes. The Commission proposes that programmes and priorities which achieve milestones set for 2018 can benefit from the performance reserve after a performance review undertaken in 2019. Where there is a serious failure to achieve milestones (i.e. serious underperformance compared to what was initially planned), the respective programmes and priorities cannot benefit from an allocation from the performance reserve." (European Commission 2013)

Die Bewertung, ob diese Zielwerte erreicht wurden oder nicht, obliegt nicht den Mitgliedstaaten, sondern wurde der Kommission als unabhängiger Stelle übertragen. Der Leistungsrahmen und die leistungsgebundene Reserve sollen sicherstellen, dass »Fortschritte bei der Verwirklichung der für jede Priorität festgelegten Ziele und Vorsätze im Verlauf des Planungszeitraums 2014 bis 2020 [...] überwacht werden können« (Rahmenverordnung, Erwägungsgrund Nr. 22).

Es erstaunt nicht, dass die Mitgliedstaaten diesem Vorschlag der Kommission skeptisch bis stark ablehnend gegenüberstanden. Besondere Opposition erfuhr der Vorschlag der Kommission, die Zahlung der Leistungsreserve und die finanzielle Berichtigung am Ende der Programmperiode an die Erfüllung vorab vereinbarter quantifizierter Ziele für Wirkungsindikatoren[17] zu knüpfen. Beispielhaft hätten folgende Wirkungsindikatoren herangezogen werden können: Ob ein Arbeitssuchender nach einer vom ESF geförderten Maßnahme tatsächlich eine Stelle gefunden und diese über einen vorher festgelegten befristeten Zeitraum auch behalten hat, oder ob die Förderung von kleinen und mittleren Unternehmen (KMUs) tatsächlich eine Steigerung der Wettbewerbsfähigkeit der KMUs in der entsprechenden Region bewirkt hat. Einigen konnten sich die Ge-

---

17 Im vorliegenden Beitrag wird der Begriff »Wirkungsindikatoren« als Übersetzung für den im Englischen genutzten Begriff »result indicators« genutzt. Die Verordnung nutzt den Begriff »Ergebnisindikator«.

setzgeber schließlich darauf, dass der Leistungsrahmen und jegliche darin vorgesehene finanzielle Anreiz- oder Sanktionsmechanismen, wie z.B. die leistungsgebundene Reserve, nur mit der Erreichung von quantifizierten Zielen für Finanz- und Outputindikatoren verknüpft werden sollen.[18] Wirkungsindikatoren werden also bei der Verteilung der Mittel aus der leistungsgebundenen Reserve nicht berücksichtigt. Es geht ausschließlich darum, das Geld entsprechend der vorher festgelegten Finanztabelle auszugeben (i.e. Finanzindikatoren) und eine vorher festgelegte Zahl von Arbeitslosen oder KMUs etc. zu fördern (i.e. Outputindikatoren), ohne die Sinnhaftigkeit der jeweiligen Förderung zu beachten oder Effektivitätsüberlegungen einzubeziehen. Auch wenn angeführt werden kann, dass die Erfüllung von quantifizierten Zielvorgaben für Wirkungsindikatoren möglicherweise von externen Faktoren beeinflusst wird – ein Arbeitsloser bekommt vielleicht trotz angemessener Förderung keine Stelle, weil z.B. potentielle große Arbeitgeber in seiner/ihrer Region einen Einstellungstopp verhängt haben, oder die Wettbewerbsfähigkeit von KMUs ist sicherlich auch von entsprechend günstigen Rahmenbedingungen beinflussbar und nicht nur ausschließlich von Fondsförderung abhängig – so mindert der de facto Ausschluss von Wirkungsindikatoren und die Beschräkung auf Finanz- und Outputindikatoren dennoch erheblich die Hebelwirkung des Leistungsrahmens zur Förderung der Ausrichtung der Fonds auf Wirksamkeit und Effektivität. Es ist äußerst fraglich, ob der Leistungsrahmen in der nun verabschiedeten Form in die Mitgliedstaaten hinein Impulse für eine stärkere Ausrichtung der Fonds auf Effektivität geben wird. Der Leistungsrahmen ist mit einer Vielzahl von Sicherungsnetzen für die Mitgliedstaaten versehen. So kann es als sehr unwahrscheinlich gelten, dass ein Mitgliedstaat die Bedingungen nicht erfüllt. Dennoch wird der Leistungsrahmen gemeinhin als Mittel zur Leistungsorientierung und zum Erreichen der Ziele der Strategie Europa 2020 bewertet.[19]

Obwohl der Leistungsrahmen prinzipiell das Potential für eine Stärkung der europäischen Solidarität als politischen Prozess hätte, birgt er in seiner jetzt verabschiedeten Ausgestaltung die Gefahr, de-solidarisierend zu wir-

---

18 Während der EFRE die Nutzung von Wirksamkeitsindikatoren ohne Verknüpfung mit finanziellen Sanktionsmechanismen ausschließt, erlaubt der ESF die Aufnahme von Wirkungsindikatoren in den Leistungsrahmen ohne finanzielle Anreiz- oder Sanktionsmechanismen.

19 Schlussfolgerungen des Europäischen Rates, v. 7./8. Februar 2013, EUCO 37/13, Punkt 85.

ken. Diese Gefahr ist deshalb besonders gegeben, weil er die Erwartung weckt, europäische Solidarität in ihrer doppelten Dimension, die distributive und konditionierende Elemente enthält, zu verweben. Diese Erwartungen wird er aber in der Umsetzung nicht erfüllen können.

Eine weitere Stellschraube zur Stärkung der Effektivität des Mitteleinsatzes liegt in den erheblich ausgefeilten Anforderungen zur Begleitung und Bewertung (monitoring und evaluation). Gerade diesem Thema hatte sich der Europäische Rechnungshof in jüngster Zeit äußerst kritisch gewidmet. So stellt er in seinem Bericht zur »Cost effectiveness of cohesion policy investment in energy efficiency« von 2012 fest, dass

> »[P]erformance indicators for energy efficiency measures were not adequate for the proper monitoring of the programmes [...]. Therefore, the results of the energy efficiency measures are not comparable across the EU and cannot be aggregated.« (European Court of Auditors 2012, 9)

Die Kommission hat diese Anregungen in ihrem Vorschlag aufgegriffen und für die Struktur- und Kohäsionsfonds gemeinsame Indikatoren vorgeschlagen. Für den EFRE und den Kohäsionsfonds handelt es sich dabei um Outputindikatoren.[20] Für den ESF hat die Kommission neben Outputindikatoren auch eine Reihe von Wirkungsindikatoren vorgeschlagen. Die gemeinsamen Indikatoren reichen von einer Annäherung der Teilnehmer und Teilnehmerinnen an den Arbeitsmarkt, über den Erwerb einer Qualifikation bis zur Aufnahme einer Beschäftigung. Neben den Wirkungsindikatoren, die direkt nach Ablauf der Förderung erhoben werden, finden sich im Anhang I der ESF-Verordnung auch längerfristige Wirkungsindikatoren, die erst sechs Monate nach Verlassen der Förderung erhoben werden. Damit sollen jene Effekte erfasst werden, die sich in der Regel zeitverzögert einstellen (wie z.B. eine Verbesserung der beruflichen Situation) oder es sollten Daten darüber erhoben werden, wie nachhaltig die Wirkung einer Förderung, z.B. der Verbleib in einer Beschäftigung, ist.

Insgesamt wurde das Prinzip der gemeinsamen Indikatoren, für die gemeinsame Definitionen gelten sollen,[21] von beiden Organen befürwortet. Die Diskussion rankte sich dann allerdings um einzelne Indikatoren. Für den ESF wurde die von der Kommission vorgeschlagene Liste gemeinsamer Indikatoren mit nur geringfügigen Änderungen in die Verordnung

---

20 Artikel 6 der EFRE Verordnung, Artikel 5 der Kohäsionsfondsverordnung.
21 Für den ESF finden sich die gemeinsamen Definitionen im Entwurf für die Leitlinien der Kommission zu Monitoring und Evaluierung der Europäischen Kohäsionspolitik; *Europäische Kommission* 2013.

übernommen. Allerdings fügte der Gesetzgeber insbesondere auf Drängen des Europäischen Parlaments eine Reihe von Indikatoren hinzu, die die Initiativen des ESF im Bereich der sozialen Eingliederung und der Armutsbekämpfung abbilden sollen. Damit verfügt der ESF nun über insgesamt 32 gemeinsame Indikatoren, die von allen Mitgliedstaaten in allen operationellen Programmen für jeden Förderschwerpunkt erhoben werden müssen. Da die Methodik zur Erfassung dieser Daten zwischen den Mitgliedstaaten und Programmen vergleichbar ist, werden erstmals in der kommenden Programmperiode für jeden Mitgliedstaat einzelne und auf europäischer Ebene in aggregierter Form Wirkungsdaten für den ESF verfügbar sein. Dieser Sachverhalt stellt einen nicht zu unterschätzenden Schritt hin zu einer Ausrichtung der Mittel auf Effektivität dar. Mitgliedstaaten werden sich nicht mehr hinter schlichten Verwendungsmittelnachweisen verstecken können. Es wird auch nicht ausreichen, Teilnehmerzahlen in einem bestimmten Förderschwerpunkt zu berichten. Jeder Mitgliedstaat muss nun für den ESF über die unmittelbare Wirkung der Förderung für jeden einzelnen Teilnehmer und Teilnehmerin berichten. Diese Daten werden der Kommission in jährlichen Durchführungsberichten übermittelt. Damit wird die Kommission erstmalig in ihren regelmäßigen Berichten zur Kohäsionspolitik[22] auf einen umfassenden, für alle Mitgliedstaaten vergleichbaren Datensatz über die unmittelbare Wirksamkeit von ESF-Förderung zurückgreifen können.

Diese Tatsache wird nicht nur die Transparenz und Vergleichbarkeit einer effektiven Mittelnutzung zwischen den Mitgliedstaaten erhöhen; es birgt auch das Potential, einen Solidaritätsschub auszulösen, weil diese Daten es erstmals zulassen, den Beitrag von Kohäsionspolitik zum Gemeinwohl transparent und glaubwürdig zu dokumentieren. Die Pflicht zu berichten entzieht den Mitgliedstaaten die Entscheidungshoheit, ob und in welchem Umfang sie über den Mitteleinsatz und die entsprechende Wirkung kommunizieren.

Auch die Beschäftigungsinitiative für junge Menschen, die sich speziell der Hilfe junger Arbeits- und Erwerbsloser unter 25 Jahren widmet und die von den Staats- und Regierungschefs gefordert worden war, setzt Schwerpunkte im Bereich der Begleitung und Bewertung. So werden für

---

22 Beispielsweise übermittelt die Kommission nach Artikel 53 der Rahmenverordnung »dem Europäischen Parlament, dem Rat, dem Europäischen Wirtschafts- und Sozialausschuss und dem Ausschuss der Regionen jedes Jahr einen zusammenfassenden Bericht über die Programme der ESI-Fonds.«

die in diesem Rahmen bereitgestellten 6 Mrd. Euro nicht nur über das in der allgemeinen Verordnung festgelegte Maß hinausgehende Berichtspflichten für ein Dutzend zusätzlicher Wirkungsindikatoren festgelegt;[23] auch sollen die Mitgliedstaaten über die Qualität der Angebote, die die Teilnehmer und Teilnehmerinnen erhalten, und über die im Anschluss an die Förderung aufgenommenen Beschäftigungsverhältnisse berichten (Art. 19(4) ESF-Verordnung). Diese Anforderungen bedeuten einen Perspektivwechsel in der Kohäsionspolitik hinsichtlich der Förderung junger Menschen. Angesichts des modernen und oftmals gut ausgebildeten Prekariats soll es nun auch darum gehen, junge Menschen in nachhaltige Beschäftigung mit angemessener Bezahlung zu bringen. Dass diese Dimension der Qualität der Arbeit auch im ESF allgemein Eingang gefunden hat, zeigt sich an dem für alle Mitgliedstaaten verpflichtenden Wirkungsindikator »Teilnehmer, deren Situation auf dem Arbeitsmarkt sich sechs Monate nach ihrer Teilnahme verbessert hat«. Eine verbesserte Arbeitsplatzsituation besteht demnach beispielsweise dann, wenn ein Erwerbstätiger von einer prekären zu einer dauerhaften Beschäftigung oder von Unterbeschäftigung zu Vollbeschäftigung übergegangen ist, oder wenn er/sie einen Arbeitsplatz gefunden hat, der mit höheren Anforderungen an Kompetenzen, Fertigkeiten und Qualifikationen sowie mit mehr Verantwortung einhergeht. Nur über den Hebel der gestiegenen Anforderungen an die Berichtspflichten der Mitgliedstaaten werden solche auch in der Vergangenheit formulierten politischen Ziele einer verbesserten Qualität der Arbeit in der Umsetzung sichtbar gemacht und einer europäischen Öffentlichkeit transparent vermittelbar.

Ebenfalls ein neues Element, und Ausdruck des Paradigmenwechsels von einer primär auf den Mittelabfluss ausgerichteten Kohäsionspolitik hin zu einer Orientierung auf Wirkung und Effektivität, sind die ex-ante Konditionalitäten. Diese gehen davon aus, dass eine effektive Nutzung der Strukturfondsmittel nur dann gewährleistet werden kann, wenn die entsprechenden Rahmenbedingungen erfüllt sind. Auch hier wiederum liegt der Schwerpunkt auf einer effektiven, nachhaltigen Nutzung der Mittel, die sich von der bisherigen Mentalität des Ausgebens im Schatten der Absorption unterscheidet.

---

23 Die Indikatoren für die Beschäftigungsinitiative finden sich in Anhang II der ESF Verordnung.

Während die ex-ante Konditionalitäten auf Rahmenbedingungen, die vorab erfüllt sein müssen, abheben, geht es bei der makroökonomischen Konditionalität um einen Mechanismus, der die effektive Nutzung der Fondsmittel mit der europäischen Wirtschaftspolitik nach Artikel 121(2) und 148(4) AEUV verknüpft.

»Damit (…) Fondsinterventionen nicht durch eine unsolide Makro-Fiskalpolitik unterminiert werden, schlägt die Kommission eine engere Verbindung zwischen Kohäsionspolitik und europäischer Wirtschaftspolitik vor, z. B. durch das Verfahren bei übermäßigem Defizit, das Verfahren bei übermäßigen Ungleichgewichten und das Europäische Semester der wirtschaftspolitischen Koordinierung. Das bedeutet, dass aus den Fonds finanzierte Programme an veränderte wirtschaftliche Bedingungen angepasst werden können. In bestimmten Fällen könnte die Kommission die Überprüfung der Partnerschaftsvereinbarung beantragen, um die Umsetzung von Ratsempfehlungen zu unterstützen. Werden keine Korrekturmaßnahmen getroffen, kann die Finanzierung ausgesetzt werden.« (Europäische Kommission 2011b)

Dieser Teil der Verordnung wurde bis zuletzt kontrovers diskutiert. Im Grundsatz ging es hierbei um zwei Aspekte:

(1) Ist die Verknüpfung von Haushaltsdisziplin mit dem Entzug von Fördermitteln an sich sinnvoll oder kontraproduktiv, weil die bereits manifeste wirtschaftliche Schieflage des betroffenen Mitgliedstaates durch Entzug der Fördermittel nur weiter verschärft wird?

(2) Welche Kompetenzen und Entscheidungsbefugnisse sollen dem Europäischen Parlament in dem Verfahren zur makro-ökonomischen Konditionalität, wie es in Artikel 23 der Verordnung vorgesehen ist, zugestanden werden? Die Diskussion ging dabei auch über den eigentlichen Rahmen der Verordnung hinaus und berührte beispielsweise die Kompetenzen des Parlaments in den delegierten und Durchführungsrechtsakten der EU sowie im Rahmen des wirtschaftlichen Dialogs, der im Zuge der sogenannten Six-Pack Verordnungen eingesetzt wurde. Darüber hinaus ging es auch um die Definition der makroökonomischen Kennzahlen bei der konkreten Ausgestaltung des Sanktionsmechanismus.

Als letzten Hebel für eine stärker auf Wirkung ausgerichtete Kohäsionspolitik sollen die Anforderungen an die Bewertung bzw. Evaluation der Förderung angeführt werden. Waren in der Programmperiode 2007-2013 die Mitgliedstaaten noch relativ frei in der inhaltlichen wie auch zeitlichen Ausgestaltung ihrer Evaluationsvorhaben, macht ihnen die neue Verordnung für die Programmperiode 2014-2020 diesbezüglich gezielte Vorgaben. So müssen sie jede Prioritätsachse innerhalb eines operationellen Programms zumindest einmal im Laufe der Programmperiode daraufhin evaluieren, wie die Fonds zur Erreichung der in der Prioritätsachse vorab formulierten Ziele beigetragen haben. »Mindestens einmal während des Programmplanungszeitraums wird bewertet, wie die Unterstützung aus den ESI-Fonds zu den Zielen für jede Priorität beigetragen hat bzw. beiträgt« (Rahmenverordnung, Art. 56(3)). Im Rahmen der Beschäftigungsinitiative für junge Menschen gehen die an die Evaluation geknüpften Anforderungen noch über diese allgemeinen Bestimmungen in der Rahmenverordnung hinaus. So sind Mitgliedstaaten verpflichtet, qualitative Aspekte der Förderung junger Menschen zu bewerten. Parlament und Rat haben den begünstigten Mitgliedstaaten und Regionen somit einen bindenden Analyseauftrag erteilt, der sich am europäischen Interesse und letztlich an den in der Europa 2020 Strategie niedergelegten Zielen orientiert. Dieser Ansatz unterstreicht die Verzahnung von Solidarität und Konditionalität, die sich durch die gesamte Verordnung zieht.

Zusammenfassung und Ausblick

Schon für die vorhergehende Programmperiode hat die Kommission mit ihren Vorschlägen für die Reform der Struktur- und Kohäsionsfonds versucht, die doppelte Dimension von Solidarität als Voraussetzung und gleichzeitig Ergebnis von Kohäsionspolitik zu stärken. Als die Vorschläge in den Jahren 2004-2006 verhandelt wurden, waren die Rahmenbedingungen jedoch andere als jetzt. Nicht nur saßen »nur« 25 Mitgliedstaaten am Verhandlungstisch; die zehn »neuen« Mitgliedstaaten saßen auch erstmals am Verhandlungstisch. »Nettozahler« und »-empfänger« standen sich in mehr oder weniger klar umrissenen Positionen gegenüber. Das Europäische Parlament war noch kein gleichberechtigter Mitgesetzgeber neben dem Rat. Darüber hinaus waren die wirtschaftlichen Rahmendaten grundsätzlich andere. Vor diesem Hintergrund konnte Solidarität im Jahr 2006 noch als unhinterfragte Einbahnstraße und eindimensionale Legitimationsgrundlage für eine erneute Umverteilung von Finanzmitteln herangezogen werden.

In der jetzt verabschiedeten Reform waren die Rahmenbedingungen grundlegend andere. Überraschend ist zunächst, dass trotz der angespannten Finanzsituation der öffentlichen Kassen in vielen Mitgliedstaaten die Verkürzung auf »Nettozahler« versus »Nettoempfänger« während der gesamten Verhandlungen eine deutlich weniger prominente Rolle spielte, als dies in den Verhandlungen 2005/2006 der Fall gewesen ist. Die Interessenslage der Mitgliedstaaten im Ministerrat und im Europäischen Parlament war insgesamt zu heterogen, als dass sie sich unter dieser Frontstellung einer Umverteilung hätte subsumieren lassen. Im Gegenteil: Es drängte sich der Eindruck auf, dass eine in erster Linie auf Umverteilung ausgerichtete Politik nicht konsensfähig gewesen wäre. Auch den sogenannten »Nettozahlern« ging es nicht mehr in erster Linie um eine Reduktion ihres Beitrages; es ging viel stärker als in der vorangegangen Verhandlungsrunde um die Durchsetzung politischer Langzeitziele.

Die angespannte Finanzlage öffentlicher Haushalte scheint also überraschenderweise nicht zu einem verschärften Verteilungskampf über die geringeren Finanzmittel oder gar zu einer Infragestellung der Kohäsionspolitik geführt zu haben. Auch wenn Mitgliedstaaten im Lichte ihrer Partikularinteressen möglicherweise auf mehr Flexibilität und schlichte Umverteilung gedrängt hätten, wäre dies nicht als Lösung für die EU-28 anerkannt worden. Stattdessen scheint sich der mitgliedstaatliche Blick dafür geschärft zu haben, den größtmöglichen Mehrwert mit der Kohäsionspolitik zu erreichen. Hierbei waren die bereits auf europäischer Ebene verabschiedeten Instrumente und Strategien instrumentell entscheidend für eine Einigung.

Darüber hinaus setzte das Europäische Parlament, dessen Entscheidungsfindung sich traditionell nicht entlang des »Zahler«- versus »Empfänger«-Schemas einordnen lässt, neue Verhandlungsschwerpunkte, die in der Vergangenheit nur eine untergeordnete Rolle gespielt hatten. Das Europäische Parlament verfolgte eher politische Langzeitziele, nicht zuletzt weil es selbst – im Unterschied zu den Mitgliedstaaten – nie mit der Umsetzung der Kohäsionspolitik konfrontiert sein wird. Das Parlament forderte damit immer wieder eine Auseinandersetzung mit den politischen Aspekten der Kohäsionspolitik ein.

Die Kommission als Hüterin der Verträge hat in ihren Vorschlägen Stellung für eine solidarische Kohäsionspolitik als Umverteilungsmechanismus einerseits und als politische Zielbestimmung und Auftrag andererseits bezogen. Nur ein Gesetzgeber mit weitgehend homogenen Interessen hätte diese starke Vorlage der Kommission so entkernen können, wie dies in weiten Teilen in 2005/2006 geschehen ist. Jeder Mitgliedstaat hat über seine Vertreter im Ministerrat die jeweiligen Partikularinteressen vertreten. Ausgeglichen wurde dies durch ein Europäisches Parlament, das keine mitgliedstaatlichen Partikularinteressen verfolgte, sondern sich im Wettstreit der Parteien und Fraktionen als mehrheitsfähig erweisende politische Prioritäten vertreten kann. Auch wenn die Kommission in den eigentlichen Trilog-Verhandlungen kein formelles Vetorecht besitzt, spielte sie als Hüterin der Verträge eine wichtige Rolle als unabhängige, um die Wahrung und Durchsetzung des europäischen Gemeininteresses bemühte Sachwalterin und Gutachterin der Änderungsvorschläge von Parlament und Rat.

Es bleibt abzuwarten, ob das in den Verordnungen nunmehr verankerte Prinzip der europäischen Solidarität als Ausdruck politischer Wirksamkeitsbestimmungen in der Umsetzung standhält. Hier ist es an der Kommission und am Europäischen Parlament, dem die Kommission rechenschaftspflichtig ist, darauf zu achten, dass Kohäsionspolitik über die Umsetzung der operationellen Programme nicht (wieder) auf eine Umverteilungsmaschinerie reduziert wird.

Literatur

Axt, Heinz-Jürgen 2005: Alter Wein in neuen Schläuchen. Warum die Kommission nicht vom Ziel des Regionalausgleichs in der Strukturpolitik abgeht; In: Ines Hartwig, Ines/Petzold, Wolfgang (Hrsg.): Solidarität und Beitragsgerechtigkeit, Baden-Baden, 11-38.

Barca, Fabrizio 2009: An agenda for a reformed cohesion policy: A place-based approach to meeting European Union challenges and expectations. Online unter: www.europarl.europa.eu/meetdocs/2009_2014/documents/regi/dv/barca_report_/barca_report_en.pdf (14.04.2014).

Bayertz, Kurt 2003: Begriff und Problem der Solidarität; In: Bayertz, Kurt (Hrsg.): Solidarität, Frankfurt/M., 11-53.

Böckenförde, Ernst-Wolfgang 2003: Conditions for European solidarity, Beitrag auf der Konferenz »The conditions for European solidarity«, 5.5.2003, Brüssel.

Davoudi Simin 2005: Understanding Territorial Cohesion; In: Planning Practice and Research, 20(4), 433-441.

Denninger, Erhard 2009: Solidarität als Verfassungsprinzip; In: Kritische Vierteljahresschrift für Gesetzgebung und Rechtswissenschaft, Nr. 1/2009, 20-30.

Domurath, Irina 2012: The Three Dimension of solidarity in the EU Legal Order: Limits oft he Judicial and Legal Approach; In: Journal of European Integration, 35 (4), 459-475.

Durkheim, Emile 1947 [1893]: The Division of Labor in Society, Translated by George Simpson, New York.

Engelhardt, H. Tristram Jr. 1995: Solidarity: Post-Modern Perspectives; In: Orsi, Giuseppe u. a. (Hrsg.): Solidarität. Frankfurt/M., 59-63.

Engels, Friedrich 1885: Bund der Kommunisten, MEW Band 21, Berlin.

European Commission 2013: Q&A on the legislative package for EU Cohesion Policy 2014-2020, 10 July 2013, Memo 13/678, Brussels.

European Court of Auditors 2012: Cost effectiveness of cohesion policy investment in energy efficiency, Special Report 21/2012, Luxembourg.

Europäische Kommission 2011a: Strukturpolitik 2014–2020: Verordnungsvorschlag zu allen EU-Strukturinstrumenten, Bürgerinfo, Oktober 2011. Online unter: ec.europa.eu/regional_policy/.../2014/.../general_summary_de.doc (14.04.2014).

Europäische Kommission 2011b: Fragen und Antworten: Legislativpaket zur Regional-, Beschäftigungs- und Sozialpolitik der EU für den Zeitraum 2014-2020, 6. Oktober 2011, Memo 11/663, Brüssel.

Europäische Kommission 2011c: Vorschlag für eine Verordnung des Europäischen Parlaments und des Rates mit gemeinsamen Bestimmungen über den Europäischen Fonds für regionale Entwicklung, den Europäischen Sozialfonds, den Kohäsionsfonds, den Europäischen Landwirtschaftsfonds für die Entwicklung des ländlichen Raums und den Europäischen Meeres- und Fischereifonds, für die der Gemeinsame Strategische Rahmen gilt, sowie mit allgemeinen Bestimmungen über den Europäischen Fonds für regionale Entwicklung, den Europäischen Sozialfonds und den Kohäsionsfonds und zur Aufhebung der Verordnung (EG) Nr. 1083/2006, KOM (2011) 615 endg., 6.10.2011.

Europäische Kommission 2012: Kommission schlägt einheitliches Programmplanungsinstrument für alle Strukturfonds vor, Pressemitteilung, IP/12/236 14/03/ 2012, Brüssel.

Europäische Kommission 2013: Monitoring und Evaluierung der europäischen Kohäsionspolitik. Europäischer Sozialfonds. Online unter: ec.europa.eu/social/Blob Servlet?docId=7884&langId=de (15.04.2014).

Galbraith, John Kenneth 1996: The Good Society, Boston/New York.

Gloser, Günter 2005: Bekenntnis zur richtig verstandenen europäischen Solidarität; In: Hartwig, Ines/Petzold, Wolfgang (Hrsg.): Solidarität und Beitragsgerechtigkeit: Die Reform der EU-Strukturfonds und die Finanzielle Vorausschau, Baden-Baden, 49-56.

Göbel, Andreas/Pankoke, Eckart 2003: Grenzen der Solidarität: Solidaritätsformeln und Solidaritätsformen im Wandel; In: Bayertz, Kurt (Hrsg.): Solidarität, Frankfurt/M., 463-494.

Habermas, Jürgen 1991: Gerechtigkeit und Solidarität; In: Nummer-Winkler, Gertrud (Hrsg.): Weibliche Moral: Die Kontroverse um eine geschlechtsspezifische Ethik, Frankfurt/M., 225-238.

Hartwig, Ines/Nicolaides, Pheidon 2003: Elusive Solidarity in an Enlarged European Union; In: Eipascope, 2003 (3), 19-25.

Hellmund, Folker 2005: Zwischen Eigeninteresse und Konsensbemühungen – Bund und Länder als Akteure Europäischer Strukturpolitik; In: Hartwig, Ines/Petzold Wolfgang (Hrsg.): Solidarität und Beitragsgerechtigkeit, Baden-Baden, 77-82.

Holder, Jane/Layard, Antonia 2010: Relating Territorial Cohesion, Solidarity and Spacial Justice; In: Ross, Malcolm/Borgmann-Prebil, Yuri (Hrsg.): Promoting Solidarity in the European Union, New York, 262-287.

Hondrich, Karl-Otto/Koch-Arzberger, Claudia 1992: Solidarität in der modernen Gesellschaft, Frankfurt/M.

Lais, Martina 2007: Das Solidaritätsprinzip im europäischen Verfassungsverbund, Baden-Baden.

Khushf, Georges 2003: Solidarität als moralischer und politischer Begriff: Jenseits der Sackgasse von Liberalismus und Kommunitarismus; In: Bayertz, Kurt (Hrsg.): Solidarität, Frankfurt/M., 111-145.

Kingreen, Thorsten 2003: Das Sozialstaatsprinzip im europäischen Verfassungsverbund, Tübingen.

Kleinhenz, Gerhard 1996: Subsidiarität und Solidarität bei der sozialen Integration in Europa; In: ders. (Hrsg.): Soziale Integration in Europa II, Berlin, 7-24.

Koenig Peter 2012: Reform of the EU Cohesion Policy; In: European Review, 20 (2), 252-263.

Mau, Steffen 2008: Europäische Solidaritäten; In: Aus Politik und Zeitgeschichte, Nr. 21/2008. 9-14.

Maurer, Andreas 2003: Orientierungen im Verfahrensdickicht: Die neue Normenhierarchie der Europäischen Union; In: Integration, 2003 (4), 440-453.

Metz, Karl H. 1995: Solidarität und Geschichte; In: Orsi, Giuseppe u. a. (Hrsg.): Solidarität, Frankfurt/M., 17-36.

Molle, Willem 2007: European Cohesion Policy, Abingdon, New York.

Monjal, Pierre-Yves 2013: La fonction juridique suspensive du principe de solidarité: Remarque sur la juridicité neutralisante d'un principe social dans l'environnement concurrentiel européen; In: Revue du Droit de l'union européenne, 2013 (1), 7-52.

Nowotny, Ewald 2002: Perspektiven einer europäischen Finanzverfassung; In: Heseler, Heiner u.a. (Hrsg.): Gegen die Markt-Orthodoxie: Perspektiven einer demokratischen und solidarischen Wirtschaft, Hamburg, 138-154.

Preuß, Ulrich K. 2003: Nationale, supranationale und internationale Solidarität; In: Bayertz, Kurt (Hrsg.): Solidarität, Frankfurt/M., 399-410.

Rawls, John 1957: Justice as Fairness; In: The Journal of Philosophy, 54 (22), 653-662.

Rawls, John 1983: Gerechtigkeit als Fairneß: politisch und nicht metaphsyisch. Vortrag an der New York University; In: Rawls, John 1999: Die Idee des politischen Liberalismus: Aufsätze 1978-1989, herausgegeben von Wilfried Hinsch, Frankfurt/M.

Rawls, John 1993: Political Liberalism, New York.

Reinert, Adrian 1999: Solidarität als bedingter Altruismus; In: Chatzimarkakis, Georgios/Hinte, Holger (Hrsg.): Brücken zwischen Freiheit und Gemeinsinn, Bonn, 47-57.

Sangiovanni, Andrea 2013: Solidarity in the European Union; In: Oxford Journal of Legal Studies, 33 (2), 213-241.

Scharpf, Fritz W. 1993: Autonomieschonend und gemeinschaftsverträglich: Zur Logik der europäischen Mehrebenenpolitik, MPIfG Working Paper, Nr. 9/1993.

Schlegel, Rainer 2010: Solidarität; In: Hohmann-Dennhardt, Christine/Masuch, Peter/Villiger, Mark (Hrsg.): Grundrechte und Solidarität: Durchsetzung und Verfahren, Berlin, 331-346.

Thome, Helmut 2003: Soziologie und Solidarität: Theoretische Perspektiven für die empirische Forschung; In: Bayertz, Kurt (Hrsg.): Solidarität, Frankfurt/M., 217-262.

Wildt, Andreas 1995: Bemerkungen zur Begriffs- und Ideengeschichte von Solidarität und ein Definitionsvorschlag für diesen Begriff heute; In: Orsi, Giuseppe u. a. (Hrsg.): Solidarität, Frankfurt/M., 37-48.

Zimmermann-Steinhart, Petra 2005: Aus alt mach neu – oder die Transparenz der künftigen Strukturpolitik; In: Hartwig, Ines/Petzold, Wolfgang (Hrsg.): Solidarität und Beitragsgerechtigkeit, Baden-Baden, 83-94.

Zürcher, Markus Daniel 1998: Solidarität, Anerkennung und Gemeinschaft: Zur Phänomenologie, Theorie und Kritik der Solidarität, Tübingen.

Solidarität in der EU-Umweltpolitik

Jale Tosun

1. Einleitung

Die meisten Arten der Umweltverschmutzung machen nicht vor nationalen Grenzen Halt. Aufgrund der negativen Externalitäten von Umweltverschmutzung sowie des Umstands, dass aus niedrigen Umweltstandards Wettbewerbsvorteile entstehen, die zu Verzerrungen im Binnenmarkt führen können, besitzt die Europäische Union (EU) weitreichende Regelungskompetenzen im Bereich der Umweltpolitik. Begründet in dem Ziel, grenzüberschreitende Verschmutzung zu beschränken und Wettbewerbsverzerrungen zu verhindern, entstand europäische Umweltpolitik zunächst im Zusammenhang mit der wirtschaftlichen Integration (Knill 2008a, b). Vor allem in der öffentlichen Diskussion wurde oft kritisiert, dass es sich bei der europäischen Umweltpolitk um eine Politik des kleinsten gemeinsamen Nenners handeln würde (Holzinger 1994). Empirisch lässt sich dieser Vorwurf jedoch nicht bestätigen, da die Regelungsbreite und -tiefe der europäischen Umweltvorschriften beständig zugenommen haben (vgl. z.B. Jordan/Adelle 2012).

Dennoch muss festgehalten werden, dass sowohl die umweltpolitischen Präferenzen als auch Umsetzungskapazitäten der Mitgliedstaaten im europäischen Mehrebenensystem spätestens seit der ersten EU-Osterweiterung 2004 zunehmend heterogener werden (Holzinger/Knoepfel 2000).[1] Hieraus erwächst die Notwendigkeit, dass die Akteure bei der Initiierung, Formulierung und Umsetzung von europäischer Umweltpolitik solidarisch miteinander umgehen müssen.

Artikel 222 AEUV enthält eine »Solidaritätsklausel«, die besagt, dass die EU und ihre Mitgliedstaaten gemeinsam und solidarisch handeln sollen, wenn ein Mitgliedstaat bespielsweise Opfer einer Naturkatastrophe wird (siehe von Ondarza in diesem Band). In diesem Beitrag geht es we-

---

1   Für einen allgemeinen empirischen Überblick über Politikgestaltung im europäischen Mehrebenensystem siehe z.B. *Heinelt* und *Knodt* (2011). Eine theoretische Diskussion von Mehrebenensystemen findet sich beispielsweise in *Benz* (2009).

niger um solidarisches Handeln in Ausnahmesituationen als vielmehr um Solidarität bei der Formulierung und Umsetzung von alltäglicher gemeinschaftlicher Umweltpolitik. Der Beitrag versteht Solidarität allgemein als eine unterstützende Haltung gegenüber Handlungen und Zielen innerhalb einer Gruppe von Akteuren. Solidarität in der europäischen Umweltpolitik wird definiert als die Gewährung von Hilfe und Unterstützung, um gemeinsam vereinbarte Umweltziele zu erreichen. Diese Definition orientiert sich an dem Konzept der intergouvernementalen Solidarität, wie es von Kleger und Mehlhausen in diesem Sammelband ausgeführt wird.

Welche Formen der Hilfe und Unterstützung gewähren die EU-Institutionen und die Mitgliedstaaten sich gegenseitig, um die Ziele der gemeinschaftlichen Umweltpolitik zu erreichen? Wo stößt die Solidarität an ihre Grenzen? Um den beiden Forschungsfragen nachzugehen, präsentiert dieser Beitrag drei Fallstudien. In der ersten Fallstudie geht es um die verlängerten Umsetzungsfristen, die den neuen EU-Mitgliedstaaten für die Übernahme von EU-Umweltrecht gewährt wurden, und die als eine Form der Solidarität in der Umweltpolitik betrachtet werden können. In der zweiten Fallstudie rückt das Verhältnis von Europäischer Kommission und Mitgliedstaaten in den Vordergrund. Sie zeigt, dass sich die Mitgliedstaaten trotz unterschiedlicher Policy-Präferenzen mit Österreich und Ungarn solidarisiert haben, als die Europäische Kommission die beiden Staaten dazu bewegen wollte, ihre Anbauverbote für gentechnisch verändertem Mais aufzugeben. In der dritten Fallstudie geht es darum nachzuzeichnen, inwieweit wirtschaftliche Faktoren einen Einfluss auf die umweltpolitische Haltung der Mitgliedstaaten haben und inwiefern diese hierbei auf die Solidarität der anderen Mitgliedstaaten und der Europäischen Kommission zählen können. Auf Grundlage der drei Fallstudien zeigt dieser Beitrag, dass die EU und ihre Mitgliedstaaten in der Umweltpolitik einen durchaus solidarischen Umgang miteinander pflegen.

Jedoch ist ebenfalls festzuhalten, dass die Solidarität konzentriert auf bestimmte Situationen und durch ein Kosten-Nutzen-Kalkül geprägt ist, was gemäß Kleger und Mehlhausen (in diesem Band) vornehmlich dem so genannten organischen Modell der intergouvernementalen europäischen Solidarität entspricht. Auch lässt sich in diesem Zusammenhang konstatieren, dass, wie bereits von Bast (in diesem Band) für die europäische Asyl- und Einwanderungspolitik festgestellt wurde, die Solidarität im Bereich der Umweltpolitik eine Art »Funktionsbedingung« darstellt, deren Erfüllung es den EU-Institutionen und Mitgliedstaaten ermöglichen soll, die gemeinschaftlichen Ziele zu erreichen.

2. Grundzüge der EU-Umweltpolitik

Die europäische Umweltpolitik enstand ursprünglich in den 1970er Jahren als »Anhängsel« der wirtschaftlichen Integration und hat sich nach und nach zu einem eigenständigen Politikfeld mit einem umfassenden Instrumentarium entwickelt (Knill 2008a, b; Knill/Tosun 2011). Die umweltpolitischen Leitlinien der EU sind in den Artikeln 191 bis 193 im Vertrag über die Arbeitsweise der EU festgelegt. Gemäß Artikel 191 Absatz 2 zielt die EU-Umweltpolitik »unter Berücksichtigung der unterschiedlichen Gegebenheiten in den einzelnen Regionen der Union auf ein hohes Schutzniveau ab«. Weiter heißt es darin, dass die europäische Umweltpolitik auf folgenden vier Grundsätzen basiert:

- dem Vorsorgeprinzip,
- dem Vorbeugeprinzip,
- dem Ursprungsprinzip und
- dem Verursacherprinzip.

Das Vorsorgeprinzip ermöglicht die Initiierung von Gesetzgebung in Situationen, in denen eine mögliche Gefährdung der Umwelt und daher die Notwendigkeit zum Handeln bestehen. Dieses Prinzip ermöglicht ein antizipatives Handeln, d.h. politische Interventionen sind möglich, bevor Schädigungen eindeutig nachweisbar bzw. bekannt sind (vgl. z.B. Becker 2004, 865ff.). Das Vorsorgeprinzip ist somit weitreichender als das Vorbeugeprinzip, das auf die Verhinderung bekannter schädlicher Auswirkungen auf die Umwelt gerichtet ist. Das Ursprungsprinzip besagt, dass eine Umweltbeeinträchtigung an der Quelle bekämpft werden soll, an der sie entsteht. Das Verursacherprinzip legt fest, dass derjenige, der die Umwelt belastet oder verschmutzt, für die Kosten für die Vermeidung, Beseitigung und für den eventuell notwendigen Ausgleich von Umweltbelastungen aufzukommen hat (Knill 2008a).

Auf der Grundlage dieser Leitlinien hat sich die Umweltpolitik seit den 1970er Jahren beständig weiterentwickelt und weist heute eine hohe Regelungsdichte auf. Nach Angaben des Bundesministeriums für Umwelt, Naturschutz und Reaktorsicherheit haben 80 Prozent des in Deutschland geltenden Umweltrechts ihren Ursprung in Brüssel.[2] Durch die große Anzahl europäischer Umweltpolitiken ziehen diese weitreichende Anpassungsan-

---

2   Diese Aussage beruht auf Informationen, die auf dieser Internetseite abrufbar sind: http://www.bmu.de/themen/europa-international/europa-und-umwelt/kurzinfo/.

forderungen in allen Mitgliedstaaten nach sich (Knill/Lenschow 2000; Knill 2008a, b). Daher wundert es nicht, dass die Daten der Europäischen Kommission weitreichende Umsetzungsprobleme vonseiten der nationalen Umweltverwaltungen belegen (vgl. z.B. Koutalakis/Buzogany/Börzel 2010; Jordan/Tosun 2012).

Zentrale Bereiche der europäischen Umweltpolitik umfassen die Chemikalienkontrolle, die Luftreinhaltung, den Gewässerschutz, den Naturschutz und die Abfallwirtschaft (vgl. Knill 2008a). Leitfaden für die Entwicklung der europäischen Umweltpolitik sind seit 1973 die Umweltaktionsprogramme, die die Ziele und Prioritäten für einen bestimmten Zeitraum festlegen. Gegenwärtig befindet sich der Vorschlag der Europäischen Kommission für ein 7. Umweltaktionsprogramm im Gesetzgebungsverfahren. Dieses strebt bis 2020 an, dass erstens das Naturkapital der EU geschützt, erhalten und verbessert wird sowie zweitens, dass ein Übergang zu einem ressourceneffizienten, umweltschonenden und wettbewerbsfähigen CO_2-armen Wirtschaftssystem gelingt. Darüber hinaus sieht der Vorschlag vor, die europäischen Bürger vor umweltbedingten Belastungen, Gesundheitsrisiken und Beeinträchtigungen ihrer Lebensqualität zu schützen und eine Maximierung der Vorteile aus dem Umweltrecht der EU zu erreichen. Des Weiteren sollen Investitionen für Umwelt- und Klimapolitik und angemessene Preisgestaltung gesichert, die Einbeziehung von Umweltbelangen verbessert und die nachhaltige Entwicklung von Städten in der EU gefördert werden. Zuletzt zielt die Europäische Kommission darauf ab, die Faktengrundlage für die Umweltpolitik und damit die Fähigkeit der EU, wirksam auf regionale und globale Umwelt- und Klimaprobleme einzugehen, zu verbessern (Europäische Kommission 2012, 8).

Wie anhand des Vorschlags für ein neues Umweltaktionsprogramm deutlich wird, ist in den letzten Jahren die Bekämpfung des Klimawandels in den Mittelpunkt europäischer Umweltpolitik gerückt. So sieht die EU beispielsweise vor, die Treibhausgasemissionen bis 2020 um mindestens 20 Prozent im Vergleich zu 1990 zu verringern, gleichzeitig jedoch den Anteil erneuerbarer Energien auf 20 Prozent zu steigern (Fischer 2009a). In diesem Zusammenhang hat die EU mit dem Emissionshandelssystem ein international bislang einzigartiges Politikinstrument geschaffen (Böhringer 2010).

Die praktisch bedeutsamste Rechtsform der europäischen Umweltpolitik ist die (Rahmen-)Richtlinie, die für die Mitgliedstaaten hinsichtlich des zu erreichenden Zieles verbindlich ist, den staatlichen Stellen jedoch die Wahl der Form und Mittel zur Erreichung dieser Ziele überlässt (Knill

2008a). Diese enthalten oft Grenzwerte für schädliche Emissionen, die Minimalstandards entsprechen (vgl. z.B. Holzinger/Knill/Sommerer 2010). Konkret bedeutet dies, dass die einzelnen Mitgliedstaaten grundsätzlich ein höheres Schutzniveau beibehalten können (Artikel 193). Richtlinien müssen in nationales Recht umgesetzt werden, um ihre rechtliche Wirkung entfalten zu können. Die Europäische Kommission überwacht die Umsetzung der EU- Richtlinien in nationales Recht. Die Umsetzung in nationales Recht entfällt bei der zweitwichtigsten Rechtsform der europäischen Umweltpolitik: Die Verordnung, die in allen ihren Teilen unmittelbar gilt. Verordnungen lassen den EU-Mitgliedstaaten weniger gestalterischen Spielraum, da sie sowohl die Ziele als auch die Instrumente verbindlich vorgeben (Knill 2008a).

Zudem entwirft die Europäische Kommission Strategien und Programme, die in Form von Mitteilungen dem Europäischen Parlament, dem Europäischen Rat und dem Ministerrat mitgeteilt werden und dann zu Beschlüssen führen können. Hinzu kommen zahlreiche internationale Übereinkommen und Vereinbarungen zum Umwelt- und Klimaschutz, denen die EU beigetreten ist und die teilweise die Handschrift der EU tragen (vgl. z.B. Kelemen/Vogel 2010; Schulze/Tosun 2013). Ein prominentes Beispiel für ein solches internationales Umweltabkommen, das stark von der EU mitgestaltet wurde, ist das Cartagena-Protokoll über biologische Sicherheit (vgl. z.B. Kelemen 2010). Die Maßnahmen auf internationaler Ebene zur Bewältigung von Umweltproblemen und zur Bekämpfung des Klimawandels werden ausdrücklich als Ziel der europäischen Umweltpolitik verstanden (Artikel 191 Absatz 1).

Richtlinien und Beschlüsse erlassen das Europäische Parlament und der Ministerrat im Umweltbereich gemeinsam. Die Umsetzung des europäischen Umweltrechts erfolgt dann durch die Umweltbehörden der Mitgliedstaaten. Zur Optimierung des Vollzugs des europäischen Umweltrechts sind die Umweltbehörden der Mitgliedstaaten seit 2008 im Europäischen Netzwerk für die Anwendung und Durchsetzung des Umweltrechts verbunden (Jordan/Tosun 2012).

Die Gestaltung von Umweltpolitik im Mehrebenensystem der EU ist nicht nur durch die einseitige Anpassung nationaler Regulierungsarrangements geprägt. Die Mitgliedstaaten sind durchaus in der Lage, die umweltpolitische Agenda der Union zu beeinflussen. Daher ist das konstitutive Element der europäischen Umweltpolitik die Wechselbeziehung zwischen nationalen und supranationalen Akteuren (Knill/Tosun 2011). Diese Interaktion wird dann zusätzlich durch eine Vielzahl von internationalen Akteuren beeinflusst (Knodt 2004).

In vielen Bereichen sind die europäischen Umweltvorschriften weltweit vorbildlich. Die Regelungen entsprechen den jeweiligen verfügbaren wissenschaftlichen und technischen Daten. Allerdings bedeutet dies auch, dass die Umsetzung und Anwendung des europäischen Umweltrechts eine Herausforderung für Staaten ist, die nicht über eine ausreichend entwickelte Gesetzgebung und angemessene administrative Strukturen verfügen (vgl. z.B. Holzinger/Knoepfel 2000; Börzel 2009; Knill/Tosun 2009; Koutalakis/Buzogany/Börzel 2010). Die Probleme umfassen zum einen eine unvollständige und nicht fristgemäße Übernahme europäischer Vorgaben in das nationale Recht. Zum anderen zeigen sie sich bei der praktischen Anwendung dieser Vorgaben durch die nationalen Verwaltungen (Knill 2008a, b).

Diese Problematik wurde erstmals verstärkt im Zuge der EU-Erweiterungsrunde von 2004 diskutiert und ist seither ein zentrales Thema bei der Bewertung der EU-Beitrittsfähigkeit der Kandidatenstaaten. Umsetzungsprobleme führen zum einen dazu, dass das Schutzniveau in der EU unter dem liegt, was prinzipiell möglich wäre. Zum anderen können vor allem persistente Umsetzungsprobleme als eine Form des Trittbrettfahrens verstanden werden (Barrett/Stavins 2003). Die Kosten aus der harmonisierten Umweltpolitik werden nicht von allen Mitgliedstaaten getragen, sondern nur von denjenigen, die das europäische Recht korrekt umsetzen. Trotzdem profitieren auch die Mitgliedstaaten von einer besseren Umweltqualität, die nicht dazu bereit sind, die Kosten der Umsetzung der europäischen Umweltpolitik zu tragen. Dies kann dazu führen, dass eine EU-weite Regelung von Umweltpolitik grundsätzlich in Frage gestellt werden könnte, was wiederum langfristig in einer Renationalisierung der Gesetzgebung resultieren könnte.

3. Verlängerte Umsetzungfristen für neue EU-Mitgliedstaaten

Mit den EU-Erweiterungsrunden 2004 und 2007 wurden europaweit Verbesserungen für die Umwelt erreicht, da die neuen Mitgliedstaaten bereits vor dem EU-Beitritt europäisches Umweltrecht übernehmen und moderne Umweltverwaltungen aufbauen mussten. Diese Anpassungen werden in der Literatur in erster Linie vor dem Hintergrund der EU-Beitrittskonditionalität diskutiert (Schimmelfennig/Sedelmeier 2004; Schimmelfennig 2008). Die mittel- und osteuropäischen Staaten, die Mitte der 1990er Jahre einen Antrag auf EU-Mitgliedschaft gestellt haben, mussten zusätzlich zur Erfüllung der Kopenhagener Kriterien noch vor ihrem offiziellen Beitritt den gesamten europäischen Besitzstand übernehmen. Als Konsequenz hieraus mussten auch die zahlreichen umweltpolitischen Regelungen während der Beitrittsphase übernommen und angewandt werden.

So zeigt Andonova (2004), dass die Notwendigkeit zur Übernahme von europäischem Umweltrecht nicht nur dazu geführt hat, dass die bestehenden nationalen Umweltpolitiken beeinflusst wurden, sondern auch zu einer Veränderung der Interessen nationaler Wirtschaftsakteure aufgrund des Marktdrucks und der Bereitstellung von Informationen durch transnationale Wirtschaftsverbände in der chemischen Industrie und der Stromindustrie in Bulgarien, Polen und der Tschechischen Republik. Tosun (2013a) illustriert, wie verbindlich die Erfüllung der Umweltauflagen von den Regierungen in den mittel- und osteuropäischen Staaten erachtet wurde. Die bereits bestehenden Luftqualitätsstandards, die teilweise strengere Grenzwerte definierten als die europäischen Vorgaben, wurden in der Form angepasst, dass sie den EU-Bestimmungen exakt entsprachen. Es kann konstatiert werden, dass angesichts des Umfangs des EU-Umweltrechts die neuen Mitgliedstaaten mit dessen Übernahme und Durchsetzung eine gewaltige Anpassungsleistung vollbracht haben (Andonova 2004).

Die erfolgreiche Übernahme des gesamten europäischen Besitzstands war eine notwendige Bedingung für den erfolgreichen Abschluss der Beitrittsverhandlungen. So wurden Bulgarien und Rumänien nicht zum Treffen des Europäischen Rates in Luxemburg im Dezember 1997, das den Beginn der Beitrittsverhandlungen mit den mittel- und osteuropäischen Staaten markierte, eingeladen. Beide Staaten wiesen erhebliche Defizite im Bereich der Rechtsstaatlichkeit und Verwaltungskapazität auf und hatten die notwendigen wirtschaftspolitischen Reformen noch nicht auf den Weg gebracht (Noutcheva/Bechev 2008, 121).

Eine weitere Besonderheit der EU-Osterweiterung ist darin zu sehen, dass den mittel- und osteuropäischen Staaten nur eingeschränkte Mitgliedschaftsrechte eingeräumt wurden. So sahen die Beitrittsverträge vor, dass die Freizügigkeit von Arbeitnehmern für eine Übergangsfrist nach dem jeweiligen EU-Beitritt eingeschränkt werden konnte. Im Falle von Bulgarien und Rumänien sowie bei dem im Juli 2013 erfolgten Beitritt von Kroatien bedeutet dies konkret, dass die Arbeitnehmerfreizügigkeit für eine Übergangsfrist von bis zu sieben Jahren eingeschränkt werden kann. Das Gewähren von temporär eingeschränkten Mitgliedschaftrechten war notwendig, um ein Scheitern der Aufnahmeverhandlungen am Veto der potentiell von der Arbeitnehmerfreizügigkeit betroffenen Altmitglieder wie Deutschland, Italien und Österreich zu verhindern (Schneider 2006).

Die Literatur zur EU-Osterweiterung konzentriert sich sehr auf die asymmetrische Beziehung zwischen den neuen Mitgliedstaaten auf der einen Seite und den alten Mitgliedstaaten auf der anderen. Diese Perspektive ist aufgrund der tatsächlich beobachteten Verhandlungsdynamiken gerechtfertigt. Dennoch muss festgehalten werden, dass die Literatur der Tatsache, dass den Beitrittskandidaten in den letzten drei EU-Erweiterungsrunden zahlreiche Übergangsregelungen gewährt wurden, wenig Beachtung schenkt. Die zurückhaltende Diskussion ist vor allem im Bereich der Umweltpolitik überraschend, da den neuen Mitgliedstaaten insbesondere in diesem Politikfeld zahlreiche Übergangsregelungen gewährt wurden.

Tabelle 1 gibt einen Überblick über die Übergangsregelungen für die zwölf mittel- und osteuropäischen Staaten, die 2004 und 2007 beigetreten sind, sowie für Kroatien. In der Tabelle dargestellt sind die Anzahl der Richtlinien, für die eine zusätzliche Frist für die Umsetzung gewährt wurde, das Beitrittsjahr sowie die kürzeste und die längste gewährte zusätzliche Umsetzungsfrist. Zudem verweist die Tabelle darauf, ob andere Arten von Ausnahmeregelungen außer zusätzlichen Fristen gewährt wurden. Hierbei stellt sich die Darstellung der Ausnahmeregelungen vor allem für Kroatien als schwierig dar, so dass an dieser Stelle für einen Überblick direkt auf Annex V Kapitel 10 des Beitrittsvertrags verwiesen werden soll (vgl. Rat der Europäischen Union 2011).

Wie Tabelle 1 entnommen werden kann, wurden allen mittel- und osteuropäischen Staaten Übergangsfristen eingeräumt. Alle 13 Mitgliedstaaten haben Übergangsfristen für die Umsetzung der EU-Richtlinie vom 21. Mai 1991 über die Behandlung von kommunalem Abwasser (91/271/ EWG) erhalten. Es handelt sich hierbei um eine sehr umfassende Richtlinie, deren Umsetzung von der Europäischen Kommission genau überwacht wird und mit der Verpflichtung einhergeht, alle zwei Jahre einen Lagebericht zur Abwasserbeseitigung zu veröffentlichen. Um die Auflagen der Richtlinie erfüllen zu können, sind Investitionen in den Neu- und Ausbau von Abwasserbehandlungsanlagen und Kanalisationen notwendig (vgl. Heichel/Pape/Tosun 2013).

Zudem wurde den meisten neuen Mitgliedstaaten eine zusätzliche Frist für die Erfüllung der Zielvorgaben der Richtlinie 94/62/EG über die Bewirtschaftung von Verpackungen und Verpackungsabfällen eingeräumt. Diese Richtlinie zielt darauf ab, die Produktion von Verpackungsabfall zu begrenzen und die Verwertung und die Wiederverwendung der Verpackungsabfälle zu fördern. Bei den Regelungen von Verpackungen und Verpackungsabfällen ist interessant, dass eigens eine Richtlinie (2005/20/

EG) erlassen wurde, um den neuen Mitgliedstaaten zusätzliche Fristen mit der Begründung zu gewähren, dass deren »besonderer Lage« angemessen Rechnung getragen werden müsse.

Tabelle 1: Verlängerte Umsetzungsfristen für EU-Umweltrecht

Land	Anzahl	Beitritt	Frist (min)	Frist (max)	Ausnahmeregelungen
Bulgarien	9	2007	2008	2014	
Estland	5	2004	2006	2015	Schutz von Luchsen
Kroatien	6	2013	2013	2024	Diverse
Lettland	8	2004	2004	2015	
Litauen	4	2004	2006	2015	
Malta	8	2004	2004	2009	
Polen	10	2004	2005	2017	
Rumänien	12	2007	2008	2018	
Slowenien	3	2004	2007	2015	
Slowakei	7	2004	2006	2015	
Tschechien	3	2004	2005	2010	
Ungarn	4	2004	2004	2015	
Zypern	3	2004	2005	2012	Schadstoffemissionen aus Großfeuerungsanlagen

Datenquelle: Generaldirektion Erweiterung 2004 und 2011.

Die dritte Richtlinie, für die viele neue Mitgliedstaaten Übergangsfristen eingeräumt bekommen haben, bezieht sich auf die Begrenzung von Schadstoffemissionen von Großfeuerungsanlagen (Richtlinie 2001/80/ EG). Der Richtlinie geht es in erster Linie darum, die jährlichen Gesamtemissionen von Schwefeldioxid, Stickoxiden und Staub aus Großfeuerungsanlagen zu begrenzen. Um dies zu erreichen, müssen Industrieanlagen beispielsweise mit Filtertechnologien ausgestattet werden, was große Investitionen erfordert.

Wie die Tabelle zeigt, sind einige der gewährten Übergangsfristen von einer beachtlichen Dauer. So hat Rumänien bis zum Jahr 2018 Zeit, die Bestimmungen der Richtlinie über die Behandlung von kommunalem Abwasser umzusetzen. Kroatien hat für dieselbe Richtlinie ebenfalls einen Aufschub von über zehn Jahren erhalten und muss die Anforderungen erst am 1. Januar 2024 erfüllen.

Zwölf und damit die meisten Fristverlängerungen für die Umsetzung von EU-Umweltrecht wurden Rumänien gewährt. Die polnische Regierung konnte Fristverlängerungen für zehn Richtlinien aushandeln und die bulgarische Regierung für neun. Die geringste Anzahl an Übergangsfristen kann für Slowenien und Zypern konstatiert werden. Diese Beobachtung legt die Vermutung nahe, dass vor allem neuen EU-Mitgliedstaaten mit geringer administrativer Kapazität viele Übergangsfristen gewährt wurden (vgl. Knill/Tosun 2009). Verlängerte Umsetzungsfristen helfen, die notwendigen Anpassungen an das europäische Umweltrecht schrittweise vorzunehmen und somit die entstehenden Anpassungskosten über einen bestimmten Zeitraum zu verteilen.

Tabelle 2 gibt eine Übersicht über die administrative Kapazität der neuen EU-Mitgliedstaaten. Die Daten wurden der frei verfügbaren Datenbank *Worldwide Governance Indicators* der Weltbank entnommen und beziehen sich auf den Indikator *Government Effectiveness*. Er gibt Aufschluss über die Qualität der Verwaltung und über die Unabhängigkeit der Verwaltung von politischem Druck. Zudem gehen die Qualität der Politikformulierung und -implementation sowie der politische Wille, die Politiken auch tatsächlich umzusetzen, in die Bewertung ein (vgl. Kaufmann/Kraay/Mastruzzi 2010). Wegen der transparenten Darstellung der verwendeten empirischen Informationen wird der Indikator *Government Effectiveness* häufig in vergleichenden Untersuchungen verwendet (vgl. z.B. Knill/Tosun 2009).

Tabelle 2: Administrative Kapazität

Land	Anzahl	Perzentil (0 bis 100)	Wert (2,5 bis -2,5)
Bulgarien	9	55,1	-0,01
Estland	5	84,9	1,17
Kroatien	6	69,2	0,55
Lettland	8	72,7	0,69
Litauen	4	76,6	0,74
Malta	8	83,4	1,08
Polen	10	67,3	0,43
Rumänien	12	48,3	-0,19
Slowenien	3	80,0	0,98
Slowakei	7	79,5	0,92
Tschechien	3	82,0	1,06
Ungarn	4	78,5	0,90
Zypern	3	87,8	1,32

Datenquelle: http://info.worldbank.org/governance/wgi/index.asp. Bis auf Kroatien sind die Werte für das Jahr 2006 angegeben. Die Werte für Kroatien entsprechen den Werten für das Jahr 2011.

Die zweite Tabelle gibt nochmals die Anzahl der Umwelt-Richtlinien an, für die die neuen Mitgliedstaaten verlängerte Umsetzungsfristen gewährt bekommen haben und gibt Aufschluss über deren Perzentilrang und den Wert der einzelnen Staaten im Hinblick auf deren administrative Kapazität. Gemäß den in Tabelle 2 abgetragenen Werten ist Rumänien mit einem Perzentilrang von 48,3 der neue EU-Mitgliedstaat mit der geringsten administrativen Kapazität. Die höchste administrative Kapazität besitzt Zypern mit einem Perzentilrang von 87,8.

Die in Tabelle 2 ausgewiesenen Daten bestätigen den ersten Eindruck, dass ein negativer Zusammenhang zwischen der administrativen Kapazität und der Anzahl der Übergangsfristen für die Umsetzung von europäischem Umweltrecht besteht. Sowohl der Perzentilrang als auch der tatsächliche Wert für die administrative Kapazität produzieren für die Anzahl der Fristverlängerungen einen Pearson-Korrelationskoeffizienten von $r = -0,8$.

Um Übergangsregelungen zu erhalten, müssen die betroffenen Beitrittskandidaten der Europäischen Kommission darlegen, weshalb sie nicht in der Lage sind, eine bestimmte europäische Umweltpolitik vor bzw. mit dem Beitritt umzusetzen und anzuwenden. Das bedeutet, dass die Beitrittskandidaten mit der Europäischen Kommission die Übergangsregelungen direkt verhandeln (Hicks 2004, 221). Der Großteil der Forschungsarbeiten vermittelt den Eindruck, dass die Beitrittskandidaten lediglich umsetzen, was von der Europäischen Kommission gefordert wird und keine Möglichkeit besitzen, Einfluss darauf zu nehmen, wann und in welcher Form sie die europäischen Umweltpolitiken umsetzen. Dieser Sichtweise tritt dieser Beitrag entgegen und argumentiert, dass in der Gewährung von zusätzlichen Umsetzungsfristen durch die Europäische Kommission eine Form der Solidarität in der europäischen Umweltpolitik zu beobachten ist. Wie bereits oben gezeigt wurde, ist sich die Europäische Kommission der »besonderen Lage« der Beitrittskandidaten bzw. der neuen Mitgliedstaaten bewusst und daher dazu bereit, die unmittelbaren Anpassungskosten durch das Gewähren von zusätzlicher Zeit zu reduzieren. Dieses Argument wird durch den empirischen Befund unterstützt, dass ein negativer Zusammenhang zwischen der administrativen Kapazität der neuen EU-Mitgliedstaaten und der Anzahl an Umwelt-Richtlinien, für die Übergangsfristen gewährt werden, besteht.

Übergangsfristen stellen ein effektives Instrument dar, um Rechtsanpassungskosten über einen bestimmten Zeitraum zu verteilen und auf diese Weise die Verwaltungen in den neuen EU-Mitgliedstaaten zu untersützen. Aus dieser Perspektive betrachtet handelt es sich bei verlängerten

Umsetzungsfristen um ein Element des solidarischen Miteinanders in der EU.

Bislang wurde diese Form der Solidarität von den alten EU-Mitgliedstaaten nicht in Frage gestellt, was unter anderem darin zum Ausdruck kommt, dass Kroatien im Zuge seiner Beitrittsverhandlungen ebenfalls zahlreiche verlängerte Umsetzungsfristen eingeräumt wurden. Allerdings kann als ein Grund hierfür gesehen werden, dass die Europäische Kommission von diesem Instrument nur restriktiv Gebrauch macht und bei den Beitrittsverhandlungen auch betont, dass es sich bei den vereinbarten Übergangsfristen um Ausnahmeregeln handelt. Es gilt, dass der Beitrittskandidat in überzeugender Form und mittels einer ausreichenden Datengrundlage darstellen muss, warum er den umweltpolitischen Verpflichtungen, die sich aus dem Gemeinschaftsrecht ergeben, nicht innerhalb der gesetzten Frist nachkommen kann. Nur wenn die Europäische Kommission davon überzeugt ist, dass eine Fristverlängerung unvermeidbar ist, wird diese in dem Umfang gewährt, den sie für angemessen hält. Zudem gewährt die Europäische Kommission Übergangsfristen im Bereich der Umweltpolitik nur dann, wenn die potenziellen grenzüberschreitenden Auswirkungen beschränkt sind und es somit zu keinerlei Wettbewerbsverzerrungen oder anderweitigen Störungen des Binnenmarktes kommt (Generaldirektion Erweiterung 2005, 18).

4. Anbauverbote für gentechnisch veränderte Pflanzen in den Mitgliedstaaten

Seit dem Erlass von Richtlinie 90/220/EWG können in der EU gentechnisch veränderte Organismen (GVO) in die Umwelt freigesetzt werden. Die Richtlinie bestimmt das Verfahren für die fallweise Genehmigung der absichtlichen Freisetzung und des Inverkehrbringens von GVO. So kann ein GVO nur dann genehmigt werden, wenn es zuvor in Feldversuchen in Ökosystemen ausreichend praktisch erprobt wurde. Vor der Freisetzung müssen GVO in der zuständigen Behörde angemeldet werden, was mit der Einreichung einer vollständigen technischen Informationsakte einhergeht, die auch eine Umweltverträglichkeitsprüfung umfasst. Nach der Anmeldung sollte eine absichtliche Freisetzung der GVO nur erfolgen dürfen, wenn die zuständige Behörde hierzu die Zustimmung erteilt hat. Die Genehmigung erfolgt nur für einen bestimmten – erneuerbaren – Zeitraum.

Auf dieser rechtlichen Grundlage wurde in den 1990er Jahren eine geringe Anzahl von GVO für den wirtschaftlichen Anbau in der EU genehmigt. Bei den meisten GVO handelte es sich um gentechnisch veränderte (GV) Maissorten wie Bt176-Mais von der Firma Syngenta (zugelassen 1997) und MON810-Mais von der Firma Monsanto (zugelassen 1998), der in der EU am weitflächigsten angebaut wird.[3] MON810-Mais ist gentechnisch so verändert, dass er ein Insektengift produziert, das vor allem gegen die Larven des Maiszünslers wirksam ist. Die Stärke-Kartoffelsorte Amflora des Unternehmens BASF Plant Science wurde erst 2009 für den Anbau und die Verwendung in der EU zugelassen. Damit war die Amflora-Kartoffel das erste GVO, das seit 1998 in der EU eine Anbau-Zulassung erhielt (vgl. Lieberman/Gray 2006; Tiberghien 2009). Im Gegensatz zu den GV-Maissorten handelt es sich bei der Amflora-Kartoffel um einen GVO, der ausschließlich für industrielle Zwecke bei der Herstellung von Papier, Textilien und Klebstoff eingesetzt wird.

Bereits seit der Zulassung standen GV-Maissorten in der Kritik und es gab erste Mitgliedstaaten, die deren Zulassung außer Kraft setzten und nationale Anbauverbote erließen. Griechenland, Luxemburg und Österreich verboten Bt176-Mais bereits 1997 und Deutschland im Jahr 2000. Es folgten nationale Anbauverbote für MON810-Mais in neun EU-Mitgliedstaaten. Als erster Mitgliedstaat verbot Österreich diese GV-Maissorte im Jahr 1999, als letzter Mitgliedstaat Bulgarien im Jahr 2010. Zudem haben Luxemburg und Österreich 2010 die GV-Kartoffelsorte Amflora verboten (vgl. Tabelle 3). Interessant ist vor allem die mittlerweile ablehnende Haltung Frankreichs. In den 1990er Jahren wurden die meisten GVO-Zulassungsanträge hier eingebracht, weil das Land als offen für den technologischen Fortschritt galt. Auch die EU-weite Zulassung von MON810-Mais, dessen Anbau 2008 in Frankreich verboten wurde, erfolgte in den 1990er Jahren durch die französischen Behörden (Tiberghien 2009).

Die nationalen Anbauverbote wurden vor allem durch die Richtlinie 90/220/EWG, welche die Richtlinie 90/220/EWG aufhob, auf eine rechtliche Grundlage gestellt und deren Erlass somit erleichtert. Die so genannte Freisetzungsrichtlinie enthält eine Schutzklausel, wonach ein Mitgliedstaat »aufgrund neuer oder zusätzlicher Informationen [...], dass ein GVO als Produkt oder in einem Produkt, der nach dieser Richtlinie vorschriftsmäßig angemeldet wurde und für den eine schriftliche Zustimmung erteilt worden ist, eine Gefahr für die menschliche Gesundheit oder die Umwelt

---

3   Die Genehmigung von Bt176-Mais ist 2007 abgelaufen; das Unternehmen hat keinen Neuantrag auf Zulassung gestellt. Siehe dazu: www.transgen.de/zulassung/gvo/.

darstellt«, dieses GVO in »seinem Hoheitsgebiet vorübergehend einschränken oder verbieten« darf. Diese Schutzklausel hat dazu geführt, dass vor allem seit 2001 eine wachsende Anzahl von EU-Mitgliedstaaten die Zulassungen von GVO außer Kraft gesetzt und nationale Anbauverbote erlassen haben.

Tabelle 3: Nationale Anbauverbote für gentechnisch veränderte Pflanzen

Mitgliedstaat	Nationales Anbauverbot
Bulgarien	2010: MON 810 (2011 bestätigt bzw. ausgeweitet)
Deutschland	2000: Bt176
	2009: MON810
Frankreich	2008: MON810
Griechenland	1997: Bt176
	2001: MON810
Italien	2000: Vier Sorten MON810
Luxemburg	1997: Bt176
	2009: MON810
	2010: Amflora
Österreich	1997: Bt176 (2008 bestätigt bzw. ausgeweitet)
	1999: MON810 (2008 bestätigt bzw. ausgeweitet)
	2010: Amflora
Polen	2005: MON810 (2012 bestätigt bzw. ausgeweitet)
Ungarn	2005: MON810

Datenquelle: Lieberman/Gray 2006; Sabalza u.a. 2011 und Tosun 2013b.

Die Tatsache, dass in der EU zwischen 1998 und 2009 keine neuen GVO-Produkte zugelassen wurden im Zusammenspiel mit der wachsenden Anzahl an nationalen Anbauverboten, hat dazu geführt, dass Argentinien, Kanada und die Vereinigten Staaten von Amerika bei der Welthandelsorganisation gegen die EU Klage erhoben haben. Sie forderten, dass der europäische Markt weiter für GVO geöffnet werden sollte. Die drei Staaten argumentierten, dass der Zulassungsstopp nicht umweltschutzpolitischen oder gesundheitlichen Bedenken geschuldet sei, sondern wirtschaftlichen Protektionismus impliziere, der ihren landwirtschaftlichen Waren den Zugang zu einem zentralen Absatzmarkt vorenthalte. Im November 2006 verabschiedete das Streitbeilegungsgremium der Welthandelsorganisation drei Panelberichte. In einem von ihnen hieß es, dass die Anbau- und Importverbote der EU-Mitgliedstaaten gegen internationales Recht verstießen, da diesen keine angemessene Risikobewertung zugrunde liege

(Skogstad 2011).[4] Die Europäische Kommission wurde in dem Panelbericht ausdrücklich dazu aufgefordert, die nationalen Anbauverbote auszuhebeln. Hierzu unternahm sie mehrere Versuche, die jedoch alle scheiterten.

Den ersten Versuch machte die Europäische Kommission auf dem Ratstreffen der EU-Umweltminister im Dezember 2005, als sie vorschlug, alle diejenigen GV-Maissorten EU-weit zu genehmigen, die die Europäische Behörde für Lebensmittelsicherheit als gesundheitlich unbedenklich eingestuft hatte. 21 der 27 EU-Mitgliedstaaten stimmten gegen diesen Vorschlag (Pollack/Shaffer 2009, 250). Im Oktober 2006 unternahm die Europäische Kommission den Versuch, das österreichische Einfuhrverbot für MON810-Mais und eine weitere GV-Maissorte, T25-Mais, zu kippen. Im Dezember 2006 sprachen sich wieder 21 Mitgliedstaaten gegen den Vorschlag der Europäischen Kommission aus. 2007 versuchte die Europäische Kommission, das Importverbot für MON810-Mais in Ungarn auszusetzen, doch wieder stimmte der EU-Umweltministerrat gegen eine Aussetzung des Verbotes. Zuletzt strebte die Europäische Kommission im Jahr 2009 an, die GVO-Verbote in Österreich und Ungarn auszusetzen, was jedoch erneut am Widerstand der EU-Umweltminister scheiterte.

Nach den zahlreichen erfolglosen Versuchen, die nationalen Anbau- und Importverbote auszusetzen, hat die Europäische Kommission 2010 angekündigt, dass die EU-Mitgliedstaaten künftig selbst über den Anbau solcher Pflanzen entscheiden sollten. Zwar bliebe es bei einem EU-weiten einheitlichen Verfahren für die GVO-Zulassung, aber die einzelnen Mitgliedstaaten sollten aus politischen Gründen ein nationales Anbauverbot verhängen können, ohne dass Brüssel zustimmen muss. Im Gegenzug sollten GVO-kritische Staaten ihre Blockadehaltung bei der Zulassung neuer GVO-Produkte aufgeben. Die Zulassung neuer GVO war immer wieder an der Uneinigkeit der Mitgliedstaaten gescheitert. So fanden sich weder für eine Zulassung noch für ein Verbot die notwendige Zweidrittelmehrheit (Hecking/Smolka 2010). Im Frühjahr 2012 ist jedoch auch dieser

---

4   In erster Linie geht es hierbei um das Abkommen über sanitäre und phytosanitäre Maßnahmen, das alle Produktstandards betrifft. Es zielt darauf ab, willkürliche Handelsbarrieren zu vermeiden, indem es die Einhaltung von international harmonisierten Standards vorschreibt. Sollten Mitglieder der Welthandelsorganisation darüber hinausgehende Anforderungen an Importe stellen, so muss deren Notwendigkeit durch eine Risikobewertung nachgewiesen werden (vgl. z.B. *Murphy/Levidow* 2006; *Pollack/Shaffer* 2009).

Vorschlag der Renationalisierung der Regulierung vom GVO-Anbau am Widerstand der Mitgliedstaaten gescheitert (Tosun 2013b).[5]

Die Forschungsliteratur konzentriert sich im Falle von GVO in erster Linie auf zwei Aspekte. Der erste Aspekt ist, dass die EU-Mitgliedstaaten unterschiedliche Präferenzen im Hinblick auf die Regulierung von GVO haben und es daher ständig zu Blockaden kommt (vgl. z.B. Lieberman/Gray 2006; Sabalza u.a. 2011). Der zweite Aspekt bezieht sich darauf, dass die europäischen GVO-Regelungen maßgeblich von internationalen Akteuren mit beeinflusst werden (vgl. z.B. Pollack/Shaffer 2009; Skogstad 2011). Ausgehend von diesen beiden zentralen Forschungsperspektiven argumentiert dieser Beitrag, dass die GVO-Politik ein gutes Beispiel dafür ist, den solidarischen Umgang der EU-Mitgliedstaaten aufzuzeigen. Es ist tatsächlich so, dass nicht alle EU-Mitgliedstaaten Gentechnik ablehnen und sogar einige von ihnen fordern, neue GVO zuzulassen. So gelten vor allem die Regierungen von Finnland, Großbritannien, den Niederlanden und Schweden als Befürworter von GVO, die darauf drängen, dass weitere GVO-Produkte zugelassen werden (vgl. Sabalza u.a. 2011). Allerdings zeigen sich die meisten EU-Mitgliedstaaten in ihrer Unterstützung für GVO volatil – sie stimmen auf den verschiedenen Ratstreffen unterschiedlich ab.

Dennoch respektieren sie die Entscheidung von Mitgliedstaaten, die mit Gentechnik negative Auswirkungen auf die Umwelt und die Gesundheit in Verbindung bringen und deswegen den Anbau und den Import von GVO verbieten. Dies hat sich bei den EU-Umweltministerratstreffen gezeigt, bei denen keine qualifizierte Mehrheit der Mitgliedstaaten die Vorschläge der Europäischen Kommission unterstützt hat. So haben bei der Tagung des Europäischen Rates im März 2009 lediglich Estland, Finnland, Großbritannien und die Niederlande für die drei von der Kommission vorgeschlagenen Entscheidungen zur Aufhebung nationaler Schutzvorschriften in Österreich und Ungarn gestimmt (Europäischer Rat 2009). Somit hat sich von den klar GVO-unterstützenden Staaten Schweden solidarisch mit Österreich und Ungarn gezeigt. Von den volatilen Mitgliedstaaten waren jedoch alle solidarisch.

Es gibt eine von der EU selbst geschaffene rechtliche Grundlage, die es erlaubt, den Einsatz und/oder Verkauf von GVO einzuschränken oder zu

---

5   Für einen Überblick über die Ablehnungsgründe der einzelnen Mitgliedstaaten siehe: http://www.biosicherheit.de/aktuell/1409.nationale-anbauverbote-eu-gentechnik-gescheitert.html.

verbieten. Daher akzeptieren auch diejenigen EU-Mitgliedstaaten, die selbst eine positive Haltung gegenüber Gentechnik haben, dass andere von dieser rechtlichen Grundlage Gebrauch machen. Aus diesem Grund kann argumentiert werden, dass sich die EU-Mitgliedsstaaten solidarisch mit denjenigen Staaten verhalten, denen die Europäische Kommission die Fähigkeit abspricht, eine »Gefahr für die menschliche Gesundheit oder die Umwelt« eigenständig ermessen zu können. Dieses Beispiel ist ferner deswegen von Bedeutung, weil es zeigt, dass es auch Konstellationen gibt, in denen sich die EU-Mitgliedstaaten im Umweltbereich miteinander solidarisieren, um auf diese Weise die Europäische Kommission »auszubremsen«.

Im Gegenzug wäre es prinzipiell denkbar gewesen, dass sich die EU-Mitgliedstaaten mit der Europäischen Kommission solidarisch verhalten, da diese der Adressat des Panelberichts der Welthandelsorganisation war und dafür Sorge tragen musste, dass die EU nicht weiter gegen internationales Recht verstößt. Die Europäische Kommission steht unter immensem internationalen Druck, die GVO-Regelungen derart zu gestalten, dass sie nicht mehr als willkürliches Handelshemmnis wahrgenommen werden. Ein solidarisches Verhalten mit der Europäischen Kommission hätte bedeutet, dass die EU-Mitgliedstaaten ihre nationalen Vebote durch eine Risikobewertung absichern, die den Standards der Welthandelsorganisation entspricht, oder aber in Erwägung ziehen, diese einzuschränken oder gar aufzugeben. Durch den starken innenpolitischen Widerstand gegen GVO-Produkte in vielen EU-Mitgliedstaaten wäre aber ein solches Handeln politisch nicht machbar gewesen (vgl. z.B. Seifert 2009; Tosun 2013a, b). Somit kann die Schlussfolgerung gezogen werden, dass Solidarität in der europäischen Umweltpolitik nur dann erfolgen kann, wenn diese keine innenpolitischen Kosten für die jeweiligen nationalen Regierungen nach sich zieht.

5. Wirtschaftliche Entwicklung und Umweltpolitik

Griechenland hat in den letzten Jahren eine schwere Haushalts- und Staatsschuldenkrise erlebt, die darin gipfelte, dass die griechische Regierung im April 2010 Finanzhilfen beantragte. Die EU, die Europäische Zentralbank und der Internationale Währungsfonds einigten sich auf ein finanzielles Hilfsprogramm, damit sich die drohende Zahlungsunfähigkeit Griechenlands nicht negativ auf das europäische Finanz- und Währungssystem auswirkte. Die »Troika« gewährte das Hilfsprogramm jedoch nur unter der Auflage, dass die griechische Regierung ein umfassendes und strenges Austeritätsprogramm umsetzen würde. Dieses Austeritätsprogramm zielt darauf ab, eine Reihe von Sparmaßnahmen und Reformen umzusetzen, damit sich die Staatsschulden verringern und die internationalen Finanzmärkte wieder der Kreditwürdigkeit des Landes vertrauen.

Die Einsparungen sollten vor allem durch Kürzungen bei den Staatsausgaben erreicht werden, was unter anderem die Streichung von Stellen im öffentlichen Dienst, die Zusammenlegung oder gar Schließung von öffentlichen Einrichtungen, die Kürzungen von Gehältern der Angestellten im öffentlichen Dienst sowie die Kürzungen von Sozialleistungen und Renten vorsah. Parallel wurden seitens der griechischen Regierung Reformen auf den Weg gebracht, um eine Erhöhung der Staatseinnahmen zu erreichen. Zu den Maßnahmen gehören eine bessere Abschöpfung von Steuern, die Privatisierung von staatlichem Eigentum – in erster Linie durch die Veräußerung von Versorgungsunternehmen, Häfen und Flughäfen – sowie die Liberalisierung von ausländischen Investitionen und Exporten (Hoffmann/Krajewski 2012, 7f.).

Vor allem die Maßnahmen, die auf eine Liberalisierung von Handel und Investitionen abzielen, bergen das Potenzial, dass sie sich schädlich auf die Umwelt auswirken könnten. Lekakis und Kousis (2013) präsentieren drei Beispiele, die illustrieren sollen, dass die griechische Regierung angesichts der Wirtschafts- und Finanzkrise dem Umweltschutz wenig Beachtung schenkt. Zum einen ist die Konzentration von Schwefeldioxid und Kohlenmonoxid in der Luft erheblich gestiegen, weil sich viele Griechen wegen der Erhöhung des Steuersatzes kein Heizöl mehr leisten können und stattdessen Holz und Holzkohle zum Heizen verwenden. So lag im Januar und Februar 2013 die Feinstaubbelastung in der Hauptstadt Athen bei über 300 mg/m³, was dem 15-fachen des europäischen Richtwerts von 20 mg/m3 entspricht (ekathimerini.com 2013). Diese Erhöhung der Feinstaubbelastung lässt sich zum Großteil auf das Verheizen von Holz und Holzkohle zurückführen.

Ein regelrechter politischer Konflikt ist derzeit aufgrund der Pläne der griechischen Regierung, ausländischen Minenunternehmern den Abbau von Gold im Norden des Landes zu erlauben, im Entstehen begriffen. Trotz der erheblichen Belastungen durch die Goldförderung für die Wälder und Wasserreserven der Region hat das griechische Ministerium für Umwelt und Energie grünes Licht für dieses Projekt gegeben. In der Begründung des Ministeriums heißt es, dass die Auswirkungen der Abbauaktivitäten auf die Umwelt gering seien und überwacht werden würden (Lekakis/Kousis 2013, 12). Tatsächlich braucht das Land die ausländischen

Investitionen dringend, um das Wirtschaftswachstum anzukurbeln und um Arbeitsplätze zu schaffen – was sich auch in der Stellungnahme des Ministeriums findet –, und es erscheint daher fraglich, ob die Proteste der Anwohner die Regierung davon abbringen können, von der geplanten Goldförderung abzuweichen.

Die besorgniserregendste Entwicklung ist jedoch, dass durch die Ausgabenkürzungen und Stellenstreichungen die Umweltbehörden nicht mehr effektiv arbeiten können. Vor allem die illegale Abholzung von Wäldern hat zugenommen, was mit der drastischen Erhöhung der Heizölsteuer zusammenhängt. Allerdings kann die reduzierte Anzahl von staatlichen Förstern nicht mehr ihrer Überwachungspflicht nachkommen, so dass die Mehrzahl der Verstöße ungeahndet bleibt (ebd., 15). Die Ausgabenkürzungen führen jedoch nicht nur zu Defiziten hinsichtlich des Forstschutzes, sondern wirken sich auf den Umweltschutz insgesamt aus, was wiederum zur Folge hat, dass Griechenland seinen Verpflichtungen, die sich aus dem europäischen Umweltrecht ergeben, nicht mehr in angemessener Form nachkommen kann.

Wie solidarisch verhalten sich die Europäische Kommission und die Mitgliedstaaten mit Griechenland in dieser schwierigen Situation? Die Europäische Kommission hat Griechenland im Februar 2013 vor dem Gerichtshof der EU verklagt, da es einem früheren Urteil über illegale Deponien nicht bis zur gesetzten Frist nachgekommen ist. Im Jahr 2005 befand der Gerichtshof, dass keine ausreichenden Maßnahmen unternommen wurden, um illegale Deponien zu schließen oder zu sanieren, damit sie den Vorgaben des EU-Abfallrechts entsprechen. Zwar wurden seit 2005 viele illegale Deponien geschlossen, aber bis dato verstoßen immer noch 78 illegale Deponien gegen das europäische Abfallrecht, und die Sanierung von weiteren 318 ist noch nicht abgeschlossen. Daher beantragte die Europäische Kommission die Verhängung von Geldbußen (Europäische Kommission 2013a). Andererseits hat die »Griechenland-Task-Force« der Europäischen Kommission ein Beratungsprojekt ins Leben gerufen, das das Land beim Ausbau der erneuerbaren Energien unterstützen soll. Auf diese Weise soll Griechenland Investoren anlocken, ohne dabei den Umweltschutz zu opfern (Europäische Kommission 2013b).

Die Europäische Kommission verhält sich somit nur eingeschränkt solidarisch mit Griechenland. Die Unterlassung von Verpflichtungen, die sich aus dem gemeinschaftlichen Umweltrecht ergeben, hat die Europäische Kommission dazu bewogen, Griechenland 2013 erneut zu verklagen – und dies trotz der Wirtschafts- und Finanzkrise und deren negativen Auswirkungen auf die Handlungsmöglichkeiten des griechischen Staates.

Das bedeutet, dass die Europäische Kommission den Umweltschutz nicht kurzfristigen wirtschaftlichen Zielen unterordnet, was nochmals den gehobenen Stellenwert der Umweltpolitik in der EU-Politik unterstreicht. Allerdings unterstützt die Europäische Kommission im Gegenzug Maßnahmen, die ein umweltfreundliches Wirtschaftswachstum versprechen.

Es gibt kaum Anzeichen dafür, dass die EU-Mitgliedstaaten das Vorgehen der griechischen Regierung entweder gutheißen oder kritisieren. Tatsächlich ist es fraglich, inwiefern die europäischen Medien über die konkreten Vorgänge in Griechenland Bescheid wissen und in welchem Umfang sie darüber berichten. Im Zusammenhang mit Griechenland stehen in den Medien die Wirtschafts- und Finanzkrise sowie das Austeritätsprogramm und die in diesem Zusammenhang erzielten Fortschritte im Vordergrund. Daher kann man weder von Solidarität noch Unsolidarität der EU-Mitgliedstaaten gegenüber Griechenland im Hinblick auf die umweltpolitischen Entscheidungen der Regierungen sprechen. Dennoch gilt es in diesem Zusammenhang anzumerken, dass es auch keine Beschwerden von Seiten der anderen EU-Mitgliedstaaten gibt, dass Griechenland seinen Verpflichtungen im Bereich der Umweltpolitik nicht nachkommen würde. Zudem unterstützen die EU-Mitgliedstaaten die Europäische Kommission bei ihren Hilfsprogrammen. So finanziert beispielsweise das Bundesumweltministerium das oben erwähnte Projekt zum Ausbau der erneuerbaren Energien in Griechenland mit rund 250.000 Euro (Bundesministerium für Umwelt, Naturschutz und Reaktorsicherheit 2013).

Ganz anders verhält es sich mit der Solidarität der EU-Mitgliedstaaten bezüglich der klimapolitischen Präferenzen der polnischen Regierung. Wie bereits eingangs geschildert stellt die Klimapolitik einen zunehmend zentralen Bereich der europäischen Umweltpolitik dar bzw. entwickelt sich gar zu einem eigenständigen Politikfeld. Im Mittelpunkt der europäischen Bemühungen steht die Reduktion von Treibhausgasemissionen. Im März 2012 wollten die EU-Mitgliedstaaten die Europäische Kommission beauftragen, operative Maßnahmen für die Reduktion von Treibhausgasausstoß zu erarbeiten. Allerdings blockierte der polnische Umweltminister das Vorhaben und wehrte sich dagegen, Reduktionsziele für die Etappe bis 2030 und 2040 zu formulieren (Vorholz 2012). Der Grund, weshalb sich Polen gegen die Reduktionsziele für Treibhausgasemissionen ausspricht, liegt darin, dass die polnische Wirtschaft im Vergleich zum europäischen Durchschnitt doppelt so energieintensiv ist und über 90 Prozent des Stroms in Kohlekraftwerken produziert wird, die hohe Treibhausgasemissionen ausstoßen (Kaiser 2012, 7).

Interessant ist bei diesem Beispiel, dass der EU-Umweltministerrat Polen überhaupt ein Veto-Recht zubilligt, da klimapolitische Beschlüsse dem Mehrheitsprinzip unterliegen (Luhmann 2013, 6). Gemäß der Einschätzung von Beobachtern wird die polnische Regierung nicht in ausreichendem Maße dazu angehalten, ihre Blockadehaltung aufzugeben (vgl. Endres 2012). Es kann argumentiert werden, dass sich die EU-Mitgliedstaaten solidarisch mit Polen verhalten, weil für Polen die Klimaschutzziele direkt in Beziehung zur Energiepolitik des Landes stehen. Tatsächlich wurde im Vertrag von Lissabon der Solidaritätsgedanke als ein zentrales Merkmal der europäischen Energiepolitik festgeschrieben. Diese explizite Festschreibung des Solidaritätsprinzips geschah auf Druck Polens. Für die polnische Delegation spielten dabei die Erfahrungen aus dem ukrainisch-russischen Gasstreit im Frühjahr 2006 eine wichtige Rolle (Fischer 2009b, 52).

Aufgrund der Verquickung von Klimapolitik mit Umweltpolitik waren die EU-Mitgliedstaaten bereit, sich mit Polen solidarisch zu zeigen. Trotzdem muss festgehalten werden, dass Polen sich im Hinblick auf die europäische Klimapolitik bislang überaus unsolidarisch gezeigt hat. So ist die polnische Regierung aufgrund ihrer Blockadehaltung gegenwärtig dabei, die europäische Klimapolitik, die »seit 20 Jahren ein Markenzeichen dieses Staatenbundes« ist (Luhmann 2013, 6), zu untergraben, was auch international dazu führen könnte, dass die Klimaschutzbemühungen zurückgefahren werden.

Insgesamt bleibt zu konstatieren, dass die Solidarität zwischen EU-Mitgliedstaaten in Anbetracht von wirtschaftlichen Beweggründen schwer auf einen Nenner zu bringen ist. Im Falle von Griechenland ist es eine Unterstützung von Maßnahmen, die darauf abzielen, umweltfreundliche Investitionen zu tätigen. Bei Polen ist die Solidarität der anderen EU-Mitgliedstaaten weniger den wirtschaftlichen Beweggründen geschuldet als vielmehr dem Umstand, dass die polnische Regierung klimapolitische Entscheidungen mit dem für das Land bekanntermaßen sensiblen Bereich der Energiepolitik verknüpfen konnte.

6. Fazit

Die hier vorgestellten Fallstudien zeigen, dass es lohnenswert ist, europäische Umweltpolitik anhand von Fragen nach der wechselseitigen Solidarität zu untersuchen. Die erste Fallstudie hat gezeigt, dass die europäische Umweltpolitik nicht in einem Vakuum entsteht und die Europäische

Kommission sich der Kosten bewusst ist, die insbesondere für EU-Beitrittskandidaten und neue EU-Mitgliedstaaten anfallen. Dies kann als ein Zeichen der Solidarität angesehen werden. Solidarisch miteinander haben sich die EU-Mitgliedstaaten verhalten, als die Europäische Kommission nationale Anbau- und Importverbote aufgrund internationalen Drucks kippen wollte. Trotz unterschiedlicher Präferenzen im Hinblick auf die Regelung von GVO haben die EU-Mitgliedstaaten verhindert, dass die Europäische Kommission nationale Bestimmungen aushebelt. Ganz anders stellt sich die Situation für den Umgang mit Griechenland und Polen dar. Obgleich die Europäische Kommission weiß, dass die griechische Regierung mit großen wirtschaftlichen und finanziellen Herausforderungen zu kämpfen hat, ist sie nicht bereit, die Verletzung von europäischem Umweltrecht hinzunehmen. Daraus kann gefolgert werden, dass die Solidarität der Europäischen Kommission hier eine Grenze hat. Im Gegenzug scheint die Solidarität Polens mit den anderen EU-Mitgliedstaaten, die Fortschritte bei der Klimapolitik wünschen, ihre Grenzen zu finden. Interessant ist hierbei, dass die Haltung von Polen seitens der anderen Mitgliedstaaten hingenommen wird bzw. dass sich diese solidarisch mit der polnischen Regierung zeigen. Als Erklärung hierfür dient, dass es die polnische Regierung geschickt verstanden hat, Klimapolitik mit energiepolitischer Souveränität zu verknüpfen, was es dem Land erlaubt, eine Sonderrolle einzunehmen.

Als Gesamtfazit kann festgehalten werden, dass sich die EU-Mitgliedstaaten insbesondere dann solidarisch zeigen, wenn für sie keine innenpolitischen Kosten entstehen. Diese Dominanz der Eigennutzenorientierung entspricht dem Modell der organischen intergouvernementalen Solidarität nach Kleger und Mehlhausen (in diesem Band). Die Europäische Kommission hingegen kann sich nur solidarisch zeigen, wenn dieses Verhalten dazu dient, die umweltpolitischen Ziele mittel- und langfristig zu verwirklichen. Hierfür ist sie bereit, kurzfristige Maßnahmen wie beispielsweise Übergangsfristen zu ergreifen. Aus dieser Perspektive kann einem solidarischen Verhalten durchaus ein rationales Kalkül zugrundeliegen. Künftige Forschungsarbeiten können einen wichtigen Beitrag zum besseren Verständnis der EU-Umweltpolitik beitragen, wenn sie dieser instrumentellen Logik von Solidarität nachgehen.

Literatur

Andonova, Liliana 2004: Die Osterweiterung der Umweltstandards. Chemikaliensicherheit und Luftreinhaltung; In: Osteuropa, 54(5-6), 397-412.

Barrett, Scott/Stavins, Robert 2003: Increasing participation and compliance in international climate change agreements; In: International Environmental Agreements, 3(4), 349-376.

Becker, Florian 2004: Ökonomisierung und Globalisierung des Europäischen Umweltrechts: Die Richtlinie zum Handel mit Emissionszertifikaten; In: Europarecht, 39(6), 857-877.

Benz, Arthur 2009: Politik in Mehrebenensystemen, Wiesbaden.

Böhringer, Christoph 2010: 1990 bis 2010: Eine Bestandsaufnahme von zwei Jahrzehnten europäischer Klimapolitik; In: Perspektiven der Wirtschaftspolitik, 11 (S1), 56-74.

Börzel, Tanja A. (Hrsg.) 2009: Coping with Accession to the European Union. New Modes of Environmental Governance, Basingstoke.

Bundesministerium für Umwelt, Naturschutz und Reaktorsicherheit 2013: Bundesumweltministerium unterstützt Energiewende in Griechenland. Online unter: http://www.bmub.bund.de/bmub/presse-reden/pressemitteilungen/pm/artikel/bun desumweltministerium-unterstuetzt-energiewende-in-griechenland/ (01.04.2014).

ekathimerini.com 2013: Athens air pollution found at 15 times above EU alert level, 28. Februar 2013. Online unter: http://www.ekathimerini.com/4dcgi/_w_articles _wsite1_1_28/02/2013_485136 (01.04.2014).

Endres, Alexandra 2012: Die EU muss mit Polen Klartext reden; In: Zeit Online, 12. Dezember 2012. Online unter: http://www.zeit.de/wirtschaft/2012-12/klimagipfel-doha-matthes (01.04.2014).

Europäische Kommission 2012: Vorschlag für einen Beschluss des Europäischen Parlaments und des Rates über ein allgemeines Umweltaktionsprogramm der EU für die Zeit bis 2020 »Gut leben innerhalb der Belastbarkeitsgrenzen unseres Planeten«, Brüssel.

Europäische Kommission 2013a: Umweltpolitik: Kommission verklagt Griechenland wegen illegaler Deponien erneut vor dem Gerichtshof und beantragt die Verhängung von Geldbußen. Online unter: http://europa.eu/rapid/press-release_IP-13-143_de.htm (01.04.2014).

Europäische Kommission, 2013b: Task Force for Greece: Progress on technical assistance. Online unter: http://europa.eu/rapid/press-release_MEMO-13-389_el.htm (01.04.2014).

Europäischer Rat, 2009: Mitteilung an die Presse: 2928. Tagung des Rates Umwelt. Online unter: http://europa.eu/rapid/press-release_PRES-09-53_de.htm (01.04. 2014).

Fischer, Severin 2009a: Die Neugestaltung der EU-Klimapolitik: Systemreform mit Vorbildcharakter; In: Internationale Politik und Gesellschaft, 2(1), 108-126.

Fischer, Severin 2009b: Energie-und Klimapolitik im Vertrag von Lissabon: Legitimationserweiterung für wachsende Herausforderungen; In: Integration, 32(1), 50-62.

Generaldirektion Erweiterung 2011: Information on the Results of the EU Accession Negotiations with Croatia. Online unter: http://www.delhrv.ec.europa.eu/files/file/articles-Copy%20of%20Results_of_th_eu_accession_negotiations_with_croatia-1330425865.pdf (01.04.2014).

Generaldirektion Erweiterung 2005: Report on the Results of the Negotiations on the Accessio of Bulgaria and Romania to the European Union. Online unter: http://ec.europa.eu/enlargement/archives/pdf/result_of_neg_final_council_version_st05859_0405_en.pdf (01.04.2014).

Generaldirektion Erweiterung 2004: Report on the results of the negotiations on the accession of Cyprus, Malta, Hungary, Poland, the Slovak Republic, Latvia, Estonia, Lithuania, the Czech Republic and Slovenia to the European Union. Chapter 22: Environment. Online unter: http://ec.europa.eu/enlargement/archives/enlargement_process/future_prospects/negotiations/eu10_bulgaria_romania/chapters/chap_22_en.htm (01.04.2014).

Hecking, Claus/ Smolka, Max 2010: Renationalisierung der Genpolitik: Europa droht Gen-Wildwuchs; In: Financial Times Deutschland, 13.07.2010.

Heinelt, Hubert/Knodt, Michèle 2011 (Hrsg.): Policies within the EU Multi-Level System, Baden-Baden.

Hicks, Barbara 2004: Setting agendas and shaping activism: EU influence on Central and Eastern European environmental movements; In: Environmental Politics, 13(1), 216-233.

Holzinger, Katharina 1994: Politik des kleinsten gemeinsamen Nenners? Umweltpolitische Entscheidungsprozesse in der EG am Beispiel des Katalysatorautos, Berlin.

Holzinger, Katharina/Knill, Christoph/Sommerer, Thomas 2010: Umweltpolitik zwischen Annäherung und Aufholjagd; In: Zeitschrift für Umweltpolitik und Umweltrecht, 33(1), 1-31.

Holzinger, Katharina/Knoepfel, Peter 2000: Environmental Policy in a European Union of variable geometry? The challenge of the next enlargement, Basel.

Hoffmann, Rhea Tamara/Krajewski, Markus 2012: Staatsschuldenkrisen im Euro-Raum und die Austeritätsprogramme von IWF und EU; In: Kritische Justiz, 45(1), 2-17.

Jordan, Andrew/Adelle, Camilla (Hrsg.) 2012: Environmental Policy in the European Union: Contexts, Actors and Policy Dynamics, London.

Jordan, Andrew/Tosun, Jale 2012: Policy Implementation; In: Jordan, Andrew/Adelle, Camilla (Hrsg.): Environmental Policy in the European Union: Actors, Institutions and Politics, London, 247-266.

Kaiser, Marta 2012: Die Bedeutung der CCS-Technologie für eine emissionsarme Energieversorgung in Polen, Berlin.

Kaufmann, Daniel/Kraay, Aart/Mastruzzi, Massimo 2010: The worldwide governance indicators: methodology and analytical issues; In: World Bank Policy Research

Working Paper (5430). Online unter: http://ssrn.com/abstract=1682130 (01.04. 2014).

Kelemen, Daniel 2010: Globalizing European Union Environmental Policy; In: Journal of European Public Policy, 17(3), 335-349.

Kelemen, Daniel/Vogel, David 2010: Trading Places: The Role of the United States and the European Union in International Environmental Politics; In: Comparative Political Studies, 43(4), 427-456.

Knill, Christoph 2008a: Europäische Umweltpolitik. Steuerungsprobleme und Regulierungsmuster im Mehrebenensystem, Opladen.

Knill, Christoph, 2008b: Entwicklungen innerhalb der EU; In: Bundeszentrale für Politische Bildung (Hrsg.): Informationen zur politischen *Bildung*, Umweltpolitik (287), 62-68.

Knill, Christoph/Lenschow, Andrea (Hrsg.) 2000: Implementing EU Environmental Policy. New Directions and Old Problems, Manchester.

Knill, Christoph/Tosun, Jale 2009: Post-accession Transposition of EU Law in the New Member States: a Cross-Country Comparison; In: European Integration online Papers, Special Issue 2 (13), Article 18. Online unter: http://eiop.or.at/eiop/texte/ 2009-018a.htm (01.04.2014).

Knill, Christoph/Tosun, Jale 2011: Environmental Policy; In: Heinelt, Hubert/Knodt, Michèle (Hrsg.): Policies within the EU Multi-Level System, Baden-Baden, 171-188.

Knodt, Michèle 2004: International embeddedness of European multi-level governance; In: Journal of European Public Policy, 11(4), 701-719.

Koutalakis, Charalampos/Buzogany, Aron/Börzel, Tanja 2010: When soft regulation is not enough: The integrated pollution prevention and control directive of the European Union; In: Regulation & Governance, 4(3), 329-344.

Lekakis, Joseph/Kousis, Maria 2013: Economic Crisis, Troika and the Environment in Greec; In: South European Society and Politics, 18 (3), 1-27.

Lieberman, Sarah/Gray, Tim 2006: The so-called ›moratorium‹ on the licensing of new genetically modified (GM) products by the European Union 1998-2004: A study in ambiguity; In: Environmental Politics, 15(4), 592-609.

Luhmann, Hans-Jochen 2013: Die fast-konstitutionelle Krise: EU-Klimapolitik; In: Wirtschaftsdienst, 93 (1), 6-6.

Murphy, Joseph/Levidow, Les 2006: Governing the Transatlantic Conflict over Agricultural Biotechnology, Abingdon.

Noutcheva, Gergana/Bechev, Dimiter 2008: The successful laggards: Bulgaria and Romania's accession to the EU; In: East Eurcpean Politics and Societies, 22(1), 114-144

Heichel, Stephan/Pape, Jessica/Tosun, Jale 2013: Regulation of Industrial Discharges into Surface Water; In: Jörgens, Helge/ Lenschow, Andrea/Liefferink, Duncan (Hrsg.): Understanding Environmental Policy Convergence: The Power of Words, Rules and Money, Cambridge, 64-103.

Pollack, Mark/Shaffer, Gregory 2009: When Cooperation Fails. The International Law and Politics of Genetically Modified Foods, New York.

Rat der Europäischen Union 2011: Accession Treaty: Treaty concerning the accession of the Republic of Croatia. Online unter: http://www.delhrv.ec.europa.eu/files/file/ articles -Copy%20of%20st14409.en11-1330425931.pdf (01.04.2014).

Sabalza, Maite/Miralpeix, Bruna/Twyman, Richard/Capell, Teresa/Christou, Paul 2011: EU legitimizes GM crop exclusion zones; In : Nature Biotechnology, 29(4), 315-317.

Schimmelfennig Frank 2008: EU political accession conditionality after the 2004 enlargement: consistency and effectiveness; In: Journal of European Public Policy, 15(6), 918-937.

Schimmelfennig, Frank/Sedelmeier, Ulrich 2004: Governance by conditionality: EU rule transfer to the candidate countries of Central and Eastern Europe; In: Journal of European Public Policy, 11(4), 669-687

Schneider, Christina 2006: Differenzierte Mitgliedschaft und die EU-Osterweiterung: Das Beispiel der Arbeitnehmerfreizügigkeit; In: Swiss Political Science Review, 12(2), 67-94.

Schulze, Kai/Tosun, Jale 2013: External dimensions of European environmental policy: An analysis of environmental treaty ratification by third states; In: European Journal of Political Research, 52(2), 581-607.

Seifert, Franz 2009: Consensual NIMBYs, contentious NIABYs: Explaining contrasting forms of farmers GMO opposition in Austria and France; In: Sociologia Ruralis, 49(1), 20-40.

Skogstad, Grace 2011: Contested accountability claims and GMO regulation in the European Union; In: Journal of Common Market Studies, 49(4), 895-915.

Tiberghien, Yves 2009: Competitive governance and the quest for legitimacy in the EU: The battle over the regulation of GMOs since the mid-1990s; In: Journal of European Integration, 31(3), 389-407.

Tosun, Jale 2013a: Environmental Policy Change in Emerging Market Democracies – Central and Eastern Europe and Latin America Compared, Toronto.

Tosun, Jale 2013b: Risk Regulation in Europe: Assessing the Application of the Precautionary Principle, New York.

Vorholz, Fritz 2012: Die Ostblocker: Polen bremst den europäischen Klimaschutz. Online unter: http://www.zeit.de/2012/12/Klimaschutz-Europa (01.04.2014).

Energiesolidarität im Normdreieck aus Sicherheit, Wettbewerb und Nachhaltigkeit

Michèle Knodt und Nadine Piefer

1. Einleitung

Mit dem Vertrag von Lissabon erhält das Prinzip der Solidarität eine primärrechtliche Aufwertung. Diese ist nicht nur an der häufigeren Nennung der Solidarität abzulesen, sondern zeigt sich auch in seinem spezifischen Bezug. Dies gilt vor allem für die detaillierten Regelungen der Politikbereiche im AEUV und insbesondere für die Energiepolitik. Artikel 194 AEUV regelt, dass die Energiepolitik der Union »im Geiste der Solidarität zwischen den Mitgliedstaaten im Rahmen der Verwirklichung oder des Funktionierens des Binnenmarkts und unter Berücksichtigung der Notwendigkeit der Erhaltung und Verbesserung der Umwelt« (Art. 194,1 AEUV) verfolgt wird. In einem Strang der juristischen Literatur wird argumentiert, dass aus gesetzessystematischer Perspektive einiges dafür spricht, dass mit den Aussagen zur Energiesolidarität im Lissabonner Vertrag mehr als nur eine »Wohlverhaltensregel« (Hackländer 2010, 141; Papenkort/Wellershoff 2010, 78) zu erkennen ist. Vielmehr scheint die bereits zuvor benutzte Formulierung »im Geiste der Solidarität zwischen den Mitgliedstaaten« auf den Geltungsanspruch der Solidarität als Strukturprinzip der Europäischen Union (EU) hinzudeuten (Hackländer 2010, 141). Für Hackländer legt der explizite Verweis auf den Geist der Solidarität in der Energiepolitik in Artikel 194,1 nahe, dass »das Leitprinzip der Energiesolidarität über den Hinweis auf die Geltung des allgemeinen Rechtsbegriffs der Solidarität hinausgeht« (Hackländer 2010, 141). Für ihn wird damit dem allgemeinen Prinzip der Solidarität ein spezifischer Bezug gegeben, der dem allgemeinen Solidaritätsprinzip bis dahin fehlte. Es ist demnach nach Hackländer möglich, der Energiesolidarität nach Artikel 194,1 AEUV Rechtswirkung zu entnehmen, »die sich unter Wirkung des allgemeinen Rechtsprinzips – abhängig von seiner ungeklärten Reichweite – unter Umständen nicht einstellt« (ebd.).

Doch der Begriff der Solidarität ist nicht erst seit dem Lissabonner Vertrag in der Energiepolitik der EU zu erkennen, wie hier gezeigt werden wird. Energiesolidarität wird dabei als intergouvernementale Solidarität konzipiert, die vor allem auf die Koordinierung energiepolitischer Maßnahmen der Mitgliedstaaten und eine stärkere Zusammenarbeit in der Gewährleistung der Versorgung der Bevölkerung in den Mitgliedstaaten zielt. Dieser Beitrag wird die Entwicklung der Energiesolidarität in ihrem intergouvernementalen Charakter beschreiben. Um die Bedeutung der Solidarität für den Energiebereich zu verstehen, muss man sie im Normdreieck der EU, das sich auf die drei Pole Sicherheit, Wettbewerb und Nachhaltigkeit bezieht, verorten. Dieser Beitrag wird zeigen, dass Solidarität einen Bezug zu den drei Normen aufweist, dass aber die Sicherheitsnorm mit Abstand die dominante Norm im Hinblick auf das Solidaritätsprinzip ist.

2. Intergouvernementale Solidarität als Kategorie

Der Begriff der Solidarität ist in der Moralphilosophie wie auch der Gesellschaftstheorie ein unterschiedlich gefasstes Konzept, das durch seine Anwendung auf das europäische Mehrebenensystem nicht an Schärfe gewinnt. Mit der Anwendung des Prinzips auf das Verhalten der Mitgliedstaaten als kollektive Akteure und nicht der Individuen untereinander (statt seiner Konzeption als allgemeiner Grundsatz), muss eine Definition europäischer Solidarität den Mehrebenencharakter der EU mit einbeziehen.

Grundlegend erfüllt die EU zuerst einmal die Voraussetzung einer Gemeinschaft, die auf der »Idee eines wechselseitigen Zusammenhangs zwischen den Mitgliedern« (Bayertz 1998, 11) als Minimaldefinition von Solidarität beruht. Den Handlungsrahmen bilden gemeinsame Werte wie Achtung der Menschenwürde, Freiheit, Demokratie, Gleichheit, Rechtsstaatlichkeit (Art. 2 EUV). Die in der EU vorhandenen Interdependenzen führen zum Handeln seiner Bürgerinnen und Bürger wie auch seiner Mitgliedstaaten im jeweils wohlverstandenen Eigeninteresse innerhalb des gemeinsamen Rahmens. Daher ist Solidarität in der EU

> »Ausdruck des Eigeninteresses jedes Einzelnen, die gemeinsamen Herausforderungen durch eine gemeinsame Politik durch die gemeinsamen Institutionen und Verfahren der Europäischen Union zu meistern, weil und soweit sie eben auf der Ebene der staatlichen Gemeinschaft nicht zu meistern sind.« (Pernice 2013, 19)

Diese gelungene Definition von Solidarität deutet auf eine weitere Besonderheit der EU-Solidarität hin. Solidarität ist hierbei stark verschränkt mit dem Prinzip der Subsidiarität. Das Subsidiaritätsprinzip bestimmt die

Kompetenzverteilung im europäischen Mehrebenensystem. Wie zu zeigen sein wird, ist dies auch gerade in der Energiepolitik eine treibende Kraft für die Anwendung des Solidaritätsprinzips gewesen. Das mit dem Maastrichter Vertrag ins Primärrecht aufgenommene Prinzip besagt, dass die Gemeinschaft in den Bereichen, die nicht in ihre ausschließliche Zuständigkeit fallen, nur tätig wird,

> »sofern und soweit die Ziele der in Betracht gezogenen Maßnahmen von den Mitgliedstaaten weder auf zentraler noch auf regionaler oder lokaler Ebene ausreichend verwirklicht werden können, sondern vielmehr wegen ihres Umfangs oder ihrer Wirkungen auf Unionsebene besser zu verwirklichen sind.« (Art. 5 EUV)

Das Prinzip ist als »dynamisches Konzept« gefasst. Subsidiarität soll demnach nicht nur bei neu zu vergemeinschaftenden Politikbereichen, sondern auch bei ihren heutigen Tätigkeiten immer wieder geprüft werden. Analog dazu kann festgehalten werden, dass Solidarität auch nur dann auf europäischer Ebene gedacht und festgeschrieben wird, solange die damit erfassten Teile eines Politikfeldes auch nach dem Subsidiaritätsprinzip europäisch geregelt sind. Damit wird Solidarität nicht nationalstaatliche Solidarität ersetzen, sondern nur für einen bestimmten Teil eines Politikfeldes eine ergänzende Solidarität schaffen (s. Knodt/Tews i.d. Bd.). Pernice hat in diesem Zusammenhang formuliert, dass dementsprechend das Subsidiaritätsprinzip »nicht nur die Aufgaben- und Zuständigkeitsverteilung im Mehrebenensystem [steuert], sondern auch Gegenstand und Dichte der mit ihr einhergehenden Solidarität« (Pernice 2013, 19).

Die Möglichkeiten einer tiefer gehenden Solidarität in der EU werden in der Literatur nicht immer als realisierbar angesehen. Skeptische Stimmen betonen dabei das Fehlen eines Gemeinschaftssinns und einer ihn tragenden europäischen Identität (vgl. u. a. Faist 2000; Offe 2001; Münch 2001). Dem kann entgegengehalten werden, dass Solidarität in Form von »organischer Solidarität« (Durkheim 1988)[5] eine solche Identifikation eines Gemeinschaftsgefühls nicht notwendigerweise voraussetzt. Durkheims organische Solidarität ist prägend für differenzierte, hoch entwickelte und auf komplexer Arbeitsteilung beruhende moderne Industriegesellschaften, die durch einen hohen Grad an Differenz ausgezeichnet sind. Hier findet sich das Paradox der starken Interdependenzen bei gleichzeitig sich stark entwickelnder Ideologie des Individualismus (vgl. Knodt/Tews i.d. Bd.).

---

6   Zum Konzept der organischen Solidarität bei *Durkheim* vgl. auch *Große Kracht* sowie *Kleger/Mehlhausen* i.d. Bd.

Dies geht einher mit Stjernøs Definition von Solidarität als »vorbereitet sein« auf das Teilen von Ressourcen mit Anderen und dem Willen, dies in kollektives Handeln sowie institutionalisierte Regeln umzusetzen (Stjernø 2005, 326).

In der Einleitung zu diesem Band wurden systematisch vier Formen der Solidarität entwickelt, indem die Ebenendimension mit der Akteursdimension kombiniert wurde. Dabei wurde in eine horizontale und eine vertikale Dimension unterschieden, wobei sich die vertikale Dimension auf Solidaritätsbeziehungen über die Ebenen eines Mehrebenensystems hinaus bezog. Zudem wurden Formen von Solidarität unterschieden, die sich auf Individuen oder eben auf kollektive Akteure wie die Mitgliedstaaten beziehen. Damit ergaben sich vier Formen der Solidarität: (1) transnationale, (2) supranationale, (3) intergouvernementale und (4) internationale Solidarität (vgl. Knodt/Tews i.d. Bd.).

Solidarität im Energiebereich bewegt sich in der EU dabei in der Kategorie der intergouvernementalen Solidarität. Intergouvernementale Solidarität adressiert nicht die einzelnen Individuen, sondern die nationalen Mitgliedstaaten der Europäischen Union. Auch sie umfasst die vertikale Dimension des europäischen Mehrebenensystems, greift jedoch nicht bis zur Individualebene durch, sondern kreiert eine europäische Solidarität kollektiver Akteure – der Mitgliedstaaten. Im Folgenden soll gezeigt werden, wie Energiesolidarität in der EU als intergouvernementale Solidarität ausgestaltet ist.

3. Energiesolidarität als intergouvernementale Solidarität im Normdreieck

Die EU verfügte im Bereich der Energiepolitik seit ihrer Gründung nur über schwache primärrechtliche Verankerungen, auch wenn die Bearbeitung energiepolitischer Fragen im Zentrum der funktionalen Integration der Europäischen Gemeinschaft für Kohle und Stahl 1952 (Montanunion) und des Europäischen Atomgemeinschafts-Vertrags 1957 (EURATOM-Vertrags) stand. Mit fortschreitender Integration konnte sich die Kommission ein energiepolitisches Profil erarbeiten, da (1) die Kompetenzerweiterung um den Bereich Umwelt in den 1980er Jahren das Energiethema mit einschloss; (2) die Entwicklung eines europäischen Binnenmarktes auch Strom, Erdöl und Erdgas erfasste und (3) die Kommission für den Bereich des grenzüberschreitenden Ausbaus der Energieinfrastruktur unter dem Stichwort »Transeuropäische Netze« zuständig war (Fischer 2009).

Abbildung 1: Entwicklung der Energiepolitik in der Europäischen Gemeinschaft/Union

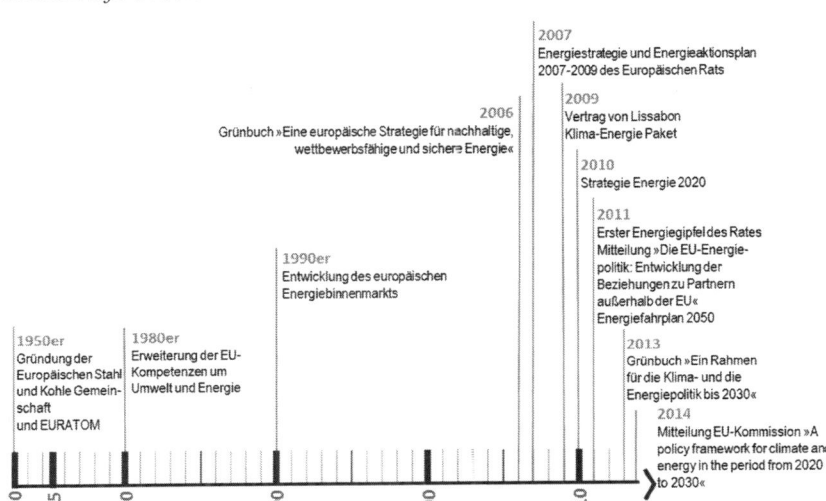

Quelle: Eigene Darstellung

Erst der Lissabonner Vertrag brachte jedoch für die EU ein primärrechtliches Fundament für den Bereich der Energiepolitik. Wie bereits erwähnt regelt Artikel 194 AEUV, dass die Energiepolitik der Union »im Geiste der Solidarität zwischen den Mitgliedstaaten« erfolgt. Diese Solidaritätsformulierung existierte dagegen in keinem der vorherigen Verträge und auch nicht in Artikel III-256 des EU-Verfassungsvertrags.

Die geforderte Solidarität zwischen den Mitgliedstaaten im Lissabonner Vertrag tangiert dabei nicht das »Recht eines Mitgliedstaats, die Bedingungen für die Nutzung seiner Energieressourcen, seine Wahl zwischen verschiedenen Energiequellen und die allgemeine Struktur seiner Energieversorgung zu bestimmen« (Art. 194,2 AEUV). Energiepolitische Maßnahmen innerhalb der EU, »welche die Wahl eines Mitgliedstaats zwischen verschiedenen Energiequellen und die allgemeine Struktur seiner Energieversorgung erheblich berühren« (Art. 192,2 AEUV), werden vom »Rat gemäß einem besonderen Gesetzgebungsverfahren nach Anhörung des Europäischen Parlaments, des Wirtschafts- und Sozialausschusses sowie des Ausschusses der Regionen einstimmig« erlassen (ebd.). Damit fällt die Energiepolitik in den Bereich der geteilten Kompetenzen der EU, die jegliche Entscheidungen auf europäischer Ebene, die den Energiemix der Mitgliedstaaten tangieren, nur mit Einstimmigkeit fällen lässt.

Dem gleichen Gedanken folgte auch die Formulierung von Artikel 122,1 AEUV, der regelt, dass der Rat

> »auf Vorschlag der Kommission unbeschadet der sonstigen in den Verträgen vorgesehenen Verfahren im Geiste der Solidarität zwischen den Mitgliedstaaten über die der Wirtschaftslage angemessenen Maßnahmen beschließen [kann], insbesondere falls gravierende Schwierigkeiten in der Versorgung mit bestimmten Waren, vor allem im Energiebereich, auftreten.« (Art. 122,1 AEUV)

Allerdings fehlen hier die Verweise auf noch zu erlassende Durchführungsbestimmungen, so dass die tatsächliche Einlösung im Fall von Versorgungsengpässen unklar bleibt. Die primärrechtliche Verankerung der Energiesolidarität jedenfalls fordert von den Mitgliedstaaten weder eine Verpflichtung, ihre nationale und internationale Energiepolitik im Geiste der Solidarität zu gestalten (Villagrasa/Scheuer 2011, 77), noch scheint die Detailregelung der Krisenmechanismen zeitnah umgesetzt zu werden. Die fehlende Konkretisierung der Regelung bzw. der fehlende Auftrag an die Union, sich einer Detailregelung mit konkreten grenzüberschreitenden Versorgungsregelungen zu widmen, scheint dem Eigeninteresse der übrigen Mitgliedstaaten geschuldet. Detailliert geregelt ist bisher nur die Verbesserung der strategischen Vorratshaltung; die Diversifizierung der Energiequellen und Transportrouten sowie wirksame Krisenreaktionsmechanismen stehen noch aus.

Die Energiepolitik verfolgt laut Lissabonner Vertrag ihre solidarische Energiepolitik »im Rahmen der Verwirklichung oder des Funktionierens des Binnenmarkts und unter Berücksichtigung der Notwendigkeit der Erhaltung und Verbesserung der Umwelt« (Art. 194,1 AEUV). Ziele sind dabei (a) die Sicherstellung des Funktionierens des Energiemarkts; (b) die Gewährleistung der Energieversorgungssicherheit in der Union; (c) die Förderung der Energieeffizienz und von Energieeinsparungen sowie Entwicklung neuer und erneuerbarer Energiequellen und (d) die Förderung der Interkonnektion der Energienetze (Art. 194,1 AEUV). Mit dieser Regelung verortet die EU Solidarität in der Energiepolitik im Normdreieck aus Sicherheit, Wettbewerb und Nachhaltigkeit.

Dieses Kapitel zeigt diese Verortung der Energiesolidarität im energiepolitischen Normdreieck der EU auf und zeichnet dabei die Entwicklung der Ausgestaltung des Solidaritätsprinzips im Bereich Energie nach.

3.1. Das Normdreieck der EU-Energiepolitik als Handlungsrahmen

Die intensivere Beschäftigung mit Energiepolitik begann nach der Errichtung des Energiebinnenmarktes mit dem Vorstoß der Kommission, über eine Energiestrategie nachzudenken. In ihrem Grünbuch «Eine europäische Strategie für nachhaltige, wettbewerbsfähige und sichere Energie« entfaltete sie ein normatives Gerüst, das als Startpunkt und Rahmen für die darauf folgende Entwicklung der Energiepolitik und der Energiesolidarität gesehen werden kann. Damit richtet sich die Energiepolitik der EU nach drei zentralen Normen: Nachhaltigkeit, Wettbewerbsfähigkeit und Sicherheit. Das Grünbuch skizziert ein normatives Szenario, das für die Entwicklung solidarischen Verhaltens von Bedeutung ist. Deutlich betont wird zum einen, dass gerade im Energiebereich die Interdependenzen in der Welt als hoch einzuschätzen sind und dass daher Energiepolitik »notwendigerweise eine europäische Dimension« beinhalten muss (Europäische Kommission 2006, 20). Somit ist eine gemeinsame Betroffenheit angezeigt und eine europäische Energiegemeinschaft umrissen. Gleichzeitig wird im Sinne der Subsidiarität als zentralem Prinzip darauf hingewiesen, dass jeder Mitgliedstaat »Entscheidungen aufgrund eigener nationaler Präferenzen treffen« (ebd.) wird.

Die Betroffenheit aller von den negativen Externalitäten einer interdependenten Welt wird argumentativ in einen gemeinsamen normativen Zielkatalog überführt, der das gerade angesprochene Normdreieck skizziert:

- »Nachhaltigkeit: (i) Entwicklung wettbewerbsfähiger erneuerbarer Energiequellen und anderer Energiequellen und Energieträger mit niedrigem CO_2-Ausstoß, vor allem alternativer Kraftstoffe, (ii) Begrenzung der Energienachfrage in Europa und (iii) führende Rolle bei den weltweiten Anstrengungen zur Eindämmung des Klimawandels und zur Verbesserung der örtlichen Luftqualität.

- Wettbewerbsfähigkeit: (i) Sicherstellen, dass die Energiemarktöffnung den Verbrauchern und der Wirtschaft insgesamt Vorteile bringt und gleichzeitig Förderung von Investitionen in die umweltfreundliche Energieerzeugung und in Energieeffizienz, (ii) Begrenzung der Auswirkungen höherer internationaler Energiepreise auf Wirtschaft und Bürger in der EU und (iii) Beibehaltung der europäischen Führungsposition im Bereich der Energietechnologien.

- Versorgungssicherheit: Lösungen für die steigende Abhängigkeit der EU von Energieimporten durch (i) einen integrierten Ansatz – Verringerung der Nachfrage, Diversifizierung des Energieträgermixes in der EU durch eine vermehrte Nutzung wettbewerbsfähiger einheimischer und erneuerbarer Energien und Diversifizierung der Energieeinfuhrquellen und der -importwege, (ii) die Schaffung eines Rahmens, der angemessene Investitionen zur Bewältigung der wachsenden Energienachfrage fördert, (iii) eine bessere Ausstattung der EU mit Mitteln für die Bewältigung von Notfällen, (iv) die Verbesserung der Bedingungen für europäische Unternehmen, die Zugang zu globalen Ressourcen haben wollen und (v) die Gewährleistung, dass alle Bürger und Unternehmen Zugang zu Energie haben.« (Kommission der Europäischen Gemeinschaften 2006, 20)

Das Grünbuch setzt damit den normativen Rahmen der europäischen Energiepolitik, der sich immer wieder in den Dokumenten der Europäischen Kommission wie auch im Lissabonner Vertrag ablesen lässt. Mit dem Lissabonner Vertrag halten die drei zentralen Energienormen und das Solidaritätsprinzip wie oben beschrieben Einzug in das Primärrecht. Das nachfolgende Schaubild zeigt die drei zentralen Normen in der Ausführung des Lissabonner Vertrags.

Schaubild 2: Normdreieck der europäischen Energiepolitik im Lissabonner Vertrag

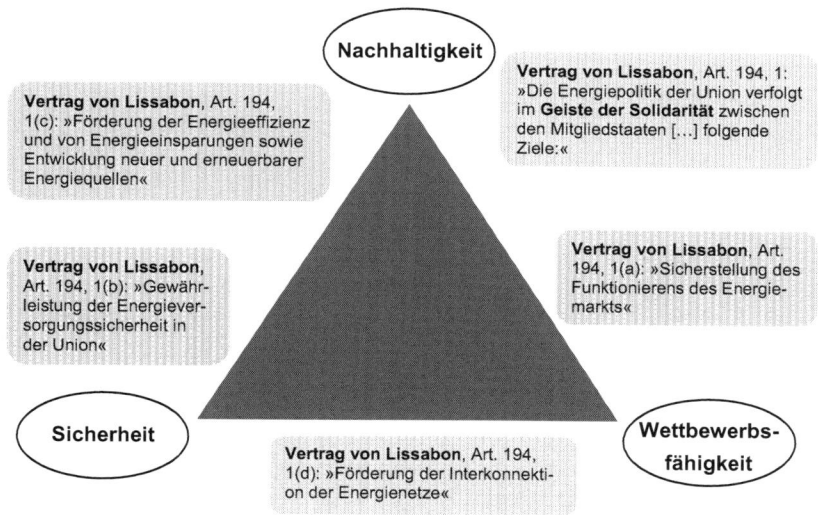

Quelle: Fischer 2009; eigene Darstellung

Die Norm der Sicherheit scheint dabei von besonderer Bedeutung für solidarisches Verhalten in der europäischen Energiepolitik zu sein. Im Grünbuch fällt der Begriff der Solidarität bereits an mehreren Stellen und dabei fast immer verbunden mit der Dimension der Versorgungssicherheit. Zum einen wird gefragt, »welche Maßnahmen auf Gemeinschaftsebene ergriffen werden [müssen], um Energieversorgungskrisen zu verhindern und um sie zu beherrschen, falls sie dennoch eintreten« (Kommission der Europäischen Gemeinschaften 2006, 5). Zum anderen werden Maßnahmen zur Sicherung der Versorgungssicherheit im Energiebinnenmarkt zwischen den Mitgliedstaaten direkt angesprochen (ebd., 8). Insgesamt geht es dabei um die Verbesserung der Versorgungssicherheit im Binnenmarkt und das Überdenken des EU-Ansatzes im Bereich der Erdöl- und Erdgasnotvorräte und der Prävention von Versorgungsunterbrechungen. Darunter wurden folgende Maßnahmen aufgelistet: (1) Überprüfung des geltenden Gemeinschaftsrechts zu Öl- und Gasvorräten, um sie an den heutigen Herausforderungen auszurichten; (2) eine europäische Beobachtungsstelle für die Energieversorgung, die für mehr Transparenz bei Energieversorgungsfragen innerhalb der EU sorgt; (3) verbesserte Netzsicherheit durch eine verstärkte Zusammenarbeit zwischen Netzbetreibern und möglicherweise ein formelles europäisches Gremium von Netzbetreibern; (4) größere physische Sicherheit der Infrastruktur, möglicherweise durch gemeinsame Standards und (5) verbesserte Transparenz bezüglich der Energievorräte auf europäischer Ebene (ebd., 21). Diese Kopplung mit der Sicherheitsnorm in den Anfängen der Entwicklung einer Energiesolidarität lässt sich aus dem Kontext der Konflikte um die russisch-ukrainischen Gasbeziehungen erklären.

3.2. Kopplung der Solidarität an die Sicherheitsnorm

Die Kopplung der Solidarität besonders an die Sicherheitsnorm und damit die zentrale Rolle der Energiesicherheit für Solidaritätsüberlegungen in der EU hängen damit zusammen, dass die EU mögliche Versorgungsengpässe in Abhängigkeit von Energieimporten als eines der Kernprobleme im Energiebereich definiert. Dies ist mit politischen Krisen im Vorfeld der Diskussionen um den Lissabonner Vertrag zu erklären. Die Zentralität der Sicherheitsnorm in der Energiepolitik der EU wurde in den Dokumenten ab 2007 bis hin zum Lissabonner Vertrag kontinuierlich ausgebaut, so dass Energiesolidarität vor allem als Versorgungssicherheit verstanden werden muss.

Der Hintergrund für diese Interpretation ist der ukrainisch-russische Gasstreit im Frühjahr 2006 und ein eben solcher mit Weißrussland 2007. Beide brachten das Thema auf die Agenda und in den Mittelpunkt der Kommissionstätigkeiten sowie der Beschlüsse des Europäischen Rates vom März 2007 (Geden 2007). War die EU zuvor von solchen Streitigkeiten wenig berührt, so änderte sich dies mit der Osterweiterung und vor allem dem Beitritt Polens. Polens Energieversorgung stellte sich als wenig diversifiziert dar. Im Bereich der fossilen Brennstoffe war das Land fast zur Gänze von russischen Gaslieferungen über die Ukraine (sowie vom russischen Öl) abhängig. Jeder Streit zwischen den beiden Ländern über die russischen Gaslieferungen stellt sofort auch ebensolche an Polen in Frage. Daher wollte die polnische Regierung unbedingt die Solidarität der europäischen Mitgliedstaaten im Fall von Ressourcenknappheit und damit die Versorgungssicherheit der polnischen Bevölkerung festgehalten wissen.

Die Kommission adressierte dieses Problem deutlich in ihrer Mitteilung »Eine Energiepolitik für Europa« von Januar 2007. Darin führt die Kommission drastisch die Abhängigkeit der EU-Mitgliedstaaten im Bereich der fossilen Energieträger vor Augen.

> »Europa wird immer mehr abhängig von importierten Kohlenwasserstoffen. Bei einer ›Business-as-usual‹-Politik wird die Abhängigkeit der EU von Energieimporten von heute 50 % des EU-Gesamtenergieverbrauchs bis zum Jahr 2030 auf 65 % ansteigen. Die Abhängigkeit von Gasimporten wird sich bis 2030 voraussichtlich von 57 % auf 84 % erhöhen, die Abhängigkeit von Ölimporten von 82 % auf 93 %. Die Gefahr einer Energieversorgungslücke wächst.« (Kommission der Europäischen Gemeinschaften 2007, 4)

Ganz deutlich trägt diese Mitteilung die Handschrift der ersten Krise für Europa durch den Gasstreit 2006 zwischen Russland und Ukraine, ohne dass dies explizit genannt wird. Jedoch wird implizit bereits auf die prekäre Abhängigkeit Polens aufmerksam gemacht, wenn die Kommission formuliert: »Im Übrigen existieren noch keine Mechanismen, die im Falle einer Energiekrise die Solidarität zwischen den Mitgliedstaaten sicherstellen, und einige Mitgliedstaaten sind weitgehend oder vollständig von einem einzigen Gaslieferanten abhängig« (ebd.). Daher mahnt die Kommission eine »größere Vielfalt bezüglich der Energiequellen, der Lieferanten, des Transportwegs und der Art und Weise des Transports« (ebd., 12) ebenso an wie die Schaffung wirksamer Mechanismen, die im Falle einer

Energiekrise die Solidarität zwischen den Mitgliedstaaten sicherstellen könnten.

Der durch den Europäischen Rat 2007 angestoßene und im Einklang mit der Energiestrategie verabschiedete Energieaktionsplan vom März 2007 versteht Energiesolidarität ebenfalls explizit als Beitrag zur Versorgungssicherheit. In den Beschlüssen des Europäischen Rates vom März 2007 werden zudem die drei Ziele der Versorgungssicherheit, Wettbewerbsfähigkeit und Umweltverträglichkeit wiederholt und erneut der »Geist der Solidarität zwischen den Mitgliedstaaten« beschworen. Das Solidaritätsprinzip wird dabei an alle drei Normen gekoppelt, allerdings zeigt die Hierarchie deutlich die Versorgungssicherheit als oberstes Ziel (Europäischer Rat 2007, 11). Zudem findet sich im späteren Text der Schlussfolgerungen des Europäischen Rates nur bei der Versorgungssicherheit die Kopplung an den Geist der Solidarität. Dabei werden die Diversifizierung sowie die Entwicklung eines Krisenreaktionsmechanismus inklusive der dazu benötigten Datensammlung, -beobachtung und -aufbereitung genannt (Europäischer Rat 2007, 18). Der vom Europäischen Rat 2007 verabschiedete energiepolitische Aktionsplan für die Jahre 2007 bis 2009 nahm in Bezug auf die Versorgungssicherheit auch Infrastrukturmaßnahmen in den Blick, die auf den Vorschlägen der Mitteilung der Kommission 2007 beruhten – so etwa die Anbindung noch isolierter Energiemärkte in Europa, die Einrichtung eines südlichen Gaskorridors für die Versorgung mit Erdgas aus Quellen im kaspischen Raum und im Nahen Osten, die Nutzung von Flüssigerdgas für die Flexibilisierung und Diversifizierung der EU-Märkte, die Verbindung Europas mit dem südlichen Mittelmeerraum über Strom- und Gasverbundleitungen, der Ausbau des Nord-Süd-Gas- und -Stromverbunds mit Mittel- und Südeuropa und der Aufbau eines Verbunds der Elektrizitätsnetze in Nordwesteuropa zur verbesserten Windkraftnutzung in der Nordsee. Auch findet sich explizit eine Außendimension der Energiesicherheit, indem darauf hingewiesen wird, dass die wechselseitige Abhängigkeit zwischen den Staaten extrem zunehme und die Energieversorgung deshalb in den internationalen Beziehungen Priorität haben müsse. Daher legte der Plan eine verstärkte Zusammenarbeit mit Ländern wie der Ukraine, der Republik Moldau, Türkei und Nordafrika nahe sowie mit Russland als wichtigem strategischen Partner im Energiebereich (Europäischer Rat 2007).

Alle Maßnahmen zur Diversifizierung der Energieversorgung der Mitgliedstaaten enden an den Grenzen der Autonomieschonung und des Subsidiaritätsprinzips. So unterstreichen auch die Schlussfolgerungen des Europäischen Rates 2007, dass »die Entscheidungen der Mitgliedstaaten in Bezug auf ihren Energiemix und ihre Hoheit über die primären Energiequellen uneingeschränkt respektiert werden« (Europäischer Rat 2007, 11).

3.3. Krisenreaktionsmechanismen als Ausdruck von Solidarität zur Versorgungssicherheit

Sowohl die Mitteilung der Kommission 2007 als auch die Energiestrategie und der Energieaktionsplan des Europäischen Rates 2007 stellten die Krisenreaktionsmechanismen neben der Diversifizierung in den Mittelpunkt des Solidaritätshandelns der Mitgliedstaaten. Dabei wurden zwei Mechanismen angesprochen, die zur Versorgungssicherheit im Krisenfall beitragen sollten: (1) Ölversorgungs- und (2) Erdgasversorgungskrisenmechanismus.

Der Krisenmechanismus bei der Erdölversorgung verpflichtet die Mitgliedstaaten, Erdöl bzw. Erdölerzeugnisse im Umfang ihres durchschnittlichen Inlandverbrauchs über 90 Tage zu halten. Die Bevorratung stammt in der EWG aus dem Jahr 1968 (Richtlinie 68/414/EWG) als Reaktion auf den Sechs-Tage-Krieg im Nahen Osten, der Auswirkungen auf die Erdölversorgung in Europa hatte (Fischer 2011, 112). Die dramatischen Auswirkungen der Ölkrise 1973/74 brachten eine Überwölbung der europäischen Bevorratungsregelungen mit leicht unterschiedlichen Regelungen durch die 1974 im Rahmen der OECD gegründete Internationale Energieagentur (IEA). Die relative Ruhe auf den Ölmärkten in der Folgezeit ließ die Europäische Gemeinschaft nur kleinere Veränderungen im Laufe der Jahre durchführen. Ein Vorstoß im Jahre 2002, der die europäische Richtlinie massiv über die Regelungen der IEA hinaus verschärft hätte, wurde von den Mitgliedstaaten stark kritisiert und von der Kommission wieder zurückgezogen. Zu stark war der Widerstand der Mitgliedstaaten gegen den von ihnen empfundenen zunehmenden Einfluss der Kommission in Bezug auf die Energiesicherheit. Daher enthielt die Mitteilung der Kommission 2007 die Forderung, den EU-Mechanismus der strategischen Ölreserven, für dessen effektive Koordinierung mit den Reserven anderer OECD-Länder die IAE verantwortlich ist, beizubehalten. Allerdings sollte die Art und Weise, wie die EU ihren Beitrag zu diesem Mechanismus verwaltet, verbessert werden. Vor allem forderte die Kommission umfassendere Berichterstattungspflichten der Mitgliedstaaten, eine Untersuchung der benötigten Kapazitäten bei den Reserven und eine bessere Koordinierung für den Krisenfall (Kommission der Europäischen Gemeinschaften 2007, 13).

Bei der Erdgasversorgung gibt es keine rechtliche Bevorratungspflicht. Hier wären technischer Aufwand und die damit verbundenen Kosten zu hoch, um dies realisieren zu können (Baumann 2008, 2). Die Kommission setzte hier eher auf die Diversifizierung der Energieversorgung. Dazu sollten Erdgaslieferungen aus neuen Regionen anvisiert, strategische Speichermöglichkeiten verbessert und der Bau neuer Terminals für Flüssigerdgas ermöglicht werden (Kommission der Europäischen Gemeinschaften 2007, 12). Nur so könne solidarisches Handeln in der Gemeinschaft möglich werden.

3.4. Energiesolidarität im Bereich »effort sharing« in der Wettbewerbs- und Nachhaltigkeitsnorm

In der französischen Ratspräsidentschaft im zweiten Halbjahr 2008 avancierte das Prinzip der Energiesolidarität zur Priorität. Risiken der Energieversorgung wurden in der Diskussion nicht nur im Hinblick auf die Versorgungssicherheit adressiert, sondern auch bezüglich der Norm des Wettbewerbs und der Nachhaltigkeit. Konkret wurden die politische Instabilität bei externen Versorgerländern, fehlende Interkonnektivität in der Union, fehlende Vorsorgemaßnahmen gegen Versorgungsausfälle, verschärfter Wettbewerb durch knapper werdende fossile Energieträger, höhere Nachfragen aus den Schwellenländern, aber auch technische Ausfälle der veralteten Infrastrukturen, terroristische Anschläge und Piraterie als Risiken gesehen.

Hier zeigte sich vor allem, dass Energiepolitik einen politikfeldübergreifenden und damit Querschnittcharakter hat und benachbarte Politikfelder wie vor allem die Umweltpolitik, aber u. a. auch Handel und Entwicklung stark überwölbt. Ganz deutlich wurde diese übergreifende Klammer bei dem Energie- und Klimapaket der EU-Kommission aus dem Jahr 2008, das die Energiepolitik eng mit der Umweltpolitik koppelte. Mit dem Energie- und Klimapaket hatte sich die EU das Ziel gesetzt, bis zum Jahr 2020 den Ausstoß von Treibhausgasen der Union um 20 % zu reduzieren (um 30 % im Falle eines internationalen Übereinkommens), den Anteil erneuerbarer Energiequellen auf 20 % zu steigern und die Energieeffizienz um 20 % zu erhöhen. Das Klimapaket soll sicherstellen, dass die EU ihre Klimaziele bis 2020 erreicht. Diese Ziele firmierten fortan als »20-20-20«-

Ziele. Das Paket umfasste dabei vier Richtlinien sowie je eine Verordnung und Entscheidung. Diese enthalten Maßnahmen zur Förderung erneuerbarer Energien, Regelungen zum Europäischen Emissionshandelssystem (ETS) sowie zur Emission und Speicherung von CO_2 inklusive der Qualität von Kraftstoffen.

Hierbei wurde Solidarität auch im Rahmen der Wettbewerbs- und Nachhaltigkeitsnorm diskutiert. Das Energie- und Klimapaket der Kommission adressierte Energiesolidarität dabei in Form von »effort sharing« (vgl. European Commission 2008a) im Bereich der Ziele zur Emissionsreduktion und dem Ausbau erneuerbarer Energieträger. Das Ziel, innerhalb der EU den Treibhausgasausstoß bis zum Jahr 2020 um 20% einzudämmen, wurde dabei mit der Energiepolitik verknüpft. Die Umsetzung sollte zwischen den Mitgliedstaaten in solidarischer Weise geschehen. Wie im Rat diskutiert wurde, sollten sich die Vorgaben für die CO_2-Reduktion an den Prinzipien der Solidarität, aber auch des Wachstums orientieren:

> »The non ETS effort-sharing aims at sharing the emission reduction effort amongst Member States in the sectors not covered by the EU ETS in order to reach the EU's 20 and 30% emission reduction commitments. The Commission proposes to base the efforts of Member States on the principles of growth and solidarity, taking into account the relative per capita GDP of Member States.« (Council of the EU 2008, 4)

Der letzte Punkt verweist dabei darauf, dass die Verteilung der Reduktion nach der Leistungsfähigkeit der einzelnen Mitgliedstaaten erfolgen sollte. Doch sollte dieser Wettbewerbs- und Nachhaltigkeitsnexus nicht über die Dominanz der Energiesicherheit hinwegtäuschen, die sich vor allem in den Verhandlungen um den Vertrag von Lissabon manifestierte.

3.5. Gemeinsame Energieaußenpolitik als Grundlage für Energiesolidarität

In den Diskussionen auf europäischer Ebene setzt sich im Bereich der Energiesicherheit auch immer stärker der Gedanke durch, dass nur gemeinsames, solidarisches Vorgehen die globalen Herausforderungen im Energie- und Klimabereich meistern kann. Die Kommission trägt dem in ihrem Strategiepapier Rechnung und formuliert:

> »Die EU muss jetzt den Grundsatz formalisieren, wonach die Mitgliedstaaten in bilateralen Energiebeziehungen zu zentralen Partnern und in globalen Diskussionen zum Nutzen der EU als Ganzes handeln. Aufbauend auf der Rechtsgrundlage des Vertrags von Lissabon, der die externe Dimension präzisiert und stärkt, muss die externe Energiepolitik der EU für wirksame Solidarität, Verantwortung

und Transparenz bei allen Mitgliedstaaten sorgen, wobei den Interessen der EU Rechnung getragen und die Sicherheit des Energiebinnenmarkts der EU gewährleistet werden muss. Eine wirksamere Koordinierung auf EU-Ebene und auf Ebene der Mitgliedstaaten muss bewerkstelligt werden.« (Europäische Kommission 2010, 22)

Gleichzeitig setzt die EU zur Ermöglichung einer stärkeren Energieversorgungssicherheit wie oben dargestellt bereits im Grünbuch der Kommission von 2006 auf die Diversifizierung der Energieeinfuhrquellen und der -importwege, die von allen Mitgliedstaaten solidarisch getragen werden sollten. Diese Zielvorgabe betrifft unterschiedliche außenpolitische Strategien der EU. Zum einen spricht sie die strategische Partnerschaft mit Russland an; zum zweiten die Versuche, alternative Energiequellen und Lieferstaaten sowie auch Lieferwege zu erschließen und zum dritten bestimmt sie die Energieaußenpolitik mit neu aufstrebenden Mächten.

Die strategische Partnerschaft mit Russland ist eine der ältesten strategischen Partnerschaften, die die EU mit einem anderen Land eingegangen ist. Das entsprechende Partnerschafts- und Kooperationsabkommen (PKA) datiert aus dem Jahr 1997 und ist im Energiebereich seit 2000 mit einem etablierten Energiedialog zwischen der EU und Russland ausgestattet. Der Dialog ist unterteilt in vier Arbeitsgruppen: Energiemärkte und Strategien; Elektrizität; Energieeffizienz und Innovation sowie die Arbeitsgruppe Atomenergie. Zudem ist er mit einem Gasbeirat ausgestattet. Bilaterale Abkommen sowohl zwischen EU-Mitgliedstaaten und Russland wie anderen östlichen Staaten inklusive der zentralasiatischen Republiken (s. unten) unterlaufen häufig die gemeinsame EU-Strategie einer sicheren Energieversorgung. Vor allem wurden dabei die systematischen Käufe von Anteilen an europäischen Energiefirmen und deren Infrastruktur sowie die aktive Absicherung durch politisch-diplomatische Initiativen des eurasisch-europäischen Gaspipeline-Monopols und damit die unsolidarische Verhaltensweise der Mitgliedstaaten immer wieder stark kritisiert (Umbach 2008). Mit der Einführung eines Informationsaustausch- und Koordinationsmechanismus bzw. der Meldepflicht der EU-Mitgliedstaaten bezüglich ihrer Energieabkommen mit Drittstaaten (Official Journal of the European Union 2012) versucht die EU, dem Alleingang einiger Mitgliedstaaten – v.a. im Bereich der deutsch-russischen Energiebeziehungen – entgegen zu wirken.

In dem Versuch, sich vom russischen Gas stärker unabhängig zu machen, spielt der Südkaukasus keine unerhebliche Rolle. Dies zum einen als Energieproduzent und zum zweiten als Transitroute, um an alternative Energiequellen andocken zu können. Vor allem Aserbaidschan hat erhebliche Gas- und Erdölvorkommen und spielt für die EU eine wichtige Rolle (European Commission 2008b). Doch noch entscheidender ist die Rolle der Region als südlicher Korridor zu den ressourcenreichen Staaten Zentralasiens. Mit dem Zugang zu den Republiken Zentralasiens über die Länder des Südkaukasus kann die EU ihre Abhängigkeit vom russischen Gas und der einzigen Transitroute über die Ukraine reduzieren (Meister/Viëtor 2011; Devlin/Heer 2010). Um die Energiebeziehungen mit dem Südkaukasus und Russland wie auch anderen Staaten der größeren Region zu festigen und auszubauen sowie einen entsprechenden Energiekorridor zu installieren, hat die EU seit den 1990er Jahren eine ganze Reihe von Initiativen und Programmen aufgesetzt: Der Energiecharta-Vertrag (Energy Charter Treaty (ECT)) 1991, das TRACECA-Programm (Transport Corridor Europe-Caucasus-Asia) 1993, die Baku-Initiative 2004 und die Schwarzmeer-Synergie (Black Sea Synergy) 2007 sowie Maßnahmen unter den Förderprogrammen im Rahmen der Europäischen New Neighbourhood und der östlichen Partnerschaft. Jedoch ist die Realisierung des südlichen Korridors von europäischer Seite aus stark von den Mitgliedstaaten und den dort beheimateten privaten Firmen abhängig. Eine gemeinsame solidarische Energiepolitik würde gerade hier die Festlegungen des Lissabonner Vertrags verwirklichen helfen. Doch genau an dieser Stelle ist eine gemeinsame europäische Strategie kaum mehr zu erkennen und das Prinzip der Solidarität wird nicht bemüht, sondern die Norm der Wettbewerbsfähigkeit einzelner Mitgliedstaaten dominiert. Gerade in Bezug auf die östliche Partnerschaft der EU, die zum Südkaukasus auch die Ukraine, Moldawien und Weißrussland einbezieht, sehen viele eine problematische Strategie und bezweifeln, dass eine nicht diskriminierende und transparente Energiesicherheitspolitik zu verwirklichen ist, ohne eskalierende diplomatische Konflikte mit Russland heraufzubeschwören (Gogolashvili 2009).

Vor allem im Hinblick auf die neu aufstrebenden Mächte wie China, Indien und Brasilien, die als Wettbewerber um knappe Ressourcen, aber auch als neue Produzenten auftreten – wie im Fall von Brasilien – wird die Notwendigkeit eines gemeinsamen Vorgehens erkannt. Allerdings sind die bisherigen Bemühungen der Kommission in ihren bilateralen Energiedialogen mit diesen Ländern von unterschiedlichem Erfolg gekrönt (Knodt/ Müller/Piefer 2013; 2014).

Während der Dialog mit China auf eine lange Geschichte erfolgreicher Kooperation und gemeinsamer Projekte, wie z.B. das EU-China Clean Energy Center (EC2), zurückblickt und von beiden Seiten mit großem Interesse weitergeführt wird, nehmen kontroverse Themen wie die Zertifizierung von Biotreibstoffen einen Teil der Dynamik des Dialogs mit Brasilien und im Falle Indiens ist eine starke Konkurrenz durch Energiedialoge der Mitgliedstaaten, wie z.B. durch das Indo-German Energy Forum, zu beobachten. Solidarität zwischen der EU und ihren Mitgliedstaaten ist im Falle der Kooperation mit China im Bereich Urbanisierung und Energiesicherheit zu erkennen. Hier haben im Jahr 2012 alle damals 27 Mitgliedstaaten sowie die EU-Kommission gemeinsame Abkommen mit der chinesischen Regierung geschlossen, was bisher einmalig ist, da die Dialoge sonst lediglich zwischen EU-Kommission und chinesischer Seite geführt werden. Hier lässt sich eine enge Verknüpfung zwischen dem Sicherheits- und Solidaritätsgedanken feststellen. Neben Themen von beiderseitiger Relevanz, wie z.B. der Ausbau von erneuerbaren Energien und Energieeffizienz oder Clean Coal Technologien, wurden im Jahr 2012 mit den beiden asiatischen Energieriesen China und Indien besondere Dialoge zum Thema Energiesicherheit initiiert. Die EU und China tauschen sich über Ressourcen in Zentralasien und den Umgang mit Russland aus. Ähnlich koordinieren Indien und die EU ihre Beziehungen mit Russland und Turkmenistan sowie weiteren zentralasiatischen Ländern, hier allerdings ohne Einbezug der EU-Mitgliedstaaten.

3.6. Solidarität in der Balance zwischen Autonomieschonung und Gemeinschaftsförderung

Besonders deutlich zum Ausdruck kommt die Tatsache, dass die Energiesolidarität der EU einen komplementären Charakter besitzt, in den Aussagen in der Roadmap für Energie, dem Energiefahrplan 2050 der Europäischen Kommission von 2011. Der Energiefahrplan war einer Klima-Roadmap der Kommission gefolgt. Letztere setzte ihren Schwerpunkt auf die Verringerung von Treibhausgasemissionen in der europäischen Wirtschaft um 80-95 %. In enger Kopplung an dieses Klimaziel fokussiert die Energie-Roadmap auf Verbesserung der Energiesicherheit und Wettbewerbsfähigkeit der EU durch die Transformation zu einer CO_2-emissionsreduzierten Wirtschaft (low-carbon economy).

Deutlich heißt es im Energiefahrplan:

»Dieser Fahrplan ist kein Ersatz für nationale, regionale und lokale Anstrengungen zur Modernisierung der Energieversorgung; mit ihm wird vielmehr das Ziel verfolgt, einen langfristigen, technologieneutralen europäischen

Rahmen zu entwickeln, innerhalb dessen diese Politikansätze eine größere Wirkung entfalten.« (Europäische Kommission 2011, 4)

Damit ist die Existenz der Maßnahmen zur Energieversorgung als zusätzlich zu denen der anderen Ebenen der Europäischen Union festgehalten. Weiter wird dann ausgeführt:

> »In ihm [dem Rahmen] wird von der These ausgegangen, dass eine europäische Herangehensweise an die Herausforderung im Energiebereich die Sicherheit und Solidarität verbessern und die Kosten gegenüber parallelen nationalen Systemen durch die Schaffung eines umfassenderen und flexibleren Marktes für neue Produkte und Dienstleistungen senken wird.« (ebd.)

Hier wird deutlich die nutzenmaximierende Dimension der Solidarität im Energiebereich angesprochen. Eine zusätzliche europäische Solidarität soll für die Mitgliedstaaten Kosten senken. Allerdings zeigt sich in der Diskussion der Roadmaps deutlich, wie gering die Bereitschaft der Mitgliedstaaten ist, sich in Energiebelangen auf ein gemeinsames und solidarisches Handeln einzulassen.

Denn weder die Roadmap zu Energie noch die damit verknüpften beiden anderen Roadmaps zu Klima und Transport (alle 2011 von der Kommission vorgelegt) wurden von den Mitgliedstaaten umgesetzt (Fischer/Geden 2012). Vor allem scheiterte die Umsetzung an einem mehrmaligen Veto der polnischen Regierung. Polens Regierungsvertreter argumentierten dabei vor allem mit den negativen Effekten einer verbindlichen Reduktion von CO_2-Emmissionen, die das Wirtschaftswachstum des Landes behindern könnten. Als größter Kohleproduzent in der EU und insgesamt stark von fossilen Rohstoffen abhängig (s. oben) argumentiert Polen strikt gegen eine gemeinsame Haltung in diesen Klima- und Energiefragen. Auch die Bemühungen der dänischen EU-Ratspräsidentschaft, die in den Roadmaps angelegten mittel- und langfristigen Reduktionsziele mit einem abgeschwächten Reduktionsziel bis 2020 zu entschärfen, brachten nicht die Zustimmung Polens. Denn zu der Detailkritik an den Zielen kam noch eine grundsätzliche Kritik an der unilateralen Vorleistung der EU in der internationalen Klimapolitik und der angestrebten Transformationsgeschwindigkeit in Richtung erneuerbare Energien. Polen stand damit nicht alleine da, sondern wurde von den anderen Visegrád-Staaten Tschechien, Slowakei und Ungarn unterstützt (Geden/Fischer 2014, 11).

Die Kommission setzte die energie- und klimapolitische Diskussion sodann in einem anderen Rahmen fort. Sie legte im März 2013 ein weiteres Grünbuch zur »Energie- und Klimapolitik 2030« (Europäische Kommission 2013) vor. Sie betonte dabei in einem viel stärkeren Maße als zuvor die

Souveränität der Mitgliedstaaten und legte somit ein Schwergewicht auf die Ausbalancierung der Autonomieschonung und der Gemeinschaftsförderung, wie sie Scharpf (1996) als grundlegendes Prinzip der EU beschrieben hat. Im Grünbuch stellt die Kommission fest, dass der energie- und klimapolitische Rahmen bis 2030

»für ein ausgewogenes Verhältnis zwischen den konkreten Umsetzungsmaßnahmen auf EU-Ebene und ausreichender Flexibilität auf der Ebene der Mitgliedstaaten [sorgen sollte], damit diese ihre Ziele auf einem auf den jeweiligen nationalen Kontext abgestimmten Weg, der jedoch mit dem Binnenmarkt vereinbar ist, erreichen können. Inwieweit derzeit ein solches Gleichgewicht zwischen dem Instrumentarium auf EU-Ebene und den Zielen bzw. nationalen Instrumenten der Mitgliedstaaten besteht, muss noch genauer geprüft werden; dies betrifft u. a. auch die Auswirkungen von Subventionen für fossile Brennstoffe.« (Europäische Kommission 2013, 11)

Das Grünbuch fokussiert dabei wie bereits das Energie- und Klimapaket von 2008 auf eine enge Kopplung der Wettbewerbs- und Nachhaltigkeitsnorm. Daher verwundert es wenig, dass die zumindest implizit auf Solidarität abgestimmten Passagen, »eine gerechte Lastenteilung ins Auge« (ebd.) fassen. Den Begriff der Solidarität allerdings sucht man vergebens, auch wenn die Versorgungssicherheit im Grünbuch immer wieder eine Rolle spielt.

4. Fazit

Der Beitrag hat gezeigt, dass Energiesolidarität in der Europäischen Union vor allem als Versorgungssicherheit interpretiert wird und damit die Verortung innerhalb des energiepolitischen Normdreiecks der EU schwerpunktmäßig im Bereich der Sicherheitsnorm erfolgt. In den Bereichen jedoch, in denen Energiepolitik eng mit Klimapolitik gekoppelt wird, finden sich Solidaritätsvorgaben auch in der Wettbewerbs- und Nachhaltigkeitsnorm. Die Beschreibung der Entwicklung des Solidaritätsprinzips mit dieser unterschiedlichen Ausrichtung hat auch gezeigt, wie sehr die Ausgestaltung der internen Energiesolidarität mit den internationalen Diskussionen und Ereignissen verknüpft ist. Denn sowohl die Sorge einiger neuer Mitgliedstaaten in Mittel- und Osteuropa wie vor allem Polens um die Sicherheit ihrer Öl- und Gasversorgung als auch die internationalen Debatten und Verhandlungen im Bereich des Klimawandels haben die Ausprägung von Solidarität als Versorgungssicherheit oder von Solidarität als effort sharing beeinflusst.

Zudem findet sich Energiesolidarität als mitgliedstaatliche Solidarität und zeigt somit den Charakter intergouvernementaler Solidarität. Deutlich geworden ist auch, dass Solidaritätsmechanismen eingesetzt werden, um im wohlverstandenen Eigennutz die Versorgungssicherheit der gesamten Energiegemeinschaft zu gewährleisten. Dies auch, obwohl der Anstoß zum Eingang des Solidargedankens in die Energiepolitik stark von den Problemen eines einzelnen Staates der Gemeinschaft ausgegangen war. Gleichzeitig ist das Solidaritätsprinzip im Energiebereich deutlich an das Prinzip der Subsidiarität gebunden, das in der EU als zentrales Handlungsprinzip etabliert ist. Dies hat vor allem die jüngste Entwicklung in der Energiepolitik gezeigt, die ein starkes Gewicht auf die Balance zwischen Autonomieschonung und Gemeinschaftsorientierung legt. Dabei gewinnt man jedoch den Eindruck, dass durch die Stärkung der Autonomieschonung die mitgliedstaatliche Ebene an Bedeutung gewinnt und der Solidaritätsgedanke zwar noch im Lissabonner Vertrag festgehalten ist, in den neueren Papieren zur Energiepolitik jedoch nur eine marginalisierte Rolle spielt.

Literatur

Baumann, Florian 2008: Energiesolidarität als Instrument der Versorgungssicherheit, CAP Aktuell, Nr. 6, September 2008.

Bayertz, Kurt 1998: Begriff und Problem der Solidarität; In: ders. (Hrsg.): Solidarität. Begriff und Problem, Frankfurt/M., 11-53.

Council of the European Union 2008: Note from General Secretary, 6683/08, Brussels 23. February 2008.

Devlin, Brendan/Heer, Katrin 2010: The Southern Corridor: Strategic Aspects for the EU; In: Linke, Kristin/Viëtor, Marcel (Hrsg.): Beyond Turkey: The EUs Energy Policy and the Southern Corridor (International Policy Analysis), Berlin, 5-9. Online unter: http://library.fes.de/pdf-files/id/07553.pdf (23.01.2013).

Durkheim, Emile 1988: Über soziale Arbeitsteilung: Studie über die Organisation höherer Gesellschaften, Frankfurt/M.

Ebbinghaus, Bernhard/Visser, Jelle 2000: The Societies of Europe. Trade Unions in Western Europe since 1945, Basingstoke/Oxford.

Europäische Kommission 2010: Energie 2020. Eine Strategie für wettbewerbsfähige, nachhaltige und sichere Energie, KOM(2010) 639 endgültig, 10.11.2010, Brüssel.

Europäische Kommission 2011: Energiefahrplan 2050, KOM(2011) 885 endgültig, 15.12.2011, Brüssel.

Europäische Kommission 2013: Grünbuch. Ein Rahmen für die Klima- und Energiepolitik bis 2030, KOM(2013) 169, 27.3.2013, Brüssel.

Europäischer Rat 2007: Schlussfolgerungen des Vorsitzes, 7224/1/07, 8.-9.3.2007, Brüssel.

European Commission 2008a: Proposal for a Decision of the European Parliament and of the Council on the effort of Member States to reduce their greenhouse gas emissions to meet the Community's greenhouse gas emission reduction commitments up to 2020, COM(2008) 17final, 23.01.2008, Brüssel.

European Commission 2008b: European Neighbourhood Policy – Azerbaijan, Press Release, MEMO/08/205, 03.04.2008. Online unter: http://europa.eu/rapid/press ReleasesAction.do?reference=MEMO/08/205&format=HTML&aged=0&language =EN&guiLanguage=en (23.01.2013).

Faist, Thomas 2000: Soziale Bürgerschaft in der Europäischen Union: Verschachtelte Mitgliedschaft; In: Bach, Maurizio (Hrsg.): Die Europäisierung nationaler Gesellschaften, Sonderheft Nr. 40, Kölner Zeitschrift für Soziologie und Sozialpsychologie, Opladen, 229-250.

Ferreira-Pereira, Laura/Groom, John 2010: »Mutual solidarity" within the EU common foreign and security policy: What is the name of the game?; In: International Politics, 47 (6), 596-616.

Fischer, Severin, 2009: Energie- und Klimapolitik im Vertrag von Lissabon. Legitimationserweiterung für wachsende Herausforderungen; In: integration, 1/2009, 50-62.

Fischer, Severin/ Geden, Oliver 2012: Die »Energy Roadmap 2050« der EU: Ziele ohne Steuerung, SWP-Aktuell 8/2012, Februar 2012, Berlin.

Geden, Oliver 2007: Energiesolidarität im EU-Reformvertrag, SWP-Aktuell 34, Juli 2007. Online unter: www.swp-berlin.org/fileadmin/contents/products/aktuell/2007 A34_gdn_ks.pdf (05.06.2014).

Geden, Oliver/Fischer, Severin 2014: Moving Targets. Die Verhandlungen über die Energie- und Klimaverhandlungen der EU nach 2020, SWP-Studie, 1/2014.

Gogolashvili, Kakha 2009: The EU and Georgia: The Choice is in the Context; In: Mkrtchyan, Tigran/Huseynov, Tabib/Gogolashvili, Kakha (Hrsg.): The European Union and the South Caucasus. Three Perspectives on the Future of the European Project from the Caucasus, Europe in Dialogue 2009/01, Gütersloh, 90-127.

Hackländer, Daniel 2010: Die allgemeine Energiekompetenz im Primärrecht der Europäischen Union, Frankfurt/M.

Knodt, Michèle/Müller, Franziska/Piefer, Nadine 2013: European Union External Energy Relations with Emerging Powers, Paper presented at the 1st ECPR-SGIR European Workshops in International Studies (EWIS), June 5th – 8th 2013, Tartu, Estonia.

Knodt, Michèle/Müller, Franziska/Piefer, Nadine (2014) (i.E.): Challenges of European External Energy Governance with Emerging Powers: Meeting Tiger, Dragon, Lion and Jaguar, Oxford.

Kommission der Europäischen Gemeinschaften 2006: Grünbuch: Eine europäische Strategie für nachhaltige, wettbewerbsfähige und sichere Energie, KOM(2006) 105 endgültig, SEK(2006) 317, 8.3.2006, Brüssel.

Kommission der Europäischen Gemeinschaften 2007: Eine Energiepolitik für Europa. Mitteilung der Kommission an den Europäischen Rat und das Europäische Parlament, KOM(2007) 1 endgültig, SEK(2007) 12, 10.1.2007, Brüssel.

Mau, Steffen 2009: Europäische Solidarität. Erkundung eines schwierigen Geländes; In: Harnisch, Sebastian/Maull, Hanns W./Schieder, Siegfried (Hrsg.): Solidarität und internationale Gemeinschaftsbildung. Beiträge zur Soziologie der internationalen Beziehungen, Frankfurt a.M./New York, 63-87.

Meister, Stefan/Viëtor, Marcel 2011: Southern Gas Corridor and South Caucasus; In: South Caucasus – 20 Years of Independence, 335-353. Online unter: http://library.fes.de/pdf-files/bueros/georgien/08706.pdf (05.06.2014).

Münch, Richard 2001: Offene Räume. Soziale Integration diesseits und jenseits des Nationalstaates, Frankfurt/M.

Offe, Claus 2001: Gibt es eine europäische Gesellschaft? Kann es sie geben?; In: Blätter für deutsche und internationale Politik, 4, 423-435.

Official Journal of the European Union (2012): Decision No. 994/2012/EU of the European Parliament and of the Council of October 2012, establishing an information exchange mechanism with regard to intergovernmental agreements between Member States and third countries in the field of energy.

Preuß, Ulrich K. 1998: Nationale, supranationale und internationale Solidarität; In: Bayertz, Kurt (Hrsg.): Solidarität. Begriff und Problem, Frankfurt/M., 399-410.

Scharpf, Fritz W. 1996: Politische Optionen im vollendeten Binnenmarkt; In: Jachtenfuchs, Markus/Kohler-Koch, Beate (Hrsg.): Europäische Integration, Opladen, 109-140.

Stjernø, Steinar 2005: Solidarity in Europe: the History of an Idea, Cambridge.

Umbach, Frank 2008: Die EU-Energiestrategien. Auf dem Weg zu einer gemeinsamen Energieaußenpolitik?; In: Bundeszentrale für politische Bildung: Grundlagen der Energiepolitik, Oktober 2008.

Villagrasa, Delia/Scheuer, Stefan 2011: Für ein Europa der Erneuerbaren Energien. Zur Zukunft der europäischen Klima- und Energiepolitik; In: Heinrich-Böll-Stiftung (Hrsg.): Solidarität und Stärke. Zur Zukunft der Europäischen Union, Böll Studie, Schriften zu Europa, Band 6, 75-104.

Solidarität – ein solides Fundament der Gemeinsamen Außen- und Sicherheitspolitik?

Carolin Rüger

1. Einleitung

Betrachtet man das Phänomen »Solidarität« im Kontext der Gemeinsamen Außen- und Sicherheitspolitik der EU, so sind in den letzten Jahren zwei gegenläufige Entwicklungen zu verzeichnen: Auf der einen Seite ist Solidarität zum viel diskutierten Topos der europäischen Integration geworden. Europapolitik hat die Zirkel der Experten und Expertinnen verlassen und ist durch »die Krise«, die wechselweise als Staatsschuldenkrise, Eurokrise, Vertrauenskrise, Legitimationskrise oder Krise der EU insgesamt perzipiert wurde, in den Fokus der Öffentlichkeit gerückt. Fragen der Solidarität innerhalb der EU spielen in den krisenzentrierten Debatten, welche teils über nationale Grenzen hinweg ausgetragen werden, eine zunehmend wichtigere Rolle (vgl. Engerer 2008; Bajnai u.a. 2012; Risse 2013; Kleger/Mehlhausen und Heinemann in diesem Band). In seiner Rede zur Lage der Union betonte Kommissionspräsident José Manuel Durão Barroso kürzlich: »Solidarität ist ein wesentlicher Bestandteil dessen, was Europa ausmacht, und etwas, auf das man stolz sein darf« (Barroso 2013). Auf der anderen Seite ist in den letzten Jahren ein starker Bedeutungsverlust der Gemeinsamen Außen- und Sicherheitspolitik (GASP) auszumachen. Das Ziel der finanz- und währungspolitischen Krisenbewältigung entwickelte sich immer mehr zum Drehbuch für die Europapolitik im Gesamten. Diese Akzentverschiebung hin zum Ökonomischen ließ andere Bereiche wie die GASP und die Gemeinsame Sicherheits- und Verteidigungspolitik (GSVP)[1] in den Hintergrund rücken. Die europäische Kako-

---

1 Im Vertrag von Lissabon wurde die Europäische Sicherheits- und Verteidigungspolitik (ESVP), die 1999 als Teil der GASP ins Leben gerufen worden war, in Gemeinsame Sicherheits- und Verteidigungspolitik (GSVP) umbenannt. Das Attribut »gemeinsam« impliziert dabei keineswegs eine Vergemeinschaftung wie etwa bei der Gemeinsamen Agrarpolitik oder der Gemeinsamen Außenhandelspolitik. Die Politikfelder GASP und GSVP sind auch nach dem Vertrag von Lissabon in-

phonie in zentralen Fragen wie der Einrichtung einer Flugverbotszone in Libyen 2011, einer potentiellen EU-Intervention in Mali 2012/2013 oder der Verlängerung des Waffenembargos gegen Syrien 2013 beförderte den Bedeutungsverlust der GASP und der GSVP. Wie groß ist die Solidarität der EU-Mitgliedstaaten im außen- und sicherheitspolitischen Bereich? Welche Rolle spielt das Prinzip der Solidarität in den Vertragsbestimmungen und in der Praxis der EU-Außen- und Sicherheitspolitik? Gibt es Unterschiede zwischen den Ausprägungen der Solidarität im Gemeinschaftsbereich und dem Solidaritätsprinzip in der GASP, der ehemaligen zweiten Säule der EU? Ist Solidarität ein solides Fundament der EU-Außen- und Sicherheitspolitik? Diesen Fragen widmet sich der folgende Beitrag.

Solidarität ist für die GASP, wie noch zu zeigen sein wird, konstitutiv. Vor allem im deutschsprachigen Raum hat die wissenschaftliche Literatur dem Solidaritätsprinzip im Rahmen der GASP eher marginale Aufmerksamkeit geschenkt.[2] Die vorliegende Analyse verfolgt daher einen explorativen Ansatz. Als Ausgangspunkt der Untersuchung soll der Minimalkonsens dienen, der sich in der Solidaritätsforschung bezüglich einer Definition von Solidarität herausgeschält hat (Schieder 2009, 18): »Solidarität bezeichnet einen ›Zusammenhang zwischen Individuen oder gesellschaftlichen Gruppen, der sich durch eine besondere Form der Verbundenheit und wechselseitiger Verpflichtung auszeichnet‹ (Mau 2005, 247)«. Ausgehend von dieser Definition, erfolgt eine Annäherung an den spezifischen Bedeutungsgehalt und die Ausprägungen von Solidarität im außen- und sicherheitspolitischen Kontext der EU mittels einer eingehenden Durchsicht wichtiger Schlüsseldokumente der GASP und ihrer Vorläufer. Im Anschluss daran ist anhand ausgewählter Beispiele zu klären, inwiefern und in welchem Maße das in den Vertragstexten niedergelegte Soli-

---

tergouvernemental ausgestaltet und basieren auf zwischenstaatlicher Kooperation der Mitgliedstaaten.

2 Kürzere Abhandlungen zur Solidarität in der GASP finden sich in Überblicksdarstellungen zur Außenpolitik der EU (vgl. z. B. *Fröhlich* 2008; *Regelsberger* 2008; *Gaedtke* 2009; *Algieri* 2010), in Untersuchungen zur Rolle neutraler oder bündnisfreier Mitgliedstaaten (vgl. z. B. *Hummer* 2001) oder in (oft rechtswissenschaftlichen) Beiträgen, die das Solidaritätsprinzip in unterschiedlichen Politikbereichen der EU betrachten (vgl. z. B. *Gussone* 2006; *Wiemeyer* 2007; *Mau* 2009). In der englischsprachigen Literatur existieren einige Beiträge, die sich spezifisch mit Solidarität im Kontext der EU-Außen- und Sicherheitspolitik auseinandersetzen (vgl. z. B. *Monar* 2002; *Pinakas* 2004; *Ferreira Pereira* 2005; *Ferreira Pereira/Groom* 2010).

daritätsprinzip in der Vertragswirklichkeit Bindekraft für die Mitgliedstaaten entfaltet und welche Besonderheiten das Solidaritätsprinzip im intergouvernementalen Politikbereich der GASP prägen.

Es ist zu beachten, dass dieser Beitrag mit der GASP nur einen Teilbereich des auswärtigen Handelns der EU auf seine Bezüge zum Solidaritätsprinzip hin ausleuchtet, denn die GASP und deren sicherheitspolitischer Arm, die GSVP, sind nur *eine* Dimension der vielschichtigen EU-Außenpolitik (vgl. Müller-Brandeck-Bocquet 2000). Andere Dimensionen des europäischen auswärtigen Handelns und deren Bezüge zur Thematik wie etwa Solidarität in der Entwicklungspolitik der EU (vgl. Folz/Musekamp/Schieder 2009; Tannous in diesem Band), Solidarität in der Energieaußenpolitik (vgl. Roth 2011; Knodt/Piefer in diesem Band) oder auch Solidarität in der europäischen Klimapolitik (vgl. Stephenson/Boston 2010) werden in dieser Untersuchung nicht analysiert. Auch die mit dem Vertrag von Lissabon eingeführte Solidaritätsklausel, die nicht nur außen- und sicherheitspolitische Aspekte, sondern auch Fragen der inneren Sicherheit und des Katastrophenschutzes berührt, bleibt außen vor. Sie wird ausführlich in einem separaten Beitrag behandelt (vgl. von Ondarza in diesem Band).

2. Solidarität als vertragsrechtliches Fundament der GASP

2.1 Solidarität von Anfang an: Europäische Außen- und Sicherheitspolitik bis zur EEA

Das Prinzip der Solidarität prägt die europäische Außen- und Sicherheitspolitik bereits seit deren frühesten Anfängen. Wenngleich erst der Vertrag von Maastricht die Geburtsstunde der GASP markiert, hatten schon die ersten integrationspolitischen Bestrebungen einen sicherheitspolitischen Impetus.[3] Durch die Zusammenlegung der Kohle- und Stahlproduktion im Rahmen der Europäischen Gemeinschaft für Kohle und Stahl (EGKS) sollte ein Krieg »nicht nur undenkbar, sondern materiell unmöglich« gemacht werden, so die berühmten Worte des Schuman-Plans vom 9. Mai

---

3 Die Genese der GASP und der ESVP/GSVP kann hier nur insoweit nachvollzogen werden, wie dies der Analyse des Solidaritätsprinzips in der GASP dienlich ist. Für detailliertere Darstellungen vgl. z. B. *Müller-Brandeck-Bocquet* 2008, *Fröhlich* 2008, *Algieri* 2010 oder *Diedrichs* 2012.

1950 (Schuman-Erklärung 1950). Solidarität spielte im Konzept des französischen Außenministers eine zentrale Rolle: Europa lasse sich »nicht mit einem Schlage herstellen«, sondern entstehe durch eine »Solidarität der Tat«, der eine »Solidarität der Produktion« (ebd.) folgen solle. Obwohl Schumans Begriff der Solidarität nicht im EGKS-Vertrag aufgegriffen wurde[4], war das Solidaritätsprinzip folglich essenziell, um das sicherheitspolitische Ziel der Friedenssicherung in Europa zu erreichen.

Während der Schuman-Plan aufging und die Vergemeinschaftung der rüstungsrelevanten Güter ihren Zweck erfüllte, waren die Versuche, die außen- und sicherheitspolitische Dimension der jungen Staatengemeinschaft zu vertiefen und die Solidarität unter den EGKS-Mitgliedstaaten weiter zu stärken, nicht von Erfolg gekrönt. Zu diesen ambitionierten, aber gescheiterten Versuchen zählte zunächst die Europäische Verteidigungsgemeinschaft (EVG). Diese ging auf den Plan des französischen Ministerpräsidenten René Pleven zurück und sah die Verschmelzung der einzelstaatlichen Streitkräfte zu einer europäischen Armee unter einem gemeinsamen europäischen Verteidigungsminister vor. Vor dem Hintergrund des Koreakrieges schien den westeuropäischen Staaten die vor allem von den USA postulierte Wiederbewaffnung Deutschlands unausweichlich, diese sollte dann jedoch zumindest, so die französische Intention, unter europäischem Dach erfolgen. Der EVG-Vertrag, der am 27. Mai 1952 von Deutschland, Frankreich, Italien, Belgien, Luxemburg und den Niederlanden unterzeichnet worden war, nahm zwar nicht *expressis verbis* auf das Solidaritätsprinzip Bezug, buchstabierte die Solidarität jedoch inhaltlich in einer expliziten Beistandsklausel aus:

> »Jede bewaffnete Aggression gegen irgendeinen der Mitgliedstaaten in Europa oder gegen die Europäischen Verteidigungsstreitkräfte wird als ein Angriff gegen alle Mitgliedstaaten angesehen. Die Mitgliedstaaten und die Europäischen Verteidigungsstreitkräfte leisten dem so angegriffenen Staat mit allen ihnen zu Gebote stehenden militärischen und sonstigen Mitteln Hilfe und Beistand.« (Art. 2 § 3 Vertrag über die Gründung der Europäischen Verteidigungsgemeinschaft 1952)

Der Pleven-Plan hatte neben europäischen Streitkräften zur Untermauerung der gegenseitigen Solidarität auch die Einrichtung einer europäischen politischen Autorität avisiert. Ein Verfassungsausschuss unter Leitung des

---

4 Diese Feststellung gilt zumindest für die deutsche Version des EGKS-Vertrags. In der französischen Version findet sich in der Präambel Schumans »solidarité de fait« wieder, während die deutsche Übersetzung an dieser Stelle nicht von Solidarität, sondern von »tatsächliche[r] Verbundenheit« spricht.

späteren deutschen Außenministers Heinrich von Brentano arbeitete einen Entwurf zur Gründung einer Europäischen Politischen Gemeinschaft (EPG) aus. Diese sollte u. a. die Außenpolitik der Unterzeichnerstaaten koordinieren. In seinem Bericht zur Vorlage des EPG-Vertragsentwurfs verknüpfte von Brentano die zu gründende EPG eng mit dem Solidaritätsprinzip:

> »The political catastrophes which accompanied the events of recent decades have resulted in wa[...]kening once more in Europe a feeling of solidarity, of a community of interests for better or worse. Europe is finding it ever more necessary to organize herself, to become united and to create a common market, without which the original economies of the peoples will be brought to a standstill and finally doomed to destruction.« (von Brentano 1953)

Doch die hochtrabenden Pläne für eine stärkere Zusammenarbeit in der Außen- und Sicherheitspolitik scheiterten letztendlich an französischen Vorbehalten (zu den Hintergründen vgl. Schukraft 2010, 28f.). Als Ersatzlösung, die ebenfalls eine Beistandsklausel, aber im Gegensatz zur ambitionierten EVG keine vollständige militärische Integration beinhaltete, wurde der 1948 zwischen Frankreich, Großbritannien und den Benelux-Staaten gegründete Brüsseler Pakt um Italien und die Bundesrepublik zur Westeuropäischen Union (WEU) erweitert. 1955 erfolgte zudem der Beitritt der Bundesrepublik zur NATO, welche für die kommenden Jahrzehnte bestimmend für Fragen der Solidarität im Rahmen europäischer Sicherheitspolitik sein sollte.

Nach dem Scheitern der visionären politischen Pläne fokussierte man fortan auf die Wirtschaft als Antriebsmotor für die europäische Integration. Anfang der 60er Jahre erfolgte in Form der Fouchet-Pläne nochmals ein Vorstoß aus Frankreich, Außen- und Sicherheitspolitik europäisch zu organisieren. Charles de Gaulles Idee, die vom französischen Diplomaten Christian Fouchet in zwei Entwürfen zu Papier gebracht wurde, war es, eine »unauflösliche« Union zu etablieren, die auf zwischenstaatlicher Zusammenarbeit basierte und unter anderem eine gemeinsame Außen-, Sicherheits- und Verteidigungspolitik umfassen sollte. Beide Entwürfe rekurrierten in Artikel 11 auf die Verpflichtung der Mitgliedstaaten zur Solidarität (Fouchet-Plan I 1961; Fouchet-Plan II 1962). In Kraft traten die Vertragsentwürfe jedoch nie, da die Vorstöße aus Frankreich den anderen Mitgliedstaaten zu stark intergouvernemental geprägt waren. Dies galt besonders für den zweiten Fouchet-Plan, der die drei bestehenden supranational organisierten Gemeinschaften EGKS, EWG (Europäische Wirtschaftsgemeinschaft) und EAG (Europäische Atomgemeinschaft) zu Hilfsagenturen der von de Gaulle geplanten intergouvernementalen »Union von Staaten« herabstufen wollte (Fröhlich 2008, 82). Außerdem wurden Befürchtungen laut, dass mit dem von de Gaulle beabsichtigten Projekt die NATO geschwächt würde. Besonders die Niederlande fürchteten eine Unterminierung der NATO (Pfetsch 2005, 41). Da de Gaulle die Zweifel, dass die französischen Pläne in sicherheitspolitischer Konkurrenz zur NATO und in integrationspolitischer Konkurrenz zu den bestehenden Gemeinschaften standen, nicht ausräumen konnte und wollte, fanden seine Vorstöße letztendlich keinen Konsens bei den Partnerstaaten.

Bis Ende der 1960er Jahre verliefen außen- und sicherheitspolitische Initiativen folglich im Sande, die europäische Integration blieb auf die Wirtschaft fokussiert. Die durch die Beistandsklausel niedergelegte Solidarität innerhalb der WEU war weitgehend bedeutungslos, da *Sicherheitspolitik* in Westeuropa von Solidarität im Rahmen der NATO geprägt war. »WEU left the operative work of defence to NATO« (Bailes/Messervy-Whiting 2011, 3). Das französische Plädoyer für eine »Europe puissance«, eine eigenständige kontinentaleuropäische Stimme im bipolaren Konzert der Weltmächte USA und Sowjetunion verhallte im Kreis der EWG-Mitglieder. Auch Versuche, die *Außenpolitik* zu koordinieren und zu europäisieren, waren ohne Erfolg geblieben. Hierbei darf allerdings nicht vergessen werden, dass das seit den Römischen Verträgen schnelle und erfolgreiche Voranschreiten der wirtschaftlichen Integration der jungen EWG auch international Rückenwind verlieh. Sowohl die Außenhandelspolitik als auch die Politik gegenüber den überseeischen Gebieten, mit denen sich die EWG-Mitglieder in Solidarität verbunden sahen,[5] verschafften der EWG bald ein stärkeres und unübersehbares Gewicht auf internationaler Ebene.

---

5 Die Präambel der Römischen Verträge spricht davon, dass »la solidarité qui lie l'Europe et les pays d'outremer« verstärkt werden solle (Traité instituant la Communauté Économique Européenne 1957). In diesem Kontext bezieht die Solidarität sich also nicht auf das Verhältnis zwischen den europäischen Staaten, sondern auf deren Beziehungen zu den überseeischen Gebieten. Es ist der einzige textliche Bezug zur Solidarität im EWG-Vertrag. In der deutschen Version der EWG-Präambel ist nicht von Solidarität, sondern von der »Verbundenheit Europas mit den überseeischen Ländern« die Rede (Vertrag zur Gründung der Europäischen Wirtschaftsgemeinschaft 1957). Der vorliegende Beitrag konzentriert sich auf die innereuropäische Solidarität im Rahmen der Außen- und Sicherheitspolitik der EU. Transeuropäische Solidarität mit Partnern außerhalb der EU wird nicht vertieft analysiert. Vgl. zu diesem Themenkomplex *Tannous* in diesem Band und die Beiträge des Sammelbandes »Solidarität und internationale Gemeinschaftsbildung« von *Harnisch/Maull/Schieder* (2009).

Diese gestiegene wirtschaftliche Bedeutung verlieh auch Einigungsbemühungen in der Außenpolitik im engeren Sinne neuen Schub. Vor dem Hintergrund der bevorstehenden Erweiterung um das außenpolitische Schwergewicht Großbritannien beschlossen die Staats- und Regierungschefs beim wegweisenden Gipfel von Den Haag 1969 auch politisch, d. h. konkret außenpolitisch stärker zusammenzuarbeiten. Der vom Belgier Etienne Davignon auf Grundlage der Haager Gipfelbeschlüsse ausgearbeitete Luxemburger Bericht der Außenminister bildete die Basis für die Europäische Politische Zusammenarbeit (EPZ), die die Abstinenz der EWG in genuin außenpolitischen Fragen beendete (Müller-Brandeck-Bocquet 2008, 266f.). Die EPZ sollte »durch regelmäßige Unterrichtung und Konsultationen eine bessere gegenseitige Verständigung über die großen Probleme der internationalen Politik [...] gewährleisten« (Davignon-Bericht 1970). Die »Solidarität zu festigen« wurde im Davignon-Bericht als ausdrückliches Ziel der zwischenstaatlichen Zusammenarbeit an herausgehobener Stelle verankert. Der Bericht lässt jedoch auch deutlich erkennen, dass es hierbei keineswegs um sicherheitspolitische Solidarität ging. Die EPZ fokussierte auf die diplomatische Außenpolitik und war beschränkt auf »die Harmonisierung der Standpunkte, die Abstimmung der Haltung und, wo dies möglich und wünschenswert erscheint, ein gemeinsames Vorgehen« im Bereich der Außenpolitik (ebd.). Die Sicherheitspolitik und damit auch Aspekte einer sicherheitspolitischen oder militärischen Solidarität blieben davon unberührt. Daran änderte sich auch nichts, als 1987 die Einheitliche Europäische Akte (EEA) die bisher außerhalb der Verträge angesiedelte EPZ vertragsrechtlich kodifizierte und durch die Einrichtung eines ständigen EPZ-Sekretariats institutionalisierte. Dennoch ist die EEA mit Blick auf das Solidaritätsprinzip erwähnenswert: Die Unterzeichnerstaaten der EEA bringen in der Präambel das Bewusstsein zum Ausdruck, dass Europa sich bemühen müsse, »immer mehr mit einer Stimme zu sprechen und geschlossen und solidarisch zu handeln, um seine gemeinsamen Interessen und seine Unabhängigkeit wirkungsvoller zu verteidigen« und um einen »eigenen Beitrag zur Wahrung des Weltfriedens und der internationalen Sicherheit zu leisten« (Einheitliche Europäische Akte 1987). Anders als in den Römischen Verträgen, wo Solidarität nur mit Blick auf die Verbundenheit zu den überseeischen Gebieten vorkam, wird hier folglich zum ersten Mal eine Verbindung zwischen innereuropäischer Solidarität und einem starken internationalen Auftreten Europas primärrechtlich festgehalten.

2.2 Solidarität in der GASP von Maastricht über Amsterdam nach Nizza

Vor dem Hintergrund der weltpolitischen Zeitenwende von 1989/90 und der deutschen Wiedervereinigung wurde im weiteren Verlauf der Integrationsgeschichte die »embryonale europäische Außenpolitik« der EPZ zur GASP »ausgebaut und intensiviert« (Müller-Brandeck-Bocquet 2008, 268). Der Vertrag von Maastricht rekurrierte an mehreren Stellen und bei verschiedenen Politikbereichen auf das Prinzip der Solidarität, so auch im Kontext der neu gegründeten GASP:

> »Die Mitgliedstaaten unterstützen die Außen- und Sicherheitspolitik der Union aktiv und vorbehaltlos im Geist der Loyalität und gegenseitigen Solidarität. Sie enthalten sich jeder Handlung, die den Interessen der Union zuwiderläuft oder ihrer Wirksamkeit als kohärente Kraft in den internationalen Beziehungen schaden könnte.« (Art. J.1 Abs. 4 Vertrag über die Europäische Union 1992)

Auch Maastricht weitete die postulierte »gegenseitige Solidarität« allerdings nicht auf den militärischen und verteidigungspolitischen Bereich aus. Die GASP umfasste zwar »sämtliche Fragen, welche die Sicherheit der Union betreffen« (Art. J.4 Abs. 1), eine gemeinsame Verteidigungspolitik, »die zu gegebener Zeit zu einer gemeinsamen Verteidigung führen könnte« (ebd.) wurde jedoch nur als Zukunftsprojekt im Vertrag avisiert. Die WEU wurde als »integraler Bestandteil der Entwicklung der Europäischen Union« (Art. J.4 Abs. 2) und als »Verteidigungskomponente der Europäischen Union« (Erklärung zur WEU im Vertrag über die Europäische Union 1992) bezeichnet, unmissverständlich wurde jedoch auch fixiert, dass die europäische Sicherheits- und Verteidigungsidentität »Mittel zur Stärkung des europäischen Pfeilers der Atlantischen Allianz« sein solle. Das Solidaritätsprinzip in der GASP wurde in Maastricht zwar einerseits fest verankert, andererseits gleichzeitig doppelt eingeschränkt: Eine Einschränkung betraf die Tatsache, dass die GASP laut Vertrag »die Verpflichtungen einiger Mitgliedstaaten aus dem Nordatlantikvertrag [achtet] und [...] vereinbar [ist] mit der in jenem Rahmen festgelegten gemeinsamen Sicherheits- und Verteidigungspolitik« (Art. J.4 Abs. 4). Die Solidarität in der GASP erhielt somit eine atlantische Fessel, denn die Atlantiker wie Großbritannien legten größten Wert darauf, die Abkoppelung einer europäischen Sicherheits- und Verteidigungsidentität von der NATO auszuschließen. Die zweite »Fessel« des Solidaritätsprinzips betraf »den besonderen Charakter der Sicherheits- und Verteidigungspolitik bestimmter Mitgliedstaaten« (Art J.4 Abs. 4) und bezog sich zum damaligen Zeitpunkt auf das neutrale Irland. Mit dem Beitritt von Österreich, Finnland und Schweden 1995 fand die »irische Klausel« dann auch Anwendung auf diese Staaten (Ferreira Perreira/Groom 2010, 601). Hinter der scheinbar schlichten Formulierung »gegenseitige Solidarität« in der GASP verbarg sich im Vertrag von Maastricht also ein komplexer Kompromiss, der darin bestand, zum ersten die WEU als integralen Bestandteil der EU zu verankern (und damit das französisch-gaullistische Interesse nach einer unabhängig von den USA agierenden sicherheitspolitischen Identität und Solidarität zumindest ansatzweise zu befriedigen), zum zweiten die Solidarität der NATO-Mitglieder innerhalb der EU nicht zu untergraben und zum dritten die Neutralität einiger Staaten nicht durch zu starke Solidaritätsbekundungen zu gefährden. Dieser Balanceakt zwischen den verschiedenen Solidaritäts-Lagern in der GASP ist bis heute virulent.

Neben den seit Maastricht bestehenden atlantischen und neutralen Fesseln erfuhr das Solidaritätsprinzip eine weitere Einschränkung durch die wachsenden Flexibilisierungserfordernisse in der Außen- und vor allem Sicherheitspolitik der EU. Den Anfangspunkt dieses Trends setzte Dänemark, das sich nach dem Nein zum Vertrag von Maastricht u. a. ein Opt-out für alle verteidigungspolitischen Fragen im Rahmen der EU sicherte.[6] Der Vertrag von Amsterdam, der generel1 Flexibilisierungsmechanismen

---

6 Am 02.06.1992 stimmten 50,7 % der Dänen beim Maastricht-Referendum mit Nein. Man fürchtete die Herausbildung einer europäischen Armee, die von der dänischen Bevölkerung als Teil eines europäischen Staatsbildungsprojekts gesehen wurde und in den Kampagnen zum Referendum Slogans hervorbrachte wie »No Danish sons must be forced into serving in a common European army« (*Olsen* 2007, 30). Auf der Grundlage umfassender Opt-out-Regelungen vor allem in den Bereichen der ESVP, der Unionsbürgerschaft und der dritten Stufe der Wirtschafts- und Währungsunion stimmte die dänische Bevölkerung in einem zweiten Referendum am 18.05.1993 mit 56,8 % der Stimmen für die Annahme des Vertrags von Maastricht. Mit der Erklärung von Edinburgh vom Dezember 1992 hatten die Staats- und Regierungschefs zuvor anerkannt, dass »Dänemark [sich] nicht an der Ausarbeitung und Durchführung von Beschlüssen und Maßnahmen der Union, die verteidigungspolitische Bezüge haben, [beteiligt]; es wird allerdings die Mitgliedstaaten auch nicht an der Entwicklung einer engeren Zusammenarbeit auf diesem Gebiet hindern. Dänemark nimmt daher nicht an der Annahme dieser Maßnahmen teil. Dänemark ist nicht verpflichtet, zur Finanzierung operativer Ausgaben beizutragen, die als Folge solcher Maßnahmen anfallen« (*Europäischer Rat* 1992: Protokoll über die Position Dänemarks). Aktuell kursieren Überlegungen, ein Referendum zur Abschaffung dänischer Opt-outs anzusetzen. In der dänischen Bevölkerung zeichnet sich eine Mehrheit für eine Teilnahme an der GSVP ab (vgl. *euobserver.com*, 12.08.2013).

stärkte[7], führte in der GASP die Möglichkeit der konstruktiven Enthaltung ein:

>>Bei einer Stimmenthaltung kann jedes Ratsmitglied zu seiner Enthaltung eine förmliche Erklärung [...] abgeben. In diesem Fall ist es nicht verpflichtet, den Beschluß durchzuführen, akzeptiert jedoch, daß der Beschluß für die Union bindend ist.<< (Art. J.13 Abs. 1 Vertrag über die Europäische Union 1997)

Zwar hielt der Vertrag fest, dass der betreffende Mitgliedstaat >>im Geiste gegenseitiger Solidarität<< alles unterlässt, was dem >>Vorgehen der Union zuwiderlaufen oder es behindern könnte<< (ebd.), de facto unterminierte diese Klausel jedoch >>the idea of an all-emcompassing solidarity in security and defence<< (Ferreira-Pereira/Groom 2010, 602). Um jedes Missverständnis auszuräumen, dass mit Solidarität in der GASP möglicherweise auch militärische Solidarität gemeint sein könnte, präzisierte der Vertrag von Amsterdam und sprach nun davon, dass die Mitgliedstaaten in der GASP zusammenarbeiten, um ihre >>gegenseitige *politische* Solidarität zu stärken und weiterzuentwickeln<< (Art. J.1 Abs. 2, eigene Hervorh.). In dieser Präzisierung machte sich deutlich der Einfluss der mittlerweile beigetretenen neutralen und bündnisfreien Mitgliedstaaten Österreich, Finnland und Schweden bemerkbar.

1999 trat nicht nur der Vertrag von Amsterdam in Kraft, es wurde auch der Startschuss für die ESVP gegeben und damit ein neues Kapitel in der europäischen Außen- und Sicherheitspolitik aufgeschlagen. Maßgeblich motiviert durch die europäische Handlungsunfähigkeit auf dem Balkan in den 90er Jahren, begann man das >>S<< im Titel der GASP operativ auszubuchstabieren. Die Voraussetzungen hierfür waren durch die britisch-französische Erklärung von St. Malo 1998 gelegt worden, in der Großbritannien einwilligte, der Union eine >>autonome Handlungsfähigkeit<< zu verschaffen, >>die sich auf glaubwürdige militärische Kräfte stützt, mit der Möglichkeit, sie einzusetzen, und mit der Bereitschaft, dies zu tun, um auf internationale Krisen zu reagieren<< (Erklärung von St. Malo 1998). Auch in St. Malo wurde die >>Solidarität zwischen den Staaten der Europäischen Union<< beschworen, Tony Blair und Jacques Chirac pochten aber zugleich darauf, dass >>die Stärkung der europäischen Solidarität [...] die Verschiedenheit der Positionen der europäischen Länder berücksichtigen<< müsse (ebd.).

---

7 So wurde etwa der Mechanismus der verstärkten Zusammenarbeit eingeführt, der allerdings zum damaligen Zeitpunkt noch nicht in der GASP angewendet werden durfte.

Der Ausbau der ESVP vollzog sich in den folgenden Jahren mit »Lichtgeschwindigkeit«, wie es der ehemalige Hohe Vertreter für die GASP, Javier Solana, treffend formulierte. Beim Europäischen Rat in Nizza wurden die neu geschaffenen Strukturen der ESVP in den Vertragsrahmen übernommen. Die 1992 auf dem Petersberg festgelegten und im Vertrag von Amsterdam bereits erwähnten Aufgaben der WEU (humanitäre Aufgaben und Rettungseinsätze, friedenserhaltende Aufgaben sowie Kampfeinsätze bei der Krisenbewältigung einschließlich friedensschaffender Maßnahmen) gingen auf die EU über. Die seit Maastricht traditionellen Absätze zum Verhältnis von EU und WEU wurden im Vertrag von Nizza ersatzlos gestrichen (Regelsberger 2001, 220). Übernommen wurden dagegen die bekannten Bestimmungen zur Solidarität in der GASP ebenso wie die erläuterten Einschränkungen, die den Bedürfnissen der Atlantiker sowie der Neutralen und den Erfordernissen der Flexibilisierung Rechnung trugen. Der Europäische Rat von Nizza weitete die Möglichkeit der verstärkten Zusammenarbeit auf die GASP aus, was einer weiteren potentiellen Einschränkung der Solidarität in der GASP gleichkam.[8]

2.3 Der Vertrag von Lissabon – ein »Feuerwerk der Solidarität«?

In der Reformdekade und den zugehörigen Debatten der 2000er Jahre spielten sowohl die Außen- und Sicherheitspolitik der EU als auch die Solidarität eine bedeutende Rolle. Mit der Erklärung von Laeken, der Initialzündung für den Reformprozess, titulierten die Staats- und Regierungschefs im Dezember 2001 Europa als »Kontinent der Solidarität« (Erklärung von Laeken 2001). Der Vertrag von Lissabon, das Endprodukt der langjährigen Reformmaschinerie aus Konvent und Regierungskonferenzen, »entzündet – zumindest in begrifflicher Hinsicht – ein ›Feuerwerk der Solidarität‹« (Callies 2011), welches seinen Höhepunkt darin findet, dass dem Prinzip sogar eine eigene Solidaritätsklausel gewidmet ist (Art. 222 AEUV; vgl. von Ondarza in diesem Band). Die Begriffe »Solidarität«

---

8   Es ist allerdings an dieser Stelle schon anzumerken, dass weder die verstärkte Zusammenarbeit noch das Instrument der konstruktiven Enthaltung in der Praxis der GASP von großer Relevanz ist. Zur Solidarität in der Praxis der GASP vgl. Abschnitt 3.

bzw. »solidarisch« erscheinen insgesamt 21 Mal im Vertragstext[9], wohingegen der Vertrag von Nizza nur an sechs Stellen darauf rekurriert hatte. Gerade im außen- und sicherheitspolitischen Kontext wird der »Grundsatz der Solidarität« (Art. 21 EUV) im Vertrag von Lissabon deutlich betont:

> »Die Union verfolgt, bestimmt und verwirklicht im Rahmen der Grundsätze und Ziele ihres auswärtigen Handelns eine Gemeinsame Außen- und Sicherheitspolitik, die auf einer Entwicklung der gegenseitigen politischen Solidarität der Mitgliedstaaten, der Ermittlung der Fragen von allgemeiner Bedeutung und der Erreichung einer immer stärkeren Konvergenz des Handelns der Mitgliedstaaten beruht.« (Art. 24 Abs. 2 EUV)

Solidarität dient dabei nicht nur als Fundament, sondern gleichermaßen auch als Ziel der GASP, denn »die Mitgliedstaaten arbeiten zusammen, um ihre gegenseitige politische Solidarität zu stärken und weiterzuentwickeln« (Art. 24 Abs. 3 EUV). Solidarität als Ziel und Richtschnur der GASP richtet sich dabei nach innen, aber auch nach außen, wenn die EU als normative Macht (Manners 2008, 45) wirken und »in ihren Beziehungen zur übrigen Welt [...] Solidarität [...] unter den Völkern« fördern möchte (Art. 3 Abs. 5 EUV). Die EU folgt somit auch in ihrem auswärtigen Handeln den Prinzipien, die sie im Inneren prägen. Jopp und Schlotter (2007, 394) sprechen in diesem Zusammenhang von einer »nach außen gerichteten Binnenprojektion«.

Wie seine Vorgänger bleibt auch der Vertrag von Lissabon allerdings eine genauere Bestimmung des Bedeutungsgehalts von Solidarität schuldig. Gussone (2006, 140) identifiziert in seiner rechtswissenschaftlichen Annäherung zwei Seiten des Solidaritätsprinzips: eine respektierende und eine leistende. Die respektierende Solidarität in der GASP legt den Mitgliedstaaten, die »untereinander solidarisch« sind (Art. 32 EUV) und »die Außen- und Sicherheitspolitik der Union aktiv und vorbehaltlos« unterstützen (Art. 24 Abs. 3), Handlungspflichten auf wie etwa die Verpflichtung zur gegenseitigen Konsultation und Abstimmung »zu jeder außen- und sicherheitspolitischen Frage von allgemeiner Bedeutung« (Art. 32 EUV). Noch deutlicher ausgeprägt sind nach Gussone (2006, 146), der sich nur auf die Zeit vor Lissabon bezieht, die Unterlassungspflichten der respektierenden Solidarität in der GASP. Dies trifft auch auf den Vertrag von Lissabon zu: Die Mitgliedstaaten »enthalten sich jeder Handlung, die den Interessen der Union zuwiderläuft oder ihrer Wirksamkeit als kohä-

---

9   Inklusive Protokollen und Erklärungen. Die Charta der Grundrechte enthält zwei
    weitere textliche Bezüge.

rente Kraft in den internationalen Beziehungen schaden könnte« (Art. 24 Abs. 3 EUV). Diese respektierende Dimension der Solidarität gilt selbst dann, wenn ein Mitgliedstaat bei einem einstimmigen Beschluss in der GASP von der konstruktiven Enthaltung Gebrauch machen sollte und dazu eine förmliche Erklärung abgeben sollte (Art. 31 Abs. 1 EUV). So ist kein Staat, der von seinem Recht der konstruktiven Enthaltung Gebrauch gemacht hat, verpflichtet, »zur Finanzierung von Ausgaben für Maßnahmen mit militärischen oder verteidigungspolitischen Bezügen beizutragen« (Art. 41 Abs. 2 EUV). Dennoch stärkt der Vertrag von Lissabon die Leistungskomponente des Solidaritätsprinzips in der GASP und der GSVP. Mit der so genannten Beistandsklausel[10] ist nun explizit eine solidarische Verpflichtung der Mitgliedstaaten untereinander im Vertragstext verankert:

> »Im Falle eines bewaffneten Angriffs auf das Hoheitsgebiet eines Mitgliedstaats schulden die anderen Mitgliedstaaten ihm alle in ihrer Macht stehende Hilfe und Unterstützung, im Einklang mit Artikel 51 der Charta der Vereinten Nationen.« (Art. 42 Abs. 7 EUV)[11]

Dieser neue Passus übernimmt die Beistandsverpflichtung aus Artikel V der WEU.[12] Der Vertrag von Lissabon gliederte damit die letzten verbliebenen Aufgaben der WEU in die EU und »removed one of the last arguments for maintaining the WEU skeleton« (Blockmans 2013, 248). Weil die WEU damit ihre historische Aufgabe erfüllt hat, wie es in einer Erklärung der WEU-Vertragsparteien heißt (Statement of the Presidency of the Permanent Council of the WEU 2010), wurde sie in der Konsequenz Ende Juni 2011 aufgelöst.

Gerade die neu verankerte Beistandsklausel ist jedoch auch paradigmatisch dafür, dass man sich vom Solidaritätsfeuerwerk des Vertrags von Lissabon nicht blenden lassen darf. Die Beistandsverpflichtung wird im selben Atemzug relativiert, wenn Artikel 42 Absatz 7 darauf hinweist, dass die Verpflichtung »den besonderen Charakter der Sicherheits- und

---

10 Anders als bei der »Solidaritätsklausel« ist der Begriff »Beistandsklausel« nicht Teil des Vertragstextes.

11 Im Gegensatz zur Solidaritätsklausel des Artikels 222 AEUV, die im Falle eines Terroranschlags, einer Naturkatastrophe oder einer vom Menschen gemachten Katastrophe greift, bezieht sich die Beistandsklausel auf einen klassischen, bewaffneten Territorialangriff.

12 Zur Vorgeschichte der Beistandsklausel im Konventsentwurf (hier war die so genannte freiwillige (!)»engere Zusammenarbeit« in Art. I-40 vorgesehen) und im Vertrag über eine Verfassung für Europa vgl. *Rüger* (2006, 104f.), *Kockel* (2012).

Verteidigungspolitik bestimmter Mitgliedstaaten unberührt« lässt und die NATO »für die ihr angehörenden Staaten weiterhin das Fundament ihrer kollektiven Verteidigung und das Instrument für deren Verwirklichung ist«.[13] Die »irische Klausel« und die atlantische Solidarität relativieren damit auch nach Lissabon die genuin europäische außen- und sicherheitspolitische Solidarität.

Der Vertrag von Lissabon enthält außerdem zwei weitere solidaritätsrelativierende Momente. So wurde zum einen die Flexibilisierung in der GASP und vor allem in der GSVP ausgebaut. Neben der Beibehaltung der Möglichkeit zur konstruktiven Enthaltung und der Ausweitung der verstärkten Zusammenarbeit auf alle Bereiche der GASP *und* der GSVP wurde die ständige strukturierte Zusammenarbeit für Mitgliedstaaten eingeführt, die »anspruchsvollere Kriterien in Bezug auf die militärischen Fähigkeiten erfüllen und die im Hinblick auf Missionen mit höchsten Anforderungen untereinander weiter gehende Verpflichtungen eingegangen sind« (Art. 42 Abs. 6 EUV). Auch die nun explizit verankerte Möglichkeit, Missionen nur von einer Gruppe von Mitgliedstaaten durchführen zu lassen (Art. 44 EUV), befördert die Flexibilisierung. Vor dem Hintergrund einer immer heterogeneren Union dienen diese Mechanismen zwar potentiell der Effektivität der GASP und der GSVP, gleichzeitig relativieren sie jedoch die außen- und sicherheitspolitische Solidargemeinschaft der EU, denn differenzierte Integration geht einher mit differenzierter Solidarität.

Zum anderen wird die Solidarität in der GASP und der GSVP dadurch relativiert, dass der Vertrag von Lissabon die außen- und sicherheitspolitische Souveränität der Mitgliedstaaten mehrfach hervorhebt (vgl. die souveränitätswahrenden Erklärungen 13 und 14 zum Vertrag von Lissabon). Auch wenn nun nicht mehr nur der Rat für die Einhaltung der GASP-Grundsätze Sorge trägt (wie in Art. 11 Abs. 3 EUV-Nizza), sondern auch der Hohe Vertreter/die Hohe Vertreterin der Union für die Außen- und Sicherheitspolitik (Art. 24 Abs. 3 EUV), liegt die Einhaltung des Solidaritätsprinzips nach wie vor in der Hand der Mitgliedstaaten.[14] Sie sind es, die das vertraglich verankerte Solidaritätsprinzip mit Leben füllen oder

---

13 Protokoll 11 zum Vertrag von Lissabon betont die Vorbehalte der neutralen und bündnisfreien sowie der NATO-Staaten ein weiteres Mal.

14 Auch durch die Lissabonner Aufwertung des Amtes bleibt der Amtsinhaber/die Amtsinhaberin in der Erfüllung seiner/ihrer Aufgaben stark davon abhängig, welchen Spielraum die Mitgliedstaaten ihm/ihr einräumen (vgl. hierzu *Rüger* 2012; *Müller-Brandeck-Bocquet/Rüger* 2011).

zum toten Buchstaben werden lassen, wie im Folgenden zu zeigen sein wird.

Insgesamt bringt der Vertrag von Lissabon somit zwar auf den ersten Blick eine Stärkung der Solidarität in der GASP und GSVP mit sich, eine genauere Analyse ergibt jedoch, dass er gleichzeitig solidaritätsrelativierende Elemente enthält. Auch Ferreira-Perreira und Groom (2010, 606) kommen zu dem Schluss, dass Lissabon zu einem Solidaritäts-Paradoxon führt: »[...O]n the one hand, solidarity was given further form and content at rhetorical level, on the other hand considerable restrictions were introduced limiting its *modus operandi*.« Die Leistungskomponente des Solidaritätsprinzips ist im Bereich der GASP und vor allem der GSVP wesentlich schwächer ausgeprägt als im Gemeinschaftsbereich, wo es beispielsweise im Rahmen des solidarisch organisierten Verteilungsregimes der Kohäsions- und Strukturpolitik finanzielle Unterstützungs- und Transfermechanismen der stärkeren gegenüber den schwächeren Mitgliedstaaten und Regionen gibt (Gussone 2006, 147f.; Schieder 2009, 48; vgl. auch Hartwig in diesem Band).Wie steht es nun vor diesem Hintergrund mit der Ausfüllung des Solidaritätsprinzips in der Praxis der GASP?

3. Angewandte Solidarität in der GASP

Wie die vertragsrechtliche Annäherung an den Bedeutungsgehalt von Solidarität in der GASP gezeigt hat, kann man im Bereich der EU-Außen- und Sicherheitspolitik zwischen zwei Solidaritätskonzepten unterscheiden: Auf der einen Seite Solidarität im engeren Sinne, d. h. eine wechselseitige Verpflichtung zu politischem und nötigenfalls militärischem Beistand im Falle eines Angriffs auf das Hoheitsgebiet eines EU-Mitgliedstaates. Hiervon zu unterscheiden ist Solidarität im weiteren Sinne, d. h. eine besondere Verbundenheit der Mitgliedstaaten, welche Gemeinschaftstreue (Wiemeyer 2007, 271), Konsultationspflichten, die Unterlassung von solidaritätsschädlichem Handeln sowie die respektierende Seite der Solidarität nach Gussone (2006, 140) einschließt.[15]

In der Praxis der EU-Außen- und Sicherheitspolitik gab es bisher nur wenige Fälle, in denen Solidarität im engeren Sinne auf den Prüfstand ge-

---

15 In diesem weitgefassten Sinn weist das Solidaritätsprinzip Analogien zu den Prinzipien der horizontalen und der vertikalen Kohärenz in der Außen- und Sicherheitspolitik der EU auf (vgl. *Nuttall* 2005).

stellt wurde. Dies liegt nicht zuletzt daran, dass bis zum Ende des Ost-West-Konflikts alle Mitgliedstaaten der EG/EU mit Ausnahme von Irland auch Mitgliedstaaten der NATO waren. Als Beispiele für Angriffe von außen auf das (umstrittene) Territorium von EG/EU-Mitgliedstaaten lassen sich der Falklandkrieg (1982) zwischen Großbritannien und Argentinien, die Auseinandersetzung um zwei ägäische Inseln (griechisch: Imia, türkisch: Kardak) zwischen Griechenland und der Türkei (1996) sowie der so genannte »Petersilienkonflikt« um die Isla de Perejil/Leila-Insel zwischen Spanien und Marokko (2002) identifizieren (Pinakas 2004). In allen drei Fällen wurde EG-/EU-seitig prinzipiell die Solidarität mit den europäischen Partnerstaaten Großbritannien, Griechenland und Spanien erklärt. In allen drei Fällen erodierte die rhetorische Solidarität jedoch in der Praxis. Als es im Falklandkrieg nach dem Waffenembargo und dem Importstopp argentinischer Waren, die die EG-Mitgliedstaaten 1982 »in full solidarity with the United Kingdom« (zit. nach Pinakas 2004) sehr zügig beschlossen hatten, darum ging, die Sanktionen auszuweiten, scherten Irland und Italien aus der Riege der Solidarität aus. Bei beiden Staaten spielten nationale Interessen bzw. innenpolitische Gründe eine Rolle: Irland sah durch die Sanktionen seine Neutralität in Gefahr und wollte zudem die angespannten Beziehungen zu Großbritannien nicht weiter verschlechtern. Im Falle Italiens wurde Rücksicht genommen auf die engen Bande, die wegen vieler Auswanderer zwischen Italien und Argentinien bestanden (ebd.). Im griechisch-türkischen Konflikt um Imia/Kardak 1996 sorgte Großbritannien – traditionell der engste Verbündete der Türkei in der EU – dafür, dass der Rat zunächst keine Solidaritätsbekundung mit Griechenland verabschieden konnte, sondern eine neutrale Haltung einnahm. Erst später wurde die »natural solidarity« mit dem EU-Mitgliedstaat Griechenland in einer GASP-Erklärung betont, wobei gleichzeitig auch die Wichtigkeit der Beziehungen zur Türkei hervorgehoben wurde (ebd.). Auch im Petersilienkonflikt 2002 siegte nationales Interesse über Solidarität und führte zu einem »diplomatic disaster for the European Union's Common Foreign and Security Policy« (Monar 2002, 251). Nachdem die damalige dänische Ratspräsidentschaft »full solidarity with Spain« (zitiert nach Pinakas 2004) zum Ausdruck gebracht und Marokko zum Rückzug von der Insel aufgefordert hatte, scheiterte eine weitere Solidaritätsbekundung im Rat am Veto Frankreichs, das um seine engen politischen und wirtschaftlichen Beziehungen zu seinem früheren Protektorat fürchtete. Monar (2002, 254) folgert zutreffend, dass eine gemeinsame Außen- und Sicherheitspolitik schlichtweg unglaubwürdig sei, wenn sie nicht fähig ist, Solidarität mit einem Mitgliedstaat zu zeigen, dessen Interessen von einem Drittstaat verletzt werden.

Die in der Lissabonner Beistandsklausel festgeschriebene Solidarität im engeren Sinne wurde seit dem Inkrafttreten des Vertrags im Jahr 2009 noch nicht dem Realitätscheck ausgesetzt. Von größerer praktischer Relevanz ist die Solidaritätsklausel, die sich u. a. auf Terroranschläge bezieht und schon 2004 nach den Anschlägen von Madrid noch vor Inkrafttreten des Reformvertrags zur Anwendung gebracht wurde (vgl. von Ondarza in diesem Band). Da die Beistandsklausel auf das traditionelle Bedrohungsszenario eines bewaffneten Angriffs rekurriert, scheint ihr Anwendungsfall auch zukünftig weniger realistisch. Zu beachten ist allerdings, dass durchaus noch Uneinigkeit darüber besteht, welche Szenarien die wechselseitige Beistandsverpflichtung genau abdeckt und was unter einem »Angriff« zu verstehen ist. So ist etwa das Europäische Parlament (2012) der Ansicht,

> »dass sogar unbewaffnete Angriffe, zum Beispiel Cyberangriffe gegen kritische Infrastrukturen, die mit dem Ziel, einem Mitgliedstaat erheblichen Schaden und Störungen zu verursachen, durchgeführt und als von außen kommend identifiziert werden, möglicherweise unter die Klausel fallen könnten, wenn die Sicherheit des Mitgliedstaats durch die Folgen dieses Angriffs stark gefährdet wird, unter vollständiger Achtung des Grundsatzes der Verhältnismäßigkeit.« (Europäisches Parlament 2012)

Im Gegensatz zur Solidaritätsklausel, die inzwischen von der Kommission und der Hohen Vertreterin Catherine Ashton konkretisiert wurde, wurde die Beistandsklausel bisher nicht näher ausgestaltet. Dies liegt sicher nicht zuletzt daran, dass nach wie vor 22 der 28 EU-Mitgliedstaaten »Solidarität im engeren Sinne« im Rahmen der NATO gesichert und somit wenig Handlungsbedarf sehen. Gerade für EU-Staaten, die nicht Mitglied der NATO sind, ist die Beistandsklausel allerdings nicht nur symbolischer Natur. So baut etwa Schweden, dessen Oberbefehlshaber jüngst feststellte, dass sich das Land maximal eine Woche lang eigenständig gegen einen Angriff verteidigen könne, explizit auf die Beistandsklausel (Nünlist 2013). Verteidigungsministerin Karin Enström betonte, dass Schweden, obwohl es an der militärischen Bündnisfreiheit festhält, im Falle einer russischen Invasion auf die Solidarität seiner Partnerstaaten zähle. Hier dürfte besonders die Solidarität der EU-Staaten gefragt sein, denn sowohl Norwegen als auch NATO-Generalsekretär Anders Fogh Rasmussen stellten klar, »dass die garantierte Hilfe bei einer militärischen Attacke laut Artikel V nur für NATO-Mitglieder gelte, nicht aber für Länder außerhalb der Allianz« (ebd.). Auch im Falle des Nicht-NATO-Mitglieds Zypern ist eine praktische Relevanz der Beistandsklausel potentiell denkbar. Das starke Übergewicht der NATO, die prinzipielle Ablehnung einiger Staaten gegenüber militärischen Beistandsverpflichtungen sowie die Lehren der Vergangenheit legen allerdings nahe, dass gerade bei Solidaritätsverpflichtungen im engeren Sinne nationale Interessen und der spezifische Charakter der nationalen Sicherheits- und Verteidigungspolitik die Oberhand behalten werden. Eine veritable gemeinsame Verteidigung bleibt jedenfalls auch künftig nur ein vertraglich für eine unbestimmte Zukunft festgelegtes Leitziel für die EU.[16]

Legt man ein breiteres Verständnis der GASP-Solidarität zugrunde im Sinne von Konsultationspflichten, konvergentem Außenhandeln und der Unterlassung von solidaritätsschädlichem Verhalten durch die Mitgliedstaaten, ergeben sich deutlich mehr praktische Anwendungsfälle als bei der Fokussierung auf politischen oder militärischen Beistand im Angriffsfall. Ebenso zahlreich sind hier allerdings auch die Verletzungen des Solidaritätsprinzips durch die Mitgliedstaaten. Wenn nach Mau (2009, 64) die Eigenart solidarischer Bindungen darin besteht, »dass nicht individuelle Handlungsziele als die entscheidenden (und einzigen) Parameter sozialer Kooperation auftreten, sondern die spezifische Verbundenheit ein Zurückstellen von Eigeninteressen zugunsten kollektiver Ziele nahelegt«, so lassen sich vielerlei Beispiele unsolidarischen Handelns innerhalb der GASP anführen. Zwar darf man nicht vergessen, dass die EU zu solidarischem Handeln in der GASP durchaus in der Lage ist (man denke etwa an die solidarisch geschlossenen Reihen in den Atomverhandlungen mit dem Iran); dennoch sind es gerade die gewichtigen Themen wie die Frage nach Krieg oder Frieden, in denen das Solidaritätsprinzip im weiteren Sinne und die damit einhergehenden Handlungs- und Unterlassungspflichten verletzt wurden. Besonders tief hat sich die eklatante Spaltung in Sachen Irak ins kollektive Gedächtnis eingegraben, als der Riss der Solidarität mitten durch Europa ging. Da die Implementierung der Solidarität im intergouvernementalen Bereich der GASP den Mitgliedstaaten anheimgestellt ist und die Sorge für die Wahrung der Solidarität keinem solidaritätskontrol-

---

16 Die militärisch bündnisfreien Staaten unterscheiden schon immer strikt zwischen gemeinsamer Verteidigungspolitik und gemeinsamer Verteidigung. Letztere betrachten sie als »domain privé«: »Common defence policy was acceptable as a domain of intergovernmental cooperation in military and defence issues amongst members of the Union. Common defence, which encompassed mutual territory defence agreements, ran counter their desire to keep away from military alliances and to bear sole responsibility for national defence« (*Ferreira-Pereira* 2007, 298f.).

lierenden, supranationalen Organ wie der Europäischen Kommission, sondern nur dem Rat und dem Hohen Vertreter/der Hohen Vertreterin übertragen ist, muss die Funktionsweise des Solidaritätsprinzips in der GASP als relativ ineffektiv bezeichnet werden. Verstärkt wird dies dadurch, dass die GASP nicht justiziabel ist, d. h. vertraglich niedergelegte Prinzipien nicht durch die Rechtsprechung des EuGH überwacht und geschützt werden.

Es können an dieser Stelle nicht alle Fälle der Solidaritätsbrüche bzw. der Solidaritätswahrung im weiteren Sinne analysiert werden. Als generelle Schlussfolgerung des Praxistests ist jedoch festzuhalten, dass in der Praxis der GASP weniger von Solidarität als von Solidaritäten die Rede sein sollte; versteht man Solidarität als die Zugehörigkeit zu einem Club (Pinakas 2004; Ferreia Pereira/Groom 2010), dann gibt es in der EU diverse Clubs (NATO-Staaten vs. militärisch bündnisfreie Staaten vs. Anhänger einer »Europe puissance«; interventionistische Staaten vs. zivilmachtorientierte Staaten). Die oben dargelegten die Solidarität potentiell relativierenden Flexibilisierungsmechanismen (konstruktive Enthaltung oder die Möglichkeit der verstärkten Zusammenarbeit) haben für die Praxis der GASP kaum Relevanz. Auch in der GSVP wird von institutionalisierten Flexibilisierungsinstrumenten nur zurückhaltend Gebrauch gemacht. So zeichnet sich etwa nach wie vor kein durchgreifender politischer Wille ab, die Bestimmungen zur ständigen strukturierten Zusammenarbeit praktisch umzusetzen (Diedricks 2012, 61). Nur die Bildung von Gruppen bei Missionen ist gang und gäbe. Es ist allerdings evident, dass das Problem der variablen Solidarität und der perzipierten Zugehörigkeit zu unterschiedlichen Sicherheitsgemeinschaften (Deutsch 1957) zu Solidaritätskonflikten bei den EU-Mitgliedstaaten führt. Ein »we-feeling« (ebd.), eine Verbundenheit mit und Zugehörigkeit zu einer veritablen Sicherheitsgemeinschaft der EU ist bestenfalls noch in statu nascendi. Die wachsende Heterogenität der außen- und sicherheitspolitischen Vorstellungen durch die Erweiterungen 2004 und 2007 haben dieses Problem noch verstärkt (vgl. Müller-Brandeck-Bocquet 2006; Edwards 2006; Juncos/Pomorska 2007). Mithin ist Solidarität in der GASP vertraglich zwar ubiquitär, in der Vertragspraxis gleicht das »Feuerwerk der Solidarität« (Callies 2011) jedoch eher einem schnell verglühenden Leuchtfeuer. Zu oft obsiegt statt dem viel beschworenen »Geist der Solidarität« in der GASP der »Geist der Souveränität«.

4. Fazit: Solidarität im Schatten der Souveränität

Die Vertragsdurchsicht zeigte, dass das Solidaritätsprinzip die Entwick-lungsgeschichte der Außen- und Sicherheitspolitik der EU als roter Faden durchzieht und für die GASP konstitutiv ist. Solidarität und deren Fort-entwicklung sind gleichermaßen Fundament und tragende Säule wie Ziel der GASP. Dem rhetorischen Überschwang an Solidarität, der im Vertrag von Lissabon seinen quantitativen Höhepunkt gefunden hat, steht eine un-zureichende Ausfüllung des Solidaritätsprinzips in der Praxis der GASP gegenüber. Als generelle Schlussfolgerung lässt sich frei nach einem be-rühmten Zitat von Alexander Wendt (1992) festhalten: »Solidarity is what member states make of it.« Der Praxistest belegt, dass Solidarität nichts Feststehendes ist (vgl. Bayertz 1998, 12; Mau 2009, 64), sondern von den Mitgliedstaaten je nach Situation konstruiert wird. Anders als im Gemein-schaftsbereich handelt es sich, dies machte der Einblick in einige Praxis-beispiele deutlich, bei der Solidarität in der GASP um ein eher weiches, um nicht zu sagen ineffektives Prinzip, dessen Durchsetzung keiner sup-ranationalen Kontrollinstanz unterworfen ist. Solidarität steht in der weit-gehend intergouvernemental organisierten GASP somit immer im Schat-ten der einzelstaatlichen Souveränität.

Abschließend ist zu betonen, dass die Frage nach der Solidarität in der GASP immer auch die Gretchenfrage der Außen- und Sicherheitspolitik der EU berührt: Wie halten es die Mitgliedstaaten mit der Souveränität? Ein globaler Akteur mit einer ernstzunehmenden GASP und GSVP kann die EU nur sein, wenn die Mitgliedstaaten bereit sind, nationale Eigenin-teressen zugunsten einer übergeordneten Solidarität zurückzuschrauben und Souveränität, wenn nicht an eine supranationale Ebene abzugeben, so doch zumindest untereinander zu teilen. Die Erkenntnis, dass die außen- und sicherheitspolitische Akteursqualität der EU maßgeblich mit dem Prinzip der Solidarität verknüpft ist, ist nicht neu und findet sich schon in der Europäischen Sicherheitsstrategie (2003): »Die zunehmende Konver-genz europäischer Interessen und die Stärkung der gegenseitigen Solidari-tät haben die EU zu einem glaubwürdigeren und handlungsstarken Akteur werden lassen.« An vertraglichen Lippenbekenntnissen zu mehr Solidari-tät fehlt es, wie dargestellt, nicht. Eine ähnlich intensive Betonung von außen- und sicherheitspolitischer Solidarität wie im EU-Primärrecht findet sich in keinem anderen bedeutenden völkerrechtlichen Vertragswerk. We-der der Nordatlantikvertrag noch die UN-Charta nehmen beispielsweise überhaupt textlich Bezug auf das Solidaritätsprinzip. Was in der GASP fehlt, ist die in der Vertragspraxis von den EU-Mitgliedstaaten gelebte Solidarität.

Gerade die Instrumente, die die EU in jüngerer Zeit ins Auge gefasst hat, um ihre außen- und sicherheitspolitische Handlungsfähigkeit zu stärken, beruhen jedoch in weiten Teilen auf gelebter Solidarität. So ist Solidarität etwa die Grundvoraussetzung für »Pooling and Sharing«, das in Zeiten klammer Kassen und knapper werdender nationaler Verteidigungsbudgets[17] nahezu als Allheilmittel gilt und allenthalben vehement propagiert wird. Als im Dezember 2013 zum ersten Mal seit fünf Jahren wieder eine intensive Debatte über die weitere Ausgestaltung und Stärkung der GSVP auf der Agenda des Europäischer Rates stand, spielte die Bündelung und gemeinsame Nutzung militärischer Fähigkeiten eine zentrale Rolle (Schlussfolgerungen des Europäischen Rates 2012). Ohne Solidarität, ohne wechselseitige Verbundenheit, chne Vertrauen auf die Zuverlässigkeit der europäischen Partnerstaaten ist es allerdings undenkbar, Fähigkeiten gemeinsam zu nutzen und im Ernstfall auch zuverlässig einsetzen zu können.

Wenngleich aktuell deutliche Zweifel an der Solidität des Solidaritätsprinzips in der GASP angebracht sind, wird Solidarität auch in Zukunft als Fundament einer handlungsfähigen und veritablen *gemeinsamen* Außen- und Sicherheitspolitik der EU unerlässlich sein. Im Hinblick auf die Währungspolitik führte Jürgen Habermas aus, warum in Europa die Voraussetzungen zur Herausbildung von Solidarität gegeben seien:

> »Der eine steht für den anderen ein im Vertrauen darauf, dass der andere in Zukunft dasselbe auch für ihn tun wird. Diese Art von Vertrauen auf Reziprozität innerhalb überschaubarer Zeiträume bildet sich unter denen heraus, die längerfristig ein gemeinsames Schicksal erwarten und die deshalb genötigt sind, eine gemeinsame Perspektive einzunehmen. Und ist nicht genau diese Lage in Europa [...] entstanden?« (Habermas 2012).

Für die GASP gelten Habermas' Worte ohne Abstriche. Es steht fest: Ohne mehr Solidarität in der GASP dürfte der Traum der EU von einer gewichtigeren Rolle als eigenständiger außen- *und* sicherheitspolitischer Akteur auf der Weltbühne wohl endgültig ausgeträumt sein.

---

17 Die jüngsten Sparmaßnahmen ließen die Verteidigungsausgaben in den Haushalten vieler europäischer Staaten teils deutlich sinken, vgl. *Perlo-Freeman* 2012.

Literatur

Algieri, Franco 2010: Die Gemeinsame Außen- und Sicherheitspolitik der EU, Wien.

Bayertz, Kurt 1998: Begriff und Problem der Solidarität; In: Ders. (Hrsg.): Solidarität. Begriff und Problem, Frankfurt am Main, 11-53.

Bailes, Alison/Messervy-Whiting, Graham 2011: Death of an institution. The end for Western European Union, a future for European defence?, Egmont Paper 46, Brüssel.

Bajnai, Gordon/Fischer, Thomas/Hare, Stephanie/Hoffmann, Sarah/Nicolaïdis, Kalypso/Rossi, Vanessa/Viehoff, Juri/Watt, Andrew 2012: Solidarity: For Sale? The Social Dimension of the New European Economic Governance (Europe in Dialogue 2012/01), Gütersloh.

Barroso, José Manuel Durão 2013: Rede zur Lage der Union. Online unter: http://europa.eu/rapid/press-release_SPEECH-13-684_de.htm (19.09.2013).

Blockmans, Steven 2013: The Influence of NATO on the Development of the EU's Common Security and Defence Policy; In: Wessel, Ramses A./Blockmans, Steven (Hrsg.): Between Autonomy and Dependence. The EU Legal Order Under the Influence of International Organisations, Den Haag, 243-267.

Callies, Christian 2011: Das europäische Solidaritätsprinzip und die Krise des Euro – Von der Rechtsgemeinschaft zur Solidaritätsgemeinschaft?, Vortrag an der Humboldt-Universität zu Berlin, 18.01.2011, FCE 01/2011.

Davignon-Bericht 1970. Online unter: http://www.cvce.eu/obj/davignon _bericht _luxemburg_27_oktober_1970-de-4176efc3-c734-41e5-bb90-d34c4d17bbb5.html (07.06.2013).

Deutsch, Karl W. 1957: Political Community and the North Atlantic Area: International Organization in the Light of Historical Experience, New York.

Diedrichs, Udo 2012: Die Gemeinsame Sicherheits- und Verteidigungspolitik der EU, Wien.

Draft Treaty Fouchet Plan I 1961. Online unter: http://www.cvce.eu/viewer/-/content/485fa02e-f21e-4e4d-9665-92f0820a0c22/en (08.06.2013).

Draft Treaty Fouchet Plan II 1962. Online unter: http://www.cvce.eu/viewer/-/content/c9930f55-7d69-4edc-8961-4f12cf7d7a5b/en (08.06.2013).

Edwards, Geoffrey 2006: The new member states and the making of EU foreign policy; In: European Foreign Affairs Review, 11 (2), 143-162.

Einheitliche Europäische Akte 1987. Online unter: http://eur-lex.europa.eu/LexUriServ/LexUriServ.do?uri=OJ:L:1987:169:FULL:DE:PDF (09.06.2013).

Engerer, Hella 2008: Solidarität gesucht. Osteuropas Finanzmärkte in der globalen Finanzkrise; In: Osteuropa, 58 (12), 25-40.

Erklärung von St. Malo 1998. Online unter: http://www.european-security.com/n _index.php?id=2708 (04.06.2013).

Erklärung von Laeken zur Zukunft der Europäischen Union 2001. Online unter: http://european-convention.eu.int/pdf/lknde.pdf (04.06.2013).

Europäischer Rat 1992: Protokoll über die Position Dänemarks. Online unter: http://migration.uni-konstanz.de/pdf/de/Europarecht/Vertrae-ge/DK-Protokoll.htm (09.08.2013).

Europäischer Rat 2012: Schlussfolgerungen zur Tagung vom 13./14.12.2012. Online unter: http://www.consilium.europa.eu/uedocs/cms_data/docs/pressdata/de/ec/ 134375.pdf (30.08.2013).

Europäische Sicherheitsstrategie 2003. Online unter: http://www.consilium.europa.eu/ uedocs/cmsUpload/031208ESSIIDE.pdf (03 08.2013).

Europäisches Parlament 2012: Entschließung zu den EU-Klauseln über die gegenseiti-ge Verteidigung und Solidarität: politische und operationelle Dimensionen. Online unter: http://www.europarl.europa.eu/sides/getDoc.do?pubRef=-//EP//TEXT+TA+ P7-TA-2012-0456+0+DOC+XML+V0//DE (30.07.2013).

Folz, Rachel/Musekamp, Simon/Schieder, Siegried 2009: »Fremde Freunde«: Solidari-tät in der französischen und deutschen Politik gegenüber den MOE- und AKP-Staaten; In: Harnisch, Sebastian/Maull, Hanns W./Schieder, Siegfried (Hrsg.): Soli-darität und internationale Gemeinschaftsbildung. Beiträge zur Soziologie der inter-nationalen Beziehungen, Frankfurt am Main/New York, 89-113.

Ferreira Pereira, Laura 2005: The military non-allied states in the foreign and security policy of the European Union: Solidarity »ma non troppo«; In: Journal of Contem-porary European Studies, Special issue: Security Policy in the Post-Communist Era, 13 (1), 21-37.

Ferreira-Pereira, Laura/Groom, John 2010: »Mutual solidarity" within the EU common foreign and security policy: What is the name of the game?; In: International Poli-tics, 47 (6), 596-616.

Fröhlich, Stefan 2008: Die Europäische Union als globaler Akteur, Wiesbaden.

Gaedtke, Jens-Christian 2009: Europäische Außenpolitik, Paderborn.

Gussone, Peter 2006: Das Solidaritätsprinzip in der Europäischen Union und seine Grenzen, Berlin.

Habermas, Jürgen 2012: Gespräch mit Lothar Schröder. Online unter: http://www.rp-online.de/kultur/vom-schwinden-der-solidaritaet-1.3101079 (03.08.2013).

Harnisch, Sebastian/Maull, Hanns W./Schieder, Siegfried (Hrsg.) 2009: Solidarität und internationale Gemeinschaftsbildung. Beiträge zur Soziologie der internationalen Beziehungen, Frankfurt am Main.

Hummer, Waldemar 2001: Solidarität versus Neutralität. Das immerwährend neutrale Österreich in der GASP vor und nach Nizza; In: Österreichische Militärische Zeit-schrift, 39 (2), 147-166.

Jopp, Mathias/Schlotter, Peter (Hrsg.) 2007: Kollektive Außenpolitik. Die Europäische Union als Internationaler Akteur, Baden-Baden.

Kockel, Armin 2012: Die Beistandsklausel im Vertrag von Lissabon, Frankfurt a. M. u. a.

Manners, Ian 2008: The normative ethics of the European Union; In: International Af-fairs, 84 (1), 45-60.

Mau, Steffen 2005: Leerstelle europäische Solidarität; In: Berger, Johannes (Hrsg.): Zerreißt das soziale Band? Beiträge zu einer aktuellen gesellschaftlichen Debatte, Frankfurt am Main, 245-272.

Mau, Steffen 2009: Europäische Solidarität: Erkundung eines schwierigen Geländes; In: Harnisch, Sebastian/Maull, Hanns W./Schieder, Siegfried (Hrsg.): Solidarität und internationale Gemeinschaftsbildung. Beiträge zur Soziologie der internationalen Beziehungen, Frankfurt am Main/New York, 63-87.

Monar, Jörg 2002: The CFSP and the Leila/Perejil Island Incident: The Nemesis of Solidarity and Leadership; In: European Foreign Affairs Review, 7 (2), 251-255

Müller-Brandeck-Bocquet, Gisela 2000: Die Mehrdimensionalität der EU-Außenbeziehungen; In: Dies./Schubert, Klaus (Hrsg.): Die Europäische Union als Akteur der Weltpolitik, Opladen, 29-44.

Müller-Brandeck-Bocquet, Gisela (Hrsg.) 2006: The Future of the European Foreign, Security and Defence Policy After Enlargement, Baden-Baden.

Müller-Brandeck-Bocquet, Gisela 2008: Die Europäische Außenpolitik: Genese, Entwicklungsstand und Perspektiven; In: Bos, Ellen/Dieringer, Jürgen (Hrsg.): Die Genese einer Union der 27,Wiesbaden, 265-282.

Müller-Brandeck-Bocquet, Gisela/Rüger, Carolin (Hrsg.) 2011: The High Representative for the EU Foreign and Security Policy - Review and Prospects, Baden-Baden.

Nünlist, Christian 2013: Schweden ringt um seine Verteidigungspolitik; CSS-Analysen zur Sicherheitspolitik. Online unter: http://www.css.ethz.ch/publications/pdfs/CSS-Analysen-138-DE.pdf (03.08.2013).

Nuttall, Simon 2005: Coherence and Consistency; In: Hill, Christopher/Smith; Michael (Hrsg.): The European Union and International Relations, Oxford, 91-112.

Olsen, Gorm Rye 2007: Denmark and ESDP; In: Brummer, Karl (Hrsg.): The North and ESDP. The Baltic States, Denmark, Finland and Sweden, Gütersloh, 22-33.

Perlo-Freeman, Sam 2012: Europe and the impact of austerity on military expenditure; In: Stockholm Peace and Research Institute (Hrsg.): SIPRI Yearbook 2012, Oxford, 173-180.

Pfetsch, Frank R. 2005: Die Europäische Union, Paderborn.

Pinakas, Thanasis 2004: The Notion of Solidarity in European Foreign Policy. A realist-constructivist approach; Beitrag zur Konferenz «European Foreign Policy", 02./03.07.2004 LSE London. Online unter: http://tinyurl.com/neukfgq (02.06.2013).

Regelsberger, Elfriede 2001: Die Gemeinsame Außen- und Sicherheitspolitik nach »Nizza« - begrenzter Reformeifer und außervertragliche Dynamik; In: Jopp, Mathias/Lippert, Barbara/Schneider, Heinrich (Hrsg.): Das Vertragswerk von Nizza und die Zukunft der Europäischen Union, Berlin, 112-122.

Regelsberger, Elfriede 2008: Von Nizza nach Lissabon – das neue konstitutionelle Angebot für die Gemeinsame Außen- und Sicherheitspolitik der EU; In: Integration, 31 (3), 266-280.

Risse, Thomas 2013: Solidarität unter Fremden? Europäische Identität im Härtetest, KFG Working Paper Series Nr. 50, Berlin.

Roth, Mathias 2011: Poland as a Policy Entrepreneur in European External Energy Policy: Towards Greater Energy Solidarity vis-a-vis Russia?; In: Geopolitics, 16 (3), 600-625.

Rüger, Carolin 2006: Aus der Traum? Der lange Weg zur EU-Verfassung, Marburg.

Rüger, Carolin 2012: From an Assistant to a Manager: The High Representative for Foreign Affairs and Security Policy after the Treaty of Lisbon; In: Laursen, Finn (Hrsg.): The Lisbon Treaty: Institutional choices and implementation, Burlington, 141-169.

Schieder, Siegfried 2009: Zur Theorie der Solidarität der Internationalen Gemeinschaft; In: Harnisch, Sebastian/Maull, Hanns W./Schieder, Siegfried (Hrsg.): Solidarität und internationale Gemeinschaftsbildung. Beiträge zur Soziologie der internationalen Beziehungen, Frankfurt am Main.

Schukraft, Corina 2010: Die Anfänge deutscher Europapolitik in den 50er und 60er Jahren; In: Müller-Brandeck-Bocquet, Gisela/Schukraft, Corina/Leuchtweis, Nicole/Keßler, Ulrike (Hrsg.): Deutsche Europapolitik von Adenauer bis Merkel, Wiesbaden, 13-66.

Schuman-Erklärung 1950. Online unter: http://europa.eu/about-eu/basic-information/symbols/europe-day/schuman-declaration/index_de.htm (08.06.2013).

Statement of the Presidency of the Permanent Council of the WEU on behalf of the High Contracting Parties to the Modified Brussels Treaty 2010. Online unter: http://www.weu.int/Declaration_E.pdf (02.08.2013).

Stephenson, Paule/Boston, Jonathan 2010: Climate change, equity and the relevance of European »effort-sharing" for global mitigation efforts; In: Climate Change, 10(1), 3-16.

Traité instituant la Communauté Économique Européenne 1957. Online unter: http://eur-lex.europa.eu/LexUriServ/LexUriServ.do?uri=CELEX:11957E/TXT:FR:PDF (09.06.2013).

Vertrag über die Europäische Union 1992. Online unter: http://eur-lex.europa.eu/de/treaties/dat/11992M/htm/11992M.html (03.06.2013).

Vertrag über die Europäische Union 1997. Online unter: http://eur-lex.europa.eu/LexUriServ/LexUriServ.do?uri=CELEX:11997D/TXT:DE:NOT (11.06.2013).

Vertrag über die Gründung der Europäischen Verteidigungsgemeinschaft 1952. Online unter: http://www.politische-union.de/evgv/index.htm (08.06.2013).

Vertrag zur Gründung der Europäischen Wirtschaftsgemeinschaft 1957. Online unter: http://www.europarl.europa.eu/brussels/website/media/Basis/Vertraege/Pdf/EWG-Vertrag.pdf (09.06.2013).

Von Brentano, Heinrich 1953: Introductory report to the draft treaty embodying the statute of the European Community. Online unter: http://aei.pitt.edu/991/1/political_union_draft_treaty_1.pdf (08.06.2013).

Wendt, Alexander 1992: Anarchy is what states make of it: The social construction of power politics; In: International Organization, 46 (2), 391-425.

Carolin Rüger

Wiemeyer, Joachim 2007: Solidarität in der EU-Politik: Anwendungsfelder und Implementationsprobleme; In: Heimbach-Steins, Marianne (Hrsg.): Jahrbuch für christliche Sozialwissenschaft, Bd. 48, Münster, 271-295.

Die Umsetzung der Solidaritätsklausel des Vertrags von Lissabon: Vorkehrungen für eine EU-Zusammenarbeit in Katastrophenschutz und Terrorabwehr[1]

Nicolai von Ondarza

Mit der Solidaritätsklausel nach Artikel 222 des Vertrags über die Arbeitsweise der Europäischen Union (AEUV) haben sich die Mitgliedstaaten der EU verpflichtet, »gemeinsam im Geiste der Solidarität [zu handeln], wenn ein Mitgliedstaat von einem Terroranschlag, einer Naturkatastrophe oder einer vom Menschen verursachten Katastrophe betroffen ist« (Art. 222 (1) AEUV). Hierzu kann die EU alle ihr zur Verfügung stehenden Mittel einsetzen, einschließlich militärischer Instrumente. Die Klausel ist damit eine Mischung aus politischer Solidaritätsverpflichtung, Bekenntnis zum gemeinsamen Katastrophenschutz und traditioneller Beistandsklausel nach dem Muster von Artikel 5 des NATO-Vertrags. Die spezifischen Modalitäten über die Auslösung der Klausel sowie die Art und Weise der zu leistenden Unterstützung lässt der Vertrag jedoch offen.

Hinter der ambitionierten Rhetorik einer Solidaritätsgemeinschaft verbergen sich klassische europapolitische Konflikte über Zuständigkeiten, Subsidiarität und institutionelle Architektur. Die Umsetzung dieser Klausel ist auch vier Jahre nach Inkrafttreten des Lissabonner Vertrags noch nicht abgeschlossen und stellt die EU vor eine Reihe von Problemen: Eng verbunden mit Solidaritätsverpflichtungen sind Fragen nach gerechter Lastenverteilung, während der Katastrophenschutz und der Einsatz militärischer Mittel Kernbereiche nationaler Souveränität berühren. Ebenso unklar lässt der Vertrag die Zuordnung, welche Institutionen auf EU-Ebene für die Koordination mitgliedstaatlichen Handelns im Rahmen der Solidaritätsklausel zuständig sein werden.

---

1   Dieser Text ist eine überarbeitete und aktualisierte Fassung des 2010 erschienen SWP-Aktuells »Europäische Solidarität in Katastrophenschutz und Terrorabwehr? Vorschläge zur Umsetzung der Solidaritätsklausel des Lissabonner Vertrags« von *Roderick Parkes* und *Nicolai von Ondarza*.

Diese Konflikte sollen gemäß Artikel 222 (3) AEUV mit einem Rechtsakt auf Basis eines gemeinsamen Vorschlags der Kommission und des Hohen Vertreters der Union für Außen- und Sicherheitspolitik von den Mitgliedstaaten im Rat beigelegt werden. Diesen Vorschlag haben beide Akteure Ende 2012 dem Rat zum Beschluss vorgelegt, der die Verhandlungen bis dato (Stand: September 2013) aber noch nicht prioritär vorangetrieben hat (Gemeinsamer Vorschlag für einen Beschluss des Rates über die Vorkehrungen für die Anwendung der Solidaritätsklausel durch die Union, JOIN (2012) 39, kurz: Umsetzungsvorschlag). Das Europäische Parlament wird hingegen nur angehört und hat bereits Ende 2012 in einer Resolution Mitgliedstaaten, Kommission und Hohe Vertreterin aufgefordert, die Solidaritätsklausel – und die Beistandsklausel – möglichst schnell umzusetzen (Europäisches Parlament 2012). Entlang der Vorlage von Hoher Vertreterin und Kommission werden die Mitgliedstaaten nunmehr entscheiden müssen, wie eng sie im Katastrophenschutz und in der Terrorabwehr auf europäischer Ebene zusammenarbeiten wollen. Hierfür gibt es keine einfachen Lösungen, aber die EU und ihre Mitgliedstaaten können sich auf bestehende Beschlüsse in vergleichbaren Bereichen stützen, nicht zuletzt auf die Asyl- und Immigrationspolitik (Lastenverteilung) und die Sicherheits- und Verteidigungspolitik (Koordinierte Nutzung ziviler und militärischer Instrumente) (vgl. Bast und Rüger in diesem Band).

Mit der Umsetzung der Solidaritätsklausel müssen die Mitgliedstaaten also zentrale Eckpfeiler für die zukünftigen Pflichten bei der gegenseitigen Unterstützung im Katastrophen- und Terrorfall setzen. Dieser Beitrag analysiert hierzu die rechtlichen Vorgaben des Lissabonner Vertrags sowie insbesondere die offenen Fragen, die er den politischen Entscheidungsträgern lässt und wie diese bisher gemäß den vorliegenden Beschlussvorlagen ausgefüllt werden sollen.

1. Die Solidaritätsklausel zwischen Katastrophenschutz und Beistand

Lange befand sich der Zivil- und Katastrophenschutz in rein nationaler Zuständigkeit, doch kurz nach den Terroranschlägen vom 11. September 2001 führte die EU das »Gemeinschaftsverfahren zur Förderung einer verstärkten Zusammenarbeit bei Katastrophenschutzeinsätzen« ein (kurz: »Gemeinschaftsverfahren für Katastrophenschutz«). Das Gemeinschaftsverfahren soll eine rasche und wirksame Reaktion auf Katastrophen innerhalb und außerhalb der Union ermöglichen (Rat der Europäischen Union

2007). Angewandt wurde es beispielsweise zur Koordination europäischer Hilfen bei Waldbränden und Überschwemmungen in Ländern der EU oder nach dem Erdbeben in Haiti Anfang 2010. Der Zivil- und Katastrophenschutz gehört damit zu den Bereichen, in denen die EU vor allem koordinierend wirkt. In dem Zuständigkeitskatalog hat der Vertrag von Lissabon diese Zuordnung als rein koordinierende Zuständigkeit bestätigt (Art. 6 AEUV). Gleichzeitig überschneidet sich die Solidaritätsklausel nicht nur semantisch mit der auf militärische Angriffe ausgerichteten Beistandsklausel (Art. 42 (7) EUV), die ebenfalls mit dem Vertrag von Lissabon eingeführt wurde. Sowohl mit der Entwicklung des Katastrophenschutzes als auch mit der Beistandsklausel ist die weitere Ausgestaltung der Solidaritätsklausel eng verbunden.

Die koordinierende Rolle der EU im Katastrophenschutz

Das Gemeinschaftsverfahren für Katastrophenschutz ist ein weiches Instrument, mit dem die EU die Entsendung von Einsatzkräften der Mitgliedstaaten unterstützen möchte, wie etwa Such- und Rettungsdienste, medizinische Dienste, Notunterkünfte, Löschinstrumente oder mobile Krankenstationen. Zentrales Organ des Verfahrens ist das Informations- und Beobachtungszentrum (Monitoring and Information Center, MIC) der Kommission. Es fungiert als Kommunikationsknotenpunkt und ist rund um die Uhr erreichbar, wenn ein Mitgliedstaat um Unterstützung bittet. Der Hilferuf wird an die nationalen Kontaktstellen weitergeleitet, deren Hilfsangebote werden ausgewertet und schließlich an das betreffende Land übermittelt. Zusätzlich werden die zur Verfügung stehenden nationalen Ressourcen in einer Datenbank erfasst, um im Katastrophenfall gezielte Anfragen möglich zu machen. Institutionell ist das MIC bei der Kommission angesiedelt. Damit operiert es getrennt von den externen zivilen und militärischen Krisenmanagementstrukturen der EU-Sicherheits- und Verteidigungspolitik, die bis 2011 im Generalsekretariat des Rates angesiedelt waren und nunmehr in den Europäischen Auswärtigen Dienst (EAD) transferiert wurden.

Im Zuge der Umsetzung der Lissabonner Reformen hat die Europäische Kommission im Dezember 2011 einen Vorschlag für eine Revision des Katastrophenschutzverfahrens der Union (Europäische Kommission 2011) vorgelegt, der sich allerdings zum Stand September 2013 ebenfalls noch in Verhandlung in Rat und Parlament befindet. In dem Vorschlag verzichtet die Kommission auf das frühere Postulat nach eigenen europäischen Fähigkeiten im Katastrophenschutz, fordert aber eine freiwillige Verpflichtung der Mitgliedstaaten zur Bereitstellung von Ressourcen im Katastrophenfall. Für eine verbesserte Kohärenz und eine schnelle Handlungsfähigkeit sollen diese Instrumente im Rahmen von vorab abgestimmten Notfallplänen eingesetzt werden, etwa durch Zusammenlegen von Transportkapazitäten oder erhöhte Interoperabilität nationaler ziviler wie militärischer Fähigkeiten. Auf europäischer Ebene wurde das MIC hierzu 2013 mit seinem Gegenpart im Bereich der humanitären Hilfe, ECHO (European Community Humanitarian Office), zusammengelegt und zu einem ›Europäischen Notfallabwehrzentrum‹ (Emergency Response Centre, ERC) ausgebaut. Das derart integrierte ERC soll nun auch eine proaktivere Rolle als das MIC einnehmen, beispielsweise durch einen kontinuierlichen Informationsaustausch mit den Mitgliedstaaten und Hilfsorganisationen sowie die Entwicklung von Referenzszenarien für die Koordination im Katastrophenschutz und der humanitären Hilfe (Europäische Kommission 2011).

In der Entwicklung dieser Vorschläge hat der Rat die Initiative der Kommission im Dezember 2010 begrüßt, aber noch einmal nachdrücklich die Freiwilligkeit der bereitzustellenden mitgliedstaatlichen Mittel unterstrichen (Council of the European Union 2010). Dabei hat der Rat gleichzeitig angekündigt, weitere Entscheidungen mit Bezug auf den Einsatz militärischer Mittel, die Zusammenarbeit des integrierten Notfallabwehrzentrums mit dem Europäischen Auswärtigen Dienst (EAD) sowie natürlich den Umsetzungsbeschluss für die Solidaritätsklausel nach Artikel 222 AEUV vorzubereiten.

Die Abgrenzung zur Beistandsklausel

Nicht nur semantisch ist die Solidaritätsklausel zudem von der ebenfalls mit dem Lissabonner Vertrag eingeführten Beistandsklausel abzugrenzen, die vertragssystematisch direkt bei der GSVP in Art. 42 (7) EUV angesiedelt ist.[2] Nach dem Muster einer klassischen *militärischen* Beistandsklausel analog zu Art. 5 des NATO-Vertrags bzw. Art. V des früheren WEU-

---

2   Für eine genauere Analyse der Beistandsklausel siehe den Beitrag von *Carolin Rüger* in diesem Band.

Vertrags verpflichtet die neue Klausel die EU-Mitgliedstaaten im Falle eines bewaffneten Angriffs auf einen EU-Staat zur gegenseitigen Hilfe und Unterstützung (Art. 42 (7) EUV). Damit wird allerdings explizit keine Kompetenz der EU zur gemeinsamen Verteidigung geschaffen, sondern nur eine gegenseitige Pflicht zwischen den Mitgliedstaaten eingeführt. Zudem wird die Beistandsklausel dadurch eingeschränkt, dass der NATO im militärischen Beistandsfall Vorrang eingeräumt wird sowie die gegebene Unterstützungsleistung nicht zwangsläufig militärisch erfolgen muss (Art. 42 (7) Abs. 2 -3 EUV).

Von der Beistandsklausel unterscheidet sich die Solidaritätsklausel somit in zwei entscheidenden Elementen: Zum einen hinsichtlich der Anlässe, bei denen sich die Mitgliedstaaten zur gegenseitigen Unterstützung verpflichtet haben. Hier steht der klassische Fall des bewaffneten Angriffs (Beistandsklausel) dem breiten Anwendungsspektrum der Solidaritätsklausel gegenüber, welches von Naturkatastrophen über von Menschen verursachte Katastrophen bis hin zu Terrorismus reicht. Zum anderen sieht nur die Solidaritätsklausel ein tatsächlich koordinierendes Handeln der EU und den Einsatz von EU-Mitteln vor, während die Beistandsklausel rein horizontal wirkt. Die Solidaritätsklausel erfordert daher deutlich mehr institutionelle wie operationelle Vorkehrungen auf EU-Ebene, um im Zweifelsfall tatsächlich nutzbar zu sein. Bei diesen Vorkehrungen sollte aber auch die Abgrenzung zur Beistandsklausel aufgenommen werden, da zumindest im Terrorismusbereich Szenarien denkbar sind, in denen ein schwerer Terroranschlag gleichzeitig als bewaffneter Angriff eingestuft wird (Konstadinides 2013).[3] Konkrete Umsetzungsbeschlüsse zur Beistandsklausel sind daher bis dato nicht in Vorbereitung.

Der Vertrag räumt viel Flexibilität ein

Der EU-Vertrag lässt damit für die genaue Ausgestaltung der Solidaritätsklausel jede Menge Gestaltungsspielraum für die Gesetzgeber. Nach den Vorschlägen der Kommission zusammen mit der Hohen Vertreterin soll

---

3   So wurden die Anschläge in den USA vom 11. September 2001 international sowohl vom UN-Sicherheitsrat als auch von der NATO als bewaffneter Angriff eingestuft, welcher die USA zur Selbstverteidigung gemäß Art. 51 UN-Charta und zum Beistand gemäß Art. 5 NATO-Vertrag berechtigt.

die Klausel die bisherige Rolle der EU in der Koordinierung beim Kata-strophenschutz vor allem in drei Bereichen erweitern bzw. konkretisieren.

Erstens haben sich die Mitgliedstaaten durch Artikel 222 AEUV recht-lich zur gegenseitigen Hilfe verpflichtet. Anders als das bisherige weiche Verfahren könnte die Klausel also für einen robusteren gemeinsamen Ka-tastrophenschutz genutzt werden. Dazu müssten sich die Mitgliedstaaten im Umsetzungsbeschluss aber auf klare und verlässliche Regeln für die gemeinsame Hilfe einigen. Einschränkend haben sie bereits in Erklärung 37 zum Lissabonner Vertrag betont, dass die Wahl der Mittel, die Mit-gliedstaaten zur Erfüllung der Solidaritätsklausel bereit stellen, allein der nationalen Souveränität unterliegt. Anders als die Gemeinsame Sicher-heits- und Verteidigungspolitik (GSVP) fällt die Solidaritätsklausel jedoch unter die Jurisdiktion des Gerichtshofs der EU. Eben darum lassen die Schlussfolgerungen des Rates zur Kommissionsmitteilung darauf schlie-ßen, dass sich die Mitgliedstaaten trotz der Solidaritätsverpflichtung größtmöglichen Entscheidungsspielraum über die Nutzung ihrer Ressour-cen erhalten wollen, auch um mögliche Klagen vor dem Gerichtshof zu vermeiden.

Zweitens sieht die Solidaritätsklausel ausdrücklich vor, militärische Fä-higkeiten der Mitgliedstaaten innerhalb der Union einzusetzen. Der mögli-che Einsatz von Militär, der bis dato im EU-Katastrophenschutz weitge-hend ausgeklammert war, erklärt sich aus der Entstehungsgeschichte der Klausel, die erstmals von der Arbeitsgruppe »Verteidigung« des Europäi-schen Konvents vorgeschlagen wurde. Nach dem Vorbild von Artikel 5 des NATO-Vertrages sollte eine moderne Beistandsverpflichtung gegen terroristische und andere nicht-staatliche Bedrohungen eingeführt werden. Erst im Laufe der Verhandlungen zum Verfassungsvertrag wurde das Aufgabenspektrum um natürliche und von Menschen verursachte Kata-strophen erweitert (The European Convention 2002). Da die Solidaritäts-klausel primär auf den Einsatz innerhalb des Territoriums der EU-Mitgliedstaaten ausgerichtet ist (zum Einsatzgebiet siehe Abschnitt 2.), stellen sich hier besonders kritische Fragen nach den Einschränkungen und Bedingungen für den Einsatz von Streitkräften.

Drittens beinhaltet Artikel 222 AEUV nicht nur reaktive Elemente, sondern richtet sich stärker als bisher auf präventive Maßnahmen. Das mögliche Repertoire erstreckt sich auf die Abwehr terroristischer Bedro-hungen sowie den Schutz demokratischer Institutionen und der Zivilbe-völkerung vor Terroranschlägen. Im Angesicht möglicher Szenarien für terroristische Anschläge – wie etwa das Entführen von Flugzeugen oder

Geiselnahmen in europäischen Großstädten – stellen sich höchst sensible Fragen im Bereich der Terrorabwehr.

Dieser weitreichende, wenn auch grob formulierte Artikel bietet also das Potenzial für ein robusteres System gegenseitiger Unterstützung im Katastrophenfall in Ergänzung des Gemeinschaftsverfahrens für Katastrophenschutz. Es ist jedoch fraglich, ob die Union und ihre Mitgliedstaaten diese Möglichkeiten ausschöpfen wollen und können, denn die Anforderungen für einen effektiven Katastrophenschutz kollidieren mit nationalen Souveränitätsvorbehalten. Katastrophenschutz und die Sicherheit der Bevölkerung gehören für die meisten Mitgliedstaaten zum Kernbereich ihrer Souveränität (Ekengren/Matzén/Svantesson 2006). Deshalb sind sie nur unter extremen Umständen bereit, Einsatzkräfte anderer EU-Staaten auf ihr Hoheitsgebiet zu lassen. Auf der anderen Seite wollen sie die volle Entscheidungshoheit und Befehlsgewalt über den Einsatz ihrer Kräfte im Ausland behalten – zumal diese auch im eigenen Land gefragt sein könnten. Nicht zuletzt speist sich der Widerstand gegen robustere Solidaritätsverpflichtungen auch aus der Angst vor Trittbrettfahrern. EU-Mitgliedstaaten, die regelmäßig unter Naturkatastrophen wie Waldbränden zu leiden haben oder deren Infrastruktur im Katastrophenschutz vergleichsweise unterentwickelt ist, könnten versucht sein, sich auf die Strukturen der EU zu verlassen, ohne die eigenen Kapazitäten zu verbessern. Gut ausgestattete Staaten werden deswegen einen automatisierten Solidaritätsmechanismus ablehnen und es vorziehen, von Fall zu Fall darüber zu entscheiden, ob sie Unterstützung zur Verfügung stellen wollen und welcher Art diese sein soll.

Zwar ist der Wunsch der Mitgliedstaaten verständlich, ihre Souveränität zu bewahren und sich beim Katastrophenschutz auf Koordination zu beschränken. Die Nachteile aber liegen auf der Hand. Wiederholt verzögerten sich Einsätze in der entscheidenden frühen Phase des Katastrophenschutzes, außerdem entstanden Überschneidungen und Lücken in der europäischen Katastrophenhilfe. Artikel 222 AEUV bietet keine Lösung für dieses Dilemma an, sondern lässt die schwierigen Fragen offen.

Diese müssen nun in der Umsetzungsentscheidung zu Artikel 222 AEUV geklärt werden: Wie soll die EU im Katastrophenfall beschließen, dass gemeinsames Handeln erforderlich ist? Wie können die notwendigen Kräfte schnell zusammengestellt und eingesetzt werden? Unter welchen Bedingungen könnte und sollte das Militär – einer der sensibelsten Bereiche nationaler Souveränität – im europäischen Katastrophenschutz genutzt werden? Wie können schließlich die dafür notwendigen Strukturen in das bestehende Gefüge des Gemeinschaftsverfahrens für Katastrophenschutz und der GSVP eingegliedert werden? Zur Einordnung der Solidaritätsklausel stellt dieser Beitrag hierfür die noch offenen Fragen im Detail sowie die im Umsetzungsvorschlag enthaltenen Beschlüsse vor und analysiert diese vor dem Hintergrund der integrationspolitischen Ambitionen der Solidaritätsklausel.

2. Eine Solidaritätsverpflichtung mit viel Raum für Autonomie

Als Erstes muss eindeutig bestimmt werden, wie und durch wen der Solidaritätsmechanismus ausgelöst werden kann und ob es geographische Beschränkungen für die Anwendung der Solidaritätsklausel gibt. Zum Schutz der nationalen Souveränität kann die Solidaritätsklausel nämlich nur von den politischen Organen der betroffenen Mitgliedstaaten aktiviert werden. Dieses System zementiert die nationale Entscheidungsgewalt darüber, wann und welche Art von EU-Hilfen angefordert werden. Im Umkehrschluss eröffnet es aber Spielraum für Missbrauch durch häufig betroffene oder schlecht ausgerüstete Staaten. Bei solch einem reinen Anforderungsmodell bestünde die Gefahr, dass Staaten bei Katastrophen, die sie eigentlich selbst bewältigen müssten, auf europäische Hilfe bauen.

Solidarität und Subsidiarität

Der Vorschlag der Kommission und der Hohen Vertreterin gibt nur grobe Vorgaben für die Aktivierung der Solidaritätsklausel vor. Demnach kann jeder Mitgliedstaat, der von einer unter die Klausel fallenden Katastrophe betroffen bzw. Ziel eines realen oder drohenden Terroranschlags ist, die neuen Verfahren aktivieren (Art. 4 Umsetzungsvorschlag). Diese Aktivierung unterliegt nur dem Vorbehalt, dass der betreffende Mitgliedstaat überzeugt ist, dass die betreffende Situation seine eigene Bewältigungskapazität überfordert. Die Einschätzung der Bewältigungskapazität obliegt dabei jedoch alleine der nationalen Ebene, während die Art der Katastrophen, bei denen die Solidaritätsklausel aktiviert werden kann, laut dem Vorschlag nicht weiter eingeschränkt werden soll.

Um die inhärente Gefahr einer Überstrapazierung europäischer Solidarität durch ein reines Anforderungsmodell zu verhindern, sollte hier ein zweites europäisches Kontrollelement in Form einer Subsidiaritätsschwelle eingeführt werden. Demnach würde die Solidaritätsklausel nur bei schwersten Katastrophen oder schweren Katastrophen mit transnationalen Auswirkungen greifen. Für Fälle unterhalb dieser Schwelle müssten dagegen weiterhin die Mitgliedstaaten vorsorgen. So blieben beispielsweise bei gewöhnlichen Waldbränden die regionalen und nationalen Behörden verantwortlich, während gemeinsames europäisches Handeln nur bei großflächigen, die nationalen Behörden überfordernden Waldbränden angefordert werden könnte. Diese Grenzziehung dürfte zudem die Zustimmung für einen robusteren Solidaritätsmechanismus erhöhen. Damit würde nicht nur eine praktikable Notfallplanung möglich, darüber hinaus ließe sich der Anwendungsbereich der Klausel auf Katastrophen mit grenzüberschreitenden Auswirkungen limitieren. In diesen Fällen läge es auch im Interesse gut gewappneter Staaten wie Deutschland, solidarisch zu handeln, da die Unterstützung auch dem eigenen Schutz dienen würde.

Ausgestaltung der Solidaritätsmechanismen

Doch selbst mit einer Beschränkung auf besonders schwerwiegende Katastrophen bleibt das Einsatzspektrum der Solidaritätsklausel unübersichtlich. Durch die unklare Definition in Artikel 222 AEUV lassen sich allerlei Szenarien für solidarische Interventionen denken, von Cyberangriffen bis zu Ölknappheit. Je nach juristischer Betrachtungsweise könnte die Klausel sogar ein auswärtiges Handeln der Union bei Katastrophen oder Terroranschlägen rechtfertigen, falls EU-Bürger im Ausland davon betroffen sind. Solange das Einsatzgebiet so weiträumig ist und die Einsatzzwecke so breit gefächert bleiben, werden sich die meisten gut ausgerüsteten Staaten auf keinen verpflichtenden Solidaritätsmechanismus einlassen.

Bezüglich der geographischen Anwendbarkeit der Solidaritätsklausel will der Vorschlag von Kommission und Hoher Vertreterin die breitmöglichste Auslegung der Vertragsgrundlage durchsetzen. Demnach soll die Solidaritätsklausel nicht nur auf dem direkten Hoheitsgebiet der Mitgliedstaaten einschließlich der Hoheitsgewässer und des Luftraums Anwendung finden, sondern auch auf Schiffe, Flugzeuge oder kritische Infrastrukturen in internationalen Gewässern bzw. Luftraum, die der Hoheitsgewalt eines Mitgliedstaats unterstehen (Art. 2 Umsetzungsvorschlag). Damit besteht jedoch die Gefahr, dass die Solidaritätsklausel entgrenzt und überstrapaziert wird. Um die Solidaritätsklausel gerade für die gut ausgerüsteten Staaten attraktiv und kalkulierbar zu machen, sollte hier über eine stärkere Beschränkung des Anwendungsgebiets nachgedacht werden.

Gerade bei einem so breiten Einsatzgebiet ist für einen funktionierenden Solidaritätsmechanismus eine vorbereitende Planung auf Unionsebene für verschiedene Einsatzszenarien notwendig, um im Katastrophenfall schnell auf die Aktivierung der Klausel reagieren zu können. Der Umsetzungsvorschlag nimmt hier zum einen notwendige Klarifizierungen vor, in dem er nicht nur den Katastrophen- und Terrorismusbegriff definiert, welcher der Solidaritätsklausel zu Grunde liegt, sondern damit auch weitergehende Szenarien wie Cyberabwehr ausschließt (Art. 3 Umsetzungsvorschlag). Auch die in der politischen Debatte zum Teil befürchtete Aktivierung der Solidaritätsklausel zur Bekämpfung von politischen Widerständen in einzelnen EU-Mitgliedstaaten ist so klar ausgeschlossen.

Zum anderen soll für die Solidaritätsklausel die Notfallplanung institutionalisiert werden. Werden die Einsatzszenarien der Solidaritätsklausel mit einer Bedrohungsanalyse verknüpft, reduziert sich das Risiko, dass das System von wenigen europäischen Staaten untergraben wird. Mit dieser Gefahr sind die EU-Mitgliedstaaten beispielsweise bei der Grenzkontrolle konfrontiert, in der einige Länder viele Ressourcen der europäischen Migrationskontrolle auf einige neuralgische Punkte konzentrieren konnten, insbesondere die Mittelmeerproblematik. Damit wurden wichtige Ressourcen von weniger sichtbaren Folgen der Migration wegverlagert, beispielsweise dem Umgang mit Menschen, die im Land bleiben, wenn ihr Visum abgelaufen ist (Angenendt/Parkes 2009). Eine ähnliche Gefahr besteht auch im Zusammenhang mit der Solidaritätsklausel.

Die Kommission und die Hohe Vertreterin schlagen daher vor, dass die Mitgliedstaaten, die Kommission und die Hohe Vertreterin in Zukunft regelmäßig eine Risikoanalyse und eine Vorausplanung für die Solidaritätsklausel durchführen. Bei der Entwicklung dieser Szenarien sollte vor allem sichergestellt werden, dass sie nicht alleine vom neuen integrierten Notfallzentrum in der Kommission entwickelt werden, sondern die Mitgliedstaaten laufend eingebunden sind. Gemäß Artikel 222 (4) AEUV soll der Europäische Rat regelmäßig die Bedrohungen analysieren, denen die Union ausgesetzt ist. Hierfür sollen zudem Bedrohungs- und Risikoeinschätzungen einfließen, welche die EU ohnehin in Bereichen wie der internationalen Sicherheitspolitik, der Migrationspolitik, Terrorismus, organisierte Kriminalität usw. entwickelt. So können auch in der Risikoanalyse der EU Synergien geschaffen werden.

Zusätzliche Kontrollelemente bei der Nutzung der Solidaritätsklausel können allerdings die Reaktionen in der kritischen ersten Phase in die Länge ziehen, gerade dann, wenn die Überprüfung von Kriterien entlang einer Subsidiaritätsschwelle oder des Einsatzkatalogs zum Politikum werden sollte. In der europäischen Grenzkontrolle wurde daher die Entscheidung für ein gemeinsames Vorgehen bis zu einem gewissen Grad entpolitisiert, indem die unabhängige Grenzagentur Frontex nun mit darüber bestimmt, ob gemeinsame Operationen initiiert werden. Zu diesem Zweck wurde die Agentur mit eigenen Fähigkeiten zur Risikoanalyse ausgestattet. Weiterhin erhielt sie Zugang zu migrationsrelevanten Informationen von den Mitgliedstaaten und von Europol (Pollak/Slominski 2009). Ein ähnliches Verfahren könnte für die Solidaritätsklausel eingeführt werden, indem das integrierte Nofallabwehrzentrum ermächtigt wird zu prüfen, ob die Subsidiaritätsschwelle überschritten wurde und deshalb europäisches Handeln notwendig und angemessen ist. Der vorliegende Vorschlag nennt hierfür zwar eine ›zentrale Anlaufstelle auf Unionsebene‹, ohne diese oder ihre Aufgaben aber genau zu spezifizieren (Präambel Umsetzungsvorschlag).

3. Strukturen zur Umsetzung der Solidaritätsklausel

Im Ernstfall wird es vor allem darauf ankommen, schnellstmöglich die notwendigen Einsatzkräfte zu mobilisieren, seien es Feuerwehr, technische Hilfskräfte, Polizisten oder Militärs. Erfahrungen mit dem Gemeinschaftsverfahren für Katastrophenschutz und in Operationen der GSVP haben gezeigt, dass die Mitgliedstaaten selbst dann ihre eigenen Kräfte nur sehr zögerlich bereitstellen, wenn sie sich einig sind, dass die EU dringend handeln müsste. In Erklärung 37 zum Vertrag von Lissabon haben die Mitgliedstaaten bereits unterstrichen, dass Artikel 222 AEUV zwar eine rechtliche Verpflichtung zur gegenseitigen Unterstützung enthält, Art und Umfang der Hilfe aber vollständig in der souveränen Entscheidungshoheit der Mitgliedstaaten verbleiben. Die EU sollte daher passende Strukturen für die Solidaritätsklausel entwickeln, um Einsatzkräfte im Notfall zügig entsenden zu können und gleichzeitig den in Erklärung 37 ausgedrückten Bedenken Rechnung zu tragen.

Die Koordination von nationalen Einsatzkräften

Der Vorschlag von Kommission und Hoher Vertreterin geht dabei von zwei unterschiedlichen Einsatzmitteln aus. Auf der einen Seite stehen die Mittel, welche die EU selber mobilisieren kann. Hierzu zählen etwa die Finanzinstrumente der Kommission oder die Ressourcen von EU-Agenturen wie die EU-Grenzschutzagentur Frontex. Im Katastrophenfall werden jedoch kurzfristig vor allem die Ressourcen der Mitgliedstaaten gefragt werden, wie etwa zivile oder sogar militärische Einsatzkräfte. Auf Grund nationaler Souveränitätsvorbehalte haben die Mitgliedstaaten aber bereits im Lissabonner Vertrag in Erklärung 37 klar betont, dass der endgültige Beschluss über die Form der Solidarität und die Entsendung eigener Kräfte allein auf nationaler Ebene verbleiben soll.

Der Vorschlag orientiert sich daher an den Erfahrungen der GSVP bei der Kräftegenerierung für militärische und zivile EU-Operationen. Auch hier muss die EU für jede Operation auf freiwillig von den Mitgliedstaaten bereitgestellte Kräfte zurückgreifen. Wegen der damit verbundenen Koordinierungsprobleme hat die EU zwei Verfahren geschaffen, um die Kräftegenerierung für GSVP-Operationen zu vereinfachen. Zum einen unterhalten die GSVP-Strukturen einen Katalog an potenziell verfügbaren militärischen Einheiten der Mitgliedstaaten (Mattelaer 2010). Analog führt das MIC des Gemeinschaftsverfahrens für Katastrophenschutz eine Datenbank mit zivilen Einheiten für den Katastrophenschutz (Barnier 2006). Da sich der Bedarf an Einsatzkräften der Solidaritätsklausel sowohl mit dem zivilen Katastrophenschutz als auch demjenigen der GSVP überschneidet, sollten diese beiden Kataloge untereinander und mit dem Solidaritätsmechanismus verbunden werden.

Ein solcher integrierter Katalog kann die Kräftegenerierung jedoch nur begrenzt beschleunigen, denn es ist keineswegs garantiert, dass potenziell verfügbare Einheiten auch tatsächlich kurzfristig genutzt werden können. Um rasch militärisch auf externe Krisen reagieren zu können, hat die EU in der GSVP daher die sogenannten Battlegroups aufgebaut, die aus je etwa 1 500 Soldaten bestehen und binnen 15 Tagen einsatzbereit sein sollen. Der Hauptunterschied zum Katalogansatz besteht darin, dass wechselnde Gruppen von Mitgliedstaaten auf Rotationsbasis je zwei Battlegroups tatsächlich einsatzfähig halten (Lindstrom 2007). Ein ähnliches System könnte auch für die Solidaritätsklausel angewandt werden: Die Mitgliedstaaten könnten hochmobile Einheiten etwa zur Brandbekämpfung zusammenstellen und für den Katastrophenschutz in der Union bereithalten.

Perspektive gemeinsame europäische Fähigkeiten?

Zumindest im engeren Bereich des Katastrophenschutzes hat die Kommission 2011 vorgeschlagenen, zur Beseitigung von Lücken der Abwehrkapazitäten im begrenzten Rahmen EU-finanzierte Kapazitäten anzuschaffen (Art 12 Kommissionsvorschlag). Während die meisten Mitgliedstaaten diese Inventarisierung unterstützen, ist es unklar, wie identifizierte Lücken bei den nationalen Fähigkeiten behoben werden sollen. Noch 2006 haben die Mitgliedstaaten im Rat die Vorschläge des Barnier-Berichts (Barnier 2006) über den Aufbau gemeinsamer europäischer Fähigkeiten im Katastrophenschutz, zum Beispiel im Transportbereich, mit dem Verweis auf nationale Souveränität abgelehnt. Ähnliche Zurückhaltung gegenüber gemeinsamen Fähigkeiten gibt es in der GSVP und der Grenzkontrolle. Dennoch zeigen Initiativen wie die Europäische Lufttransportflotte eine wachsende Bereitschaft, zumindest über die Zusammenlegung von kostenintensiven Fähigkeiten nachzudenken, um eine schnelle Handlungsfähigkeit der EU zu sichern und Duplizierungen zu vermeiden. Solche gemeinsamen Fähigkeiten würden zudem alle beteiligten Mitgliedstaaten in die Pflicht nehmen und so das Potenzial für ein Ausnutzen des Systems verhindern.

Präventive Maßnahmen im Rahmen der Solidaritätsklausel

Das präventive Element der Solidaritätsklausel liefert der EU die rechtliche Basis für Zusammenarbeit im Katastrophenschutz, bevor der Krisenfall eintritt. Auch im europäischen Grenzmanagement sind gut ausgerüstete Staaten nur widerwillig bereit, ihre nationalen Ressourcen für kurzfristiges europäisches Handeln zur Verfügung zu stellen. Sie kommen ihrer Solidaritätsverpflichtung jedoch immer öfter auf einem alternativen Weg nach, indem sie ihre europäischen Partner beim Aufbau der notwendigen Infrastruktur unterstützen (Angenendt/Parkes 2010). Wenn die Handlungsfähigkeit der gefährdeten Staaten erhöht wird, sinkt auch der Bedarf nach kostspieliger kurzfristiger Hilfe der EU. Gut ausgestattete Mitgliedstaaten gewähren ihre Hilfe eher Ländern, von denen sie sich einen eigenen Vorteil versprechen. Für ihren scheinbaren Altruismus erwarten sie eine Gegenleistung, verknüpfen ihre Hilfe also meist indirekt mit Bedingungen. Eine solche Quid pro quo-Solidarität können Staaten aber nur praktizieren, wenn sie ihre Hilfe ad hoc und von Fall zu Fall leisten, statt sich in einen festen Beistandsmechanismus zu begeben.

Andere Solidaritäts- und Unterstützungsmechanismen wie die NATO oder die Solidaritätsverpflichtung im europäischen Grenzmanagement haben ähnliche Hindernisse zu bewältigen und letztlich eigene, langfristige Formen von Konditionalität eingeführt. Nach solchen Konditionalitätsmechanismen der ›zweiten Generation‹ werden feste Regeln und Prinzipien etabliert, an die sich Staaten halten müssen, wenn sie nach Unterstützung in dem betroffenen Bereich streben. Diese Regeln reflektieren größtenteils die Interessen der Staaten, welche die meisten Ressourcen für das betreffende gemeinsame Handeln zur Verfügung stellen. Im Falle der Solidaritätsklausel könnte dies die Verpflichtung zum langfristigen Aufbau der jeweiligen nationalen Katastrophenschutzinfrastruktur sein und damit gleichzeitig präventiv wirken.

Der vorliegende Vorschlag der Solidaritätsklausel sieht ein präventives Element jedoch nur bei konkret drohenden Terroranschlägen vor. Im konkreten Bereich des Katastrophenschutzes hingegen will die Kommission aber ein neues Kapitel über Prävention einführen, das einen stärkeren Fokus auf Risikomanagement und Präventionsmaßnahmen wie gemeinsame Schulungen, die Entsendung von Präventionsteams zur Beratung von Katastrophenschutzbehörden bis hin zu den genannten gemeinsamen Fähigkeiten vorsieht (Europäische Kommission 2011).

Permanente Planungs- und Führungsstrukturen

Eine schnell einsatzfähige Katastrophenhilfe ist der Schlüssel zum Erfolg der Solidaritätsklausel. Diese Fähigkeit wird die EU aber nur glaubhaft erlangen, wenn Planungen für Szenarien, verlässliche Routinen und klare Führungsstrukturen für den Notfall existieren. Die Beistandsklausel der NATO etwa stützt sich auf ständige militärische und politische Strukturen, die regelmäßig Bedrohungen analysieren, für Notfallsituationen vorausplanen und eine schnelle Handlungsfähigkeit im Bündnisfall garantieren.

Das MIC des Gemeinschaftsverfahrens für Katastrophenschutz dagegen ist überwiegend ein Kommunikationszentrum. Notfallplanung und Koordination der Einsatzkräfte vor Ort sind nicht seine Aufgaben, sondern die des jeweils betroffenen Mitgliedstaates. In diesem Verfahren hat die EU keine Möglichkeit, für den Notfall zu planen, routinierte Befehls- und Kontrollstrukturen zu entwickeln oder die Situation vor Ort angemessen einzuschätzen. Die Entwicklung des MIC hin zu einem proaktiveren Notfallabwehrzentrum, welches anhand von Referenzszenarien Abläufe entlang vorhandener Kapazitäten planen könnte, ist daher ein Schritt in die richtige Richtung. Die Überarbeitung des EU-Katastrophenschutzes sieht hier entlang des neuen Fokus auf Prävention ebenfalls vor, spezifische Referenzszenarien und Notfallpläne zu erstellen.

Beim Aufbau solcher Planungskapazitäten sollte die Komplementarität mit der GSVP gewährleistet werden. Im militärischen Bereich ist der Aufbau dauerhafter Planungs- und Führungsfähigkeiten bislang am Veto transatlantisch orientierter Mitgliedstaaten gescheitert, die eine Duplizierung von NATO-Fähigkeiten befürchten (Simón 2010). Um diese Blockade aufzuweichen, könnte die EU Planungs- und Führungskapazitäten gerade jenseits rein militärischer Einsätze anstreben. Dazu könnte sie den weitgehend zivilen Katastrophenschutz gemäß der Solidaritätsklausel als Anreiz nutzen und damit gleichzeitig deren Einsatzfähigkeit stärken.

4. Die militärische Dimension der Solidaritätsklausel

Es gibt Naturkatastrophen oder besonders schwere, von Menschen verursachte Unglücksfälle, bei denen allein die Streitkräfte schnell helfen können. Der Zugriff auf das Militär gehört zu den sensibelsten Bereichen nationaler Souveränität. Dennoch wurde aus den Unzulänglichkeiten des Gemeinschaftsverfahrens für Katastrophenschutz die Konsequenz gezogen, die mögliche Nutzung militärischer Instrumente in die Solidaritätsklausel aufzunehmen. Es ist nicht ungewöhnlich, dass das Militär die zivilen Behörden beim Katastrophenschutz unterstützt. Auch in Deutschland kann die Bundeswehr bei Katastrophen im Inland Amtshilfe leisten. So wurden beispielsweise beim Elbhochwasser 2002 über 40.000 Bundeswehrsoldaten für Transporthilfen, Deichbefestigungen und bei der Evakuierung von Bürgern eingesetzt.

Analog schafft die mögliche Nutzung nationaler Streitkräfte gemäß Solidaritätsklausel neue Optionen für gegenseitige europäische Unterstützung beim Katastrophenschutz. Heikel ist aber nicht zuletzt, dass die Einsatzszenarien für Streitkräfte nach Artikel 222 AEUV offenbar deutlich über die Amtshilfe im Katastrophen- und Zivilschutz hinausgehen. Ursprünglich als Instrument der Beistandsverpflichtung gegen nichtstaatliche Sicherheitsbedrohungen konzipiert, erstreckt sich die Solidaritätsklausel auch auf die Anwendung militärischer Mittel, um »terroristische Bedrohungen im Hoheitsgebiet von Mitgliedstaaten abzuwenden [und] die demokratischen Institutionen und die Zivilbevölkerung vor etwaigen Terroranschlägen zu schützen« (Artikel 222 (1) AEUV). Der Entwurf von Kommission und Hoher Vertreterin gibt jedoch gerade in dieser kritischen Frage keine konkreten Antworten. So wird im Bezug auf den Einsatz militärischer Mittel lediglich eingeschränkt, dass hier die Mechanismen der GASP wie etwa der EAD zum Einsatz kommen sollen, nicht aber welche besonderen Beschränkungen oder Bedingungen dann gelten sollen. Der vage formulierte Ansatz von Artikel 222 AEUV, militärische Instrumente ohne Unterscheidung im Katastrophen- und Zivilschutz sowie in der Terrorabwehr zu nutzen, dürfte im Ernstfall bei den meisten Mitgliedstaaten schon aus Verfassungsgründen auf erhebliche Widerstände stoßen. Die Verhandlungsführer zur Umsetzungsentscheidung der Klausel stehen daher vor der Herausforderung, wie und ob der Gebrauch nationaler Streitkräfte einzugrenzen ist. Damit stellen sich die schwierigen Fragen der Debatte über den Streitkräfteeinsatz im Inland auch auf EU-Ebene: Unter welchen Umständen und mit welchen Befugnissen darf das Militär im Innern eingesetzt werden?

Eine Option bestünde darin, die Nutzung von Streitkräften im Rahmen der Klausel auf Aufgaben der Amtshilfe zu beschränken und ihnen die Verwendung militärischer Mittel zu verweigern. Dies dürfte auch in Ländern mit strikten Auflagen für den Einsatz von Streitkräften im Innern nicht auf verfassungsrechtliche und politische Bedenken stoßen. Soll die Solidaritätsklausel jedoch auch militärische Instrumente vorsehen, müssten die Bedingungen hierfür in zweifacher Hinsicht präziser und strenger sein als bei der nicht-militärischen Verwendung.

Erstens sollte der Streitkräfteeinsatz mit militärischen Mitteln ausdrücklich als Sonderfall deklariert werden, der nur im vollen Einklang mit den jeweiligen nationalen rechtlichen Einschränkungen zulässig ist. In Deutschland etwa kann die Bundeswehr nur dann exekutive Aufgaben im Innern übernehmen, wenn der Verteidigungs- oder Spannungsfall festgestellt wurde. Dafür ist jeweils eine Zwei-Drittel-Mehrheit im Bundestag notwendig, solange die Bundesorgane noch zusammenzutreten imstande sind (Art. 80a, 115a GG). Zweitens wäre darüber nachzudenken, ob analog zu diesem Modell auch auf europäischer Ebene ein Notfallzustand zu bestimmen ist, dessen Ausrufung an besondere Bedingungen geknüpft ist, etwa die Einstimmigkeit im Rat und die absolute Mehrheit im Europäischen Parlament. Mit diesen Restriktionen sollte gewährleistet sein, dass ein Streitkräfteeinsatz gemäß der Solidaritätsklausel nicht mit nationalem Recht kollidiert und nur als letztes Mittel dient.

5. Institutionelle Verankerung der Solidaritätsklausel

Neben Souveränitätsbedenken der Mitgliedstaaten gibt es eine weitere hohe Hürde für die Umsetzung der Solidaritätsklausel: die Frage nach der Angliederung innerhalb der EU-Institutionen. Denn obwohl es koordinierender Strukturen für die Solidaritätsklausel bedarf, lässt der Vertrag von Lissabon offen, wo diese angesiedelt werden sollen.

Bei der Umsetzungsentscheidung droht daher ein institutioneller Machtkampf: Auf der einen Seite sind die Strukturen des Gemeinschaftsverfahrens für den Katastrophenschutz bei der Kommission beheimatet, die sich mit der Mitteilung von Oktober 2010 bereits in Stellung gebracht hat. Außerdem hat der Katastrophenschutz mit Artikel 196 AEUV eine eigene, von der Solidaritätsklausel unabhängige rechtliche Grundlage bekommen. Trotz der offensichtlichen Überschneidung mit der Solidaritätsklausel gibt es keine rechtliche Verpflichtung, die Strukturen des Katastrophenschutzes mit denjenigen der Solidaritätsklausel zu integrieren. Auf der anderen Seite entsteht mit der Möglichkeit zur Nutzung militärischer Mittel eine Schnittmenge mit der GSVP, deren Strukturen im Europäischen Auswärtigen Dienst untergebracht sind. Dazu zählen das EU-Lagezentrum für den Austausch nachrichtendienstlicher Informationen und die bestehenden Strukturen für die Planung und Durchführung ziviler EU-Operationen.[4]

Die Kommission und die Hohe Vertreterin haben sich hierzu in ihrem gemeinsamen Vorschlag bereits auf einen Kompromiss geeinigt. Demnach werden keine neuen institutionellen Strukturen für die Solidaritätsklausel geschaffen, sondern vielmehr auf die unterschiedlichen Kapazitäten der EU etwa im Katastrophenschutz, der GSVP oder in den EU-Agenturen zurückgegriffen. Um eine schnelle Reaktion zu ermöglichen ohne zunächst institutionelle Fragen zu klären, soll als Regelfall etabliert werden, dass bei jeder Aktivierung der Solidaritätsklausel vorläufig das Europäische

---

4   Beschluss des Rates vom 26. Juli 2010 über die Organisation und die Arbeitsweise des Europäischen Auswärtigen Dienstes, 2010/427/EU, Amtsblatt der Europäischen Union L 201, 3.8.2010, 30-40.

Notfallabwehrzentrum, d.h. der Nachfolger des MIC in der Kommission, die Koordination übernehmen soll. Je nach Art der Krise kann dann die Kommission in Abstimmung mit der Hohen Vertreterin ein anderes Zentrum bestimmen, beispielsweise wenn militärische Mittel eingesetzt werden sollen (Art. 5 (2) Umsetzungsvorschlag).

Diese Lösung stärkt zwar das in der Kommission angesiedelte ERC, sollte aber vor allem dazu beitragen, dass institutionelle Konflikte im Notfall nicht dringend notwendige Hilfen verzögern und es einen geregelten ersten Ansprechpartner gibt. Für eine erfolgreiche Umsetzung in der Praxis müssen aber schon zuvor Schnittstellen entwickelt werden, wie die Strukturen der Gemeinschaftsverfahren für Katastrophenschutz und für innere Sicherheit und diejenigen der GSVP im Notfall zusammenarbeiten können.

6. Ausblick

Die mit dem Lissabonner Vertrag eingeführte Solidaritätsklausel ist auch vier Jahre nach seinem Inkrafttreten noch ein weitgehend symbolischer Vertragsartikel geblieben. Nicht nur hat sich bisher trotz erheblicher Naturkatastrophen kein Mitgliedstaat darauf berufen, sondern auch die genaue Umsetzung ist nach wie vor offen.

Nachdem die Kommission und die Hohe Vertreterin Ende 2012 einen Entwurf für diese Umsetzung vorgelegt haben, werden sich die Regierungen der Mitgliedstaaten einigen müssen, welche Art europäischen Solidaritätsmechanismus sie längerfristig installieren wollen (Åhman 2009). Die heiklen institutionellen Probleme werden den Enthusiasmus der EU-Länder für einen robusten Mechanismus weiter dämpfen. Um nicht vor dem Europäischen Gerichtshof für fehlende Solidarität verantwortlich gemacht zu werden, dürften sie dazu tendieren, den nicht verpflichtenden Charakter des Artikels 222 AEUV bis zu dessen Bedeutungslosigkeit auszureizen.

Der vorliegende Vorschlag zur Umsetzung der Solidaritätsklausel deutet hier darauf hin, dass zwar auf europäischer Ebene ein funktionierender Rahmen für eine Koordination in der Katastrophenhilfe geschaffen wird, die endgültige Einsatzfähigkeit aber nahezu vollständig von der Bereitschaft zur Hilfe der Mitgliedstaaten abhängt. Mit einer solchen Klausel und Umsetzung bleibt Solidarität im Krisenfall auch in Zukunft zwar eine politisch-moralische Verpflichtung, in der Erfüllung aber letztlich eine Frage der nationalen Beteiligungsbereitschaft.

Literatur

Åhman, Teresa 2009: The Treaty of Lisbon and Civil Protection in the European Union, FIO Swedish Defence Research Agency, Defence Analysis, User Report, November 2009. Online unter: www.foi.se/upload/nyheter/2009/Lissabonfordraget.pdf (14.12.2010).

Angenendt, Steffen/Parkes, Roderick 2009: EU-Migrationspolitik nach Stockholm und Lissabon. Neue Kompetenzen, bessere Politik?, SWP-Aktuell 71/2009, Berlin.

Angenendt, Steffen/Parkes, Roderick 2010: Neuer Impuls für die EU-Asylpolitik? Möglichkeiten und Grenzen des neuen Unterstützungsbüros für Asylfragen, SWP-Aktuell 60/2010, Berlin.

Barnier, Michel 2006: Für eine europäische Katastrophenschutztruppe: europe aid. Online unter: www.europarl.europa.eu/meetdocs/2004_2009/documents/dv/rapport _barnier_20060508_/rapport_barnier_20060508_de.pdf (14.12.2010).

Council of the European Union 2010: Council conclusions on the Communication from the Commission to the European Parliament and the Council – Towards a stronger European disaster response: the role of civil protection and humanitarian assistance, 14 December 2010, Brussels.

Ekengren, Magnus/Matzén, Nina/Rhinard, Mark/Svantesson, Monica 2006: Solidarity or Sovereignty. EU Cooperation in Civil Protection; In: European Integration, 28 (5), 457-476.

Europäische Kommission 2010: Mitteilung der Kommission an das Europäische Parlament und den Rat. Auf dem Weg zu einer verstärkten europäischen Katastrophenabwehr: Die Rolle von Katastrophenschutz und humanitärer Hilfe, 26. Oktober 2010, KOM (2010) 600, Brüssel.

Europäische Kommission 2010a: Mitteilung der Europäischen Kommission an das Europäische Parlament und den Rat – EU-Strategie der inneren Sicherheit: Fünf Handlungsschwerpunkte für mehr Sicherheit in Europa, 26.10.2010, Brüssel.

Europäische Kommission 2011: Vorschlag für einen Beschluss des Europäischen Parlaments und des Rates über ein Katastrophenschutzverfahren der Union, 20.12.2011, KOM (2011) 934, Brüssel.

Europäische Kommission/Hohe Vertreterin der Europäischen Union für Außen- und Sicherheitspolitik 2012: Gemeinsamer Vorschlag für einen Beschluss des Rates über die Vorkehrungen für die Anwendung der Solidaritätsklausel durch die Union, 21.12.2012, JOIN (2012) 39 final, Brüssel.

Europäisches Parlament 2012: European Parlaiment resolution of 22 November 2012 on the EU's mutual defence and solidarity clauses: political and operational dimensions, 22.11.2012, 2012/2223(INI), Straßburg.

Konstadinides, Theodore 2013: Civil Protection Cooperation in EU law: Is there room for solidarity to wriggle past?; In: European Law Journal, 19 (2), 267-282.

Lindstrom, Gustav 2007: Enter the EU Battlegroups, Chaillot Paper 97, February 2007.

Mattelaer, Alexander 2010: The CSDP Mission Planning Process of the European Union. Innovations and Shortfalls; In: European Integration online Papers, 14 (Special Issue 1), Art. 9. Online unter: http://eiop.or.at/eiop/index.php/eiop/article/viewFile/2010_009a/178 (10.2.2010).

Pollak, Johannes/Slominski, Peter 2009: Experimentalist but not accountable governance? The role of Frontex in the management of the EU's external borders; In: West European Politics, 32 (5), 904-925.

Rat der Europäischen Union 2007: Entscheidung des Rates vom 8. November 2007 über ein Gemeinschaftsverfahren für den Katastrophenschutz (Neufassung), 2007/779/EG, Brüssel.

Simón, Luis 2010: Command and Control? Planning for EU Military Operations, EU Institute for Security Studies Occasional Paper 81, January 2010, Paris.

The European Convention 2002: Final Report of Working Group VIII – Defence, CONV 461/02, 16 December 2002. Brussels.

Solidarität und europäische Entwicklungszusammenarbeit: Von den Sonderbeziehungen mit den AKP-Staaten zu einem menschenwürdigen Leben für alle

Isabelle Tannous

1. Einleitung

Solidarität wird in der europäischen Entwicklungszusammenarbeit besonders dann zum Thema, wenn es darum geht, die nötigen finanziellen Mittel einzuwerben. So forderten EU-Entwicklungskommissar Andris Piebalgs, das Europäische Parlament und zahlreiche Nichtregierungsorganisationen in ihren Appellen, die öffentliche Entwicklungshilfe trotz der europäischen Wirtschafts- und Finanzkrise für den mehrjährigen Finanzrahmen 2014-2020 nicht zu kürzen, wiederholt Solidarität ein. Eine Eurobarometer-Umfrage zur europäischen Entwicklungszusammenarbeit aus dem Jahr 2012 trug sogar den Titel »Solidarität weltweit. Die Europäer und Entwicklungshilfe«, wobei der Begriff selbst im Fragebogen nicht vorkam (EU-Kommission 2012). Im Alltagsgeschäft der europäischen Entwicklungszusammenarbeit ist der Begriff allerdings weit weniger präsent.

Weitaus gegenwärtiger im Sprachgebrauch ist Solidarität dafür in jüngster Zeit in der Binnenperspektive des europäischen Einigungsprozesses. Hier etabliert sich Solidarität im Zeichen der Wirtschafts- und Finanzkrise zunehmend als neues Narrativ auf der europäischen Bühne. In der Selbstpositionierung der EU zur übrigen Welt verliert der Terminus hingegen weiter an Bedeutung. Dabei kann Solidarität insbesondere in den privilegierten Beziehungen der EU mit den heute 79 Staaten Afrikas, der Karibik und des Pazifiks (AKP) auf eine lange Tradition zurückblicken. Aufgezeigt werden soll in diesem Beitrag zum einen, dass das Konzept der Solidarität durch das Narrativ der gleichberechtigten Partnerschaften, die Verankerung der Armutsbekämpfung im EU-Vertragswerk und eine universelle Post-2015 Agenda in den Hintergrund gedrängt wurde.

Zunächst wird deshalb nach der Bedeutung des schillernden Begriffs der Solidarität für die EU-Außenbeziehungen gefragt. Nach dieser Annäherung an den Begriff wird der Stellenwert von Solidarität in der europäischen Entwicklungszusammenarbeit näher betrachtet. Der Fokus ist dabei auf die traditionsreiche EU-AKP-Zusammenarbeit und das potenzielle Auslaufen des Abkommens von Cotonou im Jahr 2020 gerichtet. Anschließend wird gezeigt, dass das Schlüsselziel der Armutsbekämpfung die privilegierten Beziehungen zu der AKP-Gruppe zunehmend ersetzt und der Begriff der Solidarität durch eine – zumindest deklaratorische – Partnerschaft auf gleicher Augenhöhe abgelöst wird. Als Folge davon entfaltet Solidarität in den EU-Außenbeziehungen unter dem Siegel des Mitgefühls gegenüber Fremden in Notsituationen vor allem in der humanitären Hilfe eine aktive Politik. Zum anderen wird in dem Beitrag aufgezeigt, dass dieses Solidaritätsverständnis eng mit der innereuropäischen Agenda der Armutsbekämpfung verknüpft ist, wie sie die EU-Kommission unter Andor László mit der Hilfe für sozial benachteiligte Menschen und Gruppen vorantreibt.

2. Solidarität mit Dritten: Die Besonderheiten der europäischen Entwicklungszusammenarbeit und humanitären Hilfe im Kanon des auswärtigen Handelns der EU

Ausgangspunkt: Die EU als Solidargemeinschaft

Das Verständnis der Europäischen Union als Solidargemeinschaft wurde bereits mit den 1958 in Kraft getretenen Römischen Gründungsverträgen angelegt. Wiedergegeben werden diese Anfänge bis heute in der Präambel des EU-Vertrags, in der die Unterzeichner ihrem Wunsch Ausdruck verleihen, »die Solidarität zwischen ihren Völkern unter Achtung ihrer Geschichte, ihrer Kultur und ihrer Traditionen zu stärken«. Mit dem Vertrag von Maastricht (1993) wurde Solidarität explizit zu einem Schlüsselbegriff des Einigungsprozesses. Geradezu ein »Feuerwerk der Solidarität« (Callies 2011, 14) wurde mit dem Vertrag von Lissabon (2009) entfacht. Trotz der mehrfachen Nennung im EU-Primärrecht fehlt es jedoch an einer eindeutigen Bestimmung des semantisch diffusen Begriffs (Kleger/Mehlhausen 2013, 51). Dies liegt u.a. darin begründet, dass das jeweilige Verständnis von Solidarität im Kontext der einzelnen Vertragsbestimmungen unterschiedlich motiviert ist und sowohl unterschiedliche Handelnde als auch unterschiedliche Empfänger betrifft.

Integrationshistorisch wird Solidarität insbesondere im Zusammenhang mit der Errichtung des Binnenmarkts in Artikel 2 und 3 EUV gefasst, und zwar sowohl als Wert, der allen Mitgliedstaaten gemeinsam ist (Art. 2

EUV), wie auch als Aufgabe, »Solidarität zwischen den Generationen« sowie »zwischen den Mitgliedstaaten« zu fördern (Art. 3 EUV). Aufgabe der Union ist es, den wirtschaftlichen, sozialen und territorialen Zusammenhalt und die Solidarität zwischen den Mitgliedstaaten zu fördern (Art. 3 Abs. 3 EUV). Durch den eingeschlagenen Weg der Integration über die Schaffung eines gemeinsamen Marktes mit dem Ziel einer »immer engeren Union«, wurde die Angleichung der Lebens- und Arbeitsbedingungen – und damit letztlich die Beseitigung von unerwünschten Ungleichheiten – zu einem der Antriebsmotive der europäischen Einigung. Mit dem Ressourcentransfer durch die Regional-, Kohäsions- und Strukturfonds zur Angleichung der Lebensverhältnisse und zur Stärkung des wirtschaftlichen und sozialen Zusammenhalts hat Solidarität bereits frühzeitig auch eine distributive Dimension erhalten (Becker 2013).

Während manche Stimmen die Begriffe Solidarität und Europa aufgrund eines fehlenden politischen Gemeinwesens als gegensätzlich oder Solidarität höchstens als ferne Zielgröße des europäischen Einigungsprozesses betrachten (Brunkhorst 2011), ist es für andere gerade der Wert der Solidarität, mit dem sich das Wesen Europas am besten beschreiben lässt (Garton Ash 2007). Diese unterschiedliche Einschätzung resultiert aus dem jeweils zugrundeliegenden Verständnis der EU als politisches Gemeinwesen. Je näher dieses an das klassische Staatsverständnis heranreicht, umso selbstverständlicher wird auch der Begriff der Solidarität gebraucht, bis hin zu einem Verständnis, bei dem sich die Unionsbürger solidarisch zueinander bekennen und auch für die Staatsschulden anderer EU-Staaten aufkommen. Reicht hingegen das Verständnis an einen bloß lose geknüpften Staatenbund heran, so fallen, wenn überhaupt, lediglich die Mitgliedstaaten in einem eng begrenzten Rahmen unter diesen Begriff. Begründet liegt dies in einem Solidaritätsverständnis, das weitgehend einer in nationalstaatlichen sozialen Sicherungssystemen institutionalisierten Solidarität entlehnt ist (Mandry 2007). Dies ist insbesondere dann der Fall, wenn Solidarität als gegenseitige Beistandsverpflichtung – im Gegensatz zur freiwillig geleisteten Hilfeleistung – betrachtet wird, die sich aus der Zugehörigkeit zu einer sozialen Gruppe motiviert (ebd.).

Grundsätzlich gilt Solidarität als unabdingbar für den europäischen Integrationsprozess, da der Kerngehalt von Solidarität in der Erkenntnis wurzelt, dass die Verwirklichung individueller Ziele von der Erfüllung gemeinschaftlicher, insbesondere gemeinwohlorientierter Ziele abhängig ist (Callies 2011, 11). Sinnvoll können diese individuellen, respektive mitgliedstaatlichen Ziele nur im Zusammenwirken mit den anderen Gemeinschaftsgliedern erreicht werden. Zwischen den einzelnen Gliedern einer Gemeinschaft begründet diese Abhängigkeit dahingehend eine Art »qualifizierte Verbundenheit« (ebd.). Wie unterschiedlich diese qualifizierte Verbundenheit zwischen den EU-Mitgliedstaaten sowie zwischen den Unionsbürgerinnen und -bürgern als vorhanden bzw. als Zielgröße des Integrationsprozesses angesehen wird und entsprechend die beteiligten Glieder des Gemeinwesens zum solidarischen Verhalten verpflichtet, zeigt der innereuropäische Streit über die Maßnahmen zur Bewältigung der europäischen Banken- und Finanzkrise. Der Ressourcentransfer von »Nord« nach »Süd« und eine distributive Solidarität werden insbesondere im Zusammenhang mit der Schaffung einer europäischen Transferunion und eines europäischen »Solidaritätsmechanismus« diskutiert, bei der der prosperierende Norden den in Schieflage geratenen Ländern des Südens finanziell beisteht.

Die Debatte um die EU als Solidargemeinschaft macht deutlich, wie umstritten der Begriff der Solidarität ist. Unumstritten ist jedoch, dass in dem Maße, in dem Solidarität als gemeinschafts- und identitätsstiftendes Element einer wie auch immer definierten Gemeinschaft fungiert, sie in der Konsequenz gleichzeitig dazu dient, diese Gruppe gegenüber Dritten (»Fremden«) abzugrenzen. Solidarität ist entsprechend nicht nur mit Bezug auf die Binnenperspektive, sondern auch auf die Außenperspektive bedeutsam.

Solidarität im auswärtigen Handeln der EU

Auch die Vertragsbestimmungen, die das auswärtige Handeln betreffen, verweisen wiederholt auf Solidarität. Bei den grundlegenden Zielen der Union wird Solidarität mit Blick auf die, wie es im EU-Jargon heißt, Beziehungen »zur übrigen Welt« genannt:

> »In ihren Beziehungen zur übrigen Welt schützt und fördert die Union ihre Werte und Interessen und trägt zum Schutz ihrer Bürgerinnen und Bürger bei. Sie leistet einen Beitrag zu Frieden, Sicherheit, globaler nachhaltiger Entwicklung, Solidarität und gegenseitiger Achtung unter den Völkern, zu freiem und gerechtem Handel, zur Beseitigung der Armut und zum Schutz der Menschenrechte, insbesondere der Rechte des Kindes, sowie zur strikten Einhaltung und Weiterentwicklung des Völkerrechts, insbesondere zur Wahrung der Grundsätze der Charta der Vereinten Nationen.« (Art. 3 Abs. 5 EUV)

Bekräftigt wird Solidarität in Art. 21 EUV. Dort wird Solidarität als einer der Grundsätze genannt, denen die EU ihre Entstehung verdankt und die gleichzeitig auch für das auswärtige Handeln der EU gelten sollen:

>»Die Union lässt sich bei ihrem Handeln auf internationaler Ebene von den Grundsätzen leiten, die für ihre eigene Entstehung, Entwicklung und Erweiterung maßgebend waren und denen sie auch weltweit zu stärkerer Geltung verhelfen will: Demokratie, Rechtsstaatlichkeit, die universelle Gültigkeit und Unteilbarkeit der Menschenrechte und Grundfreiheiten, die Achtung der Menschenwürde, der Grundsatz der Gleichheit und der Grundsatz der Solidarität sowie die Achtung der Grundsätze der Charta der Vereinten Nationen und des Völkerrechts.« (Art. 21 Abs. 1 EUV)

Auch wenn Solidarität als Grundsatz des auswärtigen Handelns gilt, so zeigt sich doch, dass sie in erster Linie auf die Binnenperspektive bezogen bleibt und vor allem auf ein solidarisches Verhältnis der EU-Mitgliedstaaten untereinander abzielt:

- So ist im Vertrag die Rede von der gegenseitigen politischen Solidarität der Mitgliedstaaten etwa im Bereich der Gemeinsamen Außen- und Sicherheitspolitik (GASP), die die Außen- und Sicherheitspolitik der Union aktiv und vorbehaltlos im Geiste der Loyalität und der gegenseitigen Solidarität unterstützen (Art. 24 EUV; vgl. Rüger in diesem Band);
- Im Rahmen der Gemeinsamen Europäischen Sicherheits- und Verteidigungspolitik (GSVP) wurde die Beistandsklausel der inzwischen aufgelösten Westeuropäischen Union übernommen, wenn auch mit Einschränkungen (Art. 42 EUV; vgl. Rüger in diesem Band; Wouters/Bijlmakers/Meuwissen 2012);
- Auch im Bereich der Außengrenzen in den Themenkomplexen Asyl und Migration wird Solidarität nach dem Wegfall der Binnengrenzen zunächst in der Binnenperspektive gedacht (Art. 67 und Art. 80 AEUV; vgl. Bast in diesem Band). Dies ist sowohl bei der Niederlassung von Unionsbürgern aus anderen EU-Staaten und eventuellen Ansprüchen in den nationalstaatlichen Wohlfahrtssystemen der Fall, wie auch im Zusammenhang mit der Lastenteilung bei der Sicherung der Außengrenzen, der Prüfung und Gewährung von Asyl und der gerechten Lastenteilung der Verantwortlichkeit und Kosten unter den Mitgliedstaaten. Solidarität mit Asylsuchenden oder Flüchtlingen aus Drittstaaten ist in den genannten Vertragsgrundlagen nicht mitgedacht.

Anders verhält es sich bei der Entwicklungszusammenarbeit und humanitären Hilfe, da hier die Adressaten von Solidarität außerhalb der EU-Außengrenzen zu verorten sind. Dies legt die Frage nahe, ob und inwieweit das Verständnis einer identitäts- und gemeinschaftsbegründenden Solidarität auch auf das Verhältnis zu Dritten übertragbar ist. Dieser Frage soll im Folgenden nachgegangen werden.

3. Europäische Entwicklungszusammenarbeit: eine Frage weltweiter Solidarität?

Heute erreicht die Europäische Union mit ihrer Außen- und Entwicklungshilfe über 140 Staaten weltweit (Tannous 2008; Holland/Doidge 2012; OECD 2012). Der kompetenzrechtlich zwischen EU-Institutionen und Mitgliedstaaten geteilte Bereich der Entwicklungszusammenarbeit wird seit dem Vertrag von Maastricht als eigenständiger Titel im Vertragswerk geführt. Auch hier kommt die in Art. 3 EUV und Art. 21 EUV genannte Solidarität zum Tragen, selbst wenn der Begriff in Titel III AEUV »Zusammenarbeit mit Drittländern und humanitäre Hilfe« nicht noch einmal explizit genannt wird.

Über ein umfangreiches Außen- und Entwicklungshilfeinstrumentarium unterhält die EU Beziehungen mit Drittstaaten, die längst neben den traditionellen Beziehungen mit den 79 AKP-Staaten und den überseeischen Ländern und Gebieten (ÜLG) auch die Zusammenarbeit mit den ALA-Staaten (Lateinamerika und Asien), Ländern des Nahen und Mittleren Ostens, Osteuropas, des Westlichen Balkans oder Zentralasiens einschließen. Weltweit sind die EU und ihre Mitgliedstaaten mit einem Anteil von über 50 Prozent der weltweit größte Geber öffentlicher Entwicklungshilfe. Der Umfang der trotz der Wirtschafts- und Finanzkrise weiterhin zur Verfügung stehenden Mittel gibt keinen Anlass, die EU-Entwicklungszusammenarbeit als Auslaufmodell zu betrachten (Lauenroth/Tannous 2013).

Weiterhin bildet die Bereitstellung öffentlicher Entwicklungshilfemittel ein Kernelement der europäischen Entwicklungszusammenarbeit, auch wenn die *Beyond Aid*-Debatte längst nicht mehr als zweitrangig erachtet wird. Bereitgestellt werden die umfangreichen Mittel in Rubrik 4 *Globales Europa* des EU-Haushalts. Bei der Annahme des EU-Außenhilfeinstrumentariums im neuen mehrjährigen Finanzrahmen für die Jahre 2014-2020 nannten Erweiterungs- und Nachbarschaftskommissar Füle und Entwicklungskommissar Piebalgs auch Solidarität bei den Zielen und Grundsätzen:

> »The overall objective for external action will be to ensure that the EU is also able to live up to its ambitions in promoting democracy, peace, solidarity, stability and poverty reduction and to help safeguard global public goods. The EU will focus its work with its external partners on four policy priorities: enlargement, neighbourhood, cooperation with strategic partners and development cooperation.« (European Commission 2013a)

Die Mittel für das Außenhilfeinstrumentarium wurden im Rahmen der Verhandlungen des neuen mehrjährigen Finanzrahmens neu verhandelt. Nach intensiven Gesprächen wurde eine Vereinbarung für die Außen- und Entwicklungshilfeinstrumente für die Jahre 2014-2020 erzielt (European Commission 2013b). Vorgesehen sind u.a. Mittel für die folgenden Instrumente:

* der größte Anteil der Mittel entfällt auf das *Finanzierungsinstrument für die Entwicklungszusammenarbeit* (DCI) für die Länder Asiens, Lateinamerikas, des Nahen Ostens, Zentralasiens sowie auf thematische Programme;
* gefolgt von dem *Europäischen Nachbarschaftsinstrument* (ENI) für die Nachbarschaftsstaaten der östlichen Partnerschaft und des Mittelmeerraums;
* sowie dem *Instrument für Heranführungshilfe* (IPA) für die Beitrittskandidaten;
* und schließlich für ein neu geschaffenes *Partnership Instrument* (PI).

Hinzu kommt der weiterhin außerhalb des EU-Haushalts verortete *Europäische Entwicklungsfonds* (EEF), der für die AKP-Staaten sowie die überseeischen Länder und Gebiete bestimmt ist.

Die regionale und thematische Vielfalt der Instrumente des Haushaltskapitels *Globales Europa*, das zu über 90 Prozent mit öffentlichen Entwicklungshilfemitteln (ODA) finanziert wird, zeigt bereits, dass der Ausgabenpraxis der öffentlichen Entwicklungshilfe ein Mix an unterschiedlichen und mitunter konkurrierenden Motiven zugrundeliegt. Dieses Interessengeflecht der europäischen Entwicklungszusammenarbeit benennen auch EU-Entwicklungskommissar Piebalgs und EU-Erweiterungs- und Nachbarschaftskommissar Füle in ihrer gemeinsamen Erklärung anlässlich der Annahme des EU-Außenhilfeinstrumentariums des Mehrjährigen Finanzrahmens für die Jahre 2014 bis 2020, bei dem sie Solidarität als

Grundelement der EU und des neuen Außenhilfepakets hervorheben. Gleichzeitig betonen sie, dass die Unterstützung auch im Eigeninteresse der EU liegt:

> »The package we have agreed on therefore is a good one. Because it is about one of the core values of the EU: solidarity. But it is also a matter of mutual interest, because what happens outside of the EU often directly affects the prosperity and security of EU citizens.« (European Commission 2013a)

Selbst wenn Solidarität an dieser Stelle als Kernelement genannt wird, so ist davon auszugehen, dass sie, wenn überhaupt, nur als ein Beweggrund unter mehreren bei der Vergabe öffentlicher Entwicklungshilfemittel gelten kann. Entsprechend betrachten einige Beobachter Solidarität als kein wesentliches Element der Entwicklungspolitik, da sie diese Makropolitik allenfalls am Rande beeinflussen könne. Es sei daher unrealistisch anzunehmen, dass »der Norden« aus Solidarität mit »dem Süden« eine Politik verfolge, die er aus anderen wichtigen Gründen sonst nicht verfolgen würde (exemplarisch Brüne 2002, 6). Es gibt aber auch Stimmen, die nicht in Abrede stellen, dass Entwicklungshilfe zwar als Instrument zur Allianzbildung oder zur Gewinnung neuer Absatzmärkte dienen mag, eine allein auf Interessen gerichtete Sichtweise jedoch für zu eng halten (so etwa Schieder/Folz/Musekamp 2008, 16). Aus einer allein interessenorientierten Sichtweise lasse sich beispielsweise die Steigerung der Entwicklungshilfe für Afrika nach 1989 nicht ausreichend erklären, schließlich habe der Kontinent seither für Europa sowohl geostrategisch als auch wirtschaftlich an Bedeutung verloren. Sie betrachten, neben der historischen Verbundenheit Europas mit dem Kontinent und humanitären Beweggründen, Solidarität als konstitutives Element der europäischen Entwicklungszusammenarbeit (ebd.).

Als weitgehend unbestrittenes Motiv gilt Solidarität dagegen im Bereich der humanitären Hilfe, wobei auf den Zusammenhang von Nahrungsmittelhilfe und Überschüssen europäischer Agrarpolitik zumindest hingewiesen sei. Bei der humanitären Hilfe wird deutlich, dass die über die EU hinausreichende Solidarität auf den gleichen Grundsätzen beruht, denen sie selbst ihr Entstehen und ihren Bestand verdankt – ja sogar die Selbstpositionierung der EU als internationalen Akteur spiegelbildlich mitkonstituiert (Mandry 2007; Karagiannis 2007). Die Verflechtung des eigenen, normativen Selbstverständnisses als globaler Akteur mit der Schaffung neuer Strukturen europäischer Zusammenarbeit in den 1990er Jahren wird bei der humanitären Hilfe und der Einrichtung des Europäischen Amts für Humanitäre Hilfe (ECHO) besonders deutlich. Schließlich soll das humanitäre Engagement auch dazu dienen, der EU auf der internationalen Bühne zu mehr Präsenz zu verhelfen. In einer Broschüre der EU-Kommission aus dem Jahr 2002 heißt es entsprechend:

>»In the early 1990s, the European Union recognised both its political duty to coordinate humanitarian interventions in countries outside the EU, and its moral duty to show solidarity with their civilian populations, who were now the deliberate victims of chronic and ferocious conflicts. It was this double imperative which in 1992 gave birth to ECHO, the EU service in charge of humanitarian aid« (European Commission 2002).

Während also der »doppelte Imperativ« als Beweggrund bei der humanitären Hilfe weitgehend gefestigt ist, stellt sich die Motivlage in der europäischen Entwicklungszusammenarbeit weitaus komplexer dar. Zudem kann Solidarität unterschiedlich motiviert sein und die mit ihr verbundene Politik eine spezifische Ausprägung erhalten: So unterscheiden Schieder, Folz und Musekamp drei Handlungsmotive, die die Verteilung von moralischen Rechten und Pflichten bestimmen (Schieder/Folz/Musekamp 2008, 17f.): 1. Bedürftigkeit der Hilfsempfänger (finanzielle Hilfe und politische Unterstützung dort, wo Armut und Not am größten sind), 2. die Bindungen zwischen Geber und Empfänger (moralisch und historisch) und 3. das Prinzip der Eigenanstrengung (größere Bereitschaft Hilfe zu leisten, wenn Nachhaltigkeit gewährleistet ist), das auch eine politische Dimension enthält, sofern ein Anreizsystem bei Eigenanstrengungen und eine Verweigerung von Unterstützung bei Verstößen etwa gegen Menschenrechte, Rechtsstaatlichkeit, Demokratie und verantwortungsvoller Regierungsführung vorgesehen ist. Am Beispiel der EU-AKP-Beziehungen zeigen Schieder, Folz und Musekamp auf, dass alle drei Handlungsmotive gleichzeitig vorhanden sein können. So hebt beispielsweise Frankreich, das verglichen mit dem Anteil am EU-Haushalt einen überproportional großen Anteil am EEF trägt, insbesondere die engen Verbindungen, nicht aber die Bedürftigkeit der Empfängerländer in den EU-AKP-Beziehungen hervor. Es verhinderte in der Vergangenheit wiederholt die Anwendung von Sanktionen bei Verstößen gegen die vereinbarten politischen Bedingungen und sprach sich stattdessen für weiche Formen aus, wie etwa Dialoge (ebd., 19). Im Gegensatz dazu betonen beispielsweise Länder wie Deutschland und Schweden das Anstrengungs- und das Bedürftigkeitsprinzip (ebd., 20).

Solidarität im EU-Schrifttum zur Entwicklungszusammenarbeit

Über die Jahrzehnte sind diese unterschiedlichen Ansätze und Beweggründe der EU-Mitgliedstaaten in die Ausrichtung und Ausgestaltung der europäischen Entwicklungszusammenarbeit eingeflossen, für die heute ein eigenständiges Profil charakteristisch ist. Anhand des Schrifttums zur EU-Entwicklungszusammenarbeit zeigt sich, dass Solidarität in jüngeren Schlüsseldokumenten als Motiv für das Engagement kaum genannt wird, so etwa in dem *Konsens über Entwicklung* (Amtsblatt der EU 2006), der *Agenda für den Wandel* (Europäische Kommission 2011a) sowie der Mitteilung der EU-Kommission *Ein menschenwürdiges Leben für alle* (Europäische Kommission 2013).

- Mit dem am 20. Dezember 2005 feierlich unterzeichneten *europäischen Konsens über Entwicklung* hat die EU erstmals ein Rahmendokument für die europäische Entwicklungspolitik erarbeitet, in dem die gemeinsamen Ziele, Werte und Grundsätze dargelegt werden (Amtsblatt der EU 2006). In Teil I der Grundsatzerklärung wird auf der Grundlage der internationalen Verpflichtungen, der gemeinsamen Werte und Grundsätze eine gemeinsame Vision entworfen, während Teil II Leitlinien für deren konkrete Umsetzung enthält. In dem 19-seitigen Dokument wird Solidarität lediglich zweimal genannt: Zum einen wird der Begriff in die gemeinsamen Werte eingereiht, die die EU in ihrer Partnerschaft und ihrem Dialog mit Drittländern fördern will. Zu diesen zählen »die Achtung der Menschenrechte, Grundfreiheiten, Friede, Demokratie, verantwortungsvolle Staatsführung, Geschlechtergleichstellung, Rechtsstaatlichkeit, Solidarität und Gerechtigkeit [...]« (Amtsblatt der EU 2006, Abs. 13). Die zweite Nennung erfolgt in Absatz 55 bei der Darstellung der besonderen Rolle und der komparativen Vorteile der Gemeinschaft. Demnach bemüht sich diese, »das Verständnis für die Interdependenzen zu fördern und zur Solidarität zwischen Nord und Süd anzuhalten.«
- Die Europäische Kommission leitete mit ihren beiden Mitteilungen *Eine neue Antwort auf eine Nachbarschaft im Wandel* (Europäische Kommission 2011b) und *Für eine EU-Entwicklungspolitik mit größerer Wirkung: Agenda für den Wandel* (Europäische Kommission 2011a) Kursanpassungen bei der Vergabepraxis der europäischen Außen- und Entwicklungshilfe ein. Besondere Wichtigkeit soll nun den Staaten der Europäischen Nachbarschaftspolitik (ENP) und Subsaha-

ra-Afrika, prinzipiell aber den ärmsten Ländern, einschließlich fragiler Staaten, zukommen. In der Mitteilung *Agenda für den Wandel* wird der Begriff der Solidarität nicht bemüht, lediglich einleitend heißt es, dass die Kommission eine »Agenda für den Wandel [vorschlägt], damit Europa die Entwicklungsländer noch solidarischer unterstützen kann« (Europäische Kommission 2011a, 3). So sollen unter anderem das Instrument für die Entwicklungszusammenarbeit (DCI) und der Europäische Entwicklungsfonds künftig gezielter auf Armutsbekämpfung und die am wenigsten entwickelten Länder fokussiert werden. Aufstrebenden Ländern wie Indien, China, Brasilien und Südafrika, die ein nachhaltiges Wirtschaftswachstum vorweisen und über ausreichende Ressourcen verfügen, werden andere Formen der partnerschaftlichen Zusammenarbeit in Aussicht gestellt. Mit den differenzierten Entwicklungspartnerschaften soll künftig auch das Prinzip der Eigenverantwortung (*More for More*) gestärkt werden.

- Auch bei der Gestaltung einer Nachfolgeagenda für die Millenniums-Entwicklungsziele für die Jahre nach 2015 wird Solidarität nicht viel Raum gegeben. 2013 hat die EU-Kommission eine Debatte über eine globale Post-2015 Entwicklungsagenda in Gang gesetzt. In ihrer Mitteilung *Ein menschenwürdiges Leben für alle. Beseitigung der Armut und Gestaltung einer nachhaltigen Zukunft für die Welt* (Europäische Kommission 2013) unterstützt sie das Anliegen einer globalen Entwicklungs- und Nachhaltigkeitsagenda. Als neuen Referenzrahmen wird diese auch einen Katalog universal gültiger Nachhaltigkeitsziele enthalten. Die ehrgeizige Agenda sieht die Zusammenführung der *Millennium Development Goals* (MDGs) mit den *Sustainable Development Goals* (SDGs) vor. So soll das Ziel der Überwindung von extremer Armut mit den Grundsätzen nachhaltiger Entwicklung verbunden und der Weg für eine umfassende Agenda der nachhaltigen menschlichen Entwicklung bereitet werden. Solidarität findet in dem 26-seitigen Diskussionspapier der EU-Kommission keine Erwähnung. Anstelle der Rhetorik der »Nord-Süd-Beziehungen«, die insbesondere seit den 1970er Jahren Solidarität mit der Dritten Welt forderte, stehen die Beseitigung der Armut und die Schaffung einer nachhaltigen Grundlage für Wohlstand und Wohlergehen für alle im Mittelpunkt. Dies zeigt sich insbesondere in der Debatte um Armut in Ländern mit mittlerem Einkommen, in denen trotz hoher Wachstumsraten die meisten armen Menschen leben, sowie der Anerkennung der Tatsache, dass heute fast überall auf der Welt die Ungleichheit innerhalb einzelner Länder zugenommen hat (Loewe/Rippin 2012).

4. Solidarität am Beispiel der AKP-Staaten und der ÜLG

Diese sprachliche Wende hin zu einer globalen Post-2015 Entwicklungsagenda wirkt sich auch auf die privilegierten Beziehungen der EU zu den AKP-Staaten und den überseeischen Ländern aus, die historisch bedingt eine Sonderstellung im EU-Entwicklungsgefüge einnehmen. Charakteristisch für das Verhältnis mit den überseeischen Gebieten und ehemaligen Kolonien ist bislang ein Solidaritätsverständnis, das die überseeischen Länder und Gebiete an das Territorium der Gemeinschaft bindet und zumindest partiell sogar als dessen Teil definiert. Anlässlich des Beschlusses zur Assoziierung der überseeischen Länder und Gebiete griff beispielsweise der litauische Vertreter im Politischen und Sicherheitspolitischen Komitee dieses althergebrachte Verständnis auf:

> »Die Solidarität zwischen der Europäischen Union und den überseeischen Ländern und Gebieten basiert auf einzigartigen Beziehungen und der Zugehörigkeit der überseeischen Länder und Gebiete zur europäischen Familie.« (Litauische EU-Ratspräsidentschaft 2013)

Auch für die Zusammenarbeit mit der AKP-Gruppe ist Solidarität ein tragendes Element. Im Folgenden wird die Bedeutung von Solidarität sowohl in den EU-AKP-Beziehungen sowie innerhalb der AKP-Gruppe näher betrachtet. Mit Blick auf das potenzielle Auslaufen des Abkommens von Cotonou im Jahr 2020 wird der sich abzeichnende Wandel im Hinblick auf die Solidarität mit den AKP-Staaten diskutiert.

Solidarität mit den AKP-Staaten und den überseeischen Ländern und Gebieten

Die EU-AKP-Beziehungen blicken auf eine lange Tradition zurück. Bereits in den Gründungsverträgen der Europäischen Wirtschaftsgemeinschaft (EWG) wurden Regelungen für eine wirtschaftliche Assoziierung jener außereuropäischen Länder und Gebiete initiiert, zu denen die Mitgliedstaaten aufgrund ihrer Kolonialgeschichte besondere Beziehungen unterhielten. In der Einleitung zu den Römischen Verträgen wurde auf die

Solidarität der EWG-Staaten mit den überseeischen Gebieten Bezug genommen:

> »INTENDING to confirm the solidarity which binds Europe and the overseas countries and desiring to ensure the development of their prosperity, in accordance with the principles of the Charter of the United Nations.« (Vertrag von Rom 1957)

Mit den assoziierten afrikanischen Staaten und Madagaskar (vornehmlich ehemalige französische Kolonien) wurde 1963 das Yaoundé-Abkommen abgeschlossen. Es sah erstmals auf multilateraler Basis aus den Mitteln des Europäischen Entwicklungsfonds finanzierte Entwicklungsmaßnahmen vor. Nach dem Beitritt Großbritanniens zur Europäischen Gemeinschaft 1973 wurde mit dem Lomé-Abkommen auch eine beträchtliche Zahl britischer Kolonien in die Maßnahmen mit einbezogen. Die assoziierten Staaten haben sich mit dem Georgetown-Abkommen 1975 zur Gruppe der AKP-Staaten zusammengeschlossen. Mit dem Zusammenschluss zur AKP-Gruppe wurde auch die EWG-AKP-Zusammenarbeit ausgeweitet. In den Lomé-Abkommen (1975 bis 2000), die auf die in ihrem Anspruch recht begrenzten Abkommen von Yaoundé (1963 bis 1975) folgten, wurde Solidarität nicht nur in der Präambel, sondern prominent auch in Artikel 1 genannt: Das Abkommen zwischen der Europäischen Union und den AKP-Ländern hat als Hauptanliegen

> »to promote and expedite the economic, cultural and social development of the ACP States and to consolidate and diversify their relations in a spirit of solidarity and mutual interest.« (Lomé IV Convention, Art. 1)

Die Abkommen sollten in erster Linie dazu dienen, durch die Schaffung eines gerechteren Weltwirtschaftssystems und einer besseren Einbindung auch der Entwicklungsländer den Wohlstand der assoziierten AKP-Staaten zu fördern. Doch auch wirtschaftliche Interessen, die mit der Bedeutung der Entwicklungsländer als Rohstofflieferanten und Absatzmärkte zusammenhingen, führten zu einem verstärkten Engagement. Im Rahmen der Lomé-Abkommen wurden zwar die einseitigen Handelspräferenzen beibehalten, aber die Marktzugangskonditionen für die Entwicklungsländer verbessert, Preisstabilisierungsmechanismen eingeführt und wirtschaftliche und technische Hilfeleistungen zur Verfügung gestellt.

Mit dem Ende des Ost-West-Konflikts nahm die Kritik am bestehenden Lomé-System zu. Die Kritik beschränkte sich nicht mehr nur auf die langwierigen Verfahren und technischen Fehler bei der Mittelvergabe, sondern hinterfragte vor allem die Erfolglosigkeit der jahrzehntelangen entwicklungspolitischen Bemühungen und prangerte die Unterstützungsleistungen an korrupte Eliten und autoritäre, die Menschenrechte verletzende Regierungen an. Eine allgemeine Gebermüdigkeit, der Ruf nach einer Politisierung der Entwicklungszusammenarbeit durch stärkere Akzentuierung menschenrechtspolitischer, rechtsstaatlicher und demokratischer Grundsätze sowie die Gründung der Welthandelsorganisation (WTO) im Jahre 1993 machten eine Neuordnung der AKP-Beziehungen unausweichlich. Nach langwierigen Verhandlungen wurde schließlich am 23. Juni 2000 das Abkommen von Cotonou in Benin unterzeichnet. Unter den Zielen und Grundprinzipien des Abkommens von Cotonou wird Solidarität nicht mehr explizit genannt, stattdessen wird der partnerschaftliche Aspekt des Abkommens betont. So wird in Artikel 1 des Abkommens als Ziel der Partnerschaft formuliert, »[...] in Einklang mit den Zielen der nachhaltigen Entwicklung und der schrittweisen Integration der AKP-Staaten in die Weltwirtschaft die Armut einzudämmen und schließlich zu besiegen.« (Cotonou-Abkommen, Art. 1).

Zu den prägnantesten Korrekturen des Lomé-Nachfolgemodells zählt neben der Regionalisierung der AKP-Gruppe vor allem die Stärkung des partnerschaftlichen Ansatzes und der politischen Dimension des Abkommens. Das Cotonou-Abkommen reicht mit seiner Laufzeit von 20 Jahren weit über die lediglich auf eine Erleichterung des Marktzugangs abzielende Lomé-Zusammenarbeit hinaus. Die Kooperation beinhaltet neben der Entwicklungszusammenarbeit sowie der wirtschaftlichen und handelsbezogenen Zusammenarbeit auch eine politische Dimension. Die EU-AKP-Zusammenarbeit im Rahmen des Abkommens von Cotonou wird allerdings durch die schleppenden Verhandlungen über die umstrittenen Wirtschaftspartnerschaftsabkommen (WPA) belastet. Diese sollen nicht nur die bislang einseitig gewährten Handelspräferenzen WTO-konform gestalten, sondern auch die Zusammenarbeit mit der heterogenen AKP-Gruppe stärker regionalisieren. Die EU verhandelt Abkommen mit sechs AKP-Regionalgruppen: Südöstliches Afrika, Südliches Afrika, Westafrika, Zentralafrika, Karibische Region und Pazifische Region.

Die Regionalisierung der EU-AKP-Beziehungen wurde zudem durch die Formulierung der Millenniumsentwicklungsziele konzeptionell begünstigt, da die Armutsbekämpfung auch als Maxime der europäischen Entwicklungszusammenarbeit gestärkt wurde. Verschoben wurde so der Fokus weg von einer privilegierten Gruppe von Staaten hin zu allen ärmeren Ländern, wobei zunehmend auch die ärmsten Bevölkerungsgruppen in Staaten, die per definitionem nicht in die Gruppe der am wenigsten entwickelten Staaten (LDCs) fallen, mitbedacht werden sollen. Statt traditionell den Ländern mit Kolonialvergangenheit, gilt Solidarität nun denjenigen, die Hilfe am Nötigsten haben. Es fallen mehr als die Hälfte der AKP-Staaten in die UN-Kategorie der am wenigsten entwickelten Länder, die außer diesen AKP-Staaten noch neun weitere Staaten aufzählt.

Die EU gewährt mit der *Alles außer Waffen-Initiative* den am wenigsten entwickelten Ländern Handelspräferenzen. Der Relevanzverlust der AKP-Gruppe zeigt sich verstärkt auch in bilateralen Kooperationsformaten (z.B. mit der Afrikanischen Union), spezifischen EU-Strategien für einzelne Regionen (z.B. Horn von Afrika und Sahel) sowie strategischen Partnerschaften mit ausgewählten einflussreichen Staaten einzelner Regionen (z.B. Südafrika).

Diese Entwicklungen haben dazu geführt, dass mit Blick auf das Auslaufen des Cotonou-Abkommens im Jahr 2020 intensiv über die Zukunft der EU-AKP-Zusammenarbeit debattiert wird. Bereits Ende der 1990er Jahre war mit Auslaufen der Lomé-Zusammenarbeit die Fortführung der EU-AKP-Zusammenarbeit in einem eigenständigen Rahmen, der u.a. gemeinsame Strukturen und Organe wie das AKP-Sekretariat, den Ministerrat, einen Botschafterausschuss und die Parlamentarische Versammlung vorsieht, diskutiert worden. Inzwischen ist das Lager der Skeptiker aufgrund der nur mittelmäßigen Bilanz der Cotonou-Zusammenarbeit, der neuen Koordinaten auf den internationalen Entwicklungsagenden sowie durch den EU-Beitritt der mittel- und osteuropäischen Staaten größer geworden (Szent-Ivanyi/Tetenyi 2013; Carbone 2013; Gomes 2013; Pape 2013).

Solidarität innerhalb der AKP-Gruppe

Den Bedenken auf der europäischen Seite könnte die AKP-Gruppe durch ein geschlossenes und solidarisches Auftreten entgegentreten. Schließlich gilt die kontinentübergreifende Solidarität in den Beziehungen mit der damaligen Europäischen Wirtschaftsgemeinschaft als ein ausschlaggebender Faktor für das Zustandekommen der AKP-Gruppe selbst (Nickel 2012, 16). Bei dem Beitritt Großbritanniens zur damaligen EWG waren die EWG-Mitgliedstaaten darauf bedacht, vor allem die französischen und ehemaligen britischen Kolonien getrennt voneinander zu behandeln. Mit dem Abkommen von Georgetown von 1975 zur Bildung der Gruppe der Staaten Afrikas, des karibischen Raums und des Pazifischen Ozeans ist es den ehemaligen Kolonien gelungen, dieses Ansinnen zu durchbrechen und sich als Gruppe zusammenzufinden. Das Abkommen von Georgetown nennt Solidarität in der Präambel und erklärt in Art. 2 die Stärkung der Einheit und Solidarität der AKP-Staaten zu den Hauptanliegen der Zusammenarbeit.

Von dem Zusammenschluss zur AKP-Gruppe im Geiste der Solidarität erhofften sich die ehemaligen Kolonialstaaten eine bessere Verhandlungsposition gegenüber den europäischen Verhandlungspartnern (Reisen 2013, 7). Statt die Zusammenarbeit in der AKP-Gruppe jedoch zu vertiefen, hat sich die AKP-Gruppe seit ihrer Gründung 1975 lediglich erweitert und umfasst heute im Gegensatz zu den damaligen 46 Mitgliedern 79 Mitgliedstaaten. Die drei Kontinente überspannende AKP-Gruppe zählt heute 48 Länder in Afrika, 16 Länder in der Karibik und 15 Länder im Pazifik. Insgesamt leben in den AKP-Staaten über 980 Millionen Menschen. Diese Heterogenität der Gruppe begründet nicht nur die Regionalisierungsbemühungen seitens der EU, sondern stellt auch für den Zusammenhalt und die Solidarität innerhalb der Gruppe eine große Herausforderung dar. Die AKP-Gruppe konnte nach Unterzeichnung des Georgetown-Abkommens kaum mehr an die Erfolge ihrer Anfangszeit anknüpfen und verhandelte außer mit der EU mit keinem anderen internationalen Kooperationspartner (Slocum-Bradley 2007).

Dennoch wird dem Konzept der Solidarität von den AKP-Staaten bei der Selbstvergewisserung als Gruppe weiterhin eine tragende Rolle zugeschrieben. Der Begriff prägt bis heute die Deklarationen, Statements, Reden und Protokolle der AKP-Institutionen und AKP-Zusammenkünfte. Das AKP-Sekretariat veröffentlichte 2012 eine Evaluation möglicher Szenarien zur Zukunft der AKP-Gruppe (AKP-Sekretariat 2012). Allen darin genannten Zukunftsszenarien für die AKP-Gruppe ist gemeinsam, dass sie vorsehen, sich von der EU zu emanzipieren und sich als Gruppe nicht allein über diese zu definieren (Reisen 2013): Die Szenarien reichen dabei von einer Öffnung für neue strategische Partner (wie die BRIC-Staaten oder die USA) bei gleichzeitiger Beibehaltung der Integrität der AKP-Gruppe bis hin zu weitreichenden Reformen, die auch die Aufnahme weiterer Staaten (z.B. Länder Nordafrikas oder weitere am wenigsten entwickelte Länder) einschließen würde. Im Dezember 2012 haben sich schließlich auch die Führungsspitzen der AKP-Staaten in Sipopo über ihre Vorstellungen zur Zukunft der AKP-Gruppe verständigt und die sogenannte Erklärung von Sipopo mit dem Titel »The Future of the ACP Group in a Changing World: Challenges and Opportunities« unterzeichnet (Sipopo Declaration 2012).

Die Unterzeichner bringen hierin ihre Absicht zum Ausdruck, die Zusammenarbeit innerhalb der AKP-Gruppe auch über die Kooperation mit der EU hinaus zu stärken und ihre gemeinsame Zukunft unabhängig von der EU zu gestalten. Sie bekräftigen die Ziele und Grundsätze des Abkommens von Georgetown und geben sich

> »[c]onvinced that the strength, unity and solidarity among our States will sustain the future of our Group in a changing world of challenges and opportunities, and determined to create the necessary conditions to make our Group an influential player in economic governance and global policy" (Sipopo Declaration Preamble, Herv. i. O.).

Ihr Wunsch, »als Gruppe geeint« zu bleiben, wird in der Erklärung wiederholt bekräftigt (ebd., number 65). Die EU steht nicht im Mittelpunkt der Erklärung. Auf die EU-AKP-Beziehungen wird in erster Linie im Zusammenhang mit dem Stand der EPA-Verhandlungen Bezug genommen (ebd., number 34-44). Die Unterzeichner bringen ihr Bedauern über die sich nun seit über 10 Jahre hinziehenden Verhandlungen zum Ausdruck und bekräftigen ihren Willen

> »to strengthen, with the European Union and its Member States, the historic and unique cooperation ties that bind us, through a new and mutually beneficial partnership agreement after 2020, while deepening the initiatives already taken for diversified partnerships across the South.« (ebd., number 67)

Selbst wenn der Zusammenhalt und die Solidarität innerhalb der AKP-Gruppe in der Sipopo-Erklärung gefeiert werden, so gibt die Realität doch eine andere Richtung vor. Die langwierigen und stockenden WPA-Verhandlungen haben die Solidarität in der AKP-Gruppe auf eine harte Probe gestellt. Wenn während der WPA-Verhandlungen auch die Solidarität innerhalb der AKP-Gruppe hochgehalten worden sein mag, zeichnete sich hinter den Kulissen ein anderes Bild ab. So ist in den letzten Jahren ein schwindendes gegenseitiges Vertrauen und eine mangelnde gemeinsame Interessendefinition innerhalb der AKP-Gruppe zu beobachten (Krätke 2013, 5). Zusätzlich werden die Solidarität und der Zusammenhalt innerhalb der AKP-Gruppe herausgefordert durch die oben ausgeführten konkurrierenden, teils überlappenden regionalen Kooperationsforen und weitere bilaterale Kooperationsformen, wie beispielsweise mit China.

5. Fazit: Solidarität und Armutsbekämpfung

In dem Beitrag konnte gezeigt werden, dass Solidarität in der europäischen Entwicklungszusammenarbeit zum einen über die territorial-historische Verbundenheit zu den AKP-Staaten und Überseegebiete ihren Ursprung hat und sich zum anderen auf eine Solidarität aus Mitgefühl gegenüber hilfsbedürftigen Fremden beruft. Diese aus unterschiedlichen Quellen motivierte Solidarität im entwicklungspolitischen Handeln hat dazu geführt, dass die mit ihr verbundene Politik eine jeweils spezifische Ausprägung erhielt und sich über die Jahre und Jahrzehnte gewandelt hat. Während die moralischen und historischen Bindungen zwischen Geber und Empfänger eine zunehmend geringere Rolle spielen, werden der Bedürftigkeit der Hilfsempfänger – finanzielle Hilfe und politische Unterstützung, dort wo Armut und Not am größten sind – sowie dem Prinzip der Eigenanstrengung – Bereitschaft Hilfe zu leisten, wenn Nachhaltigkeit gewährleistet ist – eine größere Bedeutung beigemessen.

Dieser Wandel beeinflusst auch die jahrzehntealte EU-AKP-Zusammenarbeit in einem Maße, dass 2020 das Auslaufen des Abkommens von Cotonou zu einem Ende der privilegierten Sonderbeziehungen beitragen könnte. Solidarität mit benachteiligten Staaten in einem als ungerecht empfundenen Weltwirtschaftssystem ist über die Jahre durch den Anspruch ersetzt worden, Partnerschaften zum wechselseitigen Vorteil zu schaffen. Mit dem Narrativ der Armutsbekämpfung und der Gestaltung einer globalen Post-2015 Entwicklungsagenda für ein »menschenwürdiges Leben für alle« verliert die Solidarität mit den AKP-Staaten als Gruppe zusätzlich an Bedeutung.

Während also in der Außenperspektive heute weniger explizit Bezug auf Solidarität genommen wird, ist die Begrifflichkeit in der Binnenperspektive durch die europäische Finanz- und Bankenkrise weitaus präsenter als noch vor wenigen Jahren. Hier zeigt eine Reihe von Parallelen die Verschränkung der innen- und außenpolitischen Dimensionen von Solidarität, die abschließend noch einmal aufgegriffen werden sollen. Zwar wurde das Ziel der Angleichung der Lebensverhältnisse und der Stärkung des wirtschaftlichen und sozialen Zusammenhalts in einer »immer engeren Union« über die distributive Solidarität in Form der Regional- und Kohäsionsfonds bereits vor der Wirtschafts- und Finanzkrise durchaus als Form innergemeinschaftlicher Entwicklungshilfe betrachtet (Böckenförde 2005; vgl. auch Hartwig in diesem Band). Mit der Wirtschafts- und Finanzkrise hat die Diskussion um innereuropäische Solidarität – verbunden mit einem

Ressourcentransfer von Nord nach Süd – allerdings eine tiefgreifendere Dynamik erhalten (vgl. Heinemann und Kleger/Mehlhausen in diesem Band).

Eine Parallele zur Entwicklungszusammenarbeit zeigt sich in der Forderung nach Solidarität des prosperierenden Nordens, der den in wirtschaftliche und haushaltspolitische Schieflage geratenen Ländern des Südens finanziell beistehen soll. Diese wird sowohl als freiwillige Solidarität – begründet etwa über die Unionsbürgerschaft – als auch als verpflichtende Solidarität – begründet etwa über den deutschen Exportüberschuss – diskutiert. Auch wird, wie von den Dritte-Welt-Solidaritätsbewegungen der 1970er Jahre, eine gerechtere Wirtschaftsordnung diskutiert. Eine weitere Gemeinsamkeit zeigt sich in dem Gedanken der Schaffung von Anreizstrukturen oder auch der politischen Konditionalität, wie sie im Erweiterungsprozess und eben auch in der Entwicklungszusammenarbeit propagiert wurde. So wird die materielle Unterstützung durch finanzielle Transfers für überschuldete Mitgliedstaaten an die Reformbereitschaft der Empfängerstaaten geknüpft. Dies zeigt sich beispielsweise in einem internen Arbeitspapier des EU-Ratspräsidenten Van Rompuy vom November 2013, in dem ein *Solidaritätsmechanismus* angedacht wird, der finanzielle Zuwendungen als billige Kredite oder Zinszuschüsse für diejenigen Länder der Euro-Zone vorsieht, die sich verpflichten, Arbeitsmarktreformen oder Reformen des Rentensystems durchzuführen (Süddeutsche Zeitung 2013, 7). Wie eng verknüpft diese Diskussion auch mit der Mittelvergabe an Drittstaaten ist, zeigt die Diskussion um verbindliche Vereinbarungen (»Vertragspartnerschaften«), an die die Unterstützungsleistungen geknüpft werden sollen.

Flankiert werden diese Diskussionen um europäische Rettungspakete und eine wirtschaftspolitische Koordinierung von Debatten um den Ausbau der sozialen Dimension der Wirtschafts- und Währungsunion, zu der auch eine europäische Arbeitslosenversicherung sowie Maßnahmen gegen Jugendarbeitslosigkeit zählen. Begründet wird dies mit den sozialen und humanitären Folgen der Wirtschafts- und Finanzkrise (siehe etwa International Federation of Red Cross and Red Crescent Societies 2013) und der Verpflichtung, in Not geratene europäische Mitbürger über die nationalen Grenzen hinaus zu unterstützen.

Am deutlichsten wird die Verschränkung der Binnen- mit der Außenperspektive bei der Nahrungsmittelhilfe, die – trotz der mit ihr verbundenen Kritik – lange als Zeichen weltweiter europäischer Solidarität galt. Der neue *Hilfsfonds für die am meisten von der Krise betroffenen Perso-*

nen des neuen EU-Haushalts für die Jahre 2014 bis 2020 erweitert den Kreis der Empfänger: Zu diesen sollen nun auch diejenigen EU-Bürger zählen, die am stärksten von Armut betroffen sind.

Literatur

Amtsblatt der EU 2006: Der europäische Konsens über die Entwicklungspolitik. Entwicklung als Herausforderung. Gemeinsame Erklärung des Rates und der im Rat vereinigten Vertreter der Regierungen der Mitgliedstaaten, des Europäischen Parlaments und der Kommission zur Entwicklungspolitik der Europäischen Union: »Der Europäische Konsens«, Abl. 2006/C 46/01. Online unter: http://eur-lex.europa.eu/LexUriServ/LexUriServ.do?uri=OJ:C:2006:046:0001:0019:DE:PDF (15.01.2014).

Becker, Peter 2013: Die künftige Kohäsionspolitik 2014-2020 – Vom Zeichen der innergemeinschaftlichen Solidarität zum Instrument für mehr Wachstum und Beschäftigung; In: Jahrbuch des Föderalismus 2013, Baden-Baden, 531-546.

Böckenförde, Ernst-Wolfgang 2005: Conditions for European Solidarity; In: Michalsky, Krzysztof (Hrsg.): What Holds Europe Together?, Budapest/New York, 30-41.

Brüne, Stefan 2002: Europas Außenbeziehungen und die AKP-Staaten:das Abkommen von Cotonou. Eine erste Zwischenbilanz; In: Nord-Süd aktuell, 2. Quartal 2002, 301-314.

Brunkhorst, Hauke 2011: Solidarität in der Krise: ist Europa am Ende?; In: Leviathan, 39 (4), 459-477.

Calliess, Christian 2011: Das europäische Solidaritätsprinzip und die Krise des Euro - Von der Rechtsgemeinschaft zur Solidaritätsgemeinschaft?, Vortrag an der Humboldt-Universität zu Berlin am 18. Januar 2011 (FCE 01/11).

Carbone, Maurizio 2013: Rethinking ACP-EU Relations after Cotonou. Tensions, Contradictions, Prospects; In: Journal of International Development, 25 (5), 742-756.

Cotonou-Abkommen. Partnerschaftsabkommen zwischen den Mitgliedern der Gruppe der Staaten in Afrika, im Karibischen Raum und im Pazifischen Ozean einerseits und der Europäischen Gemeinschaft und ihren Mitgliedstaaten andererseits, unterzeichnet in Cotonou am 23. Juni 2000, ABl. L 317. Online unter: http://eur-lex.europa.eu/LexUriServ/site/de/oj/2000/l_317/l_31720001215de00030286.pdf (16.01.2014).

Europäische Kommission 2011a: Für eine EU-Entwicklungspolitik mit größerer Wirkung: Agenda für den Wandel, KOM(2011) 637 endg., 13.10.2011, Brüssel. Online unter: http://ec.europa.eu/europeaid/what/development-policies/documents/agenda_for_change_de.pdf (15.01.2014).

Europäische Kommission 2011b: Eine neue Antwort auf eine Nachbarschaft im Wandel. Gemeinsame Mitteilung an das Europäische Parlament, den Rat, den Europäischen Wirtschafts- und Sozialausschuss und den Ausschuss der Regionen, KOM(2011) 303 endg., 25.05.2011, Brüssel.

Europäische Kommission 2012: Solidarität weltweit: Die Europäer und Entwicklungshilfe; In: Spezial Eurobarometer 392, Oktober 2012, Brüssel.

Europäische Kommission 2013: Ein menschenwürdiges Leben für alle: Beseitigung der Armut und Gestaltung einer nachhaltigen Zukunft für die Welt, KOM(2013) 92 endg., 27.02.2013, Brüssel. Online unter: http://ec.europa.eu/europeaid/documents /2013-02-22_communication_a_decent_life_for_all_post_2015_de.pdf (15.01.2014).

European Commission 2002: European solidarity with the victims of humanitarian crises. Humanitarian aid and the European Union, Luxembourg.

European Commission 2013a: Approval of the financing instruments for EU external action by the European Parliament Joint. Statement by Commissioner for Enlargement and European Neighbourhood Policy Stefan Füle and Commissioner for Development Andris Piebalgs, MEMO/13/1135, 11.12.2013, Brüssel. Online unter: http://europa.eu/rapid/press-release_MEMO-13-1135_en.htm (15.01.2014).

European Commission 2013b: The Multiannual Financial Framework: The External Action Financing Instruments, MEMO/13/1134, 11.12.2013, Brüssel. Online unter: http://europa.eu/rapid/press-release_MEMO-13-1134_en.htm (15.01.2014).

Garton Ash, Timothy 2007: Europe's true stories; In: Prospect Magazine, 131, February 2007. Online unter: www.proyectos.cchs.csic.es/euroconstitution/library/ working%20papers/Ash%202007.pdf (16.01.2014).

Georgetown Agreement on the Organisation of the African, Caribbean and Pacific Group of States (ACP), Georgetown. Online unter: www.jus.uio.no/english/ services/library/treaties/14/14-03/acp.xml (15.01.2014).

Gomes, Patrick I. 2013: Reshaping an Asymmetrical Partnership: ACP-EU Relations from an ACP Perspective; In: Journal of International Development, 25(5), 714-726.

Gussone, Peter 2006: Das Solidaritätsprinzip in der Europäischen Union und seine Grenzen, Berlin.

Holland, Martin/Doidge, Mathew 2012: The Development Policy of the European Union, Basingstoke.

International Federation of Red Cross and Red Crescent Societies 2013: Think differently: Humanitarian impacts of the economic crisis in Europe, 10. Oktober 2013. Online unter: www.ifrc.org/PageFiles/134339/1260300-Economic%20crisis%20 Report_ EN_LR.pdf (16.01.2014).

Karagiannis, Nathalie 2007: Solidarity within Europe / Solidarity without Europe; In: European Societies, 9(1), 3-21.

Kleger, Heinz/Mehlhausen, Thomas 2013: Unstrittig und doch umstritten - europäische Solidarität in der Eurokrise; In: Politische Vierteljahresschrift, 54 (1), 50-74.

Krätke, Florian 2013: From Purse to Policy to Practice. Six initiatives to future-proof EU development cooperation for 2014-2020 and beyond?, ecdpm Briefing note No. 51 – June 2013.

Lauenroth, Anne/Tannous, Isabelle 2013: Unter Rechtfertigungsdruck: Europas Schuldenkrise zwingt die Entwicklungspolitik zur strategischen Anpassung; In: Kempin/Overhaus, Marco: EU-Außenpolitik in Zeiten der Finanz- und Schuldenkrise, Berlin: SWP-Studien 2013/S 09, April 2013, 30-39.

Litauische EU-Ratspräsidentschaft 2013: Das präsidierende Litauen stellte den neuen Beschluss über die Assoziierung der überseeischen Länder und Gebiete vor, Pressemitteilung vom 06. Dezember 2013. Online unter: www.eu2013.lt/de/news /pressemitteilungen/das-prasidierende-litauen-stellte-den-neuen-beschluss-uber-die-assoziierung-der-uberseeischen-lander-und-gebiete-vor- (15.01.2014).

Lomé IV Convention. Fourth ACP-EEC Convention signed in Lome on 15 December 1989. Complete Text; In: The Courier No. 120, March-April 1990. Online unter: http://aei.pitt.edu/4220/1/4220.pdf (15.01.2014).

Loewe, Markus/Rippin Nicole 2012: Globale Armutsstrukturen im Wandel, Bonn: German Development Institute / Deutsches Institut für Entwicklungspolitik (DIE). Analysen und Stellungnahmen 7/2012.

Mandry, Christof 2007: Zwischen Zugehörigkeitsbewusstsein und Bürgerrechten. Solidarität als normatives Orientierungsprinzip der Europäischen Union; In: Jahrbuch für Christliche Sozialwissenschaften, 48 (2007), 249-270.

Nickel, Dietmar 2012: Was kommt nach Cotonou? Die Zukunft der Zusammenarbeit zwischen der EU und den Afrika-, Karibik- und Pazifikstaaten, SWP-Studie S 13, Juni 2012, Berlin. Online unter: www.swp-berlin.org/fileadmin/contents/products/ studien/2012_S13_nic.pdf (16.01.2014).

OECD 2012: European Union. Peer Review 2012, Development Assistance Committee. Online unter: www.oecd.org/dac/peer-reviews/50155818.pdf (16.01.2014).

Pape, Elisabeth 2013: An Old Partnership in a New Setting: ACP–EU Relations from a European Perspective; In: Journal of International Development, 25 (5), 727-741.

Reisen, Mirjam van 2013: The end or the beginning of a new relationship: the EU and the ACP group, Tilburg University, Paper for the 13th EUSA Conference, Baltimore, 11 May 2013.

Reisen, Mirjam van 2012: Study on the Future Perspectives of the ACP Group, Executive Summary, commissioned by the ACP Secretariat , May 2012. Online unter: www.acp.int/sites/acpsec.waw.be/files/ACP27017%2012%20ENG%20VanReisen. pdf (15.01.2014).

Schieder, Siegfried/Folz, Rachel/Musekamp, Simon 2008: Solidarität und internationale Gemeinschaftsbildung; In: Aus Politik und Zeitgeschichte, B. 21/2008, 15-20.

Sipopo Declaration: The Future of the ACP Group in a Changing World: Challenges and Opportunities, 7th Summit of ACP Heads of State and Government, 13.-14. Dezember 2012, Sipopo, Equatorial Guinea. Online unter: www.safpi.org/sites/ default/files/publications/Final%20ACP2806512%20Rev%208%20Draft_Sipopo_De claration.pdf (15.01.2014).

Slocum-Bradley, Nikki 2007: Constructing and De-constructing the ACP Group: Actors, Strategies and Consequences for Development; In: Geopolitics, 12 (4), 635-655.

Süddeutsche Zeitung: Geld gegen Reformen, 27.11.2013.

Szent-Iványi, Balázs/Tétényi, András 2013: The East-Central European new donors: mapping capacity building and remaining challenges; In: Journal of International Development, 25 (6), 819-831.

Tannous, Isabelle 2008: Die Entwicklungszusammenarbeit und humanitäre Hilfe der Europäischen Union; In: Weidenfeld, Werner (Hrsg.): Die Europäische Union. Politisches System und Politikbereiche, Bonn, 434-454.

Wiemeyer, Joachim 2007: Solidarität in der EU-Politik: Anwendungsfelder und Implementationsprobleme; In: Jahrbuch für Christliche Sozialwissenschaften, 48 (2007), 271-295.

Wouters, Jan/Bijlmakers, Stephanie/Meuwissen, Katrien 2012: The EU as a Multilateral Security Actor after Lisbon: Constitutional and Institutional Aspects, Leuven Centre for Global Governance Studies Working Paper No. 80 - February 2012. Online unter: https://ghum.kuleuven.be/ggs/publications/working_papers/new_series/wp71-80/wp80.pdf (16.01.2014).

Autorinnen und Autoren

Jürgen Bast, Prof. Dr. jur.: Professor für Öffentliches Recht, Fachbereich Rechtswissenschaft, Justus-Liebig-Universität Gießen.

Stefanie Börner, Dr.: Wissenschaftliche Mitarbeiterin am Lehrstuhl für allgemeine und theoretische Soziologie, Institut für Soziologie, Friedrich-Schiller-Universität Jena.

Hermann-Josef Große Kracht, apl. Prof. Dr.: Akademischer Oberrat am Institut für Theologie und Sozialethik (iths) der Technischen Universität Darmstadt.

Ines Hartwig, Dr. Dipl. Pol. M.A./D.E.E.A. (Brügge): Beamtin der Europäischen Kommission, Generaldirektion Justiz, Grundrechte und Bürgerschaft, Brüssel (B).

Friedrich Heinemann, PD Dr.: Leiter Forschungsbereich Unternehmensbesteuerung und Öffentliche Finanzwirtschaft, Zentrum für Europäische Wirtschaftsforschung Mannheim.

Marcus Klamert, PD Dr.: Mitarbeiter des Verfassungsdienstes im Bundeskanzleramt, Wien, und Lektor an der Wirtschaftsuniversität Wien.

Heinz Kleger, Prof. Dr.: Professor für Politische Theorie, Universität Potsdam.

Michèle Knodt, Prof. Dr.: Professorin für Vergleichende Analyse Politischer Systeme und Europaforschung, Institut für Politikwissenschaft, Technische Universität Darmstadt.

Thomas Mehlhausen, M.A.: Wissenschaftlicher Mitarbeiter am Lehrstuhl für Politische Theorie, Universität Potsdam.

Nadine Piefer, M.A.: Wissenschaftliche Mitarbeiterin und Projektkoordinatorin des internationalen von der VolkswagenStiftung geförderten Forschungsprojekts »Challenges of European External Energy Governance with Emerging Powers: Meeting Tiger, Dragon, Lion and Jaguar«, Institut für Politikwissenschaft, Technische Universität Darmstadt.

Carolin Rüger, Dr.: Wissenschaftliche Mitarbeiterin und Lehrkraft für besondere Aufgaben an der Professur für Europaforschung und Internationale Beziehungen, Institut für Politikwissenschaft und Soziologie, Universität Würzburg

Isabelle Tannous, M.A.: Fachinformation Europa, EU, EU-Integration, EU-Außenbeziehungen, Stiftung Wissenschaft und Politik, Berlin.

Anne Tews, M.A.: Wissenschaftliche Mitarbeiterin am Lehrstuhl für Vergleichende Analyse Politischer Systeme und Europaforschung, Institut für Politikwissenschaft, Technische Universität Darmstadt.

Jale Tosun, Prof. Dr.: Juniorprofessorin für Internationale und Vergleichende Politische Ökonomie am Institut für Politische Wissenschaft, Ruprecht-Karls-Universität Heidelberg.

Nicolai von Ondarza, Dr.: Wissenschaftlicher Mitarbeiter in der Forschungsgruppe EU-Integration an der Stiftung Wissenschaft und Politik und Lehrbeauftragter im Master European Studies, Europa-Universität Viadrina Frankfurt Oder.